As Normas
de Competência Tributária

As Normas
de Competência Tributária

2021

Guilherme Broto Follador

AS NORMAS DE COMPETÊNCIA TRIBUTÁRIA
© Almedina, 2021
AUTOR: Guilherme Broto Follador

DIRETOR ALMEDINA BRASIL: Rodrigo Mentz
EDITORA JURÍDICA: Manuella Santos de Castro
EDITOR DE DESENVOLVIMENTO: Aurélio Cesar Nogueira
ASSISTENTES EDITORIAIS: Isabela Leite e Larissa Nogueira

DIAGRAMAÇÃO: Almedina
DESIGN DE CAPA: Roberta Bassanetto

ISBN: 9786556273143
Outubro, 2021

Dados Internacionais de Catalogação na Publicação (CIP)
(Câmara Brasileira do Livro, SP, Brasil)

Follador, Guilherme Broto
As normas de competência tributária /
Guilherme Broto Follador. – 1. ed. – São Paulo :
Almedina, 2021.

Bibliografia
ISBN 978-65-5627-314-3

1. Competência (Direito) – Brasil 2. Direito
tributário 3. Direito tributário – Brasil 4. Normas
regulamentadoras 5. Responsabilidade fiscal – Leis e
legislação – Brasil I. Título

21-71461   CDU-34:336.2(81)

Índices para catálogo sistemático:

1. Brasil : Direito tributário 34:336.2(81)

Maria Alice Ferreira - Bibliotecária - CRB-8/7964

Este livro segue as regras do novo Acordo Ortográfico da Língua Portuguesa (1990).

Todos os direitos reservados. Nenhuma parte deste livro, protegido por copyright, pode ser reproduzida, armazenada ou transmitida de alguma forma ou por algum meio, seja eletrônico ou mecânico, inclusive fotocópia, gravação ou qualquer sistema de armazenagem de informações, sem a permissão expressa e por escrito da editora.

EDITORA: Almedina Brasil
Rua José Maria Lisboa, 860, Conj.131 e 132, Jardim Paulista | 01423-001 São Paulo | Brasil
editora@almedina.com.br
www.almedina.com.br

AGRADECIMENTOS

Agradeço a Luiza, Dudu e Leo, razão de tudo.

Agradeço a toda minha família, meu esteio.

Agradeço ao meu amigo e parceiro Maurício Dalri Timm do Valle, pelo incentivo à publicação deste texto, pela fidelidade e pela camaradagem.

Agradeço a meus colegas de escritório e aos amigos que tiveram a paciência de ler alguma das versões deste manuscrito, fazendo críticas e sugestões. Não nomino todos, para não correr o risco de ser injusto com alguém, mas não seria justo com Valterlei A. da Costa se não o nominasse expressamente.

Agradeço à Universidade Federal do Paraná, minha *alma mater*.

Agradeço, por fim, ao Professor José Roberto Vieira, que pacientemente me orientou na produção da dissertação em que se baseia esta obra, e que gentilmente aceitou a tarefa de prefaciá-la. É uma honra – e, também, motivo de muita satisfação – tê-lo como mestre.

Sou, de todos, eterno devedor.

PREFÁCIO

AS NORMAS DE COMPETÊNCIA TRIBUTÁRIA E AS ESTAÇÕES NO CAMINHO DO CIENTISTA: DÚVIDA, TRABALHO, OUSADIA E FESTA

JOSÉ ROBERTO VIEIRA[1]

> *"...a dúvida agrada-me não menos que o saber"*
> (DANTE ALIGHIERI)[2]

> *"Studere et labora: scientia adest sine mora"*
> (Estuda e trabalha: a ciência se apresenta sem demora)
> (Adaptado de S. BENTO DE NÚRCIA)[3]

1. Motivação e dúvida

No decorrer do seu curso de Mestrado em Direito do Estado, com concentração em Direito Tributário, pela Universidade Federal do Paraná –

---

[1] Professor de Direito Tributário da Universidade Federal do Paraná – UFPR e do Instituto Brasileiro de Estudos Tributários – IBET (graduação, especialização, mestrado e doutorado); Mestre e Doutor em Direito do Estado – Direito Tributário (PUC/SP); Estudos pós-graduados no *Instituto de Estudios Fiscales* (Madri, Espanha); Ex-membro julgador do Conselho de Contribuintes do Ministério da Fazenda, atual CARF (Brasília, DF); Ex-Auditor da Receita Federal (Curitiba, PR); Parecerista.

[2] **A Divina Comédia**, tradução de Hernâni Donato, São Paulo: Abril Cultural, 1979, p. 124; **A Divina Comédia – Inferno**, tradução de Italo Eugenio Mauro, São Paulo, 34, 1998, p. 228.

[3] Adaptação do lema dos beneditinos – *"Ora et labora, Deus adest sine mora"* (Ora e trabalha: Deus se apresenta sem demora) – RENZO TOSI, **Dicionário de Sentenças Latinas e**

UFPR, entre 2011 e 2013, **Guilherme Broto Follador**, respeitado advogado e Professor de Direito Tributário dos Cursos de Especialização do Centro Universitário Curitiba – UNICURITIBA e da Pontifícia Universidade Católica do Paraná – PUCPR, quedou-se atraído pelo tema das **Competências Tributárias** em geral e, especificamente, pelo subtema da **estrutura lógica das normas de competência tributária e da sua formalização**.

Sabemos todos que o nosso Direito Tributário é eminentemente constitucional; e sabemos também que, dentre as normas constitucionais tributárias, as de competência ocupam o topo dessa pirâmide, em termos de relevância.

Não obstante o reconhecido grau de prestígio dessas normas, **a literatura jurídica nacional que as versa deixa enormemente a desejar**, revelando-se restrita e diminuta. O autor deste livro concede destaque às obras de Tácio Lacerda Gama e de Cristiane Mendonça, que ele identifica, com razão, como *"...honrosas exceções..."* (p. 26)[4]. Há um bom número de outras obras, contudo, ou elas já apresentam, originalmente, dimensões reduzidas, como a de Eliud José Pinto Da Costa[5]; ou, paralelamente ao exame da competência tributária, dedicam-se também a outros assuntos, restando um espaço limitado, que lhes permite um estudo apenas parcial[6].

Gregas, tradução de Ivone Castilho Benedetti, São Paulo, Martins Fontes, 1996, p. 430; a partir do mandamento de S. Bento para os monges beneditinos: *"Ora e trabalha!"* – Pedro Teixeira Cavalcante (org.), **Mensagens dos Santos**, São Paulo, Paulus, 2005, p. 51; Amós Coêlho Da Silva e Airto Ceolin Montagner, **Dicionário Latino-Português**, 2.ed., Petrópolis-RJ, Vozes, 2012, p. 427 e 455.

[4] Tácio L. Gama, **Competência Tributária: Fundamentos para uma Teoria da Nulidade**, São Paulo, Noeses, 2009; C. Mendonça, **Competência Tributária**, São Paulo, Quartier Latin, 2004.

[5] **Competência Tributária**, São Paulo, Aquarela, 2010.

[6] Humberto Ávila, **Competências Tributárias: Um Ensaio sobre a sua Compatibilidade com as Noções de Tipo e Conceito**, São Paulo, Malheiros, 2018; Andrei Pitten Velloso, **Conceitos e Competências Tributárias**, São Paulo, Dialética, 2005; Clélio Chiesa, **A Competência Tributária do Estado Brasileiro: Desonerações Nacionais e Imunidades Condicionadas**, São Paulo, Max Limonad, 2002; Daniel Monteiro Peixoto, **Competência Administrativa na Aplicação do Direito Tributário**, São Paulo, Quartier Latin, 2006; Reinaldo Pizolio, **Competência**

PREFÁCIO

Com tal panorama, enraizou-se e ganhou corpo o projeto do autor, que elegeu como **objetivo** a análise das *"...principais propostas de formalização..."*, numa perspectiva crítica, desembocando na *"...apresentação de uma proposta alternativa..."*, para *"...**a construção de uma estrutura lógica para as normas de competência tributária...**"* (p. 30). Para isso, foi inevitável o estabelecimento de outro objetivo, intimamente vinculado ao anterior, que consiste no **exame da noção de competência tributária**: *"...quem recebe competência tributária é contemplado com o quê? Esta última é a pergunta central a cuja resposta nos propusemos neste estudo"* (p. 193).

Esses objetivos foram perseguidos com empenho e desvelo, mediante vasta pesquisa em extensa bibliografia, objeto de ponderada reflexão e gradual amadurecimento; entremeada de ricos contatos com Ricardo A. Guibourg, Professor Emérito de Filosofia do Direito da Universidade de Buenos Aires, Argentina, e com Jordi Ferrer Beltrán, Professor de Filosofia do Direito da Universidade de Girona, Espanha, ambos autores de obras fundamentais relativas às normas jurídicas e às normas de competência[7]; e seguidas de numerosas conversas de orientação – muito prazerosas, de nossa parte – acerca do texto em gestação. Tudo na mais estrita e fiel subordinação ao lema beneditino adaptado acima: *"Studere et labora !"* E, como previsto, *"...scientia adest sine mora"*, com reconhecimento explícito na agradável tarde do dia 19.03.2013, no 3º andar do prédio histórico da Faculdade de Direito da UFPR, na Praça Santos Andrade, em Curitiba, quando travamos fecunda e frutífera conversa, contando com a valiosa participação da banca que aprovou com entusiasmo a dissertação – ora revista, atualizada, enriquecida e transfor-

---

Tributária e Conceitos Constitucionais, São Paulo, Quartier Latin, 2006; Júlio Maria De Oliveira, **Internet e Competência Tributária**, São Paulo, Dialética, 2001; Raquel Cavalcanti Ramos Machado, **Competência Tributária: Entre a Rigidez do Sistema e a Atualização Interpretativa**, São Paulo, Malheiros, 2014; Luciano Felício Fuck, **Estado Fiscal e Supremo Tribunal Federal**, São Paulo, Saraiva, 2017 (IDP – Linha Pesquisa Acadêmica); e Dayana De Carvalho Uhdre, **Competência Tributária: Incidência e Limites de Novas Hipóteses de Responsabilidade Tributária**, Curitiba, Juruá, 2017.
[7] R. A. Guibourg, *El Fenômeno Normativo*, Buenos Aires, Astrea, 1987, (*FILOSOFÍA Y DERECHO*, 14); **Pensar em las Normas**, Buenos Aires, Eudeba, 1999; J. Ferrer B., ***Las Normas de Competencia: Un Aspecto de la Dinâmica Jurídica***, Madrid, Centro de Estudios Políticos y Constitucionales, 2000.

mada neste livro – composta, além de nós, por CESAR ANTONIO SERBENA, Professor de Filosofia do Direito e Lógica Jurídica da UFPR, autor de obra relativa à formalização lógica buscada no trabalho[8]; e por ANDREI PITTEN VELLOSO, à época, Professor de Direito Tributário da Escola Superior da Magistratura Federal do Rio Grande do Sul – ESMAFE/RS, hoje na UFRGS, autor de obras que se debruçam sobre assuntos próximos das normas de competência tributária[9].

Como acabamos de mencionar o período de gestação deste livro, cumpre também fazer menção ao fato de que, embora esse período tenha culminado no forte aplauso da banca de exame, isso não poupou ao pai da obra as indisfarçáveis "dores do parto", e não foram poucas nem pouco sofridas as que o atacaram, na forma das **inafastáveis dúvidas que assolaram o caminho percorrido**. Todas elas, no entanto, foram tratadas caso a caso, e nenhuma deixou a sequela da insegurança, porque já o esclarecera MARCELO GLEISER, o professor brasileiro de Física e Astronomia do *Dartmouth College*, dos EUA: para o cientista, *"...o não saber não gera insegurança, mas sim mais apetite pelo saber"*. E completa GLEISER: *"Esta talvez seja a lição mais importante da ciência: nos ensinar a viver com a dúvida... Pois, sem ela, o conhecimento não avança"*(*sic*)[10]. Daí **o gosto pela dúvida** do grande poeta florentino, registrado em nossa primeira epígrafe, que, igualmente, nos contagia, tanto ao ex-orientando e ora autor quanto ao ex-orientador e ora prefaciador.

2. Normas de competência
O mergulho na estrutura lógica das normas de competência tributária há que ser antecedido, por óbvio, pelo estudo dessas normas; que, por sua vez, demandam, evidentemente, a investigação anterior das normas de

---

[8] C. A. SERBENA, **Direito, Lógica e Paraconsistência: Conflitos entre Normas, Contradições e Paradoxos nos Sistemas Jurídicos**, Curitiba, Juruá, 2016.
[9] A. P. VELLOSO, **Conceitos e Competências...**, *op. cit.*; **Constituição Tributária Interpretada**, 3.ed., Porto Alegre, Livraria do Advogado, 2016; e com LEANDRO PAULSEN, **Contribuições: Teoria Geral, Contribuições em Espécie**, 2.ed., Porto Alegre, Livraria do Advogado, 2013.
[10] **Micro Macro: Reflexões sobre o Homem, o Tempo e o Espaço**, São Paulo, Publifolha, 2005, p. 444.

competência; cuja análise pressupõe o exame das normas jurídicas em geral.

Tal itinerário lógico-dedutivo foi religiosamente respeitado pelo autor, que principia dedicando seu **capítulo inicial** às considerações relativas à ambiguidade do **substantivo "norma"**, seguidas pelas atinentes à sua vagueza, onde incluiu a atenção às espécies normativas; para depois debruçar-se sobre o **adjetivo "jurídica"**; estabelecendo as bases para eleger como alvo do **capítulo seguinte** as **normas de competência**.

São tais normas jurídicas que, na avaliação de Norberto Bobbio, o ex-filósofo e teórico italiano de Turim, constituem *"...a complexidade do ordenamento jurídico..."*[11]. Sua introdução na ordem jurídica, para Herbert L. H. Hart, o antigo filósofo e teórico britânico de Oxford, constitui *"... um passo em frente tão importante para a sociedade, quanto a invenção da roda..."*, podendo, inclusive, *"...ser considerada como a passagem do mundo pré-jurídico ao mundo jurídico"*[12]. É com essas citações, que bem ilustram o **alto relevo dessas normas** para um ordenamento, que o autor abre sua introdução (p. 25), para logo estranhar que, a despeito dessa importância, para qualquer uma e todas as searas jurídicas, **sua pesquisa tenha permanecido quase que restrita à Teoria Geral do Direito** (p. 26).

E mesmo entre os teóricos e filósofos do direito, verifica Follador, prevalece a dissensão: *"No hay acuerdo entre los filósofos del derecho acerca de la naturaleza de las normas de competência..."* (Eugenio Bulygin[13]) (p. 26); estorvando e impedindo a melhor dissecação e o deslinde dessas normas, pois não se logrou *"...avanzar en una construcción conceptual suficientemente compartida"* (Albert Calsamiglia[14]) (p. 107); ensejando uma paisagem doutrinária de litígio e instabilidade, pois nada leva a crer *"...que el uso del término por parte de los juristas sea pacífico, en el sentido de que obedezca a unos*

---

[11] **Teoria do Ordenamento Jurídico**, tradução de Cláudio de Cicco e de Maria Celeste C. J. Santos, São Paulo e Brasília, Polis e UnB, 1989, p. 47; **Teoria Geral do Direito**, tradução de Denise Agostinetti, 3.ed., São Paulo, Martins Fontes, 2010, p. 209.

[12] **O Conceito de Direito**, tradução de A. Ribeiro Mendes, Lisboa, Calouste Gulbenkian, 1986, p. 50.

[13] *Sobre las Normas de Competencia*, in **Análisis Lógico y Derecho**, Madrid, *Centro de Estudios Constitucionales*, 1991, p. 485-498, especificamente p. 487.

[14] *Geografía de las Normas de Competencia*, **Doxa – Cuadernos de Filosofía del Derecho**, Alicante, nº 15-16, 1994, p. 747-767, especificamente p. 747.

referentes mínimos, no problemáticos o estables" (ANTONIO MANUEL PEÑA FREIRE[15]) (p. 107); pondo-se em dúvida até mesmo sua própria condição de autênticas "normas", ou, quiçá, de meros "fragmentos de normas" (HANS KELSEN[16]) (p. 26-27 e 33); e propiciando, assim, a conclusão (nº 24) do autor: *"No âmbito da Teoria Geral do Direito, embora haja consenso quanto à importância das normas de competência, está-se* **longe de uma unanimidade quanto à sua construção conceitual e à sua forma lógica**" (p. 281).

Eis que imprescindível, pois, a análise das normas de competência no plano da Teoria Geral do Direito, explorando as **propostas teóricas acerca da sua natureza e da sua estrutura lógica**. Foi o que fez o autor, com admirável sistematização e eficiência; começando por dividi-las em **propostas unitaristas** – aquelas que apontam uma forma única para tais normas – e **não unitaristas** – que julgam impossível uma forma única para essas normas, entendendo-as como de diversos tipos. As primeiras, unitaristas, abrangem as normas de conduta (partes de normas ou obrigações indiretas e permissões), as normas técnicas, as normas conceituais, as normas constitutivas e as normas constitutivo-performativas (p. 111-138); todas objeto de críticas razoáveis e bem postas (p. 141-165). Já as segundas, **não unitaristas** (p. 138-139), **recebem a adesão do autor** (p. 166-176), de modo similar à **posição sustentada por** RICCARDO GUASTINI, o filósofo do Direito da Universidade de Gênova (p. 168).

3. Normas de competência tributária

Ao inaugurar o terceiro capítulo com o **Princípio da Federação**, o autor demonstra consciência de que, nos fundamentos da repartição de competências, inclusive nos da repartição de competências tributárias, repousa

---

[15] *Reglas de Competencia y Existencia de las Normas Jurídicas*, **Doxa – Cuadernos de Filosofía del Derecho**, Alicante, nº 22, 1999, p. 381-412, especificamente p. 383.

[16] Diante da ausência de sanções respectivas, FERRER BELTRÁN infere que, para KELSEN, *"...las normas de competência no son normas jurídicas..."* – **Las Normas de Competencia...**, op. cit., p. 22; com o quê se põe de acordo CARLOS SANTIAGO NINO, concluindo: *"...no son normas, sino 'partes' de normas genuinas"* – **Introducción al Análisis del Derecho**, 2.ed., Buenos Aires, Astrea, 1988, (*FILOSOFÍA Y DERECHO mayor* – 5), p. 86. Como observa FOLLADOR (p. 15), porém, o próprio KELSEN chegou, mais tarde, a tratá-las como normas, embora *"...normas não-autônomas..."* (sic) – **Teoria Pura do Direito**, tradução de João Baptista Machado, 8.ed., São Paulo, Martins Fontes, 2009, (Biblioteca Jurídica WMF), p. 57 e 62-64.

exatamente esse princípio, que, ao assegurar autonomia para a União e para os estados – acrescidas, entre nós, da autonomia dos municípios, pois, mesmo não integrando a Federação Brasileira[17], são, indubitavelmente, entidades autônomas[18] – põe friso na **autonomia financeira**, parte indispensável do todo que é a **autonomia genérica** (p. 177-192).

Esclarecendo, de saída, privilegiar o sentido de **competência tributária** como a **competência para** *"...editar veículos introdutores de normas de incidência tributária..."* (p. 196), FOLLADOR passeia pela nossa doutrina, descrevendo a enorme variação e, mesmo, a confusão semântica que ronda tanto essa expressão (p. 200-214) quanto a incompetência tributária ou imunidade (p. 204-206).

E enfim o autor chega ao subtema que, lá em 2011, nos momentos iniciais do seu mestrado, galvanizou sua atenção: **a estrutura lógico-formal das normas de competência tributária**. E identifica, na nossa doutrina, apenas três iniciativas nesse sentido: a de TÁCIO LACERDA GAMA, a de CRISTIANE MENDONÇA, e a de EURICO MARCOS DINIZ DE SANTI e DANIEL MONTEIRO PEIXOTO[19] (p. 223 e 289). Descreve-as com fidelidade e minúcia (p. 223-233) e submete-as a criteriosa e fundamentada apreciação crítica (p. 233-256).

Nessa apreciação, parte daquilo que identifica como a **premissa comum às três propostas**: *"...a de que as 'verdadeiras' normas jurídicas são as normas de conduta... sempre dotadas de uma mesma estrutura... homogeneidade sintática... que vincula... a descrição hipotética de um fato a uma relação jurídica,*

---

[17] J. R. VIEIRA, Município: Entidade Não Federativa, *in* O Princípio da Federação, Soares de Melo e uma Obra "Federal", *in* EDUARDO SOARES DE MELO (org.), **Estudos de Direito Tributário: Homenagem a José Eduardo Soares de Melo**, São Paulo, Malheiros, 2020, p. 79-112, especificamente p. 99-103.

[18] J. R. VIEIRA, Município: Entidade Autônoma, *in ibidem*, p. 98-99; J. R. VIEIRA, O Princípio da Federação e as Competências Tributárias: Um Exorcismo Constitucional, *in* MATHEUS M. MOROSINI (coord.), CAROLINA C. HAUER, FABRICCIO P. TAROSSO e ROBSON O. PADILHA (org.), **Direito Tributário Paranaense: Os 30 Anos da Constituição Federal e o Sistema Tributário Nacional**, v. III, Curitiba, Instituto Memória, 2020, p. 11-52, especificamente p. 27-29.

[19] TÁCIO L. GAMA, **Competência Tributária...**, *op. cit., passim*; C. MENDONÇA, **Competência...**, *op. cit., passim*; e EURICO M. D. DE SANTI e DANIEL M. PEIXOTO, Pis e Cofins na Importação, Competência: Entre Regras e Princípios, **Revista Dialética de Direito Tributário**, São Paulo, Dialética, nº 121, out. 2005, p. 34-54.

regida por um modal deôntico – permitido, proibido ou obrigatório" (p. 233 e 289). Premissa, aliás, que conduz a **uma atitude científica** que já houvera sido antecipada e reprovada, logo nas linhas iniciais do texto (p. 29); que volta a ser censurada – *"...adoção, quase unânime, na doutrina tributarista brasileira, , de um conceito muito restrito de 'normas jurídicas', que as identifica com as prescrições..."* (p. 254-255 e 292) – e que, segundo o autor, **torna insuficientes as propostas teóricas que a incluem**, além de merecedoras de vigorosa crítica, que não lhes é poupada: *"Ao não buscarem explicar a realidade, mas, sim, amoldá-la aos conceitos que assumem como dogmas, **comportam-se menos como ciência, e mais como ideologia**"* (grifamos) (p. 294).

Quase ao fim, com a submissão ao crivo científico das sugestões de formalização oferecidas pela doutrina, e com um resultado que lhe parece deficiente e precário, FOLLADOR não se furta de construir **sua própria proposta de estrutura lógica das normas de competência tributária**, a saber:

$$NCompx = Cx \wedge p \wedge t \wedge e \wedge m \rightarrow RIx$$

E assim explica tal estrutura das normas atribuidoras de competência tributária (NCompx): *"se o sujeito competente para a instituição do tributo x (Cx), observando o procedimento previsto para a instituição do tributo (p), mais as condições de tempo e espaço (t $\wedge$ e), versa sobre determinada matéria (m), então produz-se validamente o veículo introdutor de uma norma de incidência do tributo x (RIx)', a qual, por sua vez, terá a estrutura básica de qualquer regra-matriz de incidência tributária"* (p. 263-265 e 293-294).

Por fim, desde que, ao longo do texto, o autor fez diversos comentários, aqui e acolá, relativos às **características da competência tributária**, ele os consolida nesse momento final p. 270-276 e 294-295).

4. Ousadias alheias incorporadas

Parece-nos haver algum excesso na afirmação de FERNANDO PESSOA de que *"Um prefácio é sempre mau... Mas às vezes... um prefácio é uma coisa necessária"*[20]. Quando a obra é ruim, o prefácio é sempre mau, porque

---

[20] JOSÉ PAULO CAVALCANTI FILHO, **Fernando Pessoa: O Livro das Citações**, Rio de Janeiro, Record, 2013, p. 181.

nunca a salva; a menos que a condene, o que nunca vimos. Quando a obra é boa, o prefácio, geralmente, retarda o contato do leitor com a obra, e, por isso, também é mau. **Resta um reduzido espaço para o prefácio a uma boa obra**, que predispõe o leitor à leitura ou que a facilita, tornando-se eventualmente necessário.

Como esta é uma excelente obra, mais provável do que tenhamos localizado esse espaço reduzido para o cabimento de um prefácio é que estejamos, injustificadamente – com este texto cuja extensão já se encontra prestes a exceder o razoável, se já não o fez – a postergar impunemente a submersão do leitor no seu valioso conteúdo. A despeito desse risco, não nos é dado ainda arriar as velas do discurso, sem sublinhar os saudáveis destemores do autor, que revelam sua **ousadia científica**.

E apontamos **um primeiro patamar para esse arrojo acadêmico**, quando, diante de teses alheias que se digladiam, o cientista não hesita em abraçar aquela cujos argumentos lhe soam mais sólidos, mesmo que minoritária. É, certamente, o caso de FOLLADOR.

Por exemplo, no que tange à velha e polêmica discussão acerca das **funções da lei complementar tributária** (Constituição, artigos 146 e 146-A). Para a corrente "tricotômica", seriam três essas funções: dispor sobre conflitos, regular limitações e estabelecer normas gerais. Para a corrente "dicotômica", seriam apenas as duas primeiras, ambas incluídas nas normas gerais. Em trabalho de 2008, aperfeiçoado por outro de 2016, defendemos rebatizar esta última como "unifuncional", desde que a função seria única: estabelecer normas gerais; normas essas que abrangeriam três finalidades: dispor sobre conflitos (art. 146, I), regular limitações (art. 146, II) e buscar alguns objetivos específicos (art. 146, III, c, d e parágrafo único; e art. 146-A)[21]. Não obstante a condição de majoritária da primeira delas, o autor justifica e declara, decididamente: "*Estamos,*

---

[21] J. R. VIEIRA, Denúncia Espontânea e Multa Moratória: Confissão e Crise na "Jurisdição" Administrativa, *in* LUIZ EDUARDO GUNTHER (coord.), **Jurisdição: Crise, Efetividade e Plenitude Institucional**, Curitiba, Juruá, 2008, p. 367-429, especificamente p. 402 e 406-407; Normas Gerais de Direito Tributário: Um Velho Tema sob Novíssima Perspectiva, *in* PAULO DE BARROS CARVALHO (coord.) e PRISCILA DE SOUZA (org.), **50 Anos do Código Tributário Nacional**, São Paulo, Noeses, 2016, p. 687-730, especificamente p. 697-698 e 704-706.

portanto, com a segunda corrente...", nominando-a "*...dicotômica ou unifuncional...*" (p. 185-186).

Outro caso semelhante, e vinculado ao tema essencial desta obra, é o dos **chamados "conflitos de competência"** (Constituição, art. 146, I). É vasta a doutrina que, presa à literalidade constitucional, crê, ingenuamente, na existência desses conflitos. Conquanto minoritário, porém, é constituído por juristas de prestígio – Geraldo Ataliba, Cleber Giardino, Roque Antonio Carrazza, Marçal Justen Filho, Sacha Calmon Navarro Coêlho, Tácio Lacerda Gama, Júlio Maria De Oliveira, Marcelo Caron Baptista *etc.* – o entendimento, ao qual também aderimos, de que esses pretensos "conflitos de competência" são, em última análise, conflitos de interpretação[22]. É com a minoria, novamente, que se posiciona, resoluto, o autor: "*...falar em 'conflito de competência tributária'... é impreciso; o que pode haver é não exatamente um conflito de competências, mas, sim, um conflito de interpretações...*" (p. 183-184).

Noutro exemplo, e estritamente conectado ao assunto central deste livro, deparamos dois do mais propalados **mitos e mentiras sobre a competência tributária no Brasil**. O primeiro deles, de que Taxas e Contribuição de Melhoria são tributos de competência comum, quando, sempre que a competência administrativa, que descansa por trás da competência tributária, for privativa, esta última, por decorrência, também o será; lição de Geraldo Ataliba e de alguns outros autores, que seguimos. O segundo, de que as competências tributárias residuais pertencem à União, quando, no caso das Taxas e da Contribuição de Melhoria, como a competência administrativa residual pertence aos estados e ao Distrito Federal, acaba também por pertencer-lhes, consequentemente, a competência tributária residual; ensino quase que só de Roque Carrazza, que acompanhamos[23]. Contra a grande maioria, no primeiro caso, e con-

---

[22] J. R. Vieira, IPI x ICMS e ISS: Conflitos de Competência ou Sedução das Aparências ?, *in* Eurico Marcos Diniz De Santi e Vanessa Rahal Canado (coord.), **Tributação do Setor Industrial**, São Paulo, Saraiva, 2013, p. 49-101.

[23] J. R. Vieira, Competências Tributárias no Brasil: Mitos e Mentiras, *in* Paulo De Barros Carvalho (coord.) e Priscila De Souza (org.), **30 Anos da Constituição Federal e o Sistema Tributário Brasileiro**, São Paulo, Noeses, 2018, p. 601-648, especificamente p. 607, 627-629 e 633-634.

tra a quase totalidade, no segundo, é como se posiciona aqui FOLLADOR, e com toda a energia (p. 182-183).

Numa última ilustração, e ainda enlaçada com a matéria desta obra, considere-se a tese de JOSÉ SOUTO MAIOR BORGES, de que **o tributo**, embora com suas feições tão só parcialmente traçadas na Lei Maior, **já começou a ser criado pelo legislador constitucional**. No princípio da década de noventa do século passado, alinhados com a doutrina predominante, divergíamos da interpretação do mestre do Recife[24]; mas, logo recuamos, por reconhecer a procedência do seu raciocínio, conquanto tenhamos levado uma dúzia de anos para publicar nossa retratação[25]. Neste ponto, o autor deste livro, com determinação, põe-se ao lado da tese quase solitária de SOUTO MAIOR, para asseverar: *"...não há dúvida de que... o processo de criação dos tributos se inicia na Constituição"* (p. 184 e 287).

Em todas essas situações, lembradas a título meramente exemplificativo, FOLLADOR dá sempre sua indefectível adesão à tendência melhor amparada pela autoridade dos seus argumentos – sejam quais e quantos forem seus adeptos – uma vez que nada lhe importam os argumentos de autoridade. Tudo a confirmar sua admirável e salutar **audácia intelectual**.

5. Ousadias próprias construídas
E transitamos, agora, para **um segundo plano da intrepidez do pensamento**, de mais elevada altitude, quando, perante as teorizações disponíveis, nenhuma delas cumpre a contento seus desígnios, prostrando insatisfeito o cientista, que, frustrado, não titubeia em se lançar à sua própria elaboração teórica, na busca infindável por melhores respostas. É, por certo, o caso de FOLLADOR.

Mencionemos, às rápidas, nessa direção, sua postura veemente quanto à **improcedência da facultatividade como característica da competência tributária**, apesar de que na contramão de uma larga e movimen-

---

[24] J. R. VIEIRA, **A Regra-Matriz de Incidência do IPI: Texto e Contexto**, Curitiba, Juruá, 1993, p. 43-46.
[25] J. R. VIEIRA, E, Afinal, A Constituição Cria Tributos !, *in* HELENO TAVEIRA TÔRRES (coord.), **Teoria Geral da Obrigação Tributária: Estudos em Homenagem ao Professor José Souto Maior Borges**, São Paulo, Malheiros, 2005, p. 594-642.

tada avenida doutrinária. Ele faz uma pequena concessão, *"...no sentido de que, geralmente, o exercício ou a omissão do exercício das competências tributárias são 'permitidos' (ao menos em sentido fraco) ao sujeito competente"* (p. 266). Logo identifica a doutrina que se lhe opõe como *"...imensamente majoritária, que repete como mantra a afirmação da sua existência"* (p. 275). Mas não vacila em concluir que *"...é um erro falar-se na facultatividade do exercício como uma característica da competência tributária..."* (p. 294 e 266); e reforça: *"...a falácia em que consiste a afirmação da suposta 'facultatividade' das competências tributárias"* (p. 269).

Intimamente encadeada com a negação da facultatividade encontra-se, por oposição, a **afirmação da obrigatoriedade de instituição de alguns tributos**. O autor começa por seguir uma doutrina razoavelmente extensa, ao sustentar a obrigatoriedade para a instituição do ICMS (p. 213, 253 e 290); mas logo enverada por trilha própria, advogando a obrigatoriedade para as Contribuições Previdenciárias dos servidores federais, estaduais, distritais e municipais (p. 213 e 290), bem como para o ISS (p. 214 e 290). E invoca, ainda, uma obrigatoriedade genérica, *"... no sentido de que os entes federados instituam, pelo menos, os tributos necessários para assegurar sua autonomia financeira"*, de sorte a prestigiar o Princípio da Federação (p. 269).

À toda evidência, não se pode deixar de registrar, aqui, uma vez mais, a atitude do autor, no que concerne às propostas de **formalização lógica da norma de competência tributária**: buscar as alternativas anteriores, descrevê-las, apreciá-las criticamente e partir, de forma corajosa, para a formulação de uma estrutura própria mais precisa e sofisticada.

Nessas hipóteses, muito além de sopesar os argumentos e fazer suas opções científicas de forma racional e desapaixonada, FOLLADOR avança, ao identificar lacunas doutrinárias; avança, ao envidar louváveis esforços para as colmatar; e traz consigo, a reboque dos seus avanços e da sua **bravura jurídica**, a nossa Ciência do Direito Tributário.

6. Festa e orgia

GUILHERME BROTO FOLLADOR usou sua dúvida inicial como motivação para atirar-se à pesquisa e à diligente reflexão. Encarou as numerosas dúvidas que se lhe apresentaram, jornada adentro, como desafios para estimular seu apetite intelectual, vencendo as inseguranças momentâneas e terminando por eleger **a dúvida como sua companheira de viagem**, pela qual, à maneira de Dante, desenvolveu um gosto particular.

É evidente que essa convivência quotidiana com a dúvida, longe da gratuidade, só se tornou exemplar mediante a constância da labuta, a perseverança do trabalhador e a pertinácia do operário do intelecto. E, de modo espontâneo e natural, gradativa e paulatinamente, o lema de S. Bento De Núrcia Adaptado começou a realizar-se, e **a Ciência do Direito Tributário foi-se aproximando e, afinal, instalou-se**, realmente "sem demora", porque o tempo da ciência não rima com as nossas humanas urgências.

Esclareça-se, todavia, que **o "estuda e trabalha" só culminou com a chegada da Ciência porque Follador foi audacioso e ousou**. Suficientemente advertido pelo mestre Souto Maior de que *"...a busca apaixonada da verdade é de todo incompatível com a timidez intelectual"*, ele foi afoito e ousou[26]. Assumiu seus riscos como inevitáveis, pois tinha consciência da lição de André Gide: *"Não se descobrem terras novas sem se consentir em perder de vista, primeiro e por muito tempo, qualquer praia"*[27]; daí porque foi destemido e ousou. Trata-se, no entanto, de uma valentia da mente que pede e demanda familiaridade e respeito mútuo com a modéstia, como cedo demonstrou, no último parágrafo da sua introdução, numa das alusões ao próprio trabalho, que ele refere como *"...um primeiro passo para investigações mais profundas..."* (p. 31). Por tudo isso, Follador foi intrépido e ousou.

Fez jus, portanto, ao estado de alma que aponta Marcelo Gleiser: *"Nada melhor do que a satisfação que vem após uma longa conquista... todo cientista sabe disso... É abraçar o desafio e viver num estado emocional que inspira..."*[28] Mas só o mereceu porque não apenas fez a escolha certa, mas se manteve fiel a ela, perseguindo, com toda humildade, *"...a aspiração mais incontida de grandeza: o desejo de, pelo pensamento, subir aos céus, habitar o incomensurável*

---

[26] J. Souto Maior Borges, **Ciência Feliz: Sobre o Mundo Jurídico e Outros Mundos**, Recife, Fundação de Cultura Cidade do Recife, 1994, p. 20.
[27] **Os Moedeiros Falsos**, tradução de Mário Laranjeira, São Paulo, Estação Liberdade, 2009, p. 42.
[28] **A Simples Beleza do Inesperado: Um Filósofo Natural em Busca de Trutas e do Sentido da Vida**, 3.ed., Rio de Janeiro, Record, 2019, p. 94.

e escutar-lhe as harmonias" (SOUTO MAIOR[29]). E eis que chega esse instante inusitado: *"Nesses raros momentos de descoberta, o cientista vislumbra, mesmo que efemeramente, uma ínfima parte dessa sabedoria universal. É esse o objetivo da busca: provar da droga da descoberta,* **o elixir da imortalidade que todo cientista e artista procura***"* (grifamos) (M. GLEISER[30]).

Palmilhado o caminho, com denodo e inspiração, GUILHERME FOLLADOR ganhou o direito de juntar sua voz à de NIETZSCHE e celebrar: *"****O pensamento****, que é para muitos uma corveia –* ***para mim****, nos meus dias felizes, é* ***uma festa e uma orgia****"*[31].

Curitiba, 11 de julho de 2021 – Dia de **S. Bento de Núrcia** (480-547).
Fundador dos Mosteiros de Subiaco e de Monte Cassino; criador da Regra de S. Bento para os mosteiros; por isso tido como o Patriarca dos monges do ocidente;
Padroeiro da Europa; e autor da máxima *"Ora et Labora !"*,
propondo a simbiose entre ação e contemplação,
transformada no lema dos beneditinos[32].

---

[29] **Ciência Feliz...**, *op. cit.*, p. 26.
[30] **Cartas a Um Jovem Cientista: O Universo, A Vida e Outras Paixões**, Rio de Janeiro, Alta Books, 2017, p. 48.
[31] *Apud* J. SOUTO MAIOR BORGES, **Ciência Feliz...**, *op. cit.*, p. 39.
[32] MARIO SGARBOSSA, **Os Santos e os Beatos da Igreja do Ocidente e do Oriente**, tradução de Armando Braio Ara, São Paulo, Paulinas, 2003, p. 391-392; DAVID HUGH FARMER, **The Oxford Dictionary of Saints**, 5.ed., New York, Oxford University Press, 2004, p. 49-50; JOHN J. DELANEY, **Dictionary of Saints**, 2.ed., New York, Doubleday, 2005, p. 85-86; ALBAN BUTLER, **Vida dos Santos de Butler**, v. III, tradução de Hamilton Francischetti, Petrópolis-RJ, Vozes, 1987, p. 246-251; VERA SCHAUBER e HANNS MICHAEL SCHINDLER, **Diccionario Ilustrado de los Santos**, *tradducción* de Luis Miralles de Imperial, Barcelona, Grijalbo Mondadori, 2001, p. 63-65; LAURA ACETI, **Grande Libro dei Santi**, Roma, Rusconi, 2013, p. 46-47; BENTO XVI, **Os Padres da Igreja II: De São Leão Magno a São Bernardo de Claraval**, tradução do *"L'Osservatore Romano"*, Campinas-SP, Ecclesiae, 2013, p. 21-26.

SUMÁRIO

PREFÁCIO 7
1. Motivação e Dúvida 7
2. Normas de Competência...................................... 10
3. Normas de Competência Tributária.......................... 12
4. Ousadias Alheias Incorporadas 14
5. Ousadias Próprias Construídas 17
6. Festa e Orgia... 18

INTRODUÇÃO 25

CAPÍTULO 1 – AS NORMAS JURÍDICAS
1.1. Considerações preliminares.. 33
1.2. O substantivo "norma" 34
    1.2.1. Introdução 34
    1.2.2. A ambiguidade do vocábulo................................... 37
    1.2.3. A vagueza do vocábulo....................................... 42
        1.2.3.1. Introdução 42
        1.2.3.2. Os usos da linguagem e a linguagem prescritiva 43
        1.2.3.3. As diferentes espécies de normas 53
            1.2.3.3.1. Introdução 53
            1.2.3.3.2. Prescrições (normas de conduta) 58
            1.2.3.3.3. Normas técnicas 68
            1.2.3.3.4. Normas determinativas (conceituais) ou definições 71
            1.2.3.3.5. Normas constitutivas 74
        1.2.3.4. As normas e a regulação do comportamento humano........... 80

1.3. O adjetivo "jurídica" 85
    1.3.1. Que normas podem ser chamadas de "jurídicas"? 85
    1.3.2. Existência e validade das normas jurídicas 94

CAPÍTULO 2 – AS NORMAS DE COMPETÊNCIA

2.1. Considerações iniciais 107
2.2. O Conceito de competência....................................... 108
2.3. Propostas teóricas sobre a forma lógica das normas de competência..... 111
    2.3.1. Introdução 111
    2.3.2. Propostas unitaristas 111
        2.3.2.1. Introdução 111
        2.3.2.2. As normas de competência como normas de conduta............ 111
            2.3.2.2.1. Esclarecimentos iniciais 116
            2.3.2.2.2 Normas de competência como partes de normas, normas dependentes ou obrigações indiretas 113
            2.3.2.2.3. Normas de competência como permissões..................... 117
        2.3.2.3. Normas de competência como normas técnicas 121
        2.3.2.4. Normas de competência como normas conceituais 123
            2.3.2.4.1. Introdução 123
            2.3.2.4.2. Hart 124
            2.3.2.4.3. Ross 129
            2.3.2.4.4. Alchourrón e Bulygin 131
        2.3.2.5. Normas de competência como normas constitutivas............. 132
        2.3.2.6. Normas de competência como normas constitutivo-performativas 134
    2.3.3. Propostas "não-unitaristas" 138
2.4. Críticas às teorias examinadas 141
    2.4.1. Introdução 141
    2.4.2. Críticas à teoria das partes de normas ou normas dependentes ... 142
    2.4.3. Críticas à teoria das obrigações indiretas 145
    2.4.4. Críticas à teoria das normas permissivas 148
    2.4.5. Críticas à teoria das normas técnicas 158
    2.4.6. Críticas à teoria das normas conceituais 161
    2.4.7. Críticas à teoria das normas constitutivas 163
    2.4.8. Críticas à teoria das normas "constitutivo-performativas" 165
2.5. Adesão à proposta "não unitarista".................................. 166

CAPÍTULO 3 – AS NORMAS DE COMPETÊNCIA TRIBUTÁRIA

3.1. O sistema constitucional tributário brasileiro: princípio federativo e repartição das competências 177
3.2. O conceito de competência tributária 192
    3.2.1. Introdução 192
    3.2.2. As diversas "competências tributárias" 193
    3.2.3. O que significa atribuir "competência tributária" 200
3.3. Propostas de formalização 223
    3.3.1. Introdução 223
    3.3.2. Eurico Marcos Diniz de Santi e Daniel Monteiro Peixoto 224
    3.3.3. Cristiane Mendonça 225
    3.3.4. Tácio Lacerda Gama 228
    3.3.5. Apreciação crítica das propostas apresentadas 233
        3.3.5.1. Introdução 233
        3.3.5.2. A hipótese 234
        3.3.5.3. Os conectores inter e intraproposicional 238
        3.3.5.4. O consequente 242
        3.3.5.5. A sanção 247
3.4. Competência Tributária: Validade e Regulação Deôntica 254
3.5. Sobre as chamadas "características da competência tributária" 270

CONCLUSÕES 277
REFERÊNCIAS 297

Introdução

As normas de competência têm enorme relevância no discurso jurídico, e ocupam posição central na estrutura de qualquer ordenamento moderno.

Segundo HART, sua introdução foi *"... um passo em frente tão importante para a sociedade como a invenção da roda..."*, representando, verdadeiramente, *"... a passagem do mundo pré-jurídico ao mundo jurídico"*[33].

Para BOBBIO, é justamente *"... a presença e frequência dessas normas que constitui a complexidade do ordenamento jurídico"* [34].

Sua importância é, de fato, inequívoca, e reside, principalmente, no fato de as normas de competência, juntamente com as normas que tratam da revogação, da derrogação e da convalidação, serem responsáveis por conferir caráter dinâmico aos sistemas jurídicos, tornando-os mutáveis e, consequentemente, mais aptos a atender às sempre cambiantes necessidades de regulação da vida social.

Sua decisiva participação na dinâmica dos sistemas jurídicos faz com que sejam necessárias tanto para identificar os enunciados normativos pertencentes e válidos nesses sistemas, como para a própria caracterização de um conjunto de normas como um sistema normativo. Decorre daí, também, a íntima relação que guardam com o tema das nulidades, sem dúvida um dos mais fundamentais da Ciência Jurídica.

Penhor seguro de sua posição central na reconstrução dos sistemas jurídicos encontra-se, ainda, no fato de autores como KELSEN, HART,

---

[33] **O Conceito de Direito**, p. 50.
[34] **Teoria Geral do Direito**, p. 197.

Ross e Von Wright, entre tantos outros, terem feito delas seu objeto de estudo.

No entanto, apesar do amplamente compartilhado reconhecimento de sua proeminência, e muito embora a temática da competência permeie, em alguma medida, praticamente todos os ramos da Dogmática Jurídica, o estudo das normas que as veiculam, sob o ponto de vista formal, salvo honrosas exceções, é matéria a que apenas a Teoria Geral do Direito tem dedicado atenção mais detida [35].

O que parece é que, no âmbito dogmático, supõe-se que esse é daqueles conceitos que não oferecem dificuldade, razão pela qual se pode passar, de uma sua definição irrefletida, diretamente ao estudo de sua regulação específica pelo direito positivo. Assim, seja no Direito Processual, no Direito Administrativo ou no Direito Tributário, ramos em que o conceito é mais presente, fala-se em "repartição de competências", em "espécies de competência", em "características das competências", mas reflete-se muito pouco sobre o que significa, sob o ponto de vista lógico, conferir competência a alguém para fazer algo.

Na verdade, apenas os teóricos do direito é que parecem haver percebido as dificuldades envolvidas no conceito de competência e, consequentemente, na tentativa de conceber uma estrutura lógica minimamente capaz de dar conta dos fenômenos normativos a ela relativos. Reflexo claro disso, aliás, é a absoluta ausência de consenso quanto a esses temas, como observa Bulygin, ao dizer que ainda *"No hay acuerdo entre los filósofos del derecho acerca de la naturaleza de las normas de competencia..."* [36-37].

Aliás, não existe consenso nem mesmo em relação a se é ou não possível definir como "normas" os enunciados de que se valem as fontes normativas para atribuir competência, pois não faltou quem, em vez de tratá-los como veiculadores de verdadeiras normas, tenha preferido con-

---

[35] Dois bons exemplos dessas exceções são as obras de Cristiane Mendonça – **Competência Tributária** – e de Tácio Lacerda Gama – **Competência Tributária: Fundamentos para uma teoria da nulidade** – especialmente dedicados ao tema da competência tributária, sob o ponto de vista de sua conceituação e estrutura normativa.
[36] *Sobre las Normas de Competencia*, in **Análisis Lógico y Derecho**, p. 487.
[37] Em razão da proximidade entre o português e o espanhol, as citações feitas neste idioma não serão traduzidas.

cebê-los como meros "fragmentos de normas", ou como simples "definições", de caráter não-normativo [38-39].

Essas divergências teóricas decorrem, em grande medida, do caráter plurívoco e vago do vocábulo "norma", que é usado nos mais diversos sentidos e, além disso, é, por vezes, atribuído a objetos que guardam muitas diferenças entre si.

Derivam, também, do fato de que há grande discordância quanto a quais são os fatores que permitem adjetivar determinadas normas como "jurídicas".

Originam-se, por fim, da circunstância de que existem concepções teóricas muito distintas quanto aos conceitos de validade e existência normativas, aos quais a noção de competência está intimamente ligada.

Em um primeiro olhar, essas divergências parecem quase não existir no plano da doutrina tributarista brasileira. Ao contrário, parece haver grande consenso quanto ao conceito de competência e às possibilidades de sua representação formal. Esse consenso, no entanto, é apenas aparente; as divergências ocultam-se por detrás do confuso tratamento que se dispensa à matéria, e apenas não se revelam imediatamente pela simples razão de que a noção de "competência" é daquelas tão fundamentais que, sobre ela, muito se fala e pouco se discute.

Prova disso está na verdadeira miríade de palavras que compõem os núcleos das definições do termo encontradas na doutrina, as quais asso-

---

[38] De fato, segundo NINO, KELSEN não toma as normas de competência como "normas", mas como "... *partes de normas genuínas*..." – **Introducción al análisis del derecho**, p. 86, – muito embora o próprio KELSEN tenha preferido dizer, em dado momento, que se trata, sim, de normas, mas de "normas não-autônomas" ou "normas não-independentes" – **Teoria Pura do Direito**, p. 36. Já de acordo com FERRER BELTRÁN, se, para KELSEN, a característica que define as normas jurídicas é a regulação de condutas mediante a imposição de sanções, então a conclusão só pode ser a de que "... *las normas de competencia no son normas jurídicas, puesto que éstas no regulan conductas mediante la imposición de sanciones.*" – **Las Normas de Competencia: Un Aspecto de la Dinámica Jurídica**, p. 22.

[39] Nesse sentido é, por exemplo, a proposta apresentada por ALCHOURRÓN e BULYGIN, no texto "*Definiciones y normas*", em que atribuem às definições caráter não-normativo, inserindo nessa categoria as normas de competência – *Definiciones y normas*, in **El lenguaje del derecho: Homenaje a Genaro R. Carrió**, p. 11-42. A despeito disso, em texto posterior, BULYGIN tratou as "definições" como sinônimos de "normas conceituais", reconhecendo nelas, pois, caráter normativo – *Sobre las Normas... op. cit.*, p. 485-498.

ciam a ideia de competência a conceitos tão distintos entre si como os de "capacidade" e "direito subjetivo".

O mesmo ocorre, aliás, com o conceito de "imunidade", que, embora receba mais atenção dos autores, algumas vezes é visto como um corolário da noção de "incompetência", caso em que é aplicado para apontar a impossibilidade de editar normas de incidência tributária válidas em relação a determinadas matérias, e, outras vezes, é descrito como uma "proibição" à criação de normas de incidência tributária sobre certas materialidades, caso em que simplesmente se ignoram as dificuldades presentes em equiparar a impossibilidade lógico-jurídica de se praticar uma conduta à proibição de praticá-la.

Realmente, parece haver, de maneira geral, na doutrina tributarista, uma grande confusão entre, de um lado, a descrição do "poder" de editar normas de incidência tributária como a "possibilidade" – isto é, a "capacidade", "legitimidade", "idoneidade", "habilitação" *etc.* – de editá-las e, de outro lado, o "poder" de criar normas tributárias como a "permissão" – "direito subjetivo", "faculdade", "autorização" *etc.* – de criá-las. Tanto é assim que é frequente encontrar, em textos de diversos autores, na mesma passagem, referências simultâneas às duas acepções da palavra "poder".

Esse tratamento confuso entre o "poder/competência" como "possibilidade lógico-jurídica" e o "poder/competência" como "permissão" – decorrente, em grande medida, da ausência de uma distinção entre as "disposições de competência" e as "normas de competência" – reflete-se em propostas teóricas que não veem óbice em reconstruir os enunciados atribuidores de competência como normas de estrutura prescritiva, notadamente como permissões outorgadas ao sujeito competente para o exercício da competência.

Aliás, pelo contrário, as propostas de formalização da competência tributária encontradas procuram, sempre, inserir a regulação da outorga da competência nos quadros de uma estrutura prescritiva, que une, mediante nexo de imputação, a descrição hipotética de um fato à cominação de uma relação jurídica, em que um sujeito ativo é credor de uma prestação, a qual, por sua vez, o sujeito passivo tem o dever de executar, sob pena de sanção.

O fato, porém, é que transportar essa estrutura lógica para o tema das competências e sua relação com a validade normativa é providência que encerra uma série de inconvenientes teóricos. A uma, porque dificilmente os limites formais e materiais que condicionam o agir do sujeito competente podem ser apresentados como "deveres" seus em relação aos destinatários de seus enunciados; a duas, porque o "poder" de editar a norma de incidência tributária é completamente independente do "direito" de editá-la, ainda que a recíproca não seja verdadeira; e, a três, porque há seriíssimos obstáculos a que se interprete a declaração de nulidade como sanção pelo "descumprimento" da norma de competência.

Parece contribuir decisivamente para essa equivocada posição da doutrina brasileira a adoção de um conceito muito restrito de "normas jurídicas", em que elas são identificadas apenas com as prescrições. Isso se reflete, do ponto de vista epistemológico, numa atenção exacerbada aos enunciados que regulam deonticamente a conduta – isto é, que impõem deveres, mediante a imposição de sanções – e num consequente obscurecimento de outras categorias, tão ou mais importantes do que as prescrições, para a regulação do comportamento humano, como é o caso das normas técnicas, das definições jurídicas e das normas constitutivas, as quais, nessa perspectiva, ficam confinadas nos porões do sistema jurídico, donde emergem apenas e tão-somente para auxiliarem na construção das prescrições, como se fossem meros fragmentos delas ou, pior, suas serviçais[40].

Em rigor, essa perspectiva está ligada à adoção quase unânime, pela doutrina tributarista brasileira, da noção kelseniana de norma jurídica (completa) e, também, das suas ideias sobre a existência e a validade normativas, que, se muito contribuíram para forjar a moderna Ciência do Direito, apresentam, também, alguns graves problemas. Como bem

---

[40] É o caso da perspectiva que trata as prescrições como "... *unidades completas de significação deôntica...*", integrantes dos chamados subsistemas "S_3", correspondente ao "... *domínio articulado de significações normativas...*", e "S_4", correspondente ao plano dos "... *vínculos de coordenação e de subordinação que se estabelecem entre as regras jurídicas...*", compostos por "... *unidades da mesma espécie daquelas produzidas no plano $S_{3...}$*", isto é, por estruturas prescritivas, relegando ao plano da "insuficiência" e da "incompletude" os subsistemas "S_1" e "S_2", correspondentes aos planos da literalidade textual – "... *suporte físico das significações jurídicas...*" – e das "...*significações isoladas...*" – PAULO DE BARROS CARVALHO, **Direito Tributário: Fundamentos Jurídicos da Incidência**, p. 105-124.

observa Maurício Dalri Timm do Valle, *"... é preciso avançar..."* para além da *"... velha e superada concepção da 'homogeneidade sintática das normas'..."* [41].

A apresentação dos inconvenientes teóricos contidos nessa perspectiva perpassará o presente texto, mas sem que nele se busque uma sua análise exaustiva, na medida em que não constituem seu objeto central. Na verdade, o objetivo deste texto é, tão-somente, o de analisar criticamente as propostas de formalização das normas de competência tributária apresentadas pela doutrina brasileira – com apoio nos estudos produzidos sobre a matéria no plano da Teoria Geral do Direito, e, também, com amparo em reflexões sobre os conceitos de norma, de validade e de existência normativa – para, ao final, assumir o risco de apresentar uma proposta alternativa de formalização.

Para tanto, no primeiro capítulo, serão examinadas as diversas acepções da palavra "norma" e as diferentes propostas que buscam critérios para atribuir a algumas delas o adjetivo "jurídicas"; no segundo, a investigação dirigir-se-á à análise crítica das diversas propostas relativas ao caráter e à forma das normas de competência encontradas no âmbito da Teoria Geral do Direito; finalmente, no terceiro capítulo, depois de situar o tema da competência no âmbito do Sistema Constitucional Tributário Brasileiro, proceder-se-á a um exame dos diversos conceitos de competência tributária, à apresentação das principais propostas de formalização, à respectiva crítica, e, finalmente, à apresentação de uma proposta alternativa de estruturação lógica dos temas normativos afetos à competência tributária.

Como o objetivo final é o exame do conceito e a construção de uma estrutura lógica para as normas de competência tributária, é de se supor que, em grande medida, a análise será pautada por reflexões que vêm do campo da lógica das normas.

É preciso dizer, porém, que a persecução da forma lógica das normas de competência tributária não consiste, para este trabalho, um fim em si mesmo. As formas lógicas são vistas, aqui, apenas como um instrumento para a organização do pensamento. Elas não são "necessárias" para pensar o direito, mas não há dúvida de que são úteis para tanto. Se é difícil

---

[41] **Sujeições Tributárias: A Reconstrução Racional dos seus Sistemas a partir da Teoria Analítica do Direito**, p. 343.

mensurar concretamente as consequências práticas de construir uma estrutura dessa natureza, para que se possa imaginar aonde tal providência pode levar, basta pensar na verdadeira revolução que os estudos de Paulo de Barros Carvalho sobre a estrutura da norma jurídica de incidência tributária, precedidos que foram pelos de Becker, Ataliba e outros, provocaram na Ciência do Direito Tributário que se pratica no Brasil.

É bem verdade que, além de se haverem tornado uma espécie de fetiche na Dogmática do Direito Tributário Brasileiro, as formas lógicas vêm sendo utilizadas – conforme denuncia Folloni, – como fórmulas simbólicas que *"... têm a função de revelar as formas estruturais uniformes que subjazeriam ao direito positivo, proporcionando ao cientista trabalhar com segurança no conhecido, evitando a multiplicidade disforme da matéria legislada"*, de modo a não abrir lugar, no mundo desse conhecimento entrincheirado, ao diferente, ao estranho e ao acidental [42].

No entanto, o fato é que, no processo de retorno das formas abstratas aos objetos concretos que representam, e sobre os quais se fala, as formas lógicas também podem ser usadas como instrumentos metodológicos auxiliares para revelar não as uniformidades, mas, precisamente, as diferenças entre esses mesmos objetos.

É para esse preciso fim que se invocam as formas lógicas neste estudo: para ajudar a tornar manifestas as diferenças entre os diversos tipos de enunciados a que se costuma atribuir caráter normativo, e, nessa toada, expor as distinções fundamentais que existem entre, de um lado, os enunciados que regem a competência e os valores normativos da validade e da nulidade, e, de outro lado, aqueles que prescrevem condutas e cominam sanções.

Na melhor das hipóteses, este estudo representará uma contribuição para a teoria das nulidades relativas às normas de incidência tributária, constituindo um primeiro passo para investigações mais profundas, como aquela atinente ao exame da validade das numerosas alterações já promovidas, por meio de emendas constitucionais, nas normas de competência

---

[42] André Folloni, **Ciência do Direito Tributário no Brasil: Crítica e Perspectivas a Partir de José Souto Maior Borges**, p. 160.

tributária[43]; na pior das hipóteses, deverá servir, ao menos, para pôr em debate a forma como alguns dos conceitos mais fundamentais da Teoria Geral do Direito, como os de "norma jurídica", "competência", "imunidade", "poder", "direito (subjetivo)", "dever", "permissão", "proibição", "ônus" e "sanção", vêm sendo aplicados no âmbito da Ciência do Direito Tributário praticada no Brasil[44]. Se este último objetivo for alcançado, este trabalho terá atingido o seu desiderato.

---

[43] Nesse sentido, diz Torben Spaak: *"Por que o conceito de competência jurídica deveria interessar aos juristas e filósofos do Direito? A resposta é que nós precisamos dele para adequadamente analisar e discutir questões relativas à (in)validade jurídica. Isso porque, como podemos ver, competência é uma condição necessária para a validade: apenas uma pessoa competente pode mudar uma 'posição jurídica'".* Tradução livre. No original inglês: *"Why should the concept of legal competence interest lawyers and legal philosophers? The answer is that we need a competence concept in order to adequately analyze and discuss questions of legal (in)validity. For, as we shall see, competence is a necessary condition for validity: only a competent person can change a legal position"* – The Concept of Legal Competence, in **IVR Encyclopaedia of Jurisprudence, Legal Theory and Philosophy of Law**, disponível em: http://ssm.com/abstract=923531, acesso em 04/01/2013.

[44] Afinal, como diz Bulygin, *"... la importancia de la lógica para el derecho consiste precisamente en el análisis de los conceptos jurídicos fundamentales..."* – Prefácio, **Estudos sobre Lógica e Direito**, p. 15.

1.
As Normas Jurídicas

1.1 Considerações preliminares

Os enunciados que regulam a competência tributária são normas jurídicas.

Essa afirmação pode ser singela; contudo, precisa ser justificada, porque tomar os enunciados por meio dos quais se atribui e regula a competência tributária como normas jurídicas, por mais intuitivo que possa parecer, é providência que dependerá do conceito de norma jurídica que se adote.

De fato, como veremos adiante, não faltou quem, adotando um conceito mais restrito de norma jurídica, tenha tratado as regras atribuidoras de competência, por exemplo, como meros "fragmentos" de normas jurídicas, ou como "normas dependentes", ou como "definições", de caráter não normativo.

Daí a necessidade de, antes de aludir à competência tributária, tentar deixar claro o que se entende designado pela expressão "norma jurídica". Esse desígnio justificaria, por si só, o presente capítulo.

Mas, além de necessário, o exame da noção de "norma jurídica" é também oportuno. De um lado, para que se possam compreender melhor as diversas propostas apresentadas, no âmbito da Teoria Geral do Direito, quanto à natureza e à estrutura lógico-formal das normas de competência. De outro lado, porque os critérios que permitem marcar determinadas normas com o timbre da "juridicidade" estão claramente ligados aos conceitos de existência e validade das normas jurídicas, e tais noções, a seu turno, estão estreitamente vinculadas ao conceito de competência.

Por isso é que este capítulo será dedicado ao exame do conceito de "norma jurídica", para o que não parece haver outro caminho senão o de, primeiramente, investigar o conceito de "norma" e, em seguida, partir em busca dos critérios que permitem adjetivar algumas delas como "jurídicas".

1.2. O substantivo "norma"

1.2.1. Introdução

A noção de "norma" está longe de ser unívoca. Como sói ocorrer nas linguagens naturais, sobre as quais usualmente recai o objeto de estudo das ciências sociais, a palavra que exprime o conceito padece do problema da ambiguidade[45].

"Ambíguos" são os vocábulos que se podem tomar em mais de um sentido, sem que necessariamente exista – embora possa haver – um ponto de contato entre os objetos que denotam, ou mesmo um significado mais amplo e geral debaixo do qual todos eles possam ser reunidos.

O problema da ambiguidade – ou polissemia – está presente na maior parte das palavras e expressões da linguagem natural, mesmo as mais singelas e de uso mais cotidiano, o que pode ser provado por uma simples consulta a qualquer dicionário, em que o ordinário não é observar a univocidade de um vocábulo, mas, sim, a existência de mais de um significado para cada termo ou expressão[46].

A palavra "gato", por exemplo, é inegavelmente ambígua, porque, entre outros significados, pode dizer respeito (i) a uma espécie de felino; (ii) a uma instalação elétrica clandestina; (iii) a um indivíduo esperto, gatuno ou larápio; (iv) a uma carta do jogo de truco; (v) a um homem bonito; (vi) a um atleta cuja idade foi adulterada para lograr inscrição irregular numa competição *etc.*

---

[45] E, se é assim, ainda mais longe do consenso está a noção de *norma jurídica*. Como bem aponta Tércio Sampaio Ferraz Júnior, *"Não há uma, mas inúmeras noções de norma jurídica"* – **A Ciência do Direito**, p. 50.

[46] *"Todas las palabras del léxico de un lenguaje natural están afectadas de polisemia. Este aserto puede verificarse en cualquier buen diccionario consultando las diversas acepciones que figuran a continuación de cada vocablo"* – Enrique Aftalión, José Vilanova e Julio Raffo, **Introducción al derecho...**, p. 91.

Normalmente, a análise do contexto eliminará a dúvida sobre o sentido em que a palavra está sendo utilizada, especialmente quando se trata, como no caso da palavra "gato", de hipóteses de significação tão diferentes entre si.

Porém, quanto mais próximos estiverem os significados diversos que se atribuem a um mesmo termo, mais difícil será a tarefa de identificar aquele de que concretamente faz uso o emissor.

Essa dificuldade é especialmente frequente em palavras que não designam objetos do mundo físico, mas que expressam objetos linguísticos, conceitos abstratos tais como "democracia", "Estado", "princípio", "Constituição" e tantos outros de uso mais do que corriqueiro na linguagem jurídica.

Com a palavra "norma" não se passa coisa diversa, na medida em que ela ora faz referência a um padrão de conduta normalmente observado, ora alude a uma dada expressão que veicula uma norma, ora diz respeito a determinado significado de certo enunciado normativo, ora, ainda, representa o juízo que alguém faz sobre o fato de determinada ação ser obrigatória, permitida ou proibida.

Não bastasse ser ambíguo, o vocábulo "norma" é também vago, na medida em que, mesmo quando definido o sentido de seu uso, remanesce relativa incerteza quanto ao seu campo de aplicação, isto é, quanto aos objetos a que pode fazer referência.

Em rigor, todas as palavras e expressões verbais sofrem, em alguma medida, desse mesmo mal. Afinal, quando se pensa no uso de qualquer expressão da linguagem natural, verifica-se que há sempre (i) casos típicos, emblemáticos, diante dos quais ninguém hesitaria em aplicá-la; (ii) casos de inequívoca exclusão, nos quais sua utilização seria evidentemente despropositada; e (iii) casos situados em uma zona cinzenta, de indeterminação, de penumbra, em que não se sabe, à primeira vista, se a palavra é ou não aplicável.

Pensando, mais uma vez, na palavra "gato", para aproveitar a força retórica do exemplo, pode-se questionar severamente se seria qualificável como tal um felino que se apresentasse com todas as características típicas do animal – um mamífero quadrúpede, carnívoro, com pelos, bigodes e dotado de grande agilidade –, mas que tivesse quatro metros de altura e, ainda, fosse capaz de falar[47].

Com a palavra "norma" acontece o mesmo, pois, como aponta MENDONÇA, o termo "... *carece de un significado preciso y es utilizado en diversos contextos con diferentes sentidos*"[48], o que faz com que termos e expressões tão distintos como "regra", "princípio", "pauta", "guia", "preceito", "modelo", "padrão", "prescrição", "diretiva" e "diretriz" apareçam, eventualmente, como seus sinônimos parciais. A proximidade semântica entre tais expressões é clara para quem tem algum domínio da língua portuguesa, ainda que seja difícil identificar, de imediato, em cada um desses sinônimos parciais, o preciso traço de similaridade que nos autorizaria a, em dadas circunstâncias, utilizá-los no lugar da palavra "norma".

Portanto, para deixar clara a concepção de "norma" adotada neste trabalho, não resta alternativa senão enfrentar os problemas da ambiguidade e da vagueza da palavra, identificando um sentido dentre os possíveis e delimitando seu campo de aplicação.

É o que se procura fazer nos tópicos que seguem.

---

[47] Esse é o tipo de vagueza que FERRERES COMELLA chama de (i) "vagueza por textura aberta", potencialmente aplicável a qualquer tipo de palavra, na medida em que sempre podem surgir objetos com propriedades tão insólitas que nos deixarão em dúvida sobre se determinada palavra pode ou não ser utilizada para designá-los – como o "gato" gigante e falante, no exemplo do mesmo autor. Para além dessa espécie de vagueza, o autor também faz referência à (ii) "vagueza por gradiente", que se produz quando uma palavra faz referência a uma propriedade que se verifica em diferentes níveis – caso da palavra 'calvo': a partir de quantos fios de cabelo uma pessoa pode ser considerada calva? – e à (iii) "vagueza combinatória", que se dá quando uma palavra não se define por uma série de propriedades necessárias e suficientes, mas por um conjunto de propriedades relevantes, tais que, se um objeto reúne um número indefinido delas, é-lhe aplicável a palavra, embora qualquer dessas propriedades possa faltar sem que a palavra deixe de poder ser empregada. Um exemplo deste último tipo de vagueza está na palavra "jogo": nem todos os jogos envolvem mais de um competidor, e nem mesmo o elemento *competição* é necessário; também não são necessárias bolas, uniformes *etc.*, mas cada um desses elementos é um indicativo da inclusão do objeto na classe dos "jogos". É o caso, também, da palavra "arte" – ***Justicia Constitucional y Democracia***, p. 19-24.
[48] ***Las Claves del Derecho***, p. 46.

1.2.2 A ambiguidade do vocábulo

A palavra "norma" é ambígua porque **(i)** ora alude aos fragmentos de linguagem, textuais ou não, por meio dos quais as normas são veiculadas[49]; **(ii)** ora faz referência a um determinado significado que o destinatário da mensagem atribui a esses enunciados; **(iii)** ora, ainda, representa o juízo que alguém faz sobre o fato de existir, em dado sistema normativo, uma norma que regula determinada ação.

Partindo do pressuposto de que a linguagem jurídica é, essencialmente, fruto de estipulações e convenções – isto é, decisões linguísticas –, e de que, portanto, não há conceitos ontologicamente verdadeiros, dotados de significado real ou intrínseco, para clarificar as noções de que nos valeremos neste trabalho, será imprescindível distinguir o conceito de "norma" de outras noções que lhe são próximas, como as de "formulação normativa", "enunciado normativo", "disposição normativa" e "proposição normativa"[50].

Iniciando a série de definições, tomaremos por "formulação normativa" qualquer veículo comunicativo de uma norma, isto é, qualquer via apta a transmitir uma mensagem normativa[51]. Partimos, aqui, da verificação de que nem sempre as normas são expressas por meio de palavras. Uma luz de trânsito, um gesto ou um olhar podem muito bem veicular normas, sem que a mensagem venha acompanhada de qualquer expressão verbal.

A expressão "enunciado normativo", por sua vez, será reservada a uma espécie de formulação normativa, caracterizada precisamente por veicular normas por meio de palavras, enunciadas verbalmente ou por escrito.

---

[49] Ferrer Beltrán, *Las Normas de Competencia... op. cit.*, p. 160, nota 293.
[50] Carrió bem demonstrou que, como linguagem é convenção, as palavras só podem ter o significado que se lhes atribui, de modo que não há significados intrínsecos, verdadeiros ou reais. Daí a esterilidade das disputas entre os cientistas e operadores do direito sobre a natureza jurídica de determinado instituto jurídico, bem como a infertilidade das disputas sobre a verdade ou o equívoco das classificações – ***Notas sobre Derecho y Lenguaje***, p. 101. No mesmo sentido, pondera Guibourg, em relação a tal sorte de discussões, que *"Todos estos problemas son insolubles si se los plantea de esa manera, porque su solución no depende de la realidad ni de la naturaleza, sino de ciertas decisiones clasificatorias y lingüísticas"* – ***Introducción al conocimiento científico***, p. 40.
[51] Mendonca, *Las Claves... op. cit.*, p. 53.

Para um enunciado normativo merecer esse nome, precisa corresponder a uma "... *expressão linguística sob forma acabada...*" [52]; ou seja, precisa ser uma oração ou sentença "... *formada de acordo com as regras do idioma em que está inserida...*"[53-54]. Uma expressão como "fazer deve não Fulano isso", por exemplo, não pode ser considerada um enunciado normativo, na medida em que não respeita minimamente "...*as regras gramaticais...*" do idioma português[55-56].

Aludir-se-á a "disposição normativa", por outro viés, para fazer referência a uma espécie de enunciado pertencente ao discurso das fontes normativas – e não ao de seus destinatários ou intérpretes – [57], caracterizada pelos fatos de ser expressa por escrito e de, eventualmente, integrar um determinado texto ou documento normativo, como uma lei, um decreto, um contrato, o Decálogo *etc.*

Tomar-se-á por "norma", a seu turno, o enunciado normativo, de caráter proposicional, pertencente ao discurso dos intérpretes – isto é, dos destinatários das mensagens normativas – criado a partir da interpre-

---

[52] Riccardo Guastini, **Das Fontes às Normas**, p. 25.

[53] Mendonca, *Las Claves...*, *op. cit.*, p. 27.

[54] De fato, como aponta Moussallem, *"As palavras não podem ser postas em qualquer ordem para formar um enunciado (ou oração ou sentença)."* – **Revogação em Matéria Tributária**, p. 37-38.

[55] Nesse sentido, diz Paulo De Barros Carvalho que um enunciado é *"... um conjunto de fonemas ou de grafemas que, obedecendo a regras gramaticais de determinado idioma, consubstanciam a mensagem expedida pelo sujeito emissor para ser recebida pelo destinatário, no contexto da comunicação."* – **Direito Tributário: Fundamentos...**, *op. cit.*, p. 44.

[56] Hernández Marín observa que um "enunciado" é *"...una oración o una fórmula"*, sendo que "oração" é *"Una expresión bien formada y con sentido completo de un lenguaje natural..."*, enquanto "fórmula" é *"Una expresión bien formada y con sentido completo de un lenguaje artificial..."* – **Introducción a la teoría de la norma jurídica**, p. 45.

[57] A doutrina tradicional, ao falar das "fontes do direito", costuma remeter aos diversos enunciados – leis em sentido amplo, jurisprudência, atos administrativos *etc.* – sobre os quais se debruça o intérprete a fim de construir as normas e proposições normativas. No entanto, parece mais adequado dizer, com Moussallem, que *"... a lei é produto de fonte do direito, a jurisprudência, os contratos, os atos administrativos também o são e não podem ser considerados como fontes do direito..."* – **Fontes do Direito Tributário**, p. 119. Em linha semelhante vai a doutrina de Paulo De Barros Carvalho, ao reservar, para aquilo que seriam as "fontes do direito", no sentido tradicional, a expressão "veículos introdutores de normas" – **Curso de Direito Tributário**, p. 86.

tação dos enunciados normativos oriundos do discurso das fontes, vale dizer, a partir das "disposições normativas"[58].

Oportuno assinalar que "proposição", nesse sentido amplo em que o vocábulo se aplica às normas, é, simplesmente, um enunciado dotado de sentido, porque produto da interpretação de um dado estado de coisas[59]. Se, para que tenhamos um enunciado, é suficiente que a construção frasal se dê com respeito às regras gramaticais de um idioma, para que se tenha uma proposição é necessário, também, que esse enunciado tenha um sentido, de modo que se possa avaliá-lo, segundo os valores de algum sistema de referência, como "verdadeiro" ou "falso", "válido" ou "inválido", "pertinente" ou "impertinente", "sincero" ou "insincero" etc.

Por derradeiro, designar-se-á por "proposição normativa" o enunciado descritivo, informativo – não normativo, portanto, – que afirma algo a respeito de uma propriedade (como a existência ou a validade) de uma determinada norma, sendo, em razão disso, suscetível de juízos de verdade ou falsidade [60-61].

Note-se que tanto a disposição normativa quanto a norma são enunciados normativos. A diferença é que a disposição – objeto da interpretação, enunciado sobre o qual recai a interpretação – corresponde a um enunciado do discurso das fontes, do emissor da norma, ao passo que a norma – produto da interpretação, proposição resultante da interpreta-

---

[58] NINO, **Introducción...**, op. cit., p. 87. Note-se que tanto as disposições normativas como as normas são enunciados que veiculam normas, já que o enunciado é tão somente a "...forma gramatical e linguística com que um determinado significado é expresso" – BOBBIO, **Teoria Geral...**, op. cit., p. 52-53. A diferença entre uns e outros é que as normas são enunciados de caráter proposicional, porque resultam da interpretação de outro enunciado.

[59] Num sentido mais restrito, "proposições" são apenas as expressões do juízo, os enunciados a que se pode atribuir "valor-verdade"; num sentido mais amplo, são todo e qualquer enunciado dotado de sentido lógico, avaliável segundo os valores do sistema de referência ("válido" e "inválido", "sincero" ou "insincero" etc.).

[60] Nesse sentido, diz MENDONCA: "...las proposiciones normativas pueden ser analizadas en términos de proposiciones acerca de la existencia de normas" – **Las Claves...**, op. cit., p. 32.

[61] Essa é a concepção tradicional de "proposição normativa", segundo PABLO NAVARRO –*Enunciados Jurídicos y Proposiciones Normativas*, **Isonomía: Revista de Teoría y Filosofía del Derecho**, nº. 12, p. 124.

ção da disposição – é um enunciado do discurso do intérprete, do tradutor da mensagem normativa[62].

A proposição normativa, portanto, não é um enunciado normativo, que expressa ou veicula uma norma, mas sim um enunciado descritivo, que faz da norma o objeto de um juízo fático [63].

Tanto a proposição normativa como a norma são enunciados de sobrelinguagem; porém, a segunda é voltada à regulação da conduta, e a primeira à descrição do fenômeno regulador da conduta.

Para ilustrar essas distinções com um exemplo, poder-se-ia dizer que o enunciado normativo "deve-se proteger a vida", expresso nos termos de uma disposição normativa, veiculada num texto ou documento normativo, dá origem, mediante interpretação do destinatário – incidente apenas sobre esse enunciado, ou também sobre outros enunciados do discurso das fontes, – a uma norma segundo a qual "é proibido matar", a qual é objeto, por sua vez, da proposição normativa do cientista, segundo a qual, "no sistema normativo 'x' existe uma norma 'N' que faz proibida a conduta de matar" [64].

As distinções até aqui efetuadas justificam-se por uma questão de clareza na definição das premissas, mas também encontram sua razão de ser na necessidade epistemológica – importante para este trabalho, tendo em vista a distinção que mais tarde se estabelecerá entre "disposição de competência" e "norma de competência" – de deixar clara a inexistência de correspondência biunívoca entre disposições normativas e normas.

De fato, as disposições normativas ("D") não se podem confundir com as normas ("N") porque, como demonstrou GUASTINI: **a)** toda disposição

---

[62] GUASTINI, **Das Fontes às...**, *op. cit.*, p. 27.
[63] Como observam ALCHOURRÓN e BULYGIN: *"No es fácil trazar la distinción conceptual entre normas y proposiciones normativas; transcurrió bastante tiempo antes que los lógicos interesados en la lógica de las normas alcanzaran claridad respecto de este tema. Pero una vez que fuera detectada la ambigüedad de las expresiones deónticas, prácticamente todos los lógicos deónticos hacen uso de esa distinción conceptual, por distintas que sean sus ideas respecto de la naturaleza de las normas o respecto de la naturaleza de las proposiciones normativas"* – Normas, proposiciones normativas y enunciados jurídicos. In: **Análisis lógico y Derecho**, p. 190.
[64] Como se vê, o enunciado do aplicador do direito (norma) é um enunciado regulador da conduta; o enunciado do cientista do direito (proposição jurídica) é descritivo do sistema normativo. – MOUSSALLEM, **Revogação...**, *op. cit.*, p. 109.

normativa apresenta algum grau de vagueza e ambiguidade, de modo que comporta diversas (e mesmo conflitantes) atribuições de significado (D ⇨ N1? N2? N3?); **b)** muitas disposições normativas podem exprimir não só uma norma, mas uma multiplicidade delas (D ⇨ N1 + N2 + N3), e esse fenômeno tende a se manifestar de maneira tão mais forte quanto maior for o grau de abstração ou vagueza de uma disposição normativa; **c)** pode acontecer, embora seja relativamente raro, que duas disposições sejam perfeitamente sinônimas, caso em que a ambas corresponderá apenas uma (e mesma) norma (D1 ⇨ N e D2 ⇨ N); **d)** também pode acontecer, e isso é até frequente, que duas disposições, embora não constituam sinônimos perfeitos, compartilhem ao menos um possível significado comum (D1 ⇨ N1 + N2 + N3; D2 ⇨ N3 + N4 + N5) [65-66].

GUASTINI observa, ainda, que, caso se adote um conceito mais estrito de "norma", como aquele que restringe o significado da expressão aos enunciados *prescritivos* – tais como "Se o fato 'A' é, deve ser a permissão, a obrigação ou a proibição 'B'" – a inexistência de correspondência biunívoca entre disposições e normas restará ainda mais cristalina.

Afinal, nessa perspectiva, a dissociação entre disposição e norma existirá também nos casos: **(i)** de determinados "princípios", veiculados em enunciados cujo grau de vagueza às vezes não permite que se extraia de seu preceito uma norma, nesse sentido mais limitado da palavra (D ⇨ ?); **(ii)** das disposições normativas que expressam meros "fragmentos" das normas ditas "completas", caso em que a "verdadeira" norma será fruto de uma combinação de disposições (D1 + D2 + D3 ⇨ N); e **(iii)** das "normas implícitas", não veiculadas em disposição alguma (? ⇨ N).

Em resumo, portanto, quer na concepção mais ampla, quer na mais estrita, as normas não se confundem com as disposições normativas, nem há, entre elas, uma correspondência necessária. Ambas são espécies de enunciados normativos e, pois, de formulações normativas, mas as primeiras pertencem ao discurso das fontes e as segundas ao discurso dos

---

[65] Onde "D" representa disposição e "N" representa norma.
[66] GUASTINI, **Das Fontes às...**, *op. cit.*, p. 34-36.

intérpretes. E apenas as normas, e não as disposições normativas, podem ser objeto de proposições normativas[67].

Desfeita, assim, a ambiguidade da palavra "norma" – não mediante uma pretensa descoberta de sua quintessência, mas, sim, a partir de uma estipulação, isto é, uma decisão arbitrária, porém justificada, de utilizá-la num sentido específico, dentre outros possíveis –, pode-se passar a examinar o outro problema linguístico responsável por grande parte dos desacordos entre os juristas no uso desse termo: a vagueza.

1.2.3 A vagueza do vocábulo

1.2.3.1 Introdução

A despeito desses primeiros esclarecimentos quanto à escolha de um sentido específico a se atribuir à palavra "norma", a vagueza do termo faz com que ainda remanesça sem resposta a pergunta central deste primeiro capítulo: o que, afinal, deve-se entender por "normas"? Isto é, a que objetos se aplica o vocábulo? Apenas aos que regulam condutas, qualificando-as como obrigatórias, permitidas ou proibidas? Aos que criam certas possibilidades de condutas? Aos que estabelecem os meios para realizar uma conduta? Aos que definem conceitos estruturais dos sistemas normativos? A todos eles?

Para solucionar esse problema, pode-se pensar, intuitivamente, em dois caminhos alternativos.

O primeiro é, a exemplo do que se fez no tópico anterior, restringir arbitrariamente o seu campo de aplicação, mediante a escolha de um critério diferenciador que privilegie uma significação específica, em detrimento de outras possíveis[68]; o segundo consiste em, pura e simplesmente,

---

[67] Isso significa que as normas são uma metalinguagem que tem por linguagem-objeto as disposições normativas e outras espécies de formulações normativas do discurso das fontes, ao passo que as proposições normativas são uma metalinguagem que tem por linguagem-objeto as normas, isto é, os enunciados normativos do discurso dos destinatários, dos intérpretes-aplicadores. A distinção entre "metalinguagem" e "linguagem-objeto" é examinada, a partir de TARSKI, em: CESAR SERBENA, **Lógica e Direito: Elementos para uma Reconstrução Formal do Raciocínio Jurídico**, p. 20-22.

[68] Nesse sentido, diz WARAT que uma definição "estipulativa" *"É uma definição totalmente convencional ou arbitrária..."* – **A Definição Jurídica: Suas Técnicas – Texto Programado**, p. 33.

expor os múltiplos objetos a que se costuma fazer referência por meio da expressão, para, então, buscar identificar, neles, os elementos comuns a todos. No primeiro caso, enveredar-se-á por uma definição "estipulada"[69]; no segundo caso, por uma definição "lexicográfica" (ou "informativa")[70]. Trilharemos, aqui, este último caminho.

1.2.3.2 Os usos da linguagem e a linguagem prescritiva

Uma resposta muito tradicional sobre o que caracteriza uma norma é fundada num critério semântico-pragmático, que parte da distinção entre os diversos tipos de usos da linguagem para fixar o traço peculiar dos enunciados normativos no seu caráter prescritivo.

De fato, como diz VERNENGO, num sistema de comunicação, a linguagem desempenha múltiplas funções, e é recorrente, no pensamento filosófico, o procedimento de enumerar alguns desses usos e classificá-los [71].

Diversos autores dedicaram-se à tarefa de inventariar essas funções da linguagem e sistematizá-las, de modo que várias também seriam as classificações a que se poderia fazer referência para tentar dar conta desse ponto.

Por se reputar que a ampliação do material de contraste proporciona maior clareza na identificação dos objetos da comparação, optou-se, aqui, por uma classificação cunhada por NINO, que distingue entre cinco espé-

---

[69] Embora seja de uso comum em outras línguas, como a espanhola – "estipulativa" – ou a inglesa – "stipulative", – a palavra "estipulativa" não tem lugar no vocabulário da língua portuguesa – Cf. ACADEMIA BRASILEIRA DE LETRAS, **Vocabulário Ortográfico da Língua Portuguesa** – razão pela qual é preferível utilizar, em seu lugar, a palavra "estipulada". Ademais, o sufixo "-ativo", quando unido ao radical em questão, remete a algo que é "relativo à estipulação", ou que "impele à estipulação", ao passo que a palavra "estipulado" diz respeito àquilo que, muito diversamente, é "fruto" da estipulação, compondo, pois, um sentido mais próximo àquele que se pretende aqui exprimir, na medida em que tomamos "definição estipulada" precisamente como uma definição que é decorrência – e não causa – de uma estipulação.

[70] Como diz MENDONCA, "...las definiciones persiguen, básicamente, dos propósitos: describir el significado de un término ya en uso o asignar, estipulación mediante, un significado determinado y especial acuñado por primera vez para su uso en un sentido técnico específico. Las definiciones del primer tipo se denominan informativas o lexicográficas;...las del segundo tipo, las estipulativas..." – **Las Claves...**, op. cit., p. 115.

[71] **Curso de Teoría General del Derecho**, p. 50.

cies de usos da linguagem – diferentemente, por exemplo, do que fazem VERNENGO ou BOBBIO, que distinguem entre apenas três[72].

Isso não quer dizer que a primeira proposta classificatória corresponda a uma classificação exaustiva, contraposta a classificações insuficientes. Na verdade, todas são insuficientes, e qualquer outra que se pretendesse criar também o seria, porque a versatilidade da linguagem, isto é, a variabilidade de seus usos, está posta em função e a serviço da inesgotável inventividade humana.

Não obstante, pode-se dizer que a escolha se justifica, também, porque a classificação feita por NINO inclui a categoria dos usos operativos ou performativos, que dizem respeito a uma função da linguagem muito peculiar, e de especial interesse para a presente investigação.

Expostas as razões da escolha, avancemos no exame da classificação.

NINO alude, primeiramente, a um uso **informativo** ou **descritivo** da linguagem, em que sua função é descrever certo estado de coisas ou prestar informação a respeito de algum fato, como se verifica nos atos de relatar, descrever, afirmar *etc*.

Trata-se da função normalmente presente em enunciados como "A Terra gira em torno do sol" ou "A grama é verde", que corresponderiam, na classificação de AUSTIN, aos enunciados "constativos" (*"constative utterances"*), em oposição aos enunciados performativos (*"performative utterances"*), dos quais se tratará mais adiante [73].

As proposições construídas a partir desses enunciados têm por traço peculiar a possibilidade de sujeitar-se a juízos de verdade ou falsidade, o que não se verifica em nenhuma das quatro outras funções linguísticas

---

[72] NINO, *Introducción...*, *op. cit.*, p. 63-64; VERNENGO, **Curso...**, p. 51. BOBBIO refere-se apenas às funções "descritiva", "expressiva" e "prescritiva" da linguagem – **Teoria Geral...**, *op. cit.*, p. 57-59. Também CÁCERES NIETO distingue entre cinco diversos tipos de uso da linguagem, que correspondem aos mesmos apresentados por NINO, ainda que sob nomenclatura ligeiramente diversa – **Lenguaje y Derecho...**, p. 12-15.

[73] Formular um enunciado "constativo", para AUSTIN, é simplesmente fazer uma afirmação (*"...to make a statement..."*); formular um enunciado "performativo" é, além de dizer, praticar uma ação (*"...is the performing of an action..."*) – **How to do things with words**, p. 6-7. Na falta de um sinônimo perfeito, no vernáculo, para a palavra "constative", cujo sentido se aproxima ao de "verificativo", recorre-se – como, aliás, habitualmente se vem recorrendo para referi-la – a esse anglicismo.

destacadas abaixo. Por isso mesmo, diante de uma proposição descritiva, cogita-se do assentimento do destinatário quando ele é convencido, pelo emissor da mensagem, da veracidade da proposição, isto é, "... *quando ele crê que a proposição seja verdadeira*"[74].

O segundo uso da linguagem é o **expressivo**, por meio do qual se veiculam emoções, exteriorizam-se sentimentos ou, então, busca-se provocá-los no interlocutor, como nos atos de agradecer, dar boas-vindas, desculpar, elogiar, xingar *etc*. Trata-se do uso que costuma estar presente em enunciados como "Bem-vindo!", "Viva!", ou "Boa sorte!".

Embora não seja frequente aludir a critérios de avaliação das proposições expressivas, e desde que se não lhes pode predicar verdade ou falsidade, CÁCERES NIETO sugere que elas sejam classificadas em "sinceras" ou "insinceras", conforme correspondam ou não ao ânimo interno manifestado por quem as formula. Assim, diante de uma proposição expressiva, cogita-se do assentimento do destinatário quando ele compartilha ou participa do estado de espírito expressado pelo emissor [75-76].

O terceiro uso da linguagem é o **interrogativo**, do qual o emissor lança mão quando deseja que o destinatário da mensagem lhe preste alguma informação.

Em rigor, trata-se de uma forma especial de uso diretivo (do qual se tratará mais à frente), porquanto perguntar implica instar alguém a responder, isto é, implica tentar dirigir o comportamento de alguém, buscar fazer com que se comporte de determinada maneira, podendo o destinatário agir ou não de acordo com a diretiva, consoante venha ou não a responder à demanda que se lhe dirige. Tanto é assim, que faz sentido dizer que determinada pergunta é pertinente ou impertinente, boa ou ruim em face do objeto da discussão, mas não faz nenhum sentido dizê-la verdadeira ou falsa. Não por acaso, entende-se que o destinatário aquiesce com uma proposição interrogativa quando responde à pergunta que lhe foi dirigida, vale dizer, quando se comporta conforme a vontade do inquiridor, ainda que responda ao questionamento de forma equivocada.

---

[74] BOBBIO, **Teoria Geral...**, *op. cit.*, p. 60.
[75] CÁCERES NIETO, ***Lenguaje y derecho...***, *op.. cit.*, p 15.
[76] BOBBIO, **Teoria Geral do Direito...**, *op. cit.*, p. 67.

O quarto uso da linguagem é o chamado uso **operativo** ou **performativo**. A afirmação de sua existência está ligada à observação de que pronunciar certas palavras, em determinados contextos e condições, não equivale a descrever algo, nem a dar uma ordem para que alguém pratique ou omita alguma ação, muito menos serve para manifestar um estado de ânimo, mas, muito diferentemente, implica realizar, direta e imediatamente, a ação a que essas palavras se referem, produzindo, *ipso facto*, "... *un cambio en el mundo*"[77].

O uso operativo corresponde, em certa medida, àquele praticado por meio de "enunciados performativos", na já referida classificação de Austin. Tais enunciados, em oposição aos "constativos", caracterizam-se por, em lugar de descrever ou relatar alguma coisa, realizar, imediatamente, determinada ação, cuja execução é, ademais, possibilitada precisamente por seu intermédio.

À guisa de exemplo, dizer "Declaro aberta a sessão", dentro de determinados contextos, não equivale a informar sobre a abertura da sessão, nem a determinar que se abra a sessão, mas corresponde, efetivamente, a abrir a sessão, produzindo, imediatamente, todos os efeitos inerentes a esse ato. Da mesma forma, dizer "Declaro-os marido e mulher" implica, instantaneamente, casar duas pessoas, e não apenas afirmar que são casadas.

É preciso observar que Austin, depois de tentar identificar o uso performativo da linguagem a partir da natureza dos enunciados que o veiculam, acabou concluindo que, na verdade, todos os enunciados dotados de sentido são, em certa medida, performativos, uma vez que, no momento em que trazidos ao mundo, sempre realizam algum tipo de ação.

Daí dizer ele que, em todo "ato de fala", há, pelo menos, três atos simultâneos: o ato "locucionário", consistente na própria enunciação da frase; o ato "ilocucionário", consistente no ato que se pratica por meio da enunciação; e o ato "perlocucionário", correspondente ao efeito que se gera em terceiros como decorrência da enunciação.

Por exemplo, quem conta uma piada ofensiva, ainda que não tenha o objetivo de ofender quem quer que seja, pratica, simultaneamente, (i) o

---

[77] Cáceres Nieto, **Lenguaje y derecho...**, *op. cit.*, p. 13.

ato locucionário de enunciar as palavras que veiculam a piada, (ii) o ato ilocucionário de contar a piada; e (iii) os atos perlocucionários de fazer alguém rir e de ofender outrem.

A despeito dessa ressalva, não há dúvida de que a força ilocucionária e perlocucionária de alguns enunciados é mais proeminente, porque, por meio deles, não se realiza simplesmente algum tipo de ação – como contar até dez, ou abrir uma garrafa de vinho – mas, mais do que isso, criam-se estados de coisas que, antes deles, não existiam – como ocorre, *e.g.*, ao se abrir uma sessão legislativa ou casar duas pessoas. É a esses enunciados, dotados dessa especial força criativa, que se costuma chamar "performativos" ou "operativos".

Justamente por gozarem desse aspecto transformador da realidade, o critério por meio do qual eles são avaliados não pode dizer respeito a juízos de verdade ou falsidade, sendo, isso sim, representado pelas categorias "afortunado" ou "desafortunado" (*"happy/unhappy"*) – ou, caso se prefira, "efetivo" ou "não efetivo", "bem-sucedido" ou "malsucedido", "idôneo ou inidôneo" – conforme sua prolação produza ou não uma efetiva mudança no mundo [78].

Por exemplo, o enunciado "Declaro-os marido e mulher" será bem-sucedido se executado com observância às regras que regem o casamento e malsucedido se não observar tais regras, como na hipótese de não ser emitido por um juiz de paz, ou no caso de um dos consortes já ser casado.

Em razão disso, perante um enunciado performativo, dificilmente fará sentido cogitar do assentimento do destinatário, porque, uma vez proferidas as palavras que executam o ato, ninguém poderá fazer nada além de se sujeitar aos seus efeitos, isto é, à mudança que, por meio dele, operou-se no mundo.

Por derradeiro, fala-se em uso **diretivo** da linguagem quando ela está dedicada a dirigir o comportamento de alguém, isto é, quando se destina a induzir alguém a adotar um determinado curso de ação. Evidentemente, só terá sentido dirigir a vontade de alguém nas situações em que o comportamento que o emissor pretende obter do destinatário for, para

---

[78] *Ibid.*, p. 14.

o receptor da mensagem, possível e não necessário. Do contrário, a emissão do enunciado diretivo será absolutamente inócua, carente de sentido, equivalendo, verdadeiramente, a um disparate.

Em rigor, a categoria das diretivas representa um gênero, que abrange ações linguísticas tão variadas como as de "suplicar", "rogar", "sugerir", "recomendar", "aconselhar", "solicitar", "pedir", "reclamar", "ordenar" *etc*. Considera-se, normalmente, que as **prescrições** seriam, precisamente, um desses casos de uso diretivo da linguagem, ainda que, por vezes, os vocábulos "prescrição" e "diretiva" sejam utilizados como sinônimos.

Num sentido mais estrito, prescrição é "ordem", ou seja, "comando" ou "proibição". Porém, há também um sentido mais amplo do vocábulo, que abarca, ao lado das ordens, as "permissões".

Há quem duvide de que as permissões sejam mesmo prescrições, na medida em que "... *no están destinadas estrictamente a influir en la conducta*" de quem quer que seja, isto é, não se prestam a compelir alguém a adotar determinado curso de ação [79]. Apesar disso, não há dúvida de que elas têm uma íntima relação com os comandos e as proibições, pois, para que alguém possa permitir a realização de certa conduta, é preciso que também possa proibir a sua prática. Isso é o que explica o fato de as permissões serem usualmente vistas como prescrições. Além disso, em certos contextos, permitir determinada conduta a alguém implica proibir o sujeito, que com tal pessoa se relaciona, de tentar impedi-la de exercer a sua prerrogativa de praticá-la.

Das prescrições e demais diretivas não se podem predicar verdade ou falsidade, pois elas não visam a dar informação alguma a respeito da realidade. Os seus critérios de valoração são outros. Pode-se dizê-las "válidas" ou "inválidas", "justas" ou "injustas", "eficazes" ou "ineficazes", e assim por diante, mas nunca verdadeiras ou falsas [80].

Não por outra razão, perante um enunciado prescritivo, o assentimento do destinatário não se manifesta pela crença na verdade da ordem, mas pela execução do preceito, vale dizer, pelo fato de o destinatário comportar-se no sentido desejado pelo emissor do enunciado.

---

[79] NINO, *Introducción...*, *op. cit.*, p. 66.
[80] CÁCERES NIETO, *Lenguaje y Derecho...*, *op. cit.*, p. 13.

Feitas essas considerações, para sintetizar e demarcar as distinções apresentadas entre os usos da linguagem, pode-se esboçar o seguinte quadro-resumo:

Uso	Fim	Critérios de valoração	Assentimento do destinatário
Descritivo	Informar	Verdadeiro/Falso	Crença
Expressivo	Comover	Sincero/Insincero	Comoção
Interrogativo	Obter informação	Pertinente/Impertinente	Resposta
Operativo	Agir	Bem-sucedido/Malsucedido	Sujeição
Diretivo	Dirigir a conduta	Valido/Inválido	Execução

E, com esse quadro em mente, pode-se registrar, enfim, que é usual definir as "normas", precisamente, como um dos casos de uso diretivo da linguagem, em oposição aos demais tipos de uso apresentados acima, por considerar-se que elas, válidas ou inválidas, justas ou injustas, eficazes ou ineficazes, são emitidas para dirigir a conduta de alguém, de quem se busca a execução de um comportamento contingente – isto é, possível e não necessário.

Contudo, afirmar que as normas são um caso de uso diretivo – ou, mais especificamente, prescritivo – da linguagem não é suficiente para identificar os objetos a que se poderia referir, por meio da palavra, nessa primeira acepção, pois ainda é preciso oferecer critérios para identificar quando se está diante de uma diretiva ou prescrição.

Para tanto, uma das propostas mais recorrentes está em dizer que uma oração tem função prescritiva quando formulada mediante enunciados compostos por palavras "deônticas", tais como "obrigatório", "permitido" e "proibido"[81].

Essa proposta, porém, tem dois graves inconvenientes.

---

[81] Essa é a proposta que MENDONCA atribui a SEARLE, dizendo que ele "...*considera que, por la mera presencia de un término deóntico, la oración constituye una formulación normativa y expresa una norma*" – **Las Claves...**, op. cit., p. 42.

O primeiro reside na ambiguidade das orações deônticas, que tanto podem expressar verdadeiras normas como representar proposições normativas. Com efeito, dizer "É proibido fumar" pode tanto expressar uma ordem para que ninguém fume quanto um juízo de fato segundo o qual existe, em dado sistema normativo, uma norma que estabelece uma vedação à conduta de fumar. Isso revela que o uso de palavras deônticas pode ser um indicativo, mas não é condição suficiente para identificar a "função" que os enunciados se destinam a cumprir.

O segundo está em que, além de insuficiente, o uso de palavras deônticas também não é necessário para a emissão de uma prescrição. Afinal, pode-se muito bem pensar em uma ordem de não fumar formulada mediante expressões como "Convém que o senhor não fume aqui", "Gentileza não fumar", ou "É educado não fumar", enunciados que não se parecem, ao menos à primeira vista, com ordens.

Os exemplos acima, aliás, também impõem a rejeição de outra proposta de identificação das prescrições, que consiste em relacioná-las a um dado modo de expressão gramatical, como o imperativo.

De fato, uma vez demonstrado que a função deôntica pode ser facilmente veiculada por frases afirmativas, próprias do uso informativo – "Não é adequado fumar" –, interrogativas – "Você está esperando ter um infarto para parar de fumar?" –, ou expressivas – "Obrigado por não fumar!" –, pode-se concluir, sem receio, que *"El análisis de la morfología y la sintaxis de un lenguaje no es determinante suficiente de los usos a que ese lenguaje pueda ser sometido..."*; e de que, portanto, qualquer pretensão de identificação dos usos da linguagem que se baseie exclusivamente na sintaxe estará fadada ao insucesso [82].

Restam, então, as possibilidades de fazê-lo a partir de seus aspectos semânticos ou de seus aspectos pragmáticos. Segundo ALCHOURRÓN e

---

[82] VERNENGO, **Curso...**, p. 50. No mesmo sentido é a observação de ROSS: *"En algunos casos, el significado directivo depende del tono de voz y de la situación de tal manera que es imposible aislar un elemento lingüístico definido como expresión de dicho significado. Imagine que le aborda de noche y en la calle un desarrapado murmurando: 'Un vasito de vino...'"* – **Lógica de las Normas...**, op. cit., p. 111.

BULYGIN, costuma-se chamar de "hilética" a primeira dessas concepções e de "expressiva" a segunda [83].

De acordo com a concepção "hilética", o caráter prescritivo de um enunciado pode ser identificado por seu aspecto semântico. Nela, as normas são vistas como os significados prescritivos de determinados enunciados normativos, tendo natureza semelhante às proposições descritivas, com as quais não se identificam apenas por se não lhes poder predicar "valor-verdade" [84]. Citando LAGIER, MAURÍCIO DO VALLE explica que, *"... na concepção semântica (hilética), a norma identifica-se com o significado do enunciado com o qual ela é formulada"*[85].

Já na concepção "expressiva", *"... lo distintivo de una norma no reside en su aspecto semántico sino en el uso de un contenido proposicional..."* [86]. Parte-se, nessa perspectiva, da premissa de que duas sentenças podem ser enunciadas de forma idêntica e mediante expressões iguais ou sinônimas – isto é, dotadas da mesma referência semântica, – mas, ainda assim, produzirem mensagens distintas, em virtude do uso que lhes confere seu emissor. Para DO VALLE, *"... na concepção pragmática (expressiva), a norma identifica-se com um ato de fala específico ou com o resultado desse ato de fala"*[87].

---

[83] *La Concepción Expresiva de las Normas*, in **Análisis Lógico y Derecho**, p. 121-151.

[84] Nesse mesmo sentido, diz TORBEN SPAAK: *"Então, no plano semântico, podemos pensar nas normas como os significados dos enunciados normativos, como entidades algo similar às proposições, exceto pelo fato de se não lhes poder atribuir valor-verdade"*. Tradução livre. No original inglês: *"So on the semantic level we might think of norms as the meanings of normative sentences, as entities of a sort similar to propositions, except that they lack truth-value"* (sic) – Norms that Confer Competence, **Ratio Juris**, v. 16, nº. 1, p. 92. Para uma visão diferente, em que se considera possível atribuir "valor-verdade" às "normas-*lecta*", isto é, ao conteúdo ou significado das disposições normativas, considerando, por isso, que não há qualquer diferença entre a lógica das normas e a lógica das proposições normativas: RISTO HILPINEN, *Norms, normative utterances and normative propositions*, in **Análisis Filosófico XXXVI**, nº. 2, p. 229-241.

[85] VALLE, Maurício Dalri Timm do. *Sobre as Concepções Normativas....* In: Revista Eletrônica do Curso de Direito da UFSM, p. 605-606.

[86] PABLO NAVARRO, **La Eficacia del Derecho**, p. 31. Na mesma linha, dizem ALCHOURRÓN e BULYGIN que *"Sólo en el nivel pragmático del uso del lenguaje surge la diferencia entre aserciones, preguntas, órdenes, etc. No hay tal diferencia en el nivel semántico"* – La Concepción Expresiva..., op. cit., p. 123

[87] VALLE, Sobre as Concepções..., p. 606.

Muitas vezes, os diferentes usos da linguagem são identificados por sinais de expressão, tais como "!" ou "?", mas isso não é imprescindível para que dois enunciados, sintática e semanticamente iguais, sejam utilizados diferentemente. Ademais, ainda que sejam indicadores do que o falante faz ao emitir certas palavras, não contribuem para o significado, isto é, para o conteúdo conceitual, para a referência das palavras e expressões utilizadas com os objetos por elas designados[88].

GUASTINI diz, nesse sentido, que um mesmo enunciado – "O homicídio é punido com reclusão", por exemplo – "*... pode ser usado indiferentemente, quer para consumar um ato linguístico de descrição, quer para consumar um ato linguístico de prescrição...*", sem que mudem sua sintaxe – isto é, sua forma proposicional, "p → q", – e sua referência de significação – suas variáveis proposicionais: "p" = homicídio e "q" = reclusão[89].

Por isso, a seu ver, é o uso, e não o significado – e, pois, é o aspecto pragmático, e não o semântico, da linguagem – que "*... decide sobre o caráter prescritivo ou descritivo de um enunciado*"[90].

Não é fácil decidir-se por uma ou outra dessas concepções, porque a função, isto é, a finalidade que o emissor atribui aos seus enunciados geralmente tem implicações sobre o sentido em que tais enunciados são – ou deveriam ser – recebidos por seus destinatários. Os planos pragmático e semântico da linguagem guardam íntima e intensa relação.

Pelo menos para os fins desse trabalho, porém, não parece mesmo ser o caso de tomar essa decisão, porque, se na perspectiva expressiva, dizer que as normas são prescrições corresponde à afirmação de que elas são um caso de uso prescritivo da linguagem, por parte daqueles que as emitem, na perspectiva hilética, dizê-lo equivale a afirmar que as expressões

---

[88] ALCHOURRÓN; BULYGIN, *La Concepción Expresiva...*, op. cit., p. 123.
[89] GUASTINI, **Das fontes às...**, op. cit., p. 55. Importante mencionar que, aparentemente, GUASTINI mudou de opinião em relação a essa questão, pois, num texto anterior, datado de 1985, criticava a distinção que CARCATERRA fazia entre os enunciados prescritivos e performativos, dizendo que ela "*... no se sostiene porque nace de una confrontación entre dos dimensiones heterogéneas del lenguaje: la dimensión semántica y la dimensión pragmática. La performatividad es una dimensión pragmática, mientras que la prescriptividad es una dimensión semántica.*". GUASTINI, **Reglas Constitutivas y Gran División**, disponível em: http://www.bibliojuridica.org/libros/4/1743/6.pdf, acesso em 14/07/2012.
[90] GUASTINI, **Das Fontes às...**, op. cit., p. 55.

que veiculam normas têm, por parte daqueles a quem são destinadas, o sentido de prescrições, isto é, de comandos, proibições ou permissões.

Tanto numa como noutra perspectiva, porém, essa identificação entre as normas e prescrições é adequada apenas até certo ponto, porque, por um viés, nem todas as proposições de caráter diretivo – ou prescritivo, num sentido mais largo desta última expressão – são consideradas normas, como é o caso de ações tais quais "suplicar", "sugerir", "recomendar" *etc.*; e, por outro lado, nem todos os enunciados a que se usa atribuir a designação "norma" são, de fato, expressões do uso prescritivo [91].

Isso ficará mais claro no próximo tópico.

1.2.3.3 As diferentes espécies de normas

1.2.3.3.1. Introdução

Dissemos, acima, que havia dois caminhos possíveis para identificar a extensão dos casos de aplicação do vocábulo "norma", de modo a remediar o problema de sua vagueza. O primeiro consistia em estipular um determinado critério e atribuir o "*status*" de "norma" apenas àqueles objetos cujas propriedades se compaginassem com ele; foi o que se fez ao examinar a perspectiva de acordo com a qual as normas são um caso de uso prescritivo (ou sentido prescritivo do uso) da linguagem. O segundo consiste em simplesmente fazer referência aos objetos usualmente referidos sob a designação "norma", para depois procurar o seu elemento comum.

Como, até aqui, a investigação ainda não repousa sobre as normas "jurídicas", mas, pura e simplesmente, sobre "as normas", consideradas independentemente de qualquer adjetivação que diga respeito à natureza do sistema de que fazem parte, parece adequado basear a exposição dos diferentes tipos normativos em uma classificação elaborada num estudo não-jurídico.

Para tanto, invocar-se-á a conhecida classificação de VON WRIGHT, que estabeleceu uma distinção entre (i) prescrições – comandos, proibições ou permissões, – (ii) normas técnicas – as que ligam um meio a um fim;

---

[91] NINO, *Introducción...*, *op. cit.*, p. 63.

e (iii) regras ("determinativas" de um conceito) [92]-[93]; e, para além dessas categorias, acrescentar-se-ão algumas considerações sobre as chamadas (iv) "normas constitutivas", de cuja existência se passou a cogitar depois da "teoria dos atos de fala", de SEARLE.

A distinção entre esses tipos normativos, como se poderá observar, está fundada em critérios de ordem semântico-pragmática, mas nada impede que se estabeleça uma distinção entre eles com base na sua forma lógica, resultante da abstração dos significados concretos dos enunciados normativos em categorias sintáticas.

É bem verdade que "... *a lógica, 'tout court', é formal...*", não se interessando pelo conteúdo das proposições cujas inter-relações investiga [94]. Porém, uma vez que as formas lógicas têm seu ponto de apoio no conhecimento do objeto – ou, pelo menos, na pretensão de conhecê-lo e poder descrevê-lo, – nada impede a sua aplicação material, como metodologia, para a análise desses mesmos objetos, na "*...retomada de contato com o mundo...*" a que aludiu VILANOVA[95]. Trata-se do uso pragmático e da função semântica das formas lógicas, que pressupõem sua relativa "desformalização" em função da reaproximação ao objeto da investigação [96].

É importante ressaltar que a "desformalização", que permite o uso das formas lógicas como metodologia, é apenas relativa, porque, mesmo nos níveis mais abstratos da linguagem simbólica, sempre remanesce "*... uma parcela de linguagem natural, material... o resíduo intuitivo que sempre limitará o absoluto formalismo da linguagem*" [97].

---

[92] Como observa GUIBOURG, "*...von Wright no pretende formular una teoría del derecho ni de las normas jurídicas: su visión es más amplia y abarca las normas en general, con abstracción de su origen, su contenido y el modo que empleen para asegurar su cumplimiento*" – **El fenómeno normativo**, p. 62.

[93] O autor finlandês chama-as, mais sucintamente, de "prescrições (comandos, permissões e proibições)", "regras (que determinam um conceito)" e "normas técnicas (ou 'diretrizes')" – VON WRIGHT, **Norma y Acción: una investigación lógica**, passim.

[94] LOURIVAL VILANOVA, **As Estruturas Lógicas e o Sistema do Direito Positivo**, p. 24.

[95] LOURIVAL VILANOVA, **Lógica Jurídica**, p. 59 e 72.

[96] **As Estruturas Lógicas...**, op. cit., p. 25.

[97] Nesse sentido, diz VILANOVA que "*A lógica material é a lógica aplicada, a lógica desformalizada em função de cada ciência especializada. É metodologia, metodologia das ciências reais-naturais, e metodologia das ciências reais-sociais*". Idem. Na mesma linha, diz CLÁUDIA MARIA BARBOSA que "*... a lógica jurídica busca captar o direito através de uma linguagem simbólica que transmita*

Não obstante, sua parcial independência do conteúdo das proposições às quais se aplica ficará evidenciada, abaixo, na medida em que, para ilustrar esses diferentes tipos de normas, não nos valeremos de exemplos de normas jurídicas, mas sim de exemplos de normas do jogo de xadrez.

É, em suma, para essa função metodológica que se invoca a lógica simbólica neste tópico, vale dizer, como instrumento para facilitar a comparação entre os diferentes tipos de normas a que acima se aludiu.

Em razão da necessidade de obter algumas premissas para essa investigação, certas considerações sobre a lógica das normas fazem-se necessárias.

A lógica suspende parcialmente os âmbitos semântico e pragmático da linguagem, vertendo os significados e os usos dos termos linguísticos em categorias sintáticas, isto é, em "categoremas", representados por variáveis proposicionais – p∀ q, r, x, y, z, A, B, C *etc.* – e em "sincategoremas", representados por constantes intra ou interproposicionais, como os quantificadores – para todo [∀]; existe algum ou algo [∃] – e os operadores ou functores – negação [~] condicional [→], equivalente ou bicondicional [↔] disjuntor inclusivo [v], disjuntor excludente [v̲], conjuntor [∧] *etc.*, – responsáveis por interligar proposições singulares ou elementos de proposições compostas [98-99].

Precisamente em razão dessa suspensão dos planos semântico e pragmático, à qual procede, a lógica pode ser usada para o exame das relações entre as proposições relativas a qualquer conteúdo semântico ou função da linguagem. Embora os fundamentos da lógica clássica tenham sido normalmente utilizados como instrumento para facilitar o exame da verdade das proposições descritivas, na chamada "lógica modal alética", uma vez que *"... os sistemas deônticos são estruturalmente análogos aos sistemas modais..."* é igualmente possível o uso das suas ferramentas para o exame das normas, que também são proposições, porque enunciados dotados

---

aquilo que a linguagem jurídica quer comunicar, eliminando as imperfeições decorrentes do uso da linguagem natural" – **Lógica & Direito: Linguagem Jurídica sob Diferentes Paradigmas Lógicos**, p. 37.
[98] O condicional "→" também costuma ser representado pelo símbolo "⊃". Assim: "p⊃q".
[99] É comum a utilização do símbolo "≡" para representar equivalência. Aqui, porém, ele será utilizado na função referida no texto.

de sentido, ainda que avaliáveis segundo outros critérios de classificação, diferentes do valor-verdade [100-101].

No entanto, como visto no ponto relativo às discussões entre a concepção hilética e a concepção expressiva das normas, uma forma lógica do tipo "p→q" ("se 'p', então 'q'") pode, por exemplo, exprimir tanto o uso informativo quanto o uso prescritivo de uma proposição ou conjunto de proposições; pode, do mesmo modo, dizer respeito a qualquer conteúdo semântico.

Justamente por isso, para que se possa fazer uso adequado das ferramentas da lógica clássica no exame das normas, é necessário ter em conta os pontos em que ela se distingue da lógica alética ou apofântica.

Para essa finalidade comparativa, pode-se usar das próprias formas lógicas. Afinal, como dito, se elas servem, nos níveis mais abstratos, a revelar as relações entre as proposições, no processo de retorno aos objetos que representam, são um instrumento poderoso para evidenciar as diferenças entre eles.

Para voltar da forma ao objeto é necessário, primeiro, saturar de significação as variáveis proposicionais – "p" e "q", na estrutura acima. Para

---

[100] CESAR SERBENA, **Lógica e Direito...**, *op. cit.* p. 61.

[101] Em rigor, como explicam NEWTON DA COSTA e DÉCIO KRAUSE, na lógica proposicional clássica, em sentido estrito – lógica "não-modal", por assim dizer – o sentido da "verdade" não é um sentido "físico-causal", mas apenas um sentido "lógico". Por isso, nela *"... não há qualquer necessidade de haver conexões entre as proposições do antecedente e do consequente. Isso faz com que condicionais aparentemente estranhos sejam verdadeiros, como os seguintes: 'Se 1+1=4, então Florianópolis é a capital da França'; 'Se a Lua é feita de queijo, então o Brasil foi cinco vezes campeão mundial de futebol'; 'Se 1+1=2, então Florianópolis fica no Sul do Brasil"*. Na lógica proposicional clássica, *"... o condicional é 'falso' se e somente se o antecedente é verdadeiro e o consequente é falso"*. Nessa perspectiva, o nexo de implicação não representa qualquer forma de vínculo causal, de maneira que "implicar" não significa "acarretar", "ocasionar", mas apenas "derivar". A implicação, na lógica proposicional clássica é puramente "formal", e não "material" – **Notas de Lógica – Parte I: Lógicas Proposicionais Clássica e Paraconsistente (Texto Preliminar)**, disponível em: http://www.cfh.ufsc.br/~dkrause/LogicaUm.pdf, acesso em 25/01/2013, p. 24-25. Não obstante, não há dúvida de que a lógica alética é a lógica modal a que os instrumentos da lógica clássica são mais tradicionalmente associados, sendo certo, ainda, que a lógica modal deôntica foi sempre pensada à imagem e semelhança da lógica alética, de maneira que o sentido da "implicação", na lógica deôntica, é mais próximo ao da lógica alética do que ao da lógica clássica em sentido estrito.

exemplificar, substituamos "p" por "duas pessoas jogar xadrez" e "q" por "duas pessoas cumprimentar ao final da partida de xadrez".

Como se haverá de notar, embora imprescindível, esse procedimento de identificação do conteúdo semântico das variáveis proposicionais não é suficiente para identificar se a forma lógica representa o relato de um fato ou a emissão de uma norma, pois, com a substituição a que procedemos, a estrutura "p→q" poderá tanto indicar que, (i) "se duas pessoas jogam xadrez, então se cumprimentam ao término da partida" – configurando, assim, uma proposição informativa, que pode ser verdadeira ou falsa, – quanto significar que, (ii) "se duas pessoas jogam xadrez, então devem se cumprimentar ao término da partida", configurando uma proposição relativa a normas, e sujeita, como tal, a juízos de validade ou invalidade.

Por isso, para além de saturar as variáveis proposicionais "p" e "q", também é necessário identificar a função que o conectivo interproposicional de implicação "→" – cujo sentido corresponde à forma "se... então..." – cumpre na relação entre essas proposições.

É aqui, precisamente, que se revela a distinção entre as formas lógicas aléticas e as formas lógicas normativas. Na primeira, esse functor interproposicional cumpre a função de "nexo de causalidade", destinando-se a relatar fatos; na segunda, cumpre a função de um "nexo de imputação", representando a existência de um ato de vontade, destinado a regular comportamentos.

Por isso, enquanto a forma lógica apofântica ou alética "p→q" é traduzida como "se 'p' é, então 'q' é", a forma lógica deôntica "p→q" é traduzida como "se 'p' é, então deve ser 'q'".

Note-se que, em ambas as estruturas, está presente uma bimembridade, isto é, a conexão de uma hipótese (prótase) a uma consequência (apódose), por meio de um nexo de implicação. No entanto, enquanto, nas formas aléticas, tanto a primeira como a segunda proposições, "p" e "q", descrevem a possível, impossível ou necessária verificação, no mundo natural ou social, de um determinado estado de coisas, nas formas deônticas, a variável "q" já não representa a descrição ou previsão de um fato, e sim a (tentativa de) direção, direta ou indireta, de uma conduta.

Por fim, é importante salientar que esse conector interproposicional – nexo de causalidade ou nexo de imputação, – que liga "p" a "q," não se confunde com outros operadores que possam reger o antecedente ou o consequente das estruturas normativas ou aléticas – functores ou conectores intraproposicionais. E, como se observará, é precisamente na diferença entre esses operadores que reside a distinção entre os quatro tipos de norma acima mencionados, dos quais se passa, enfim, a tratar.

1.2.3.3.2 Prescrições (normas de conduta)
Como se verificou acima, a aplicação do vocábulo "norma" é, por muitos, reservada às normas de conduta, isto é, às prescrições.

No sistema do jogo de xadrez, são exemplos de normas de conduta, entre outras: (i) a regra segundo a qual os adversários se devem cumprimentar antes e depois da partida, independentemente do resultado; (ii) a regra que prescreve, mais genericamente, o dever de respeito de um adversário para com o outro; (iii) a regra que proíbe os jogadores de, durante a partida, valerem-se de anotações, livros *etc.*; (iv) a regra que proíbe um adversário de se comunicar com o outro durante o jogo, exceto para propor empate; e (v) a regra que proíbe os jogadores de tentar tirar a concentração do adversário, fazendo barulho ou praticando qualquer outra conduta no sentido de distraí-lo.

Normas como essas vinculam, por nexo de imputação (→), a descrição – em termos hipotéticos – de um fato, no antecedente (p), à prescrição, no consequente (q), de uma relação normativa, isto é, de uma relação que enlaça dois sujeitos ou grupos de sujeitos, segundo um feixe de direitos e deveres recíprocos, de modo a qualificar as condutas e omissões que cada um deles é capaz de praticar, perante o outro, como "proibidas", "permitidas" ou "obrigatórias".

A primeira proposição de uma forma prescritiva (p), portanto, descreve uma hipótese, e é regida pelos modais aléticos "L" e "M" – "necessário que" e "possível que", respectivamente; a segunda proposição (q), por sua vez, prescreve uma conduta e, por isso, é regida pelos modais deônticos – obrigatório [O], proibido [V], permitido [P] e facultativo [F]. Justamente por isso, aliás, diz VILANOVA que *"O deôntico não reside... no antecedente (descritor, hipótese, prótase), mas no consequente (prescritor, consequente, apódose)"*[102-103].

---

[102] **Lógica jurídica...**, *op. cit.*, p. 88.
[103] Note-se que, quando se fala em "descritor" e "prescritor", alude-se à função denota-

Diferentemente do que ocorre nas formas aléticas, em que tanto o antecedente como o consequente podem conter a descrição – em termos hipotéticos – de fatos necessários ou impossíveis, para que as formas prescritivas façam sentido, é preciso, de um lado, que o acontecimento a que elas se referem, no antecedente, não seja "impossível" – podendo, não obstante, ser necessário (como a morte, por exemplo) – e, de outro lado, que a conduta prescrita no consequente não seja nem impossível, nem necessária.

São, pois, pressupostos lógicos do dever-ser intraproposicional, presente no consequente, tanto a possibilidade do "ser", vale dizer, do cumprimento do preceito, como a possibilidade do "não-ser", isto é, da inexecução do preceito. A prescrição de condutas impossíveis ou necessárias configuraria um "disparate", uma proposição sem sentido, porque incapaz de exercer a função de dirigir a conduta.

Aliás, é justamente em razão da possibilidade de se transgredir a norma prescritiva que se costuma cominar uma sanção para o caso de inobservância do comportamento prescrito[104]. A presença de uma norma sancionadora é tão frequente nas prescrições que há – e não são poucos – quem considere a sanção um elemento essencial desse tipo de normas, posição com a qual, desde já, manifestamos discordância, por razões que ficarão mais claras num próximo ponto[105].

De acordo com a concepção mais corrente, quando à hipótese de descumprimento do preceito estiver vinculada a previsão de uma sanção, a

---

tiva ou semântica; já quando se fala em "hipótese" e "consequência", alude-se à função "sintática" – Cf. VILANOVA, **Lógica jurídica...**, *op. cit.*, p. 118. Não obstante, as expressões correspondentes serão eventualmente utilizadas ao longo desse texto como sinônimas, sem a preocupação de observar rigor nessa distinção.

[104] Nessa linha, diz GUIBOURG que, segundo VON WRIGHT, para dar *"... maior efetividade..."* às prescrições é que se lhes *"agrega uma 'sanção' ou ameaça de castigo"* – **El fenómeno...**, *op. cit.*, p. 63.

[105] A polêmica entre "sancionistas" e "não-sancionistas" é bem relatada por MARCOS BERNARDES DE MELLO – **Teoria do Fato Jurídico: Plano da Existência**, p. 32-36. Mais adiante, essa polêmica será objeto de breve referência.

norma de conduta terá uma estrutura dúplice, sendo formada por dois pares de proposições, que aqui representamos por "H→C" e "~C→S"[106].

O primeiro desses pares ("H→C") estabelece que, dado determinado fato, descrito pela norma em termos hipotéticos – o "p" da estrutura anterior, que ora substituímos por "H", – dever-se-á dar uma consequência – o "q" da estrutura anterior, que ora substituímos por "C", – composta pela prescrição de uma relação deôntica, que liga dois sujeitos – sujeito ativo ("Sa") e sujeito passivo ("Sp") – a um objeto ("o"), que consiste numa conduta, devida pelo segundo (devedor) ao primeiro (credor).

O segundo par estabelece que, se o sujeito passivo ("Sp"), que deveria praticar a conduta prescrita no consequente ("o"), não o fizer, o sujeito ativo ("Sa") terá o direito de lhe impor – ou de requerer a outro sujeito ["Ss"] que lhe imponha – uma penalidade ("S"), a qual o sujeito passivo ("Sp"), por sua vez, terá o dever de cumprir [107].

O antecedente (a descrição do fato em termos hipotéticos) e o consequente (a relação deôntica) de cada um desses pares de proposições

---

[106] Existem, para além dessa, outras perspectivas, como a de GERALDO ATALIBA, para quem "... a estrutura das normas jurídicas é complexa; não é simples, não se reduz a conter um comando pura e simplesmente. Toda norma jurídica tem hipótese, mandamento e sanção", sendo que, em sua visão, essas três figuras integram a estrutura estática de uma norma singular, e não uma dupla estrutura normativa – **Hipótese de Incidência Tributária**, p. 39-41.

[107] Há quem, como PAULO DE BARROS CARVALHO – **Direito Tributário: Fundamentos Jurídicos**..., op. cit., p. 65 et seq. – e EURICO MARCOS DINIZ DE SANTI – *Validade, Vigência e Aplicação da Norma Tributária*, **Curso de Direito Tributário e Finanças Públicas**, p. 494 – estabeleça uma distinção entre a "norma sancionadora" propriamente dita – a norma secundária, que estabelece uma relação normativa processual entre o credor da prestação devida na norma primária e o Estado-Jurisdição – e a "norma primária sancionadora", dizendo que ambas têm *"...por pressuposto o não cumprimento de deveres ou obrigações"*, distinguindo-se apenas pelo fato de que esta *"... carece... da eficácia coercitiva daquela"*. No entanto, o fato é que nem sempre é necessária uma relação processual para que se imponha uma sanção de modo coercitivo; nem mesmo nos sistemas jurídicos. Muitas vezes, a sanção pode ser imposta pelo próprio sujeito que foi vítima do descumprimento do dever, sem a necessidade de recorrer a qualquer autoridade. Basta pensar nos numerosos casos em que o ordenamento admite o exercício da autotutela. Aliás, nos sistemas não jurídicos, a possibilidade de recorrer a sanções de caráter coercitivo e aplicáveis pelo próprio sujeito ativo é ainda mais evidente, de modo que, se nesses sistemas também há prescrições, então a presença de uma "norma secundária", de caráter jurisdicional, no sentido pretendido pelos referidos autores, é desnecessária para que se possa falar em "prescrições".

estão unidos entre si por um nexo de imputação (→), que os vincula de maneira inexorável[108], de tal modo que, ocorrido o fato descrito na hipótese, *"... o suporte fático, a ocorrência fenomênica que preenche o molde abstrato do suposto..."* – em linguagem *pontiana* [109-110] – a conduta prescrita é devida, independentemente de vir a ser ou não efetivamente executada, e independentemente de a norma vir ou não a ser aplicada por alguma autoridade.

[108] Ressalvam-se dessa "inexorabilidade", naturalmente, as hipóteses de derrotabilidade, isto é, de a aplicação – ou mesmo a incidência – da norma ser afastada em razão de outras normas ou fatos que a excepcionam. Afinal, como explica CESAR SERBENA, o raciocínio jurídico, ao contrário daquele em que normalmente se funda a lógica clássica, não é monotônico, pois, nele, *"... o agente se reserva o direito de mudar suas conclusões quanto obtém alguma nova premissa ou informação, de modo que algumas razões são 'derrotadas' por outras quando comparadas"* – **Lógica e Direito...**, *op. cit.*, p. 87. O objetivo do uso do vocábulo, aqui, é apenas anotar que, na esteira, entre outros, de PONTES DE MIRANDA – **Tratado de Direito Privado**, t. I, *passim* – e aderindo à crítica que, na clareira aberta por SOUTO MAIOR BORGES, apresentou FOLLONI, não nos filiamos à corrente a que se liga boa parte da doutrina tributarista brasileira, que iguala a incidência à aplicação, mediante o estabelecimento de uma distinção entre "evento" – acontecimento no mundo fenomênico – e "fato jurídico" – relato do evento em linguagem, – para situar o nascedouro das relações jurídicas não no primeiro, mas apenas neste segundo, o qual não seria, então, mais um simples ato de aplicação, mas o próprio ato causador da incidência. Como aponta FOLLONI, *"Exigir-se, do evento, que seja provado em linguagem escrita em documento competente, para que se constitua como fato, significa, ao contrário, fazer o evento retornar, imediatamente, à condição de evento. Torna-se, novamente, uma ocorrência empiricamente verificável: antes era o evento, agora é a prova, ou o documento – sentença, ato administrativo, guia de lançamento –, empiricamente verificável: também um evento"*. Ademais, a premissa da qual parte a referida tese, segundo a qual *"... não se transita livremente do mundo do dever-ser para o mundo do ser, da esfera das normas para o âmbito das condutas..."*, embora constitua uma bela frase de efeito, parece não ser nada além de uma petição de princípio, na medida em que supõe o que pretende provar – **Ciência do Direito Tributário...**, *op. cit.*, p. 235 e 237. Também não se pode deixar de fazer menção às críticas que à mesma perspectiva fez ADRIANO SOARES DA COSTA – **Teoria da Incidência da Norma Jurídica: Crítica ao Realismo Linguístico de Paulo de Barros Carvalho**, *passim*.
[109] JOSÉ ROBERTO VIEIRA, **A Regra-Matriz de Incidência do IPI: Texto e Contexto**, p. 58.
[110] Segundo PONTES DE MIRANDA, a regra prescritiva incide quando o suporte fático suficiente ocorre. Isso revela a importância de duas operações: a) a definição do fato componente do suporte fático, e a prova de sua ocorrência; b) a sua classificação segundo a regra jurídica. *"As duas operações são o essencial da aplicação do direito... Toda eficácia jurídica é eficácia de fato jurídico; portanto da lei e do fato, e não da lei ou do fato"* – **Tratado de Direito Privado...**, *op. cit.*, t. I, p. 17.

É usual chamar o primeiro desses pares de enunciados ("H → C") de **norma primária** e o segundo ("~C → S") de **norma secundária**, embora haja, também, propostas no sentido contrário, como aquela defendida por KELSEN até a "Teoria Geral das Normas"[111]. A primazia que se outorga a um ou outro desses enunciados tem a ver, normalmente, com o grau de importância que se atribui ao elemento "sanção" na constituição da norma [112].

Por isso, uma vez que consideramos haver uma precedência das normas de conduta sobre as normas sancionadoras – reputando, inclusive, que estas são dependentes daquelas, enquanto o contrário não se verifica, haja vista ser desnecessária a cominação de sanção para que exista

---

[111] Segundo MARCOS BERNARDES DE MELLO, a defesa que alguns fazem, no sentido de que, na "Teoria Geral das Normas", KELSEN teria invertido os dados da equação, considerando como primária a regra que prescreve a conduta e secundária a que prescreve a sanção, *"... há de ser considerada com bastante reserva"*. Primeiro, porque, a seu ver, isso não se compatibilizaria com a estrutura apresentada no capítulo 15 da mesma obra, na qual KELSEN expressa os conceitos originais de norma primária, como a que prescreve a sanção, e norma secundária, como a que ordena certa conduta. Segundo, porque, no desenvolvimento do cap. 35, *"... Kelsen volta à sua concepção original, embora com uma diferença: tal classificação depende de que, na formulação legislativa da norma, somente esteja expressa a sanção para o caso de transgressão da conduta desejada, a qual esteja implícita na prescrição legal"*. MELLO especula que, nesse texto, talvez movido pelas críticas dirigidas à concepção original, KELSEN talvez estivesse *"... a esboçar uma revisão de seu posicionamento, mas ainda sem convicção."*- **Teoria do Fato Jurídico...**, op. cit., p. 34-35, nota 35-A. Segundo JOSÉ ROBERTO VIEIRA, outros autores – como FÁBIO ULHÔA COELHO e MARÇAL JUSTEN FILHO – também teriam manifestado dúvida quanto à mudança de posição de KELSEN – *Fundamentos Republicano-Democráticos da Legalidade Tributária: Óbvios Ululantes e Não Ululantes*, **Tributação e Direitos Fundamentais**, p. 198, nota 111.

[112] Nessa linha, diz KELSEN que, na norma *"... não se deve roubar; se alguém roubar, será punido"*, pode-se pensar que *"a primeira norma, que proíbe o roubo, é válida apenas se a segunda norma vincular uma sanção ao roubo, então, numa exposição jurídica rigorosa, a primeira norma é, com certeza, supérflua. A primeira norma, se é que ela existe, está contida na segunda, a única norma jurídica genuína"*. A primeira norma é dependente da segunda, podendo-se *"... expressar essa dependência designando a segunda norma como norma primária e a primeira norma como norma secundária"*. KELSEN, **Teoria Geral do Direito e do Estado**, p. 86.

a norma de conduta, [113-114] – faremos sempre referência à norma primária como a que prescreve a conduta e à norma secundária como a que comina a sanção [115].

Mas, para além da classificação das normas de conduta em norma primária e norma secundária, segundo esse critério, digamos, "estrutural", costuma-se, ainda, dividi-las em (i) **obrigações** (ordens, comandos), (ii) **proibições**, (iii) **permissões** e (iv) **faculdades**, conforme seja um ou outro desses modais deônticos a reger cada polo da relação estabelecida em seu consequente ("C").

Em linguagem formal, a referência aos comandos costuma ser feita pela expressão "Op", em que "O" diz respeito ao caráter obrigatório de uma conduta "p" qualquer. A alusão às proibições sói ser feita pela fórmula "Vp", em que o "V" é utilizado para indicar a vedação da conduta "p". As permissões e faculdades, por sua vez, costumam ser referidas pelos símbolos "Pp" e "Fp", respectivamente [116].

Essa alternativa de formalização, porém, não é a única concebível, não só porque é comum a utilização de outros símbolos para representar os modais, como, também, porque eles são interdefiníveis, tanto a partir da aposição, antes da referência ao operador – "O", "V", "P" ou "F", – ou antes da referência à conduta "p", de um sinal indicativo de negação ("~", "-" ou "⌐") – de modo que "~p" represente a omissão da conduta "p"; – como a partir da combinação de uma ou mais representações formais da

---

[113] KELSEN, como se vê do excerto citado na nota anterior, pensava justamente o contrário, isto é, que a norma de conduta era dependente da norma que prescreve a sanção.
[114] A nosso ver, a cominação de sanção está ligada apenas à eficácia da norma de conduta, e não à sua existência, por razões que serão expostas adiante.
[115] À exceção de quando utilizarmos as expressões no sentido em que as usa HART, autor que, como se observará mais adiante, chama as normas de conduta de normas primárias, reservando a designação "normas secundárias" às metanormas, vale dizer, às normas que têm por objeto a criação, a identificação e a aplicação de outras normas.
[116] O "V" é oriundo do alemão "*Verboten*". Alguns autores, em especial os de língua espanhola e de língua inglesa, preferem o símbolo "Ph", que é a abreviação de "*prohibido*" ou de "*prohibited*". Consideramos preferível usar "V" em razão de que, em português, pode ser lido como "vedado", evitando, assim, eventuais confusões entre P e Ph.

conduta, unidas por um conjuntor ("Λ", "." ou "&") ou separadas por um disjuntor inclusivo (v) ou excludente (v̲) [117-118].

Assim, "obrigatório p" pode ser representado por "Op", mas, também, por "V~p" ("vedado omitir p"), ou por "~P~p" ("não permitido omitir p"); "proibido p" pode ser representado por "Vp", mas também por "O~p" ("obrigatório omitir p") ou por "~Pp" ("não permitido p"); "permitido p" e permitido omitir p" podem ser representados, respectivamente, por "Pp" e "P~p", mas, também, por "~Vp v ~O~p" ("não vedado p" e/ou "não obrigatório omitir p"), no primeiro caso ("Pp"), e por "~V~p v ~Op" ("não vedado omitir p" e/ou "não obrigatório p"), no segundo ("P~p"). Essas correspondências ficam mais claras no seguinte quadro, em que "↔" indica equivalência:

Op	↔	V~p	↔	~P~p
P~p	↔	~Op	↔	~V~p
Vp	↔	O~p	↔	~Pp
Pp	↔	~O~p	↔	~Vp

Finalmente, "facultativo p" pode ser representado por "Fp", mas também por "Pp Λ P~p" ("permitido p e permitido omitir p"), "~Op Λ ~O~p" ("não obrigatório p e não obrigatório omitir p") ou "~Vp Λ ~V~p" (não vedado p e não vedado omitir p).

A identificação dos comandos e das proibições não envolve maiores dificuldades, porque eles são reciprocamente excludentes. Aqueles se destinam a compelir alguém a praticar determinada conduta; estes, a vedar a alguém a prática de determinada conduta. Se uma conduta é

---

[117] Há, também, quem use, para simbolizar a conjunção, um "K", posicionado antes da referência aos modais e condutas que associa. Nessa perspectiva, "KPpP~p" pode ser lida como "permitido praticar a conduta p e permitido omitir a conduta p". Nesse sentido: VERNENGO, *Curso de Teoría General...*, op. cit., p. 70.

[118] Um bom exemplo de uso do disjuntor inclusivo é dado por MOUSSALLEM: *"Para ingressar no curso, tem de ser advogado ou contador'. O sujeito que for advogado e contador, só advogado ou só contador está habilitado a fazer o curso..."* – **Revogação...**, op cit., p. 42. O disjuntor excludente é aquele que impõe uma alternativa entre "p" e "q", afastando a possibilidade de que se dê "pΛq".

obrigatória, então sua omissão é vedada; se ela é vedada, então sua omissão é obrigatória.

A caracterização das normas de conduta "permissivas", no entanto, não é tão simples.

Primeiro, porque, no plano estritamente deôntico, elas nem sempre representam proposições independentes, na medida em que tanto o que é obrigatório como o que é facultativo também está, logicamente, permitido. Em outras palavras, a permissão está pressuposta tanto na faculdade quanto na obrigação [119].

Isso ocorre porque o fato de uma conduta "p" estar "permitida" não possibilita, por si só, que se extraia qualquer conclusão sobre de que modo está regulada deonticamente a omissão dessa mesma conduta "p". Ou melhor, dizer que "p" está permitido implica, tão-somente, dizer que "p" não está vedado, isto é, que "~p" não é obrigatório. Mas, se "~p" não é obrigatório, pode tanto ser permitido como estar proibido. No primeiro caso, estar-se-á diante de uma situação em que "Pp" é redundante em relação a "Fp"; no segundo, estar-se-á diante de uma situação em que "Pp" é redundante em relação a "Op". Em nenhum dos casos "Pp" estará em relação de contradição ou contrariedade com "Fp" ou "Op".

Isso pode ser facilmente notado no quadro de oposições lógico-deôntico, em que as diagonais indicam relação de **contradição** (entre Op e P~p e entre Pp e Vp), a horizontal superior indica relação de **contrariedade** (entre Op e Vp), a horizontal inferior indica **subcontrariedade** (entre Pp e P~p) e as verticais, **subalternidade** (entre Op e Pp e entre Vp e P~p) [120-121]:

---

[119] O primeiro desses axiomas, segundo o qual "tudo o que é obrigatório é também permitido" corresponde ao chamado Princípio da Permissão ou Princípio da Consistência Deôntica, que é comumente representado por "Op → P" – NELSON GONÇALVES GOMES, *Um Panorama da Lógica Deôntica*, **KRITERION**, nº 117, p. 12.

[120] Quadro extraído de: FÁBIO ULHÔA COELHO, **Roteiro de Lógica Jurídica**, p. 58.

[121] CLÁUDIA MARIA BARBOSA, **Lógica & Direito...**, op. cit., p. 59. CESAR SERBENA explica que duas proposições são "contrárias" entre si "... *quando ambas podem ser falsas, mas não é possível que ambas sejam verdadeiras.*"; duas proposições são "contraditórias "... *quando, se uma delas é verdadeira, a outra é falsa e vice-versa*"; duas proposições são "subcontrárias" "... *quando é possível que sejam ambas verdadeiras, mas não que ambas sejam falsa*"; finalmente, "*Duas proposições estão em relação de subalternação quando: a) da verdade da subalternante se infere a*

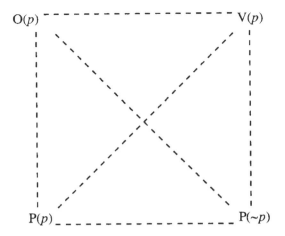

Em segundo lugar, também não é fácil caracterizar as normas permissivas porque, ao dizer-se que uma conduta está permitida, pode-se tanto querer significar que ela não está proibida, quanto que, efetivamente, existe uma norma que permite, positivamente, a sua realização.

Essa dificuldade corresponde à distinção que se faz, no plano descritivo – isto é, na metalinguagem descritiva do discurso normativo, – entre permissão fraca (negativa) e permissão forte (positiva).

Afirmar a existência de uma permissão forte corresponde a formular uma proposição normativa segundo a qual há uma norma no sistema normativo "SN" que permite a conduta "p" – isto é, "Pp ∈ SN", – ao passo que afirmar a existência de uma permissão fraca corresponde simplesmente a dizer que não existe uma norma no sistema SN que vede a conduta "p" – "Vp ∉ SN"[122].

Apesar de se tratar de uma distinção entre proposições normativas, e não entre normas, ela não parece totalmente desprovida de utilidade

---

verdade da subalterna; b) a falsidade da subalterna permite deduzir a falsidade da subalternante; c) a falsidade da subalternante deixa indefinida a verdade ou a falsidade da subalterna; d) a verdade da subalterna deixa indefinida a verdade ou falsidade da subalternante"; e todas essas relações *"... permanecem válidas para as noções de obrigatório, proibido e facultativo..."* – **Lógica e Direito...**, op. cit., p. 62-64.

[122] Tratamos dessa questão, também, em *A noção de Sistema no Direito*, **Ensaios em Homenagem ao Professor José Roberto Vieira**., p. 603-630.

para a caracterização das normas permissivas, especialmente quando se examina a sua função em sistemas hierarquizados de normas, em que vigora o princípio *lex superior*. Afinal, nesses contextos, as permissões fortes trazem consigo *"...rechazos anticipados de prohibiciones posteriores..."*, os quais atuam para impedir que os entes produtores de normas de nível inferior proíbam, validamente, aquilo que a autoridade superior permitiu. As permissões fracas, de modo diverso, simplesmente não podem ter esse condão de vincular as ações de uma autoridade subordinada [123].

Atentar para essa distinção permite ver que, a despeito das dificuldades na sua identificação, as normas permissivas, longe de constituir meras derivações lógicas dos comandos e proibições, têm uma função autônoma restritiva do poder de autoridades inferiores.

Ademais, para além (i) dessa função restritiva, costuma-se também atribuir a elas (ii) uma função indicativa – elas indicam as condutas consentidas; (iii) uma função modificativa – estabelecem exceções às normas de obrigação, modificando seu *"status"* deôntico; e, eventualmente, (iv) uma função de fechamento (clausura) de sistemas jurídicos, como ocorre quando são usadas para tornar permitido tudo o que não está proibido. Tudo isso, segundo Mendonca, justifica que se lhes atribua existência autônoma no contexto dos sistemas normativos [124-125].

---

[123] *Las Claves...*, op. cit., p. 96. Na mesma linha, dizem Alchourrón e Bulygin que, nos sistemas normativos mais complexos, em que estão em relação autoridades superiores e inferiores, as permissões fortes *"... pueden ser interpretados como un rechazo anticipado de las prohibiciones correspondientes..."* – Permisos y Normas Permisivas, in **Análisis Lógico y Derecho**, p. 237.

[124] *Ibid.*, p. 101-102. Mendonca entende, aliás, que as regras de clausura devem ser necessariamente permissivas – "tudo o que não está regulado está permitido", – porque, de um lado, uma norma de clausura proibitiva – "tudo o que não está regulado está proibido" – geraria incoerência nos casos em que tanto "p" como "~p" não estivessem regulados, na medida em que "Vp" e "V~p" são incompatíveis; e, de outro lado, uma norma de clausura obrigatória – "tudo o que não está regulado é obrigatório" – não só geraria incoerência nessa mesma hipótese, como também na hipótese em que "p" estivesse permitido e "~p" não estivesse regulado, porque as normas "Pp" e "O~p" são incompatíveis.

[125] Vernengo, *Curso...*, op. cit., p. 69. O mesmo autor aduz, ainda, que as normas permissivas *"...pueden ser entendidas – ya que en rigor no regulan directamente conducta alguna, dado que todo proceder las satisface y no son susceptibles de violación – como normas derogatorias de anteriores obligaciones o prohibiciones"*. Vernengo, Sistemas Normativos Dinámicos y la Idea de Libertad

As normas facultativas, por sua vez, podem ser vistas como uma combinação de normas permissivas, na medida em que se caracterizam por permitir tanto a prática de uma conduta como a sua omissão [Fp ↔ (Pp ∧ P~p)].

Num esforço de síntese, portanto, pode-se dizer que, do ponto de vista lógico-formal, são normas de conduta ou prescrições aquelas que, mediante um nexo de imputação (e não de causalidade), que representa a existência de um ato de vontade, unem a descrição abstrata de um fato ("H"), possível e não-necessário, à prescrição de uma conduta ("C"), regida pelos modais deônticos obrigatório ("O"), permitido ("P"), facultado ("F") e proibido ("V"). Pode-se classificá-las, segundo sua posição na estrutura do sistema de proposições, em norma primária – a que estabelece a conduta devida –, e em norma secundária – a que comina a sanção para o caso de descumprimento da norma primária; pode-se classificá-las, ainda, conforme o modal deôntico reitor do respectivo consequente, em "obrigações", "proibições", "permissões" e "faculdades".

As considerações acima tecidas com base nessas classificações terão importância ao longo de todo esse texto, e, em especial, quando da análise das teorias que procuram explicar as relações normativas de competência segundo a lógica das prescrições.

1.2.3.3.3 Normas técnicas

Não é apenas às prescrições, porém, que se costuma atribuir caráter normativo. São igualmente chamadas de "normas" as ditas "regras técnicas", vale dizer, as proposições que indicam a idoneidade de um meio para alcançar determinado fim.

Segundo ROBLES, elas são entendidas como *"... una aplicación de la ley causal al mundo de la acción y de la intencionalidad humanas..."*, muito embora, em vez de uma relação entre causas e efeitos, estabeleçam uma relação entre meios e fins [126].

Jurídica, in BULYGIN, Eugenio *et al.* (comp.), ***El lenguaje del derecho: Homenaje a Genaro R. Carrió****,* p. 442.
[126] *Las Reglas del Derecho y las Reglas de los Juegos: Ensayo de teoría analítica del derecho*, p. 142.

AS NORMAS JURÍDICAS

É importante esclarecer, não obstante, que as normas técnicas que temos em mente são aquelas de caráter convencional, as que são fruto de um ato de vontade, distinguindo-se, assim, tanto das regras de natureza técnico-causal – *v.g.*, "se queres ferver a água, deves aquecê-la a 100ºC" – quanto das de natureza técnico-lógica – *v.g.*, "se queres passar da premissa maior a uma conclusão válida, deves utilizar a forma lógica do silogismo".

Afinal, nestas últimas, quer respondam a um critério de necessidade ("L"), quer a um de possibilidade ou probabilidade ("M"), o meio e o fim pertencem ao mundo da natureza, regendo-se pelo "ser" interproposicional, de tal modo que escapam ao arbítrio humano; já naquelas, a relação entre o fim e o meio decorre de uma convenção, regendo-se pelo "dever-ser" interproposicional [127].

A diferença pode ficar mais clara se se recorrer, mais uma vez, ao jogo de xadrez.

No que diz respeito ao jogo, são regras técnico-convencionais proposições tais como as que orientam o jogador a respeito dos meios para realizar um determinado movimento, como as que estabelecem os requisitos para o "roque" ou para o "*en passant*"[128]; em contrapartida, são técnico-causais ou técnico-lógicas as proposições que versam sobre as táticas e estratégias a serem observadas por alguém que pretende vencer uma partida de xadrez, como a que orienta o jogador a buscar dominar

---

[127] Robles, **Las Reglas del Derecho...**, *op. cit.*, p. 150.
[128] O roque e o "en passant" são dois dos chamados "movimentos extraordinários" do jogo de xadrez. Em regra, *"Joga-se xadrez movendo-se apenas uma peça de cada vez. Em uma única circunstância, duas peças podem ser movidas ao mesmo tempo. O movimento requerido chama-se ROQUE e é realizado com o Rei e qualquer das duas Torres. O roque é, pois, um movimento combinado de Rei e Torre; para efetuá-lo será preciso que ambas as peças estejam em suas casas iniciais, não tenham realizado nenhum movimento anterior [e], também, que o espaço entre elas esteja livre e não... exposto a xeque...".* Já o *"en passant"* tem lugar "... *quando existe um Peão na quinta horizontal e um Peão adversário em sua casa inicial; ambos os Peões estão em colunas vizinhas... O Peão da quinta horizontal domina as casas pontuadas... O Peão preto, que se acha em sua casa inicial...* [avança] *duas casas,* [restando situado] *ao lado do Peão branco. Quando assim sucede, o Peão da quinta horizontal poderá capturar o Peão inimigo, que se adiantou dois passos, exatamente como se o Peão preto houvesse andado uma só casa. Capturado, o Peão preto é retirado; coloca-se, em seguida, o Peão, que captura, na casa da terceira horizontal das Pretas, como se o Peão preto tivesse avançado uma só casa...* [É] *um lance facultativo...* [que] *somente valerá como contestação imediata ao avanço do Peão contrário"* – Orfeu Gilberto D'agostini, **Xadrez Básico**, p. 32-35.

o centro do tabuleiro, ou a que o orienta a não iniciar o jogo mediante o avanço dos peões das torres. As primeiras pertencem ao jogo de xadrez, que é um sistema normativo; as segundas, ao sistema da teoria do jogo de xadrez, que é um sistema descritivo[129].

Do ponto de vista de sua estrutura lógica, as normas técnico-convencionais, também ditas "processuais" ou "procedimentais", diferenciam-se das prescrições porque, ao contrário destas, não estabelecem que, "Se 'p' é, o sujeito tem a permissão, a obrigação ou a proibição de praticar 'q'", mas, sim, que, "se o sujeito quer 'p', tem de praticar 'q'".

É bem verdade que, considerado o plano estritamente sintático, e levadas ao último grau de abstração, as normas em questão têm a mesma estrutura ("p→q"). Mas, procedendo a uma pequena desformalização, as diferenças entre umas e outras ficam bem claras, senão, vejamos:

PRESCRIÇÃO: (p→Oq) v (~q→Os) – se p é, obrigatório (deve ser) q; e se não é q, obrigatório é s.
NORMA TÉCNICA: (Qp→O'q') v (~q'→~p') – se quer p', tem de q'; e se não se dá q', não se obtém p'.

O primeiro traço distintivo está em que o antecedente das regras técnicas não traz a descrição abstrata de um fato possível e não-necessário ("p" = "se 'p' é"), mas a indicação da pretensão do sujeito normativo ("Qp" = "se quer 'p'").

O segundo reside em que, se o consequente das normas prescritivas estabelece uma relação entre sujeitos, normalmente estabelecida em função de direitos e deveres que os unem (q), nas normas técnicas existe, pura e simplesmente, a previsão de um meio que se considera idôneo para a obtenção do fim descrito no antecedente (q').

Como terceiro ponto de *discrímen*, nas normas técnicas a conduta do sujeito não é regulada em termos de "direitos" e "deveres" (O), mas em termos de "ônus" (O'). Isso significa que, embora seu functor interproposicional seja o "dever-ser neutro" – que indica tratar-se de uma relação convencional, e não causal, – seu operador intraproposicional não é o "dever-ser" modalizado em "obrigatório", "permitido" ou "proibido", mas

---

[129] Na mesma linha, diz VON WRIGHT que *"Las 'instrucciones para el uso' son ejemplos de normas técnicas. Con ellas se presupone que la persona que sigue las instrucciones aspira a la cosa (fin, resultado), con vistas a cuyo logro se dan ditas instrucciones"* – **Norma y acción...**, op. cit., p. 29.

o "ter de". Isto é, se o sujeito cujo comportamento é regulado por uma norma técnica deseja obter, para si mesmo, o fim que integra o antecedente da norma, tem "o ônus", e não "o dever", de comportar-se segundo o modo indicado na norma[130].

Daí decorre uma última diferença fundamental entre a sanção eventualmente prevista para o caso de descumprimento das normas de conduta e a consequência prevista para a hipótese de inobservância das normas técnicas: naquelas, a sanção é cominada por um enunciado que descreve o descumprimento do consequente da norma primária e atribui ao sujeito passivo o dever de cumprir com uma sanção ($\sim q \rightarrow Os$); nestas, a consequência da inobservância do ônus é simplesmente a negativa do próprio objetivo ou fim que integra o antecedente da norma técnica ($\sim q' \rightarrow \sim p'$).

1.2.3.3.4 Normas determinativas (conceituais) ou definições

Paralelamente às normas de conduta e às normas técnicas, alude-se, ainda, como uma terceira categoria normativa, às "normas conceituais" – BULYGIN – ou "determinativas" – VON WRIGHT [131] –, para fazer referência a regras que não prescrevem conduta alguma, nem versam sobre a idoneidade de um meio para a obtenção de um fim, mas que, simplesmente, definem conceitos, razão pela qual são, também, usualmente, chamadas de "definições".

---

[130] Segundo PONTES DE MIRANDA, *"A diferença entre dever e ônus está em que (a) o dever é em relação a alguém, ainda que seja a sociedade; há relação entre dois sujeitos, um dos quais é o que deve: a satisfação é do interesse do sujeito ativo; ao passo que (b) o ônus é em relação a si-mesmo; não há relação entre sujeitos: satisfazer é do interesse do próprio onerado. Não há sujeição do onerado; ele escolhe entre satisfazer, ou não ter a tutela do próprio interesse"* – **Tratado...**, op. cit., t. III, p. 410 (sic). No mesmo sentido, diz FRANCISCO AMARAL que, *"No dever, o comportamento do agente vincula-se ao interesse do titular do direito, enquanto no ônus esse comportamento é livre, embora necessário, por ser condição de realização do próprio interesse"* – **Direito Civil: Introdução**, p. 194. É preciso advertir, porém, para o fato de que muitas vezes se usa a palavra "dever" para aludir a um "ônus", e isso é decorrência, como bem observa CARACCIOLO, de que *"El término 'debe' y su correlativo 'deber' son sistematicamente ambíguos y se puede sostener que... En un sentido 'débil' un individuo A debe o tiene el deber de realizar la acción p, si es que un medio para lograr un objetivo que A quiere alcanzar o un propósito que A quiere satisfacer"* – *Un dilema en torno a la naturaleza de las normas*, **Doxa: Cuadernos de Filosofía del Derecho**, nº. 31, p. 93.

[131] **Norma y Acción**, passim.

Para exemplificar, pode-se dizer que são espécies de normas conceituais do jogo de xadrez as que definem a posição inicial das peças no tabuleiro, as que conceituam o próprio tabuleiro como um conjunto de 64 casas pretas e brancas alternadas, ou as que definem os movimentos que cada peça é capaz de executar.

Normalmente, atribui-se às definições uma estrutura lógica segundo a qual "A tem o valor de B no contexto x" [132].

Tomada a forma básica da proposição, isto é, ("p→q") e procedendo a uma pequena desformalização, obtém-se que, "se é p, então é q", ou, o que é o mesmo, "se é q, então é p".

Essas normas, note-se, não estão estruturadas, no consequente, segundo uma lógica do "dever", nem do "ter de", mas, sim, segundo uma lógica do "ser" – ainda que, bem entendido, um "ser" convencional, constituído mediante relação de imputação, e não de causalidade.

Aliás, precisamente porque aqui se tem uma relação entre duas proposições regidas pelo "ser", é plenamente possível estabelecer entre elas uma relação de equivalência ("p↔q").

Houve quem questionasse a existência das definições como categoria normativa autônoma, sugerindo que nada mais seriam do que prescrições de uma conduta verbal. Segundo essa perspectiva, ao estabelecer uma definição, o emissor do enunciado normativo não estaria fazendo nada além de prescrever, aos que operam naquele sistema normativo, a obrigação de usar as expressões objeto da definição no mesmo sentido a elas atribuído pela norma [133].

Segundo MENDONCA, igualmente houve quem sugerisse que as definições seriam normas técnicas, porque destinadas a determinar o alcance dos enunciados formulados e a aplicação correta das normas ditadas pelo ente que as produziu. Nessa perspectiva, elas estariam a ditar que, "se A

---

[132] Como bem observou CÁCERES NIETO, a estrutura das normas conceituais é igual à de qualquer definição não normativa: *"Una expresión a definir..."* e *"... un significado atribuido a dicha expresión"* – **Lenguaje y derecho...**, op. cit., p. 31.

[133] Essa foi a interpretação defendida, por exemplo, por MESSINEO – *Apud* MENDONCA, **Las Claves...**, op. cit., p. 112; e, também, por CARRIÓ, verbalmente, conforme relato de BULYGIN e ALCHOURRÓN – *Definiciones y normas...*, op. cit., p. 11.

quer se entender com os membros do grupo G, deve outorgar à expressão 'x' o significado 'y'"[134].

ALCHOURRÓN e BULYGIN, porém, trataram de demonstrar que, diferentemente das prescrições – e, também, das regras técnicas, – as quais podem tanto ser observadas como não observadas, **as normas conceituais sempre criam uma impossibilidade**, um "ser" ou "não-ser". Por exemplo, se menor é quem ainda não completou dezoito anos, então é impossível que alguém que os tenha completado seja menor.

As definições estabelecem, assim, uma relação de absoluta correspondência entre prótase e apódose, no sentido de que todos aqueles sujeitos que se enquadrarem no suposto da norma estarão inexoravelmente enquadrados no seu consequente. Daí dizer-se que elas costumam dar lugar a enunciados analíticos, tautológicos, categóricos, em que o predicado já está contido no próprio sujeito – e não a enunciados sintéticos, como ocorre com as prescrições e as regras técnicas, que sempre dizem, acerca do sujeito, algo que não se encerra nele mesmo[135].

Por essa razão é que, como diz REALE, "*Somente por um artifício verbal poder-se-á dizer que o... art. 18, §1º, da Carta Magna quer dizer que, se uma cidade for Brasília, deverá ser considerada Capital Federal*"; afinal, é o próprio art. 18, §1º, quem define Brasília como Capital Federal e, com isso, estabelece um conceito de Brasília. Em outras palavras, as referências ao termo "Brasília" e à expressão "Capital Federal" são, ali, tautológicas, circulares, pois falar em Brasília já é falar, analiticamente, na Capital Federal [136].

As definições, portanto, não são prescrições nem regras técnicas, o que não obsta, evidentemente, que mantenham relações com elas. Aliás, é bastante comum que uma definição tenha efeitos sobre as prescrições, na medida em que "*...toda modificación de una definición produce una alteración en el estatus normativo de alguna acción o estado de cosas*"[137].

---

[134] MENDONCA, *Las Claves... op. cit.*, p. 113.
[135] Segundo ALCHOURRÓN e BULYGIN, as definições dão lugar a "*...enunciados necesarios, cuya necesidad está basada en el significado del término definido*" – *Definiciones y normas... op. cit.*, p. 34.
[136] **Lições Preliminares de Direito**, p. 94-95.
[137] MENDONCA, *Las Claves...*, *op. cit.*, p. 114.

1.2.3.3.5 Normas constitutivas

É preciso registrar, não obstante, com base numa distinção traçada inicialmente por SEARLE, que as definições estabelecidas num sistema normativo também são, por vezes, chamadas de "normas constitutivas" (*"constitutive rules"*), no sentido de que constituem – isto é, "criam", "instituem" – novas possibilidades de fatos, cuja ocorrência seria impossível na ausência dessas mesmas normas [138-139].

Diz-se que as normas constitutivas se opõem às "normas reguladoras" (*"regulative rules"*) em função da diferente relação que uma e outra guardam com os fatos [140-141]. Enquanto as normas reguladoras versam sobre "fatos brutos", isto é, sobre fatos e atos cuja possibilidade lhes é preexistente e delas independe – como caminhar ou respirar, por exemplo, – as normas constitutivas não disciplinam condutas, mas, antes, ao atribuir um significado específico a uma ação, acabam por criar ou definir novas espécies de comportamento, tornando-as logicamente possíveis dentro de um determinado sistema normativo. Em outros termos, as normas constitutivas são condição de cogitação desses "fatos institucionais", isto é, dos modelos de conduta por elas próprias criados [142-143].

---

[138] Sobre a equiparação entre "regras conceituais" e "regras constitutivas", diz HERNÁNDEZ MARÍN que *"Los mismos enunciados que algunos autores denominan 'reglas conceptuales son llamados por otros autores 'reglas constitutivas'"* – **Introducción a la Teoría...**, op. cit., p. 188.

[139] Foi isso o que observou CARCATERRA, ao dizer que, se o direito, de um lado, *"... reduz, por meio de comandos e proibições, as nossas escolhas, de outro produz novas dimensões de vida e multiplica, por isso, nossas possibilidades operativas..."*. Tradução livre. No original italiano: *"...riduce, attraverso comandi e divieti, le nostre scelte, dall'altro produce nuove dimensioni di vita e moltiplica perciò le nostre possibilità operative"* – **Le norme costitutive**, p. 68.

[140] Segundo COLZANI, essa diferença radica em que, *"... nas regras constitutivas, há uma paradoxal inversão da relação entre regra e objeto regulado"*. Tradução livre. No original italiano: *"... nelle regole costitutive v'è una paradossale inversione del rapporto tra regola e regolato"* – Costitutività di regole, **Toga Lecchese: Quadrimestrale Edito Dall'Ordine Avvocati di Lecco**, p. 6, disponível em: http://www.ordineavvocati.lecco.it/image/pdf/TOGA-2_2011.pdf, acesso em 15/07/2012.

[141] GUASTINI, **Das Fontes às...**, op. cit., p. 65.

[142] Trata-se das regras que ROBLES denomina "regras ônticas", normas *"... cuyo nexo modal es el verbo 'ser'"*, ainda que tenham origem num ato volitivo. Completa o autor: *"El creador de un juego quiere que el juego sea así y no de otra manera. Pero el 'así' en que consiste la regla es analizable independientemente del acto de querer"*. Segundo ROBLES, *"Las reglas ónticas no son*

Para compreender o conceito de "fato institucional", pode-se pensar, mais uma vez, nos movimentos do jogo de xadrez.

Mover o cavalo em "L" ou o bispo em diagonal são ações que simplesmente não teriam o sentido institucional de que são dotadas, no jogo de xadrez, caso não existissem as regras do jogo. Seriam simples movimentos físicos de levar um objeto de um lugar a outro, desprovidos de qualquer significado específico.

Por isso mesmo, aquele que deixar de observar normas tais como as que definem o jogo de xadrez, isto é, as regras que descrevem os movimentos possíveis no jogo, a posição das peças no tabuleiro *etc.*, em rigor, não as estará violando, não estará praticando condutas contrárias às regras do jogo de xadrez, mas, antes, pura e simplesmente, não estará jogando xadrez [144].

---

reglas directas de la acción, ya que no plantean ninguna exigencia de conducta. Señalan tan sólo los elementos necesarios previos a la acción en que ésta ha de desenvolverse. Pero que no sean reglas directas de la acción no quiere decir que no afecten a ésta; antes al contrario, la acción sólo es posible merced a la preexistencia de las reglas ónticas". O autor, contudo, distingue as regras "ônticas" das definições, afirmando que *"La regla óntica no hace referencia a ninguna realidad previa y, por tanto, a ningún concepto. No expresa descriptivamente algo que es. Posee un carácter vectorial, del que carece la definición. Mediante la regla óntica se crea algo 'ex nihilo'. Antes de la regla el algo no existe, y sólo mediante la regla ese algo existe"* – **Las Reglas del Derecho...**, *op. cit.*, p. 121-122 e 126.

[143] Há quem negue, como MACCORMICK, a possibilidade de uma distinção clara entre "fatos brutos" e "fatos institucionais". Em suas palavras: *"Meu argumento, como se pode ver, consiste em negar que o fato de ser definido por regras seja uma peculiaridade dos fatos jurídicos ou dos fatos institucionais. Aquilo que podemos admitir como fato em qualquer esfera de atividades ou conhecimento depende não apenas do que se passa realmente, mas também das normas de conduta que regulam essa atividade ou conhecimento".* Tradução livre. No original francês: *"Mon argument, ainsi qu'on peut le voir, consiste à nier que le fait d'être défini par des régles soit une étrangeté des faits juridiques ou des autres faits institutionnels. Ce que l'on peut admettre comme fait dans toute sphère d'activités ou de recherches dépend non seulement de ce qui se passe réellement, mais aussi des normes de conduite qui régulent cette activité ou cette recherche"* – **Pour une théorie institutionelle du droit: nouvelles approches du positivisme juridique**, p. 107. Por isso mesmo, o autor define "fatos institucionais" como *"... aqueles que dependem não apenas de certos eventos ou ocorrências físicas que supostamente devem ter ocorrido, mas também de uma interpretação desses (e/ou de outros) eventos ou ocorrências em termos de algum conjunto estável de normas (tanto institucionais ou convencionais) de conduta ou de discurso"* – MACCORMICK, **Retórica e o Estado de Direito**, p. 87.

[144] Cf. BULYGIN, *Sobre las Normas de Competencia...*, *op. cit.*, p. 490. Apenas para registro, embora se trate de uma posição evidentemente minoritária, há quem ponha em dúvida

Costuma-se atribuir às regras constitutivas a mesma forma lógica aplicável às definições (*"A tem o valor de B no contexto x"*), dizendo elas respeito, portanto, a expressões tais como "São maiores de idade aqueles que têm dezoito anos completos" ou "Os atos do parlamento têm valor de lei" [145].

Para distinguir as normas constitutivas das definições, alguns autores, como ATIENZA e RUIZ MANERO, agregam-lhe o elemento *"procedimento"*, com o que reformulam a estrutura anterior, para dizer que, *"... si se da el estado de cosas X y un sujeto (o sujetos) realiza la acción (o serie de acciones: procedimiento) Y entonces se produce el resultado institucional R"* [146].

As normas dessa natureza podem ser representadas, no extremo da abstração, por uma estrutura igual à de todas as outras normas: ("p→q"). A diferença aparece no functor intraproposicional – que não é nem o "dever-ser", nem o "ter de", nem o "ser", mas o "produzir-se" – e, claro, na saturação das variáveis proposicionais, que incluem um sujeito, uma ação ou procedimento e um resultado institucional.

Mesmo, porém, nessa perspectiva mais restrita, que distingue as "normas constitutivas que conferem poderes" das "normas puramente constitutivas" – na expressão dos mesmos ATIENZA e RUIZ MANERO, – trata-se de uma concepção das normas constitutivas relativamente próxima à das definições, na medida em que deixar de observá-las corresponde, simplesmente, a praticar um ato diverso daquele que versam, e não – ou, pelo menos, não necessariamente – incorrer na prática de um ato proibido.

---

o "dogma da impossibilidade de transgressão" das normas constitutivas, argumentando, basicamente, que, mesmo no xadrez, há casos em que a inobservância da regra – por exemplo, iniciar o jogo com as posições do rei e da dama invertidas – não vai ao ponto de transformar o jogo num "não-xadrez" – GUGLIELMO FEIS e UMBERTO SCONFIENZA, *Challenging the Constitutive Rules Inviolability Dogma*, **Phenomenology and Mind**, v. 3, p. 102-110. Nós mesmos já defendemos ideia semelhante, quando ainda concebíamos as normas de competência como típicas normas de conduta, posição que revemos, neste trabalho, por razões que ficarão claras ao longo da exposição – GUILHERME BROTO FOLLADOR, *As Normas de Competência em Alchourrón e Bulygin*, in Encontro Nacional do CONPEDI, nº. 21, *passim*.

[145] GUASTINI, *Prólogo*, in FERRER BELTRÁN, **Las Normas de Competencia...**, op. cit., p. XVI-XVII.

[146] *Seis acotaciones preliminares para una teoría de la validez jurídica*, **Doxa: Cuadernos de Filosofía del Derecho**, nº. 26, p. 721.

Para além, contudo, dessa noção relativamente assemelhada às normas conceituais, há também quem se refira a outra acepção, bastante diversa, das "normas constitutivas", em que elas são concebidas como um tipo de atos linguísticos performativos – ou operativos, – "... *que realizan inmediatamente el estado de cosas del que hablan (por ejemplo, 'Queda derogada la ley x', pronunciado por el legislador)*" [147].

Nessa visão, as regras constitutivas não são enunciados de caráter "diretivo" – como as prescrições; nem enunciados de caráter "instrumental" – como as regras técnicas; nem regras dotadas de caráter metalinguístico – como as definições ou, em certo sentido, como as regras constitutivas em sentido institucional; – mas, sim, enunciados pertencentes ao campo do uso performativo da linguagem, no sentido de que pronunciá-los é suficiente para provocar uma "mudança" no mundo. É o caso, por exemplo, das normas que "revogam" outras normas: pelo simples fato da sua existência, o sistema transforma-se, imediatamente, em outro [148-149].

Embora os autores que se inclinam por essa visão não apresentem uma forma lógica desse tipo de normas, parece razoável conceber algumas delas como enunciados "... *do tipo sujeito-predicado...*", isto é, enunciados que, uma vez proferidos, "... *atribuem propriedade a uma pessoa ou coisa*" [150].

A referência simbólica a enunciados desse jaez costuma ser feita pela menção ao predicado, em letra maiúscula, seguida do sujeito, em letra minúscula. Por exemplo: "fica o bispo (b) investido da capacidade de se mover em diagonal" poderia ser representado por "b→Db".

Considerando, ao que parece, ambas essas concepções de normas constitutivas, CONTE classificou-as em seis espécies, conforme constituam ou insiram condições necessárias ou suficientes à existência ou

---

[147] GUASTINI, *Prólogo...*, op. cit, p. XVII.
[148] FERRER BELTRÁN, **Las Normas de Competencia...**, op. cit., p. 152.
[149] Como diz CARCATERRA, quando do advento de uma norma revogadora, o ordenamento se transforma imediatamente em outro, "... *por força da própria disposição ab-rogadora, sem a necessidade de ulteriores iniciativas de quem quer que seja*". Tradução livre. No original italiano: "... *in forza della stessa disposizione abrogativa, senza bisogno di ulteriori iniziative di chicchessia*" – **Le norma costitutive...**, op. cit., p. 52.
[150] CLÁUDIA MARIA BARBOSA, **Lógica & Direito...**, op. cit., p. 26.

ocorrência daquilo que versam. Esses conceitos foram classificados e sistematizados por Azzoni, nas seguintes categorias [151]:

a) Regras **eidético-constitutivas**, cuja existência é condição "necessária" à existência daquilo que versam, como são, em relação à existência do jogo de xadrez, *v.g.*, as que indicam os movimentos das peças, ou descrevem o tabuleiro como um conjunto de 64 casas brancas e pretas alternadas;
b) Regras **thético-constitutivas**, cuja existência é condição "suficiente" à existência daquilo que versam, como, *v.g.*, no jogo de xadrez, um acordo das partes no sentido de encerrar a partida com um empate, ou como aquelas que, no plano jurídico, promovem a revogação de uma lei;
c) Regras **noético-constitutivas**, cuja existência é condição "necessária e suficiente" à existência daquilo que versam, tendo-se, como exemplo paradigmático, a norma fundamental de um sistema jurídico estático, da qual as outras normas não seriam mais que derivações[152];
d) Regras **anankástico-constitutivas**, que estabelecem uma condição "necessária" para a ocorrência daquilo sobre que versam – como a que, no jogo de xadrez, estabelece ser a não movimentação prévia do rei uma condição necessária para a realização válida do "roque", ou como a que, no plano jurídico, exige a assinatura de duas testemunhas para atribuir eficácia executiva a um contrato;
e) Regras **metathético-constitutivas**, que ditam uma condição "suficiente" para a ocorrência daquilo sobre que versam, como a que, no jogo de xadrez, prevê ser o xeque-mate uma situação suficiente (e não necessária) para que o jogo se encerre, ou como a que, na Constituição Italiana, estabelece ser "*... senador vitalício, salvo renúncia, quem tenha sido Presidente da República*"[153];

---

[151] Apud Ferrer Beltrán, **Las Normas de Competencia...**, op. cit., p. 153. Apud Colzani, Costitutività..., op. cit., p. 7.
[152] Não encontramos exemplos de normas noético-constitutivas próprias do jogo de xadrez.
[153] No original italiano: "*È senatore a vita, salvo rinunzia, chi è stato Presidente della Repubblica*" – Tradução livre – Colzani, Costitutività..., op. cit., p. 8.

f) Regras **nômico-constitutivas**, que ditam uma condição "necessária e suficiente" daquilo sobre que versam, como a que, no jogo de xadrez, estabelece a possibilidade de o peão que chega à última casa do tabuleiro transformar-se em qualquer outra peça do jogo, ou como a que, no mundo jurídico, estatui que "a capacidade jurídica se adquire no momento do nascimento" [154].

Como se vê, a distinção entre os pares eidético-constitutivas/anankástico-constitutivas, thético-constitutivas/metathético-constitutivas e noético-constitutivas/nômico-constitutivas está em que a existência das primeiras de cada par **é** condição da existência daquilo que versam, enquanto as segundas de cada par simplesmente **põem** condições para a ocorrência daquilo sobre que versam, de modo que aquelas se afinam mais com a ideia de norma constitutiva em sentido performativo, enquanto estas guardam correspondência mais clara com a ideia de norma constitutiva em sentido institucional [155].

Por exemplo, enquanto o acordo sobre o empate, no jogo de xadrez, é um enunciado suficiente para que o jogo termine empatado, para que se dê a promoção de um peão a dama não basta a existência da regra, sendo necessário, também, que o peão efetivamente chegue à última casa e, mais, que o enxadrista, diante dessa situação, opte por promovê-lo a dama, e não a cavalo ou torre, por exemplo.

Tais distinções aparecerão no curso da exposição vindoura, especialmente quando tratarmos das diversas concepções sobre o caráter e a estrutura lógica das normas de competência no plano da Teoria Geral do Direito.

---

[154] FERRER BELTRÁN, **Las Normas de Competência...** *op. cit.*, p. 153.
[155] Nesse sentido, diz PEÑA FREIRE que a diferença entre as normas eidético-constitutivas e as anankástico-constitutivas, por exemplo, está em que *"... las primeras son condiciones necesarias de las actividades sobre las que versan, mientras que las anankástico-constitutivas ponen condiciones necesarias para que un acto o circunstancia posea un determinado valor"* – Reglas de competencia y existencia jurídica, **Doxa – Cuadernos de Filosofía del Derecho**, nº. 22, p. 386.

1.2.3.4 As normas e a regulação do comportamento humano

Por tudo quanto já observado, ficou claro que, embora seja comum atribuir caráter normativo apenas às prescrições, e conquanto, nos sistemas jurídicos, elas sejam mesmo o tipo normativo mais presente – e, talvez, até o mais relevante para que se possa falar em sistema jurídico, – elas definitivamente não são o único modelo de enunciados a que é possível atribuir caráter normativo.

Isso decorre, ressalte-se mais uma vez, do fato de que o substantivo "norma" é dotado de uma grande indeterminação semântica (vagueza), donde deriva a dificuldade de saber a que objetos ele pode efetivamente ser aplicado [156].

A solução para o problema da vagueza, como visto, reside ou na adoção de uma definição estipulada, ou na apresentação de uma definição lexicográfica do conceito. No primeiro caso, restringe-se o sentido do termo por meio da escolha de um critério distintivo, que permite apartar um determinado tipo de uso do vocábulo dos demais, como ocorre quando se reserva a palavra "normas" apenas para as proposições prescritivas. No segundo, procura-se, de modo contrário, simplesmente identificar as diversas hipóteses de aplicação da palavra consagradas pelo uso, sendo isso o que, em princípio, autoriza a chamar de "normas" cada uma e todas as espécies de proposições referidas no tópico anterior.

Ao se estipular um critério, ao modo de um raciocínio dedutivo, busca-se primeiro definir o conceito daquilo sobre que se fala, para, só então, ir em busca dos objetos que se subsomem ao critério eleito; no segundo, à semelhança do que ocorre no método indutivo, procura-se, primeiro, tão-simplesmente aquela parecença a que WITTGENSTEIN reservou a expressão "semelhança de família", para depois decidir-se por ir ou não em busca de um critério que reúna os elementos numa mesma classe [157].

---

[156] CARACCIOLO, *Un dilema en torno...*, *op. cit.*, p. 92.
[157] **Investigações Filosóficas...** *op. cit.*, *passim*. A "semelhança de família" é própria das expressões que padecem da chamada vagueza combinatória, isto é, da vagueza que se apresenta quando uma palavra não se define por uma série de propriedades necessárias e suficientes, mas por um conjunto de propriedades relevantes e não imprescindíveis para o enquadramento no conceito, como ocorre com as noções de "jogos" e "artes", por exemplo.

Nada impede, pois, que, feito um inventário das coisas que se designam sob um nome, procurem-se identificar os elementos comuns entre elas, para então chegar a um seu conceito. Isso não é contraditório, porque adotar uma definição lexicográfica não deixa de ser uma estipulação, na medida em que definir os objetos a partir do nome que usualmente se lhes atribui também não deixa de ser um critério para distinguir de outros objetos as coisas designadas por seu intermédio. Aliás, nesse exato sentido, diz WARAT que não é possível estabelecer limites precisos entre as definições estipuladas e as lexicográficas, justamente *"Porque, nos termos vagos, decidir as características que se consideram relevantes, é uma forma de estipulação"* (sic) [158].

E a verdade é que existe, mesmo, ao menos um traço comum entre todas as espécies de proposições que se costuma chamar de "normas": todas elas, no fim das contas, visam a disciplinar o comportamento humano. A diferença é que, enquanto as normas de conduta e as normas técnicas o fazem de modo direto, tendo destinatários bem definidos, as normas conceituais e constitutivas o fazem de modo indireto, ora estabelecendo o sentido de determinados termos que constarão de regras de conduta ou técnicas, ora criando a própria possibilidade da conduta sobre a qual versarão essas regras.

Essa finalidade, de regular condutas, está representada, nas formas lógicas referidas no tópico anterior, pelo nexo de implicação interproposicional neutro ($\rightarrow$) – o "functor-de-functor", na expressão atribuída a KALINOWSKI [159] – que, na estrutura de todas as normas acima referidas (prescrições, normas técnicas, definições e normas constitutivas), serve para identificar a pertinência dos objetos nelas referidos ao mundo das relações de imputação, daquilo que "deve-ser", e não ao mundo das relações causais, daquilo que "é". Serve tal operador, nas palavras de PAULO DE BARROS CARVALHO, para indicar que o liame entre as proposições do antecedente e do consequente representa um *"... ato de vontade, de quem detém o poder... de criar normas"* [160].

---

[158] WARAT, **A Definição Jurídica...**, *op. cit.*, p. 41.
[159] *Apud* LOURIVAL VILANOVA, **As Estruturas Lógicas...**, *op. cit.*, p. 77.
[160] **Direito Tributário: Fundamentos...**, *op. cit.*, p. 48.

Chega-se, com isso, finalmente, a um conceito mais largo de "norma", que é aquele de que nos valeremos ao longo deste trabalho.

Trata-se, é evidente, de uma escolha. Seria igualmente válido – e é até mais comum no âmbito da Ciência do Direito Tributário que se desenvolveu no Brasil – enveredar pela opção que reserva o vocábulo "normas" para os casos de uso prescritivo – em sentido estrito – da linguagem.

É o que fazem, por exemplo, PAULO DE BARROS CARVALHO, EURICO DINIZ DE SANTI, GABRIEL IVO e TÁREK MOUSSALLEM, entre tantos outros, ao reservarem apenas às prescrições – subsistemas "S_3" e "S_4" – o estatuto de "normas jurídicas", deixando para os subsistemas "S_1" e "S_2" – sistemas dos "enunciados prescritivos" e das "significações isoladas", respectivamente – as demais "normas" referidas nos tópicos anteriores [161].

Tal concepção parece derivar do fato de tais autores assumirem boa parte dos conceitos kelsenianos como postulados, uma vez que, como se poderá verificar mais adiante, KELSEN, pelo menos na maioria de seus escritos, toma como "verdadeiras normas" jurídicas apenas as proposições que regulam a conduta humana mediante a imposição de sanções, reservando a todos os outros enunciados do discurso normativo a designação de "normas dependentes" ou "partes de normas".

Aliás, tanto a ideia de "todo" e "parte" está, de certo modo, presente na perspectiva por eles adotada, que, nas palavras de MOUSSALLEM, *"Após transcorrer os subsistemas S_1 e S_2, o intérprete alça voo ao plano da **completude** do sistema deôntico, isto é, ao subsistema S_3 das normas jurídicas..."*, as quais PAULO DE BARROS CARVALHO define justamente como as *"... unidades de sentido deôntico obtidas mediante o **grupamento** das proposições isoladas..."*, estas concebidas, a seu turno, como *"... frases, digamos assim, soltas, como estruturas atômicas"* [162].

---

[161] Pela ordem de citação: PAULO DE BARROS CARVALHO, **Direito Tributário: Fundamentos...**, *op. cit.*, p. 110-124; EURICO DINIZ DE SANTI, Validade, Vigência e Aplicação da Norma Tributária, in **Curso de Direito Tributário e Finanças Públicas**, p. 501-503; GABRIEL IVO, **Norma Jurídica: Produção e Controle**, p. XXXVI; MOUSSALLEM, **Revogação...**, *op. cit.*, p. 110 *et seq.*

[162] **Revogação...**, *op. cit.*, p. 125; **Direito Tributário: Fundamentos...**, *op. cit.*, p. 106. Sem os destaques, nos originais. É importante reconhecer, porém, que o próprio PAULO DE BARROS CARVALHO, em texto anterior, além de reconhecer a importância dos juízos categóricos, como as 'normas atributivas' ou 'normas qualificativas', e muito embora negando-lhes

Insista-se em que não há nada de essencialmente "errado" nessa escolha – ainda que se trate, a nosso ver, de uma visão excessivamente redutora da complexidade do sistema jurídico [163]. É preciso deixar claro, porém, que não passa de uma escolha, motivada não por critérios de verdade, mas de vontade, utilidade ou conveniência. E, se é assim, a opção diversa aqui adotada também não precisa estar fundada em um juízo "veritativo", sendo plenamente justificável baseá-la, sem sacrifício da coerência, em um critério de ordem valorativa.

Nesse sentido, pode-se dizer que a opção pela qual se enverada neste trabalho – isto é, a opção de tomar por "normas" todas as espécies de enunciados construídos mediante interpretação das disposições normativas – tem por fundamento, antes de tudo, o desejo de manter coerência com uma estipulação anterior, consistente em, para efeito de desfazer a ambiguidade envolvida no conceito de "norma", defini-la como o enunciado normativo construído pelo intérprete a partir dos enunciados normativos do discurso das fontes.

É dizer, se o enunciado do intérprete (norma) é a significação do enunciado da fonte, então a cada um dos enunciados das fontes em que estiver presente a função de regular o comportamento humano, direta ou indiretamente, deverá corresponder ao menos uma norma, sem prejuízo, é claro, da possibilidade de haver normas formadas a partir de mais de uma disposição normativa, dada a inexistência de correspondência biunívoca entre normas e disposições.

---

caráter normativo, "*...já por não revestirem a forma dos juízos hipotéticos, já por não estabelecerem comportamentos-tipo...*", negou que se tratasse de "fragmentos de normas", dizendo que esta é uma ideia "*... vaga e imprecisa, de todo inadequada para a conceituação daquela figura fundamental*" – **Teoria da Norma Tributária**, p. 54-55.

[163] O "prescritivismo", isto é, a postura segundo a qual todo o discurso jurídico é prescritivo, encontrada em boa parte dos autores da Ciência do Direito Tributário brasileira, é duramente criticado por HERNÁNDEZ MARÍN. Segundo o autor, tal tese "*... no es el resultado de ningún análisis, estudio o investigación del lenguaje legal o jurídico, de modo que pueda ser revisada a la luz de investigaciones posteriores (como ocurre en cualquier campo del saber); tampoco es la conclusión de ningún razonamiento, de tal manera que sea posible revisar los pasos deductivos que conducen a dicha conclusión. La tesis en cuestión fue formulada y viene siendo repetida sin ninguna justificación ni empírica, ni lógica; dicha tesis es, simplemente, un 'dogma'*" – **Introducción a la Teoría...**, op. cit., p. 230.

A escolha que fazemos tem sua razão de ser, ainda, num certo incômodo com a ideia de outorgar primazia, no sistema jurídico, às regras que regulam condutas mediante a imposição de sanções – prescrições em sentido estrito, – tornando enunciados outros, tais como as regras técnicas, definições e normas constitutivas, desprovidos de vida própria, colocados que são na condição de meros apêndices dos sistemas normativos, meros auxiliares, meros serviçais das prescrições. Essas críticas ficarão mais claras por ocasião do exame das teorias que veem as normas de competência como partes de normas ou como normas não-independentes, não sendo o caso de antecipá-las desde logo.

Por ora, o que se enfatiza é que a alternativa escolhida para a concepção de "norma", da mesma forma que a opção mais restritiva usualmente adotada na Dogmática brasileira do Direito Tributário, está também amparada em vasta e abalizada doutrina da Teoria Geral do Direito, de modo que argumentos de autoridade não têm o condão de desencorajá-la[164]. Pelo contrário: aos argumentos de autoridade, pretende-se responder com a autoridade dos argumentos.

Em suma, pois, tomamos como "normas" todas as proposições que visam a, de uma forma ou de outra, disciplinar o comportamento humano, seja diretamente, como as prescrições e as normas técnicas, seja indiretamente, como as definições e as normas constitutivas.

Dizer, porém, que as normas conceituais e constitutivas regulam o comportamento humano "de modo indireto", pressupõe que elas estejam em conexão com as normas de conduta ou com as regras técnicas, que regem a conduta "de modo direto".

Essa conexão entre elas só existirá, por certo, se as normas em questão fizerem parte de um mesmo sistema normativo. E, neste estudo, o sistema normativo que nos interessa é o jurídico. Por isso, cumpre agora investigar os critérios por meio dos quais se pode atribuir natureza "jurídica" a determinadas normas.

---

[164] Entre os que concebem como "normas" não apenas as prescrições, mas também os demais "enunciados prescritivos" a que se refere Paulo De Barros Carvalho, podem-se citar, apenas a guisa de exemplo, e em função da sua relevância para o presente trabalho, Von Wright, Hart, Raz, Guastini, Mendonca, Hernández Marín e Ferrer Beltrán.

Essa investigação tem estreita conexão com os conceitos de existência e validade das normas jurídicas, que, por sua vez, estão, também, muito proximamente relacionados com a ideia de competência, razão pela qual serão, igualmente, objeto de enfrentamento no próximo tópico, muito embora com a brevidade que os fins deste trabalho admitem e recomendam.

1.3 O Adjetivo "Jurídica"

1.3.1 Que normas podem ser chamadas de "jurídicas"?

A busca de um critério por meio do qual se possam identificar, dentre as normas, aquelas que podem ser marcadas com o timbre da juridicidade, é tarefa das mais tortuosas[165].

Certo é que pouco valerá examinar a estrutura lógica da norma, porque a questão relativa às diferenças entre as normas jurídicas e os outros tipos de normas "... *não se resolve permanecendo nos limites de um estudo puramente formal...*" dos enunciados normativos [166]. Tanto é assim, aliás, que a classificação das normas segundo a sua estrutura lógico-formal, exposta anteriormente, não foi ilustrada por exemplos de normas jurídicas, mas por normas do jogo de xadrez.

Descartada, pois, de início, essa possibilidade, observa-se, com BOBBIO, que foram várias as alternativas já sugeridas para uma identificação da característica peculiar das normas jurídicas.

---

[165] Como dissemos noutra ocasião, a partir de Antonov: "... *o critério unificador do que se entende por "Direito" variou substancialmente ao longo do tempo e das sucessivas correntes jusfilosóficas, passando desde critérios assumidamente metafísicos – como as noções de justiça, de natureza, de vontade divina, de 'espírito do povo', de vontade do legislador, próprias de perspectivas jusnaturalistas – até critérios pretensamente não metafísicos, como a norma fundamental kelseniana ou a norma de reconhecimento hartiana, o apontamento de um certo cabedal de valores morais ou princípios, a circunstâncias de a norma ser ou não efetivamente aplicada, uma certa estrutura formal de justificação, entre outros, próprios de perspectivas positivistas, realistas etc.*" – *A noção de sistema...*, op. cit., p. 613. A referência à obra de Antonov é a seguinte: Antonov, Mikhail. *Algunas reflexiones sobre la unidad del derecho y los sistemas normativos*. In Alonso, Juan Pablo (comp.) **Racionalidad en el derecho.** Eudeba: Buenos Aires, 2015, p. 33-47.
[166] Bobbio, **Teoria Geral...**, *op. cit.*, p. 125.

Uma das propostas mais frequentes é aquela segundo a qual o traço da juridicidade estaria no conteúdo da norma jurídica.

Aqui se encontram, por exemplo, as teorias que sustentam ser a "intersubjetividade" das relações por elas reguladas o seu traço peculiar. Nessa perspectiva, a norma jurídica seria aquela bilateral, em que há uma relação de interdependência entre o direito de um sujeito e o dever de outro, traço que a oporia à norma moral, cujo caráter unilateral só permitiria concentrar direitos e deveres no mesmo sujeito.

Segundo o autor italiano, porém, esse critério falha na pretensão discriminadora porque, se serve para distinguir as normas jurídicas das morais, não serve para diferenciá-las das normas sociais – como as regras de etiqueta, por exemplo – que também regulam relações intersubjetivas.

Uma segunda proposta funda-se num critério teleológico, que busca distinguir as normas jurídicas das demais a partir da identificação, nelas, da finalidade específica de "conservação da sociedade". Segundo essa perspectiva, seriam jurídicas apenas as normas necessárias à consecução de tal fim.

Entretanto, tal concepção esbarra no fato de que as regras consideradas essenciais para preservar determinada sociedade não necessariamente serão iguais às tidas por imprescindíveis para a conservação de outra sociedade, sendo essa, aliás, a razão pela qual há ordenamentos jurídicos tão diferentes entre si.

Um terceiro critério, próprio das correntes positivistas mais puras, é aquele que busca assento no apontamento do "sujeito que põe a norma". Nessa perspectiva, "jurídicas" seriam apenas as normas postas pelo poder soberano.

O problema é que, adotado esse fator de *discrímen*, restariam fora do sistema jurídico uma série de normas que não são postas por autoridade alguma, mas, mesmo assim, disciplinam a conduta humana de forma tão vigorosa quanto as normas postas segundo este critério formal, ou até de forma mais intensa, como é o caso de determinadas normas consuetudinárias.

A esse critério positivista, então, alguns opõem um quarto, de matiz jusnaturalista, buscando a essência do jurídico em determinados valores, como o da "justiça", com o que se equiparam os conceitos de norma "jurídica" e norma "justa".

O defeito dessa doutrina, é claro, está no fato de que não há uma opinião unívoca sobre o que se deve entender por "justiça", donde a inidoneidade do critério sugerido para orientar qualquer definição com pretensão de universalidade.

Um quinto grupo de teorias busca a juridicidade das normas na natureza da obrigação, isto é, na maneira como as normas são recebidas por seus destinatários.

Incluem-se aí, pelo menos, duas propostas: (i) conforme a primeira, a norma jurídica distinguir-se-ia das outras pelo fato de ser obedecida pelo destinatário tendo em vista a obtenção de uma "vantagem" determinada (não ser preso, por exemplo), enquanto a norma moral seria obedecida por si mesma; (ii) consoante a segunda, dir-se-ia que uma norma é jurídica apenas quando o seu destinatário estivesse convencido de sua obrigatoriedade, de modo que haveria, nelas, um maior sentido de dependência do destinatário, que agiria de maneira menos livre em relação a seus fins.

Para BOBBIO, o problema de ambas as propostas é que, quando buscam caracterizar as normas jurídicas distinguindo-as das morais – como na primeira alternativa, – acabam colocando-as no mesmo grupo das normas sociais; já quando se opõem as normas jurídicas às normas sociais – como na segunda, – colocam-se em relevo características que as aproximam das normas morais.

A última sugestão de critério de juridicidade apresentada por BOBBIO é a que diz respeito à análise da resposta à violação, estando ligada, pois, à noção de "sanção" [167].

Essa visão parte da premissa de que a possibilidade de transgressão é o atributo que permite distinguir as normas das leis científicas, e de que, sendo assim, a natureza da norma só poderia variar conforme o tipo de resposta vinculado à hipótese da respectiva violação.

No desenvolvimento desse raciocínio, (i) as normas morais seriam aquelas caracterizadas por serem sancionadas apenas interiormente, isto é, pelo fato de o seu transgressor responder pela violação apenas diante

---

[167] Segundo LAGERSPETZ, de modo geral, "... *tanto los positivistas como los teóricos del Derecho Natural aceptan la teoría sancionatoria del deber*" – *Normas y Sanciones*, in **La Normatividad del Derecho**, p. 52.

de si mesmo – remorso, arrependimento *etc.*, – o que as faria pouco eficazes para dirigir a conduta humana; (ii) as normas sociais, por sua vez, seriam caracterizadas pelo caráter externo, não institucionalizado, de sua sanção, tendo por defeito não a ausência de eficácia, *"...mas a ausência de proporção entre violação e resposta"* – linchamento, banimento, expulsão, isolamento *etc.*[168]; (iii) finalmente, a sanção das normas jurídicas distinguir-se-ia das anteriores, precisamente, por ser institucionalizada, ou seja, regulada por regras fixas, estáveis e cuja execução é confiada a determinadas pessoas especificamente designadas para isso.

Essa última proposta cativa, sem dúvida, mas, antes de decidir acatá-la ou não, é preciso levar em conta as críticas que lhe dirigem os "não-sancionistas", isto é, os que consideram que a sanção não é um elemento constitutivo da noção de "norma jurídica", mas apenas um seu elemento eventual.

O primeiro argumento que se invoca, normalmente, para afirmar que a sanção não é essencial para a caracterização da "juridicidade", diz respeito à "adesão espontânea", isto é, ao fato de que muitas regras jurídicas são observadas por motivos que não se fundam no temor relativo à aplicação da sanção.

Esse argumento, porém, pode ser refutado, segundo BOBBIO, por dois ângulos diversos.

Pode-se sustentar, de um lado, que a adesão espontânea é um fenômeno que realmente costuma estar presente nas relações regidas por normas jurídicas, mas isso não significa que sirva para caracterizar o direito. Afinal de contas, um ordenamento normativo em que jamais fosse necessário recorrer à sanção, e que fosse sempre seguido espontaneamente, *"... seria tão diferente dos ordenamentos históricos que costumamos chamar de jurídicos, que ninguém ousaria ver ali realizada a ideia do direito"*[169].

De outro lado, pode-se argumentar que a obediência que se obtém quando se ameaça alguém de sofrer uma sanção caso descumpra o preceito da norma também é, em última análise, baseada no consenso quanto aos casos em que é cabível a aplicação da sanção.

---

[168] BOBBIO, **Teoria Geral...**, *op. cit.*, p. 138.
[169] *Ibid.* p. 144.

Ademais disso, pode-se ainda cogitar, seriamente, a possibilidade de que a própria aplicação – e não apenas a previsão – da sanção conte com a concordância do apenado, ainda que isso seja relativamente raro, de modo que a ocorrência da adesão espontânea sequer é algo que necessariamente se oponha à sanção.

Por isso, essa primeira crítica não parece suficiente para que se deixe de tomar a sanção como traço peculiar das normas jurídicas.

No entanto, o segundo argumento apresentado pelos não-sancionistas investe mais seriamente contra essa proposta. Ele está fundado, antes de tudo, no fato de que, empiricamente, verifica-se, em qualquer ordenamento jurídico, a existência de diversas normas que, simplesmente, não estão garantidas por sanção.

Realmente, de um lado, como bem apontou HART, o esquema "preceito-sanção" responde bem à estrutura das normas jurídicas penais e à de parte das normas civis, isto é, às normas que regulam diretamente a conduta – chamadas pelo autor inglês de "normas primárias", – mas não reflete a estrutura de boa parte das normas que integram os sistemas jurídicos, em especial daquelas que ele chama de "secundárias", que são metanormas em relação às normas primárias, na medida em que servem justamente para eliminar a incerteza quanto à sua existência no sistema, remediar sua condição estática e, finalmente, suprimir o risco de sua ineficácia – regras de reconhecimento, modificação (ou câmbio) e julgamento, respectivamente [170].

Aliás, como se observou acima, as regras técnicas não podem ser violadas, porque não impõem deveres, mas ônus; as definições não admitem transgressão, porque são enunciados categóricos; e as normas constitutivas não podem ser descumpridas, porque não prescrevem conduta alguma, mas, antes, ou criam a própria possibilidade institucional de alguma conduta, ou, se de caráter performativo, implicam a imediata e irresistível ocorrência de um fato.

De outro lado, em todo ordenamento jurídico é possível encontrar até mesmo regras de conduta não sancionadas [171].

---

[170] **O Conceito de Direito...**, *op. cit.*, p. 104-106.
[171] Bobbio aponta como exemplo a norma veiculada pelo art. 315 do Código Civil italiano, segundo o qual *"O filho, seja qual for a idade, deve honrar e respeitar os pais"*. Ora, diz ele, se o

Um bom exemplo disso parece estar nos chamados "prazos processuais impróprios", decorrentes das regras que estabelecem o dever de o juiz despachar e decidir em determinado prazo, sem, no entanto, cominar qualquer sanção para a hipótese de descumprimento dessa conduta, como é o caso, *v.g.*, dos prazos estabelecidos pelo artigo 226 do Código de Processo Civil, para a prolação de despachos, decisões interlocutórias e sentenças pelo juiz. Ora, não parece acertado, diante de uma norma dessa natureza, dizer que o juiz não está obrigado a decidir no prazo, ainda que se reconheça a inexistência de um meio eficaz para compeli-lo a tanto, no caso de não vir a fazê-lo espontaneamente [172].

Outro bom exemplo de norma prescritiva sem sanção, já no plano do Direito Tributário, parece ser aquele relativo à norma veiculada pelo art. 212 do Código Tributário Nacional, que determina a edição anual de um regulamento que consolide a legislação de cada tributo[173]. O descumprimento desse dever não é sancionado, mas isso não implica a conclusão de que a obrigação de a Fazenda promover essa compilação anual não exista.

Uma saída comum para contornar os problemas apontados pelos não--sancionistas é argumentar que não se trataria de verdadeiras normas, mas de "normas incompletas", "fragmentos de normas", normas meramente "programáticas" *etc.*

No entanto, como aponta FOLLONI, trata-se de *"... argumentos 'ad hoc'"*, mediante os quais se busca *"... justificar a correção* [da] *construção abstrata teórica* [da noção de 'norma'], *mesmo em face de evidência empírica concreta em*

---

filho não honrar e respeitar os pais, nada lhe acontecerá, porque simplesmente não há sanção prescrita no ordenamento italiano para as condutas de desonrar e desrespeitar os pais. Mesmo a submissão ao poder disciplinar paterno, que poderia ser apontada como uma consequência negativa da desobediência a esse dever, em rigor não depende do descumprimento de tal dever para se manifestar e, portanto, não pode ser vista como uma sanção que esteja atrelada à sua violação – **Teoria Geral...**, *op. cit.*, p. 146. No mesmo sentido, diz JOSÉ DE OLIVEIRA ASCENSÃO que *"Nem toda regra é necessariamente assistida de sanção. Pode haver regras não sancionadas"* – **Introdução à Ciência do Direito**, p. 55.

[172] À exceção, é claro, do descumprimento reiterado e injustificado dessa obrigação, que pode dar ensejo, entre outras sanções, a punições disciplinares pelas Corregedorias de Justiça ou pelo Conselho Nacional de Justiça, por exemplo.

[173] É o que aponta ANDRÉ FOLLONI – **Ciência do Direito Tributário...**, *op. cit.*, p. 180.

sentido diverso" ¹⁷⁴. Em outras palavras, são argumentos mediante os quais se busca enquadrar a realidade nos conceitos assumidos como dogmas, ao invés de construir conceitos para tentar explicar a realidade.

Outra saída corriqueira é simplesmente negar às normas não sancionadas o caráter "jurídico" ¹⁷⁵. No entanto, como observa BOBBIO, trata-se de uma *"... solução radical e desnecessária..."*, pois

> A dificuldade pode ser resolvida de outro modo, ou seja, observando que, **quando falamos de uma sanção organizada como elemento constitutivo do direito, referimo-nos não às normas singulares, mas ao *ordenamento normativo considerado no seu todo***, razão pela qual dizer que a sanção organizada distingue o ordenamento jurídico de qualquer outro tipo de ordenamento não implica que *todas* as normas desse sistema sejam sancionadas, mas apenas que a *maior parte o seja*. Quando me coloco diante de uma norma singular e me pergunto se é ou não uma norma jurídica, o critério da juridi-

---

¹⁷⁴ *Ibid.*, p. 180-181.
¹⁷⁵ Essa opção é recorrente na doutrina brasileira. É nessa linha, por exemplo, o pensamento de PAULO DE BARROS CARVALHO, que, à pergunta *"... existe norma sem sanção?"*, responde, sem meias palavras: *"... absolutamente, não. Aquilo que há são enunciados prescritivos sem normas sancionatórias que lhes correspondam..."*, acrescentando que, sem sanção, ingressamos *"... noutros sistemas de normas, como o dos preceitos morais, religiosos etc."* – **Direito Tributário: Fundamentos...**, *op. cit.*, p. 45; também JÚLIO MARIA DE OLIVEIRA afirma que *"A norma é jurídica porque sujeita-se à sanção..."* e, *"... se de uma norma jurídica suprime-se a norma secundária sancionadora da norma primária, fica a norma primária desprovida de juridicidade"* – **Internet e Competência Tributária**, p. 19. É, também, o pensamento de ARNALDO VASCONCELOS, para quem se deve tomar *"... a sanção como nota distintiva da norma jurídica..."*, de modo que *"Aquela norma que dela não dispuser, é porque não é norma jurídica..."* – **Teoria da Norma Jurídica**, p. 169. Tal ideia também está presente, ainda que implicitamente, em CRISTIANE MENDONÇA, quando defende que o fato de supostamente não haver sanção para a pessoa política que deixar de instituir o ICMS não permite *"... proclamar a obrigatoriedade do exercício da competência"* – **Competência Tributária...**, *op. cit.*, p. 282. Igualmente aparece em RAFAEL MUNHOZ DE MELLO, para quem, *"... sem sanção não há ilícito, pois 'uma determinada conduta apenas pode ser considerada como prescrita na medida em que uma conduta oposta é pressuposto de uma sanção...'"* – **Princípios Constitucionais de Direito Administrativo Sancionador**, p. 37. Já segundo TÁCIO LACERDA GAMA, a *"... nota distintiva entre direito e não direito..."* é a *"... existência do processo posto a serviço da eficácia da norma primária..."*, de modo que *"... norma jurídica sem sanção deixa de ser jurídica"* – **Competência Tributária...**, *op. cit.*, p. LI e 106.

cidade certamente não é a sanção, mas a pertinência ao sistema... (sem os destaques no original) [176].

De fato, ao que nos parece, a presença ou ausência de sanção está ligada à "eficácia", e não à "existência", de cada norma jurídica isoladamente considerada.

Aliás, tanto é assim que, em todo ordenamento, para além das normas desprovidas de sanção, há também normas jurídicas a cujo descumprimento está atrelada a previsão de sanção tão pouco gravosa que se mostra absolutamente ineficaz para desestimular a prática do comportamento proibido.

Seria o caso, por exemplo, de uma norma que estabelecesse a pena de advertência para o crime de homicídio. É de se perguntar: qual seria a diferença, sob o ponto de vista da influência na direção do comportamento, entre uma norma como essa e a que proíbe a prática do homicídio, mas não comina qualquer pena para o caso de infração da norma? Rigorosamente, a diferença seria nenhuma, pois ambas são igualmente ineficazes para desestimular a conduta oposta. No entanto, os sancionistas descrevem um abismo entre uma e outra, tratando a primeira como "jurídica" e a última como "não-jurídica", o que nos parece injustificável.

Parece-nos, como aponta BOBBIO, no excerto acima, que a questão da juridicidade não está ligada a algum conteúdo ou forma específicos, de que cada uma e todas as normas jurídicas sejam dotadas, mas, sim, à sua pertinência a um sistema normativo do tipo jurídico, este sim caracterizado, segundo ordinariamente se defende, pelo fato de ter por objeto regular o exercício da força, por meio da institucionalização das sanções [177-178]. Desloca-se, com isso, o foco da investigação da juridicidade,

---

[176] BOBBIO, **Teoria Geral...**, op. cit., p. 147. Omitiu-se da citação o trecho final – "... *ou seja, sua validade*" –, vale dizer, o trecho em que o autor equiparava "pertinência" e "validade", por razões que ficarão mais claras adiante.

[177] Sobre a função do Direito, diz KELSEN, que ela "... *consiste na estatuição e execução de atos coercivos*" – **Teoria Pura...**, op. cit., p. 185; na mesma linha, diz Ross que "... *um ordenamento jurídico nacional é um corpo de regras concernentes ao exercício da força física*" – **Direito e Justiça**, p. 77.

[178] Também JOSÉ DE OLIVEIRA ASCENSÃO entende que "... *a coercibilidade não caracteriza cada regra estatal por si*", mas sim "... *a ordem jurídica estatal em globo*" – **Introdução...**, op. cit., p. 82.

que passa das normas isoladamente consideradas para o sistema normativo de que fazem parte.

Essa ideia de pertinência de uma norma a um sistema jurídico, isto é, de sua existência num sistema jurídico, que lhe imprimiria o "selo" da juridicidade, muitas vezes, é associada ao conceito de "validade".

Nesse sentido, diz KELSEN que uma norma é *"... jurídica enquanto pertence a uma determinada ordem jurídica, e pertence a uma determinada ordem jurídica quando a sua validade se funda na norma fundamental dessa ordem"* [179]. Na mesma linha, segundo HART, dizer que uma regra é válida *"... é reconhecê-la como tendo passado pelos testes exigidos pela regra de reconhecimento e, portanto, como uma regra do sistema"*, vale dizer, como uma regra pertencente ao sistema [180].

Entretanto, conforme bem aponta GUASTINI, essa associação entre os conceitos de "validade" e "pertinência" nada mais é que o fruto de uma estipulação; não é providência imposta pela natureza das coisas, sendo, pois, passível de rejeição com fundamento em valores que dizem respeito à sua adequação para a explicação dos fenômenos que se verificam nos sistemas jurídicos.

Nesse sentido, pode-se ponderar que, se mesmo as normas inválidas podem produzir efeitos jurídicos, isto é, se mesmo elas podem ser aplicadas, a depender do que o sistema estabelecer – e normalmente os sistemas jurídicos estabelecem justamente que mesmo as normas inválidas produzirão algum tipo de efeito, isto é, serão aplicadas, – então *"Parece natural concluir que incluso las normas inválidas poseen una cierta relación con el sistema jurídico, un cierto status dentro de éste"* [181].

E é possível, a partir disso, esboçar a conclusão de que mesmo as normas inválidas pertencem ao sistema, sendo, pois, tão jurídicas como as

---

[179] **Teoria Pura...**, *op. cit.*, p. 21-22.
[180] **O Conceito de Direito...**, *op. cit.*, p. 114.
[181] GUASTINI, **Cinco observaciones sobre validez y derrogación**, p. 60, disponível em: www.bib.cervantesvirtual.com/servlet/SirveObras/02461632092135052754491/discusiones2/Vol2_04.pdf, acesso em 15/06/2012.

normas válidas, ainda que eventualmente não mantenham, com estas, relação de coerência[182].

Assim, para que a ideia de pertinência possa abarcar também as "normas jurídicas inválidas", parece mais adequado tratá-la como correspondente não à "validade" das normas, mas à sua simples "existência" em um dado sistema jurídico, caracterizado pela unidade de elementos – normas – que se relacionam entre si.

Essa decisão, porém, não pode ser tomada sem que se esclareça o que se entende, neste estudo, por validade e por existência das normas jurídicas, de modo que um exame desses conceitos, ainda que breve, faz-se igualmente necessário.

Além de necessário, tal exame é também oportuno, porque a ideia de validade das normas jurídicas está intimamente associada à noção de competência, que é vista como um de seus pressupostos, a ponto de, ao menos em certa medida, o conceito de competência ser dependente do conceito de validade que se adotar. O conceito de "validade", por sua vez, tem uma relação muito próxima com o de "existência" das normas jurídicas, donde a oportunidade, também, de algumas considerações a seu respeito.

1.3.2 Existência e validade das normas jurídicas

Do mesmo modo que a palavra "norma", a palavra "validade" também é ambígua.

Contribuem para esse caráter plurívoco, primeiro, as peculiaridades de cada idioma, que por vezes dificultam a distinção entre a "validade" e conceitos correlatos, como "existência", "pertinência" ou "vigência"[183].

---

[182] Como observa José Roberto Vieira, embora no sistema da Ciência do Direito exija-se coerência, o mesmo não ocorre no sistema do Direito Positivo; este, "... embora destituído de plena coerência..., é sistema..." – *A Noção de Sistema no Direito*, **Revista da Faculdade de Direito da UFPR**, p. 59.

[183] Emblemática, aqui, a explicação de Ross quanto às controvérsias conceituais decorrentes de problemas de tradução de suas obras. Segundo o autor, a dificuldade na compreensão do seu conceito de validade decorre do fato de que, em dinamarquês, como em alemão, faz-se normalmente uma distinção entre "glydig" ("gültig") e "gaeldende" ("geltend"), o primeiro termo dizendo respeito à validade – sendo "uglydig" o seu antônimo – e o segundo aludindo a vigência – sem que haja um antônimo que lhe seja correspondente

Contribui para tanto, também, o fato de que, na linguagem dos juristas, a validade é qualidade que se atribui não apenas às "normas jurídicas" – significado das formulações normativas, – mas, também, àquilo que Guastini chama de "atos normativos" – expressão que, a seu turno, é também ambígua, pois, por um lado, pode se referir a um agir que consiste em produzir normas (como os atos de legislar, sentenciar *etc.*) – e, por outro, pode designar o resultado de um agir normativo, isto é, o texto ou documento normativo (a lei, a sentença *etc.* [184]).

De acordo com Ross, o termo "validade" é empregado, na literatura jurídica, em pelo menos três sentidos diferentes.

Num primeiro sentido, é usado, *"... na filosofia moral, nas doutrinas do direito natural, e* [– segundo o autor dinamarquês, –] *também na doutrina pura do direito...",* para aludir a uma qualidade apriorística da qual as normas jurídicas seriam dotadas, a chamada "força obrigatória" ou "força vinculante" [185].

Numa segunda acepção, é utilizado para aludir à *"... existencia efectiva o realidad..."* da norma, isto é, ao fato de ela gerar efeitos, de vigorar efetivamente no sistema jurídico. Trata-se, nesse caso, da afirmação de um fato, de dizer algo "acerca da" norma ou do sistema de que ela faz parte [186].

Numa terceira versão, o vocábulo é também invocado para indicar se um ato jurídico – como um contrato, um testamento ou uma lei – foi produzido em conformidade com as normas que disciplinam sua criação, isto é, se foi produzido sem vícios e, em razão disso, deve ser dotado dos seus efeitos jurídicos típicos, ou se, pelo contrário, deixou de observar as normas que regulam sua criação e, como consequência, é nulo.

Já de acordo com Guastini, na literatura jurídica podem ser encontrados pelo menos dois conceitos de "validade".

– *El concepto de validez y otros ensayos*, p. 23. EDSON BINI, que traduziu algumas obras de ROSS para o português, explica a origem do problema dizendo que *"Ross emprega dois vocábulos distintos que exprimem predicados aplicáveis a normas: um ('glydig') significa 'válido'; o outro ('gaeldende') significa 'vigente'. Infelizmente, ambos os vocábulos foram traduzidos em inglês com um só vocábulo: 'valid', ou seja, 'válido'"* – Nota do tradutor, in Guastini. **Das Fontes às...**, *op. cit.*, p. 110.

[184] Guastini, **Das fontes às...**, *op. cit.*, p. 275-276.
[185] *Ibid.*, p. 112.
[186] Ross, *El Concepto de validez...*, *op. cit.*, p. 23.

Primeiro, num sentido fraco, uma norma é válida se, e somente se, "existe", isto é, se e somente se foi formulada e criada por uma autoridade criadora de regras.

Segundo, num sentido forte, uma norma é válida num dado sistema jurídico se, e somente se, nas palavras de ITURRALDE, "... *cumple con todos los criterios de identificación específicos de ese sistema...*", isto é, se "... *está totalmente libre de cualquier clase de vicio*"[187].

Considerando que este último sentido de validade corresponde, mais ou menos precisamente, ao terceiro sentido apresentado por ROSS, pode-se dizer que, nesse rápido exame, verificou-se a existência de, pelo menos, quatro conceitos diversos de validade: (i) como "força obrigatória", (ii) como "vigência", (iii) como "existência" e (iv) como "ausência de vícios". E não há dúvida de que, caso se pesquisasse mais a fundo, encontrar-se-iam outros tantos conceitos mais, porém não é preciso chegar a esse ponto para atingirmos o objetivo a que nos propusemos ao tratar desse tema[188].

A noção de "existência" não parece infensa ao problema da indeterminação conceitual. BULYGIN, por exemplo, distingue quatro sentidos do termo: "existência fática", "pertinência", "validade" e "existência formal"[189].

A noção de "existência fática", segundo ele, identifica-se com a ideia de vigência em ROSS – a norma vige quando é verdadeira a predição de que será utilizada para fundamentar decisões judiciais – ou com a de eficácia em KELSEN – a norma é eficaz se realmente obedecida pelos sujeitos ou aplicada pelas autoridades a quem se dirige[190].

---

[187] VICTORIA ITURRALDE, *Reflexiones sobre los conceptos de validez y existencia de las normas jurídicas*, **Doxa: Cuadernos de Filosofía del Derecho**, nº. 31, p. 160.
[188] NINO, por exemplo, aponta seis "focos de significado" do termo validade: como existência, como força obrigatória (justificativa para a ação), como qualidade de uma norma cuja aplicação é determinada por outra norma, como qualidade de uma norma cuja criação é possibilitada por uma autoridade competente e dentro dos limites da competência; como pertinência a um sistema jurídico e como vigência ou eficácia. – *Apud* SÔNIA MENDES, **A Validade...**, op. cit., p. 81-83.
[189] *Apud* MENDONCA. **Las Claves...**, op. cit., p. 49.
[190] Segundo MENDONCA, também HART analisa essa noção de "existência fática", tratando dela em termos de "aceitação" ou "acatamento" da norma como pauta de comportamento

AS NORMAS JURÍDICAS

A ideia de existência como "pertinência" – "existência sistemática", [191] – por sua vez, está ligada a um critério genético, segundo o qual uma norma pertence a certo sistema se foi criada por uma autoridade competente para editá-la, e ainda não foi derrogada pela mesma ou outra autoridade.

Já quando existência é usada no sentido de validade, quer significar que uma norma existe se, e somente se, sua observância é obrigatória.

Finalmente, quando se diz que as normas existem "em sentido formal", quer-se afirmar, tão-simplesmente, que foram promulgadas por alguém, ou que são consequência lógica das normas promulgadas [192].

Portanto, a exemplo da palavra "validade", também o vocábulo "existência" pode ser usado em pelo menos quatro sentidos diversos.

Diante dessa situação de polissemia, é sempre grande a tentação de procurar demonstrar a falsidade de algumas dessas noções, para privilegiar aquele que seria o sentido correto ou verdadeiro das expressões que as veiculam.

Contudo, como dito anteriormente, o fato é que, tratando-se, todas elas, de definições estipuladas, isto é, de definições que consistem em decisões linguísticas, não se pode pretender ver aí qualquer resposta correta, mas apenas respostas mais ou menos úteis para a compreensão do fenômeno jurídico.

Se, para avaliar a adequação de uma definição estipulada, o critério é não a correção, mas a utilidade da definição, então não é caso de fundar a existência ou validade das normas na ideia de obrigatoriedade, porque afirmar a força obrigatória de uma norma parece-se mais com descrever um efeito de sua existência e validade do que com dizer algo sobre o que nos autorizaria a lhes atribuir tais predicados. Isto é, a norma tem força obrigatória *porque* existe e é válida, e não o contrário. Aliás, mais do que

---

pelo grupo social, o chamado "ponto de vista interno" da regra de reconhecimento – *Ibid.*, p. 48.

[191] Essa visão é atribuída a Von Wright – *Ibid.*, p. 49.

[192] MENDONCA acrescenta, ainda, uma quinta noção de "existência", que chama de "existência como abstração" ou "existência ideal". Essa noção parte da ideia de que as normas são independentes da linguagem, ainda que só possam ser expressas por meio linguístico. Sendo assim, a existência das normas jurídicas dependeria não de sua formulação efetiva, mas apenas da possibilidade de serem formuladas linguisticamente – *Ibid.*, p. 50

existir e valer, para ter força obrigatória também parece necessário que a norma vigore, já que, não obstante existente e válida, pode não ser passível de aplicação, como ocorre, por exemplo, nas situações de *vacatio legis*.

As noções de existência e validade fática também não parecem de grande utilidade, pois os fatos de uma norma ser efetivamente aplicada – eficácia, no sentido kelseniano, – ou ser de presumida aplicação futura, na visão rossiana, ou (i) não têm relação com a sua existência e a sua validade, podendo decorrer de um simples erro dos agentes do sistema responsáveis por aplicá-las, ou, (ii) dizem mais respeito às consequências do que às causas pelas quais se afirma que ela é existente e válida.

Por outro lado, se o que se quer é um conceito útil, e se o objetivo é distinguir entre os conceitos de "validade" e "existência", então, nesse esforço de suprimir as ambiguidades que os cercam, crê-se que se podem abandonar, desde logo, as tentativas de equiparar um ao outro.

Aliás, o abandono de tais perspectivas é também recomendado pelo fato de que equiparar esses conceitos poderia implicar o seguinte problema lógico: se a invalidade fosse mesmo igual à inexistência, qualquer discussão sobre uma norma inválida – como a que buscasse a melhor interpretação de uma norma inconstitucional, por exemplo – seria "... *una discusión sobre una entidad inexistente y, por lo tanto, una discusión absurda*"[193].

Há, é bem verdade, uma proposta alternativa de equiparação entre os conceitos de "validade" e "existência", segundo a qual a norma existente sempre entra validamente no sistema, e dele só é extirpada por outra norma, editada pelo sujeito competente para reconhecer a sua invalidade. Por isso, mesmo quando criada sem a observância de determinadas condições de sua regularidade, considera-se que a norma ingressa validamente no sistema jurídico no tempo "t_1", em que o sistema jurídico é "SJ_1", e só passa a não ser mais válida, nem existente, no tempo "t_2", em que o sistema jurídico já é outro ("SJ_2"), porque dele terá passado a fazer parte a norma que invalidou o enunciado produzido em SJ_1.

Essa tese, porém, apresenta pelo menos o seguinte problema: se a existência corresponde à validade, então, pelo princípio da identidade, a

---

[193] *Ibid.*, p. 51.

invalidade corresponde à inexistência [194]; no entanto, há muitos casos em que um juiz reconhece a invalidade de uma norma, deixando, por isso, de aplicá-la, sem que isso impeça a aplicação dessa mesma norma por outros juízes. Como afirmar, diante de uma situação dessas, que a norma reconhecida como inválida por um desses juízes não mais exista, sem cair no absurdo de afirmar que existe um sistema jurídico para cada juiz [195] ?

Para resolver esse problema, os partidários da visão que equipara existência e validade costumam invocar a tese kelseniana da "cláusula alternativa tácita", segundo a qual as normas que determinam o conteúdo de outras normas incluem uma habilitação tácita para que a autoridade responsável por pronunciá-las lhes atribua um conteúdo alternativo ao predeterminado, de maneira que, mesmo neste segundo caso, a norma por ela produzida seja coerente com a norma superior e, por isso, válida [196].

---

[194] Um dos procedimentos lógicos para provar o condicional é o da "prova por contraposição". Como explicam NEWTON DA COSTA e DÉCIO KRAUSE, *"Muitas vezes, para provar o condicional α→β, fazemos uso do fato de ele ser equivalente ao condicional ~β → ~α, que é dito sua 'contrapositiva'"* – **Notas de Lógica...**, op. cit., p. 38.

[195] Para além do que se aponta nas linhas abaixo, não há como não deixar de notar uma semelhança entre essa tese e a que defende a dicotomia entre fato e evento, objeto de critica em nota anterior. Afinal de contas, segundo essa interpretação, para que uma norma fosse inválida, não bastaria a sua relação de contradição com o sistema jurídico (evento); seria necessário, ainda, que essa contradição fosse relatada por uma autoridade capaz de, por meio de um ato linguístico (fato) excluir a norma inválida do sistema.

[196] A ideia é apresentada por KELSEN nos seguintes termos: *"Uma decisão judicial não pode – enquanto for válida – ser contrária ao Direito (ilegal). Não se pode, portanto, falar de um conflito entre a norma individual criada por decisão judicial e a norma geral a aplicar pelo tribunal, criada por via legislativa ou consuetudinária. Nem mesmo no caso de uma decisão judicial de primeira instância atacável, quer dizer, anulável. O fundamento objetivo da sua anulabilidade não é – como pode ser afirmado pelas partes que a atacam, ou mesmo pelo tribunal de recurso – a sua ilegalidade, isto é, o fato de não corresponder à norma geral que deve aplicar – se assim fosse, seria nula, quer dizer, juridicamente inexistente, e não simplesmente anulável – mas a possibilidade, pela ordem jurídica prevista, de estabelecer com vigência definitiva a outra alternativa, não realizada pela decisão atacada. Se a norma jurídica individual criada por uma decisão judicial é atacável, ela pode ser anulada pela norma com força de caso julgado de uma decisão de última instância não só quando o tribunal de primeira instância faz uso da alternativa para determinar ele próprio – com validade provisória – o conteúdo da norma por ele criada, mas também quando, de conformidade com a outra alternativa pela ordem jurídica estatuída, o conteúdo da norma individual criada pelo tribunal de primeira instância corresponde à norma geral que o predetermina"* – **Teoria Pura...**, op. cit., p. 187-188.

Segundo essa perspectiva, mesmo quando um juiz deixasse de aplicar o conteúdo predeterminado da norma superior, não estaria negando a sua validade – ou existência; – estaria apenas invocando a cláusula alternativa que nela estaria tacitamente contemplada. Assim, a invalidação da norma não ocorreria no caso de invocação da cláusula alternativa tácita, isto é, no caso de não aplicação do conteúdo predeterminado da norma por algum dos destinatários de seu preceito, mas apenas quando a norma fosse efetivamente expulsa do sistema, pelo sujeito dotado de competência para fazê-lo[197].

A tese da cláusula alternativa tácita, porém, é inaceitável, inclusive porque incompatível com as premissas do próprio KELSEN, como bem demonstrou NINO, a partir de diversas objeções, das quais destacamos as três que nos parecem mais relevantes[198].

A primeira está em que, como, na teoria kelseniana, toda norma regula a criação de outras normas, se vigorasse mesmo a cláusula alternativa tácita, então, em rigor, nenhuma norma poderia ser desobedecida, pois o órgão inferior sempre se ajustaria a alguma das duas alternativas que a norma oferece. No entanto, o próprio KELSEN exige, como condição objetiva para que um ato de vontade seja uma "norma jurídica", a possibilidade de ser desobedecido.

A segunda diz com o fato de que admitir a tese da cláusula alternativa tácita implicaria supor o caráter tautológico, categórico – e não hipotético – de todas as normas do sistema, na medida em que, na sua presença, estaria sempre permitida tanto uma conduta como a sua oposta. Porém, o caráter de juízo hipotético das normas é um dos postulados fundamentais da teoria kelseniana[199].

---

[197] Aqueles que admitem a cláusula alternativa tácita como premissa, tal como GABRIEL IVO, entendem que *"Para se predicar validade conforme a cláusula alternativa (V_f) basta que o documento normativo tenha sido produzido por um órgão com competência normativa e tenha sido publicado no diário oficial. Sem publicação não há intersubjetividade, nada se pode dizer acerca de um documento"* – **Norma Jurídica...**, op. cit., p. 143. É impossível não notar a semelhança desse conceito fraco de validade com o conceito de existência adiante defendido.
[198] NINO, ***La validez del derecho***, p. 32-34.
[199] E, como ressaltam ATIENZA e RUIZ MANERO, *"... un sistema compuesto integralmente...de normas de contenido tautológico (esto es, necesariamente inviolables) es normativamente irrelevante..."* – **Las piezas del Derecho**..., op. cit., p. 75.

Por fim, a terceira consiste em que, se toda norma regula a criação de outras normas, e se a cláusula alternativa tácita se aplica tanto à regulação do procedimento como à da matéria desse ato criativo, nada impedindo que se aplique também ao órgão ou pessoa dotada dessa capacidade criativa, é possível chegar então à estonteante conclusão de que, segundo essa perspectiva, "... *el Derecho positivo autoriza cualquier persona a dictar normas, mediante cualquier procedimiento y sobre cualquier materia*" [200].

Por essas razões, a tese segundo a qual uma norma só deixaria de ser válida quando extirpada do ordenamento jurídico não parece sustentável, o que justifica que se estabeleça uma diferença entre a mera "existência" e a "validade", de modo a conceber aquela como predicado aplicável tanto às normas válidas quanto às inválidas. Toma-se por premissa, aqui, que o fato de uma norma ser produzida de maneira inválida não impede que ela seja aplicada, mas, apenas, que "deva ser" aplicada.

Por outro lado, sendo certo que a validade pressupõe a existência, uma vez que não se pode conceber uma norma que seja, ao mesmo tempo, válida e inexistente, enquanto é plenamente possível que se verifique o contrário – uma norma existente e inválida, como uma norma inconstitucional; ou uma norma existente, mas nem válida, nem inválida, como a norma fundamental kelseniana ou a regra de reconhecimento hartiana, – então a dificuldade passa a ser definir quando uma norma existe e quando, além de existir, ela é também válida.

As chaves para responder a essa questão parecem estar, primeiro, na própria ideia de sistema normativo, entendido como "... *un conjunto de normas más una relación entre ellas...*" [201]; e, segundo, no caráter dinâmico dos sistemas normativos jurídicos, isto é, no postulado kelseniano segundo o qual o direito "*...regula sua própria criação...*", ou, mais precisamente, controla a regularidade de sua própria criação [202].

De fato, como aponta KELSEN, os sistemas jurídicos empíricos não são estáticos, o que significa que as normas jurídicas não têm valor, neles, por seu conteúdo intrínseco; são, sim, sistemas dinâmicos, o que significa que a existência e a validade das normas que os compõem só podem

---

[200] VICTORIA ROCA PÉREZ, **Derecho y razonamiento práctico en C. S. Nino**, p. 282.
[201] FERRER BELTRÁN, **Las normas de competencia...**, *op. cit.*, p. 17.
[202] KELSEN, **Teoria Pura...**, *op. cit.*, p. 11.

decorrer do fato de terem sido criadas em conformidade com o que estabelecem outras normas.

Mais precisamente, dizer que os sistemas jurídicos são dinâmicos significa afirmar que, para pertencerem a ele, *"As normas de uma ordem jurídica têm de ser produzidas através de um ato especial de criação"* [203].

Partindo dessa premissa, e agregando a ela o outro pressuposto a que se chegou acima, qual seja, o de que a validade pressupõe a existência – ou, mais precisamente, de que a existência é condição necessária e não suficiente da validade, – chega-se, então, à conclusão de que uma distinção útil entre existência e validade só poderá estar fundada no exame das diferentes normas que regulam a atribuição de um e outro predicado aos enunciados normativos.

Em outras palavras, num sistema dinâmico, fundado numa noção formal das fontes do direito e no caráter contingente do conteúdo do que é jurídico – e no qual, portanto, não se concebe a possibilidade de um "conteúdo jurídico" metafísico, independente de qualquer sistema normativo específico –, a validade e a existência das normas jurídicas deve estar posta em função das normas que regulam sua produção – e, também, sua convalidação, sua anulação e sua derrogação, – tendo em conta, sempre, o limite epistemológico (ou, se se preferir, ideológico[204]) – da norma fundamental [205-206].

Essa é a conclusão a que chegam, por exemplo, ITURRALDE e GUASTINI. Ambos defendem um conceito mais restrito e específico de validade, ligado à ideia de "ausência de vícios" genéticos, noção que, aliás, corresponde ao *"... uso prevaleciente..."* do termo "validade" entre os juristas e, por isso, parece também adequado para os fins deste trabalho [207-208].

---

[203] *Ibid.*, p. 139.
[204] Como explica CESAR SERBENA, se a autoridade suprema *"... tem de estar forçosamente constituída por normas de competência que não tenham sido sancionadas por nenhuma autoridade..."*, as normas que constituem essa autoridade *"... são normas pressupostas como ideologia"* – **Lógica e Direito...**, *op. cit.* p. 26.
[205] A diferença entre as concepções material e formal de "fonte do direito" é analisada por GUASTINI em: **Distinguiendo: Estudios de teoría y metateoría del derecho**, p. 81.
[206] *Ibid.*, p. 365.
[207] ITURRALDE, *Reflexiones sobre...*, *op. cit.*, p. 157-175; GUASTINI, *Cinco observaciones...*, *op. cit.*, p. 59.

Firmes nessas premissas, acolhemos a seguinte definição de "validade": *"...es válida toda norma, disposición o fuente normativa que haya sido creada de conformidad con todas las normas que disciplinan su creación"*, sem ter sido revogada ou derrogada [209].

De acordo com GUASTINI, é possível dividir as normas que regulam a produção jurídica em, pelo menos, cinco subclasses: **a)** normas que conferem poderes em sentido estrito, ou, mais precisamente, que conferem a alguém *"... el poder de crear un cierto tipo de fuente del derecho"*, como a lei, a sentença ou o contrato [210]; **b)** normas procedimentais, que versam sobre como elaborar e pôr em vigor as normas jurídicas, estabelecendo os ônus que devem ser observados para lograr tais intentos; **c)** normas que circunscrevem o âmbito do poder conferido, delimitando-o positiva ou negativamente, segundo, por exemplo, determinadas condições de tempo e espaço; **d)** normas que reservam uma matéria a uma fonte, impedindo outras fontes de versarem sobre ela; e **e)** normas relativas ao conteúdo mesmo da normatização futura.

Na interpretação do autor, se a norma é "válida" quando sua criação observa "todas" essas normas sobre a produção jurídica, pode-se dizer, então, que uma determinada norma "existirá" quando houver sido criada de acordo com pelo menos "algumas" dessas normas.

GUASTINI reconhece que não é fácil dizer, com precisão, quais, dentre essas normas, seriam condições necessárias ou suficientes para a existência das diversas normas jurídicas; isso, porém, é plenamente compreen-

---

[208] Não se podem deixar de mencionar, porém, as críticas de ALEXY ao que ele chama de "conceito jurídico" da validade, segundo o qual uma norma é válida *"... se foi promulgada por um órgão competente para tanto, segundo a forma prevista, e se não infringe um direito superior; resumindo: se foi estabelecida conforme o ordenamento"*. ALEXY entende que esse conceito cria dois problemas, um interno e um externo. O primeiro decorre *"... do fato de a definição de validade jurídica já pressupor a validade jurídica, parecendo ser, nessa medida, circular"*. O segundo está relacionado à determinação da relação entre esse conceito de validade e os conceitos ético e sociológico de validade – **Conceito e Validade do Direito**, p. 104. Como, porém, não está em questão, aqui, a validade das próprias normas de competência, e como a perspectiva adotada neste trabalho é decididamente lógico-formal, não é caso de examinar, aqui, as críticas apresentadas pelo autor alemão.
[209] ITURRALDE, *Reflexiones sobre... op. cit.*, p. 161.
[210] GUASTINI, **Distinguiendo...**, *op. cit.*, p. 365.

sível, pois o filtro da pertinência de um enunciado a um determinado sistema jurídico está contingentemente definido por esse mesmo sistema.

De todo modo, é possível dizer que, geralmente, a conformidade com as normas que conferem poderes – como os de legislar ou julgar – é vista como uma condição necessária da existência normativa.

Pode-se pensar, nesse sentido, que uma "lei" não emanada do parlamento, mas de qualquer outro órgão ou pessoa, não seria tomada como lei e, também, que uma "sentença" não proferida por um juiz não teria o "valor" de sentença. Ao que parece, esse é um argumento conclusivo para dizer que a emanação por parte do parlamento é um traço definidor da noção de "lei", do mesmo modo que a prolação por um juiz é parte da definição de "sentença".

Porém, no que respeita às normas procedimentais, a "existência" é um conceito bastante vago. Certamente, segundo o pensamento jurídico comum, a conformidade com ao menos algumas das normas procedimentais – como aquelas relativas à promulgação, por exemplo – seria condição necessária de existência, mas ninguém pode dizer exatamente quais e quantas são necessárias para dar lugar a uma fonte existente. Talvez se possa sugerir que as condições procedimentais necessárias à existência de uma lei ou de uma sentença seriam aquelas imprescindíveis para fazer com que, *"prima facie"*, sejam identificadas como uma lei ou uma sentença, como a existência de algum processo – ainda que não estritamente regular – para sua produção e sua publicidade.

Já a conformidade com as normas que concernem ao âmbito do poder conferido e ao conteúdo da legislação futura é, normalmente, considerada condição de validade, e não de existência, o que explicaria o fato de que normas produzidas com usurpação da competência, ou sem observância dos conceitos por meio dos quais se outorga a competência, – *i.e.*, normas produzidas *"ultra vires"*, por assim dizer – sejam consideradas inválidas, e não inexistentes.

A ideia defendida pelos autores em questão é interessante, especialmente porque corrobora aquele juízo intuitivo, acima referido, segundo o qual a existência é condição necessária e não suficiente da validade, ou, o que significa o mesmo, que a validade é um *plus* em relação à existência. A existência é condição necessária e suficiente para que a norma "possa" ser considerada, apreciada, levada em conta por aqueles que operam no sistema jurídico, até mesmo por conta dos eventuais efeitos a que possa dar ensejo; a validade, a seu turno, é condição necessária para que a norma "deva ser" (o que, necessariamente, inclui a possibilidade de vir a não ser) observada e aplicada por aqueles a quem se destina [211].

É, por isso, essa a visão que se adota neste trabalho, complementada apenas com a observação de que a conformidade com algumas das normas sobre a produção jurídica não é a única condição de existência – e, pois, de validade – das normas jurídicas, na medida em que, para que uma norma exista – e valha – é também preciso que não tenha sido revogada ou derrogada.

Aliás, isso significa que a conformidade com as normas que regem a produção do direito diz mais respeito à validade do "ato normativo", isto é, do ato de pôr a norma, do que à norma propriamente dita. A existência e a validade das próprias normas jurídicas não estão postas apenas em função das normas que regulam a produção jurídica, mas, também, em função das normas que regulam a expulsão das normas do sistema jurídico, sobre as quais, no entanto, não versará este trabalho, em razão das notáveis dificuldades que isso introduziria no tratamento do tema [212]. Por isso mesmo, será bastante frequente que, ao longo deste texto, despreze--se essa distinção, em homenagem à fluidez do discurso, de modo a se falar em validade das normas, e não dos atos normativos.

Com isso, crê-se, reuniram-se elementos suficientes para passar ao próximo capítulo, destinado ao exame das diversas propostas teóricas relativas à estrutura lógico-formal das normas de competência.

---

[211] BULYGIN, depois de apontar a incoerência da equiparação empreendida por KELSEN entre a validade – que trata como conceito normativo – e a existência – que trata como conceito descritivo, – observa que *"El que una norma dirigida al comportamiento de un hombre sea 'válida' significa que este hombre debe comportarse en la forma determinada por la norma" – El Problema de la Validez en Kelsen, in* KELSEN; BULYGIN; WALTER, **Validez y eficacia del derecho**, p. 103.

[212] Como se verifica ao atentar, por exemplo, para o nível de complexidade da proposta de formalização das normas de competência apresentada por GUIBOURG – **Pensar en las Normas**, p. 141-147. As dificuldades que decorrem da consideração do elemento "tempo" na sucessão de sistemas jurídicos pertencentes a uma mesma ordem jurídica estão, também, bem retratadas por ALCHOURRÓN e BULYGIN em: *Tiempo y validez, in* **Análisis Lógico y Derecho**, p. 195-214.

2.
As Normas de Competência

2.1 Considerações iniciais
Embora seja unânime o reconhecimento, pelos teóricos do Direito, da importância das normas de competência para a adequada reconstrução dos sistemas jurídicos, ainda não se conseguiu *"... avanzar en una construcción conceptual suficientemente compartida"*, conforme atesta CALSAMIGLIA [213].

No dizer de PEÑA FREIRE, não parece sequer *"... que el uso del término por parte de los juristas sea pacífico, en el sentido de que obedezca a unos referentes mínimos, no problemáticos o estables"* [214].

Não há consenso, sobretudo, acerca de qual a forma lógica mais adequada para relacionar a outorga de competência e as condicionantes ao seu exercício com a ideia de validade normativa.

Em vista desse fato, o objetivo deste capítulo é apresentar um panorama das principais teses existentes sobre o tema, no plano da Teoria Geral do Direito, bem como das críticas que lhes são dirigidas, buscando, com isso, ferramentas para o exame das propostas doutrinárias apresentadas, no Brasil, relativamente à estrutura das normas de competência tributária.

---

[213] *Geografía de las normas de competencia*, **Doxa – Cuadernos de Filosofía del Derecho**, nº. 15-16, p. 747.
[214] *Reglas de competencia y existencia de las normas jurídicas*, **Doxa – Cuadernos de Filosofía del Derecho**, nº. 22, p. 383.

2.2 O conceito de competência

Antes, porém, de que possamos dirigir ao exame de cada uma das teses relativas à estrutura lógica das normas de competência, é preciso proceder a uma melhor identificação do objeto, esclarecendo o que se irá entender neste texto –e, sobretudo, neste capítulo, – por "competência".

Isso é necessário em razão de que, tal como as palavras do discurso jurídico examinadas no capítulo anterior, também o vocábulo "competência" padece dos problemas da ambiguidade e da vagueza.

Aliás, mesmo no discurso do cotidiano, extrajurídico, a palavra apresenta mais de um sentido, podendo tanto expressar um juízo de valor sobre o resultado concreto (ou estimado) de uma conduta praticada por alguém – "Fulano é competente no que faz"; "Sicrano agiu de modo competente" –, como aludir a uma qualidade específica que torna alguém idôneo, isto é, capaz, habilitado, credenciado, ungido, legitimado para praticar determinada conduta – "Beltrano é competente para isso"[215].

Impossível não notar que os dois sentidos compartilham elementos comuns, na medida em que ambos ligam um determinado sujeito à sua qualificação para praticar uma determinada conduta. A diferença está em que, no primeiro, a qualidade (proficiência) do sujeito para praticar a conduta só é verificada a partir de uma avaliação empírica dos resultados que ele obtém ou costuma obter ao realizá-la, ao passo que, no segundo, a qualidade (aptidão) do sujeito para praticar a ação lhe é atribuída por uma norma, previamente a qualquer atuação concreta.

É nesse segundo sentido, naturalmente, que o termo "competência" costuma aparecer nos discursos normativos em geral e, em especial, no discurso jurídico. "Ter competência", nessa perspectiva, é ser dotado de uma qualificação – habilitação, capacidade, idoneidade, – atribuída por uma norma, para praticar um ato ao qual se atribui determinado valor no sistema a que essa mesma norma pertence.

---

[215] Confirma-o Torben Spaak, ao dizer que *"Na linguagem do cotidiano, o termo 'competência' pode significar 'proficiência' ou 'autorização'"*. Tradução livre. No original inglês: *"In everyday language the term competence can mean proficiency or authorization"* – The Concept of Legal Competence..., op. cit.., p. 1.

Nesse sentido muito amplo, como diz GUIBOURG, *"La competencia puede describirse como un tipo especial de relevancia normativa de ciertas conductas dentro de un sistema normativo dado"* [216].

E, sob esse conceito mais elástico, podem ser consideradas "normas de competência" não apenas aquelas que regem a "competência" em sentido estrito, mas, também, as que regulam a "capacidade", a "legitimidade" e mesmo a "imputabilidade".

Como se sabe, num sentido mais estrito, (i) a **competência** costuma ser identificada como uma qualidade especial que torna possível a um sujeito praticar validamente atos destinados a regular a conduta de terceiros – julgar, legislar, regulamentar, ordenar, executar, fiscalizar *etc.*; (ii) a **imputabilidade**, a seu turno, é normalmente vista como a aptidão de um sujeito para cometer um delito, ou para sofrer uma sanção penal; (iii) a **capacidade** é identificada com a possibilidade de um sujeito praticar atos válidos no plano do exercício da autonomia privada – capacidade para contratar, para casar, para testar *etc.*; – e, finalmente, o termo (iv) **legitimidade** é usualmente reservado para designar a prerrogativa que alguém tem de formular um pedido – legitimidade processual, por exemplo – ou praticar um ato em representação de outrem – *v.g.*, legitimidade do representante legal ou do mandatário [217-218].

É precisamente nesse sentido mais estrito, de habilitação para expedir normas heterônomas, que se usará do termo "competência" neste capítulo. Não se deve, contudo, perder de vista essa clara relação de proximidade do verbete em questão com as ideias de "capacidade", "legitimidade" e "imputabilidade", pois o "parentesco essencial", que KELSEN bem

---

[216] *Pensar en las...*, op. cit., p. 129.
[217] Restringiu-se, aqui, a noção de "capacidade" ao seu uso mais corrente, próprio do direito privado, muito embora não faltem exemplos de figuras afins, no campo do direito público, que também são referidas sob esse signo. Basta pensar, por exemplo, na ideia de capacidade tributária ativa, vista como a possibilidade de alguém ser sujeito ativo numa relação jurídica tributária, isto é, de ser credor de tributos.
[218] TÉRCIO SAMPAIO FERRAZ JUNIOR diz, nessa linha, que *"Competência e capacidade são, nesses termos, formas de poder jurídico..."*, estando esta ligada ao *"... poder de auto-vincular-se..."* e aquela ao *"... poder heterônomo cuja função é capacitar o sujeito a dar forma a relações jurídicas de terceiros"* – **Introdução ao Estudo do Direito: Técnica, Decisão, Dominação**, p. 159-160.

enxergou entre tais conceitos, diz sobre eles muito mais do que poderia parecer à primeira vista [219].

Essas primeiras elucidações, porém, ainda não resolvem o problema de identificar a que nos referimos quando usamos, neste trabalho, a palavra "competência".

Isso porque, não bastassem as ambiguidades que enevoam seu significado, a palavra "competência" também é, em certa medida, vaga, pois existe mais de um campo de aplicação possível para ela.

Realmente, é possível falar em competência (i) tanto para criar normas ou eliminá-las – como um legislador que edita ou revoga uma norma, ou um juiz que cria a norma do caso concreto ou declara a inconstitucionalidade de uma lei, extirpando-a de determinado sistema normativo; – (ii) quanto para executá-las, num sentido mais estrito – como um funcionário público que cumpre uma ordem de seu superior – [220]; (iii) quanto, ainda, para participar de sua criação ou aplicação – como nos atos complexos, nos atos próprios de órgãos colegiados, ou nos atos de sufrágio.

Por isso, para divisar mais claramente o objeto da presente reflexão, é preciso apontar que, quando se aludir à noção de "competência", aqui,

---

[219] **Teoria Pura...**, *op. cit.*, p. 105. Também em: **Teoria Geral do Direito e do Estado**, p. 129-131. Aliás, TORBEN SPAAK observa que a percepção da existência de uma semelhança entre "competência" e "capacidade" é um dos poucos pontos da teoria relativa às normas de competência em relação aos quais há acordo na doutrina – *Explicating the Concept of Legal Competence*, in **Concepts in Law**, p. 71. HART, por exemplo, trata tanto as normas atribuidoras de capacidade como as atribuidoras de competência como espécies do gênero das que "conferem poderes jurídicos" – **O conceito de direito...**, *op. cit.*, p. 36. Ross, a seu turno, por vezes chega mesmo a usar "competência" como sinônimo de "capacidade" – **Direito e Justiça...**, *op. cit.*, p. 76. No mesmo sentido é, também, o pensamento de NINO, segundo quem *"Tanto la competencia, como la capacidad, pueden considerarse como autorizaciones para dictar ciertas normas. Se es capaz para modificar la propia situación jurídica; en cambio, se es competente para modificar la de otras personas"* – **Introducción...**, *op. cit.*, p. 222.

[220] Num sentido mais amplo, *"A aplicação do direito é simultaneamente produção do direito"* – KELSEN, **Teoria Pura...** *op. cit.*, p. 164. No entanto, existe uma diferença clara entre, por exemplo, a atuação do fiscal que lavra um auto de infração e a do notário que, a pedido de alguém, expede uma certidão. No primeiro caso, a atuação do sujeito produz um enunciado que vincula a terceiros; no segundo, sua atuação esgota-se com a prática do ato, sem implicar a emissão de qualquer outro enunciado diretivo da conduta.

ter-se-á em vista, mais detidamente, aquela qualidade especial de que é dotado um sujeito para produzir normas válidas no sistema jurídico.

2.3 Propostas teóricas sobre a forma lógica das normas de competência

2.3.1 Introdução

São bastante heterogêneas as propostas teóricas que tentam dar conta da estrutura lógica das normas de competência. Parece possível dividi-las, inicialmente, em dois grandes grupos: o primeiro é o das propostas que chamaremos de "unitaristas", porque concebem uma forma única para as normas de competência; o segundo é o grupo dos que designaremos por "não-unitaristas", porque consideram não ser possível atribuir uma estrutura lógica unitária para as normas que tratam do tema da competência.

Serão essas as propostas examinadas neste capítulo. Procurar-se-á expô-las, apresentar as principais críticas que lhes são dirigidas e, por fim, adotar a que nos parecer mais adequada para explicar, satisfatoriamente, os fenômenos normativos que envolvem a ideia de "competência".

2.3.2 Propostas unitaristas

2.3.2.1 Introdução

As já mencionadas propostas "unitaristas" sobre a natureza e a estrutura das normas jurídicas de competência podem ser subdivididas em dois grandes grupos: (i) o das teorias que as reduzem a normas prescritivas, ou a partes de normas prescritivas, isto é, a normas de conduta, imperativas ou permissivas; e (ii) o das concepções "não-prescritivas", que concebem as normas de competência como (a) regras técnicas; (b) regras conceituais (definições jurídicas) ou (c) regras constitutivas, em sentido (c.1) institucional ou (c.2) performativo.

Passemos à análise de cada uma delas.

2.3.2.2. As normas de competência como normas de conduta

2.3.2.2.1 Esclarecimentos iniciais

As normas jurídicas de conduta – normas jurídico-deônticas, prescrições jurídicas, – como visto no capítulo anterior, são as regras que ligam, mediante nexo de imputação, a descrição hipotética de um fato (hipótese, antecedente, suposto, descritor) a uma consequência (consequente, mandamento, preceito, prescritor), a qual consiste na prescrição de uma relação jurídica, a enlaçar dois sujeitos, por meio de um feixe de direitos e deveres de um para com o outro.

Eventualmente, para alguns, e sempre, para outros, às normas prescritivas primárias, que regem diretamente a conduta, está ligada uma norma secundária, cujo antecedente é a descrição do comportamento contrário à conduta prescrita (obrigatória ou proibida) no mandamento da norma primária, e cujo consequente corresponde à cominação de uma sanção.

Conforme a natureza dos direitos e deveres estabelecidos, e dependendo do polo da relação jurídica para o qual se olha – ativo ou passivo, – as normas de conduta primárias costumam ser classificadas em obrigações ("Op"), proibições ("Vp"), permissões ("Pp") e faculdades ("Fp").

Dentre os que consideram que as normas de competência são mesmo genuínas normas de conduta, ou que são redutíveis a essa categoria, há tanto quem as veja como imperativos – ou, mais precisamente, como estabelecedoras de obrigações indiretas, – quanto quem as vislumbre como estabelecedoras de permissões, isto é, como "... *normas permisivas de orden superior*". O principal representante do primeiro grupo é KELSEN, enquanto o representante mais expressivo do segundo grupo é VON WRIGHT [221-222].

---

[221] É comum inserir Ross dentre os que concebem as normas de competência como estabelecedoras de "obrigações indiretas", porque o autor dinamarquês afirma, expressamente, que *"... uma norma de competência é... uma norma de conduta expressa indiretamente"* – **Direito e Justiça...**, *op. cit.*, p. 57. Alguns autores entendem que, mesmo no *"Directives and Norms"*, *"Ross confirma su tesis principal cuando afirma que 'cualquier norma de competencia puede ser convertida en una norma de conducta, mientras que a la inversa no funciona'"* – CALSAMIGLIA, *Geografía...*, *op. cit.*, p. 752 e 754. Outros, porém, afirmam que, na referida obra, Ross teria mudado de posição quanto a esse ponto, passando a ver as normas de competência como normas constitutivas – BULYGIN, *Sobre las normas de competencia...*, *op. cit.*, p. 491. Finalmente, há também quem diga que ambas as visões de Ross são compatíveis entre si, e que ele não mudou de pensamento em relação a elas – FERRER BELTRÁN, **Las Normas de Competencia...**, *op. cit.*, p. 89. Como, a nosso sentir, a visão que predomina em Ross é a das normas de competência como normas constitutivas, semelhantes a definições jurídicas, trataremos de sua posição no tópico a elas relativo.

[222] VON WRIGHT, **Norma y acción...**, *op. cit.*, p. 198.

2.3.2.2.2 Normas de competência como partes de normas, normas dependentes ou obrigações indiretas

Na Teoria Geral do Direito e do Estado (1945), KELSEN conceituou as normas de competência como "partes de normas", isto é, como "fragmentos" das normas que estabelecem deveres respaldados pela ameaça de sanções, as únicas que ele reputa serem normas "genuínas" e "completas".

Ele parte, aí, da premissa de que, *"Se a 'coerção'... é um elemento essencial do Direito, então as normas que formam uma ordem jurídica devem ser normas que estipulam um ato coercitivo, i.e, uma sanção"* [223]. Assim, um enunciado só será uma efetiva norma jurídica *"... se pretende regular a conduta humana e se regula a conduta humana estabelecendo um ato de coerção como sanção"* [224].

Já a partir da segunda edição da Teoria Pura do Direito (1960), em vez de aludir a "partes de normas" e a "normas completas", o autor austríaco passou a falar em normas "independentes" – as que regulam condutas mediante a imposição de sanções – e em normas "dependentes" – as que não prescrevem comportamentos, ficando na dependência das normas sancionadoras para efetivamente regularem condutas. Foi neste grupo que KELSEN inseriu as normas de competência.

ALCHOURRÓN e BULYGIN veem, nessa alteração, uma mudança na forma como KELSEN concebe o critério de identidade das normas jurídicas, que já não estaria mais na natureza coativa de cada norma, e sim no seu pertencimento a um ordenamento jurídico caracterizado pela coercibilidade. Isto é, a sanção não seria mais um elemento necessário de cada norma jurídica, mas apenas uma nota do ordenamento como um todo[225].

---

[223] **Teoria Geral do Direito e do Estado**, p. 62.
[224] *Ibid.*, p. 180.
[225] *"En los escritos de Kelsen se pueden rastrear dos respuestas distintas al problema que nos ocupa. La primera es considerar todos los enunciados que no responden a la forma canónica como normas incompletas o fragmentos de normas. (...) Kelsen mismo admite tácitamente la insuficiencia de la teoría de la norma incompleta al sustituirla en la última versión de la Teoría Pura por lo que vamos a denominar de 'teoría de la norma no independiente'. Esta teoría constituye una respuesta mucho más refinada al problema planteado, pero... lleva a conclusiones sorprendentes y totalmente incompatibles con la tesis originaria de Kelsen". (...) Kelsen se ve obligado a reconocer que no todas las normas que integran un orden jurídico establecen sanciones y las que no lo hacen sólo reciben su carácter jurídico por el hecho de formar parte del orden coactivo, esto es, un sistema que contiene – además – normas*

Para FERRER BELTRÁN, porém, apesar da mudança de terminologia, não houve nenhuma alteração substancial nesse ponto da teoria kelseniana. Ele justifica sua posição citando trechos em que o próprio KELSEN, refutando tal interpretação, reitera a tese de que a característica interna da norma jurídica está em estabelecer um ato coercitivo, sendo a juridicidade, portanto, primeiramente um atributo da norma – que só é uma norma completa e genuína se estiver sancionada, – e, só depois, do sistema que ela integra[226].

Aliás, justamente por manter, ao longo de toda a sua obra, a definição da norma jurídica a partir da noção de sanção, e não a partir do seu pertencimento ao sistema jurídico, é que, quer na primeira concepção, quer na segunda, as normas de competência seguirão sempre sendo por ele entendidas como meras condições para a aplicação da sanção.

Isso significa que a perspectiva que as focaliza como "partes de normas" e a que as descreve como "normas dependentes" são apenas dois modos diversos de representar o mesmo objeto, duas maneiras diferentes de explicar a caracterização das normas de competência como estabelecedoras de "obrigações indiretas".

Por isso, ao tratar as normas de competência como estabelecedoras de "obrigações indiretas", seja quando as descreve como "partes de normas", seja quando afirma que são normas "não independentes", KELSEN não lhes atrela uma sanção. Diz, muito pelo contrário, que, justamente por formarem parte do antecedente das "genuínas" normas de conduta, as normas de competência, em rigor, sequer podem ser transgredidas[227].

Em outras palavras, a ligação das normas de competência com a sanção é, na perspectiva kelseniana, apenas indireta, e mediada pelas normas de conduta, até porque, se às normas de competência estivesse mesmo atrelada uma sanção, elas seriam normas completas, e não have-

---

sancionadoras" – **Introducción a la Metodología de las Ciencias Jurídicas y Sociales.** Buenos Aires: Astrea, 1987, p. 104-105.

[226] FERRER BELTRÁN, **Las Normas de Competencia...**, op. cit., p. 23.

[227] É também nessa linha o pensamento de KARL ENGISCH, para quem as normas que conferem poderes "... podem ser olhadas como 'não autônomas', na medida em que apenas regulam pressupostos sob os quais podem surgir direitos e deveres..." – **Introdução ao Pensamento Jurídico**, p. 71.

ria por que concebê-las como partes de normas, ou como normas "não independentes".

Kelsen atribui às normas de competência as funções de (i) autorizar a criação de novas normas e (ii) prescrever obediência às normas que sejam criadas. Entretanto, como aponta Ferrer Beltrán, tais normas, *"... en cualquiera de sus dos funciones, autorizante y prescriptiva, no están acompañadas de sanciones para el caso de incumplimiento de la conducta regulada"* [228].

Isso, aliás, é confirmado pelo próprio Kelsen, quando afirma, já na "Teoria Geral das Normas", que a inobservância das normas de competência não gera sanção, a menos que haja outra norma – de conduta – proibindo sua inobservância, e vinculando a essa hipótese uma sanção[229-230]. É emblemática, nesse sentido, a seguinte passagem:

> A função normativa da autorização significa: conferir a uma pessoa o poder de estabelecer e aplicar normas...
> Uma pessoa não autorizada para este fim não pode produzir Direito ou aplicar Direito. Seus atos não têm, objetivamente, o caráter de produção do Direito ou aplicação do Direito, mesmo que eles, nesta intenção, subjetivamente, se realizem. Estes atos não têm – como se diz – nenhuma efetividade jurídica; **são nulos, i. e., juridicamente não existentes. Por conseguinte, também não "transgridem" uma norma jurídica válida**...

---

[228] *Ibid.*, p. 31.
[229] Apesar disso, alguns dos que trataram das normas de competência em Kelsen entendem que, para o autor austríaco, a nulidade seria justamente a sanção decorrente da inobservância da norma de competência. Nesse sentido – Tácio Lacerda Gama, **Competência tributária...**, *op. cit.*, p. 24. Segundo Ferrer Beltrán, também Nino interpretaria assim a visão kelseniana, tanto que *"... rechaza el tratamiento de Kelsen de la nulidad como sanción"* – **Las normas de competencia...**, *op. cit.*, p. 35. No entanto, o que o próprio Nino afirma é que Kelsen, ao examinar a questão de se é possível equiparar a nulidade à sanção, *"... responde negativamente a esta pregunta, sobre la base de su identificación de las sanciones con actos coactivos y el rechazo de la idea de que la nulidad sea un acto coactivo, y sostiene, en consecuencia, que las normas que disponen nulidades no son normas autónomas, sino parte de otras normas que prescriben sanciones"* – **La validez...** *op. cit.*, p. 198-199. Na verdade, a crítica pioneira de Hart à equiparação entre invalidade e sanção dirige-se menos à proposta kelseniana e mais à proposta de Austin, que, de fato, concebe a invalidade como um tipo de sanção.
[230] Hans Kelsen, **Teoria Geral das Normas**, p. 129-130.

Pois **nem todo ato que uma pessoa fixa sem ser para isto autorizada** e na intenção de estabelecer com isso uma norma obrigatória **tem de ser proibido**. (*sic*). (sem os destaques, no original) [231].

Portanto, em resumo, para KELSEN: (i) as normas de competência estabelecem obrigações indiretas, o que permite vê-las ou como "partes" das "normas completas", que regulam condutas mediante a imposição de sanções, ou como "normas dependentes" dessas "normas completas"; (ii) a função das normas de competência é "autorizar" a criação de novas normas e prescrever obediência às que sejam criadas nos limites da autorização; (iii) como o traço da "juridicidade" está na característica, própria das ditas "normas completas", de cominar uma sanção, pode-se dizer que as normas de competência, precisamente por não veicularem sanções, dependem daquelas para serem consideradas jurídicas; (iv) as normas de competência não estão acompanhadas de sanções para o caso de descumprimento da conduta regulada, de modo que sua inobservância deve redundar, pura e simplesmente, na invalidade da norma produzida, conceito que o autor equipara ao da inexistência no sistema normativo [232];

---

[231] CRISTIANE MENDONÇA bem observa, nesse sentido, que, para KELSEN, "... *os atos de produção e aplicação do direito não são fruto de permissão, mas de autorização*", inclusive citando trecho da Teoria Geral das Normas no qual o autor austríaco afirma que "... *autorização é uma função normativa diferente de permissão (no sentido positivo)*" – **Competência Tributária...**, op. cit., p. 73.

[232] Não se pode deixar de mencionar, porém, a interpretação de autores como STANLEY PAULSON, segundo quem é possível encontrar, em KELSEN, uma explicação para as normas de competência – "*empowering norms*" – a partir "... *de fora da esfera deôntica*". Tradução livre. No original inglês: "...*from outside the deontic sphere*" – On Ideal Form, Empowering Norms, and "Normative Functions", **Ratio Juris**, v. 3, nº 1, p. 86. PAULSON reconhece que faz tal afirmação com caráter hiperbólico, dado que KELSEN não formulou essa ideia de forma sistemática ou completa, mas sustenta que, na última das concepções do autor austríaco acerca da norma jurídica, a norma que outorga o poder – e não mais a que comina a sanção – é que figura como norma essencial – An Empowerment Theory of Legal Norms, p. 59-60. Nessa perspectiva mais tardia, o auxiliar modal "ought" (dever) não seria mais interpretado em termos de um comando, mas em termos não deônticos. Seria, assim, uma expressão variável, que abrange as expressões modais específicas; um sentido "fraco" do "dever", em que ele é concebido como uma força inerente ao laço de imputação, em contraposição ao sentido forte, que é aquele do dever como "comando" – Ibid., p. 67. Em obra mais recente, PAULSON reitera esse entendimento: "*El 'deber' en la obra de Kelsen, a partir de los comienzos de*

(v) a prática de um ato nulo pode ou não ser proibida; mas a nulidade, em si, não é uma sanção.

Visão próxima a essa é a defendida por NINO, que também trata as normas de competência como estabelecedoras de "obrigações indiretas".

Diferentemente de KELSEN, porém, NINO entende que o direito pode estabelecer uma conduta como obrigatória ou proibida sem precisar cominar qualquer sanção para o caso de seu descumprimento, de modo que a previsão de sanção é mera condição de eficácia – e não de existência – das normas jurídicas.

Por isso, não considera que as normas de competência sejam "partes" das normas sancionadoras, preferindo descrevê-las como "normas em branco", que fazem *"... depender la especificación de la conducta obligatoria de la voluntad de otros"* [233]. Nessa visão, as normas de competência apenas imporiam a obrigação, aos súditos e aos órgãos do Estado, de cumprir e fazer cumprir as normas ditadas pelas pessoas e órgãos competentes, independentemente de as regras por eles editadas cominarem ou não alguma sanção.

2.3.2.2.3 Normas de competência como permissões

Ainda no plano das teorias que inserem as normas de competência numa estrutura prescritiva, há um grupo de teses que as vislumbram como "permissões".

---

la década de los cuarenta, es una clave, similar a una posición variable..." – **Facultad, Responsabilidad y la Teoría Pura del Derecho**, p. 119. Para BERNAL PULIDO, na mesma linha, ainda que KELSEN não ofereça uma concepção bem desenvolvida das noções de "competência" e "norma de competência fundada *sob "... el marco teórico de la teoría de los actos de habla..."*, ainda assim, é possível identificar *"... algunos de sus elementos... en ciertos escritos de este autor"*. Realmente, é possível *"... reconocer en la teoría de Kelsen la naturaleza constitutiva de las normas de competencia, por cuanto crean las posibilidades jurídicas de que se expida una norma válida mediante el ejercicio de la competencia que ellas establecen".* Na noção kelseniana, *"... la creación de una nueva norma mediante el ejercicio de una competencia tiene por lo menos una gran semejanza con – si no es idéntica a – el acaecimiento de un hecho institucional"* (os destaques são nossos); e a natureza constitutiva das normas de competência fica ainda mais nítida pela afirmação da propriedade *"... de que ellas no pueden ser violadas o cumplidas..."* – **Kelsen y las Normas de Competencia**, p. 349-350

[233] *Apud* FERRER BELTRÁN, **Las Normas de Competencia...** *op. cit.*, p. 35.

Nessa visão, de que Von Wright é o principal representante, as normas de competência são vistas como típicas normas de conduta, com a única peculiaridade de terem por objeto "ações normativas", isto é, a criação ou eliminação das chamadas "normas de primeira ordem", que regulam "ações não-normativas".

Diferentemente do que ocorria na tese examinada no tópico anterior, não se fala, aqui, em regulação "indireta" da conduta por meio das normas de competência, mas em regulação "direta", por elas, de um determinado tipo de conduta. Dá-se, pois, existência autônoma e independente às normas de competência, apesar de se sujeitar sua eficácia – seu atendimento, sua satisfação, – à aplicação das normas de conduta que tenham sido criadas sob o seu amparo [234].

Von Wright chama de "normas de ordem superior" tanto as que obrigam, permitem ou proíbem a promulgação de novas normas como as que obrigam, permitem ou proíbem a derrogação de normas já existentes.

Observa, porém, que, se, dentre as "normas de primeira ordem", parece haver uma prevalência dos comandos e das proibições, nas normas de ordem superior, as permissões são o modal deôntico mais frequentemente presente e, pois, de maior interesse. E é precisamente às chamadas normas permissivas de ordem superior que reserva a designação "normas de competência" [235].

De acordo com o autor, as normas de competência operam promovendo uma delegação de poder, permitindo a alguém proibir, permitir ou obrigar outrem a fazer algo – POp, PPp e PVp. Trata-se do que o autor denomina "princípio da transmissão da vontade", segundo o qual a autoridade superior, ao permitir que uma dada autoridade dite a norma inferior, manifesta o desejo de que essa norma seja obedecida[236].

---

[234] Diz, nesse sentido, que "... la norma PPp es satisfecha se, y solamente se, durante algún tiempo en la historia de la permisión de orden superior, existe una permisión de que... p puede se dar y que ese estado de cosas se da efectivamente en algún momento de la historia de esa permisión de orden uno" – Von Wright, *Normas de Orden Superior*, in Bulygin, Eugenio et al. (comp.), **El lenguaje del derecho – Homenaje a Genaro R. Carrió**, p. 463-464.

[235] Von Wright, **Norma y acción...**, op. cit., p. 198.

[236] Ibid., p. 199.

Ao dizer que se trata de normas permissivas, VON WRIGHT está atribuindo às normas de competência o caráter de "permissões fortes", já que, para ele, as "permissões fracas", decorrentes da mera ausência de normas proibitivas, sequer são normas[237].

Isso significa que, em seu pensamento, os sujeitos competentes são aqueles dotados do "direito subjetivo" de praticar a conduta para a qual recebem a competência. A esse "direito" corresponderia o "dever" de que os sujeitos sob o raio de influência da autoridade competente "não impeçam" a edição da norma para a qual se conferiu a competência.

Naturalmente, não escapa ao autor a relação que a noção de competência tem com as ideias de "validade" e "nulidade". Para ele, *"Una norma es válida cuando lo es con relación a otra norma que permite su promulgación o su existencia"*, e inválida quando a autoridade que a editou o fez desrespeitando, com um ato de insubordinação ou usurpação, a proibição de promulgá-la[238].

Para que um ato seja inválido, portanto, não basta, nessa perspectiva, a inexistência de uma norma de competência que permita a sua edição; é necessário, também, que exista uma "proibição" do ato de promulgá-lo.

Por isso, para justificar o fato de que, nos sistemas jurídicos concretamente considerados, as normas (expressamente) negativas da competência existem em número relativamente pequeno, e impedir que se chegue, com a concepção "permissivista", a um resultado de predominância de normas que não são válidas nem inválidas, VON WRIGHT vê-se forçado a supor um princípio de clausura negativo, segundo o qual "tudo o que não está permitido, está proibido". Dessa maneira, apenas diante de "permissões fortes" poder-se-ia falar em "norma de competência", de modo que, sempre que não houvesse essa "permissão forte" para praticar um ato, haveria uma "proibição" de praticá-lo.

Em resumo, pois, em seu pensamento, as normas de competência são (i) "normas permissivas de ordem superior", que consistem (ii) em "permissões fortes" por meio das quais se outorga ao sujeito competente (iii) o "direito" à prática de determinadas "ações normativas", (iv) as quais, se levadas a cabo, gerarão "normas de primeira ordem válidas", que, por sua

---

[237] *Ibid.*, p. 102.
[238] *Ibid.*, p. 201.

vez, (v) os destinatários das normas terão o "dever" de respeitar. E, (vi) se não fossem essas normas especiais, todas as ações normativas estariam proibidas e as normas de primeira ordem produzidas seriam inválidas, por usurpação ou insubordinação, em razão da regra geral segundo a qual a criação de novas normas, se não estiver permitida, estará proibida.

Outros autores importantes enveredaram por caminho semelhante.

ALCHOURRÓN e BULYGIN, por exemplo, defenderam, num primeiro momento, que as normas de competência *"... no son más que una subclase de las normas permisivas..."*, constituindo, pois, *"... normas de conducta que permiten crear otras normas"* [239].

KANGER e LINDAHL também trataram as normas de competência como permissões. A partir, sobretudo, das lições de HOHFELD, os autores escandinavos partiram de uma distinção entre três usos da palavra "poder" (*"power"*), no sentido de que pode expressar (a) uma permissão ("may"), (b) uma possibilidade prática (*"can'"*) ou (c) uma possibilidade hipotética (*"can''"*), e chegaram à conclusão de que este último sentido não contém nada que já não esteja nos dois primeiros, razão pela qual, tendo a competência caráter normativo, e não fático (prático) – o que exclui a possibilidade de ser enquadrada na categoria "b" – propuseram tomá-la como um tipo de permissão jurídica (*"may"*) [240-241].

Também BOBBIO parece seguir por essa vereda, tanto que, ao distinguir entre as "normas de conduta" e as chamadas "normas de estrutura" – categoria em que insere as normas de competência, – defende que a diferença entre umas e outras residiria unicamente no seu objeto: enquanto aquelas regulam qualquer tipo de conduta, estas regulam a produção de outras normas.

A seu ver, seriam nove os possíveis modais das normas de estrutura: 1) normas que comandam comandar ("OOp"); 2) normas que proíbem comandar ("VOp"); 3) normas que permitem comandar ("POp"); 4)

---

[239] *Introducción a la metodología de las ciencias jurídicas y sociales*, p. 106 e 120.

[240] No entanto, de acordo com TORBEN SPAAK, LINDAHL equivoca-se ao concluir que HOHFELD conceberia a ideia de competência normativa como espécie de "possibilidade prática". Segundo SPAAK, HOHFELD pensa nessa "habilidade" como uma "possiblidade hipotética" – *Explicating the Concept of Legal Competence, in* **Concepts in Law**, p. 74-75.

[241] BULYGIN, *Sobre las normas de competencia...*, op. cit., p. 496.

normas que comandam proibir ("OV*p*"); 5) normas que proíbem proibir ("VVp"); 6) normas que permitem proibir ("PVp"); 7) normas que comandam permitir ("OPp"); 8) normas que proíbem permitir ("VPp"); 9) normas que permitem permitir ("PPp"). Da combinação dessas normas é que resultaria a extensão da competência outorgada a determinado sujeito²⁴².

2.3.2.3 Normas de competência como normas técnicas
Perspectiva bastante diferente das duas já examinadas é a de TORBEN SPAAK.

É bem verdade que, tal como KELSEN, ele concebe as normas que conferem competência como meros *"... fragmentos das normas que impõem deveres..."*, porque adota um conceito restritivo de norma jurídica, segundo o qual apenas as normas que impõem deveres são normas completas, porquanto apenas elas dão *"... (plenas) razões para a ação"*, possibilitando, ainda, que se avalie a conduta humana²⁴³.

É bem verdade, também, que, na opinião do autor sueco, uma norma confere competência a uma pessoa "p" quando obriga *"... outra pessoa, 'q' [um órgão aplicador do direito], a reconhecer que 'p', praticando certo tipo de ato, 'a', em um dado tipo de situação 'S', modifica uma posição jurídica..."*, o que poderia indicar sua filiação à tese "permissivista"²⁴⁴.

Porém, sua posição não se confunde com as anteriormente apresentadas. Ele mesmo deixa claro que vê as normas de competência como dotadas de estrutura lógica não prescritiva e, sim, semelhante à das regras técnicas. Diz, nesse sentido, o seguinte:

> Meu entendimento pessoal é o de que as normas de competência não guiam o comportamento humano, não dando razões para agir e, consequentemente, não se deve reconhecê-las como normas genuínas. As normas de competência exercem a mesma função na razão prática que as assim chamadas 'normas

---

²⁴² BOBBIO, **Teoria Geral...**, *op. cit.*, p. 198.
²⁴³ No original inglês: *"... fragments of such duty-imposing norms..."*; *"... (complete) reasons for actions"* – Tradução livre – *Norms that Confer Competence... op. cit.*, p. 90.
²⁴⁴ No original inglês: *"...another person, q, to recognize that p, by performing a certain type of act, a, in a certain type of situation, S, changes a legal position..."* – Tradução livre – *Ibid.*, p. 94.

técnicas', o que significa que elas têm o mesmo tipo de normatividade – ou, se se preferir, o mesmo tipo de força normativa – que as normas técnicas [245].

Para justificá-lo, alega, primeiramente, que as normas de competência, do mesmo modo que as normas técnicas, indicam o meio necessário para se alcançar um determinado fim. Nessa linha, assim como uma norma técnica segundo a qual "se o sujeito x quer vencer uma partida de xadrez, deve procurar dominar o centro do tabuleiro", uma norma de competência estabeleceria que, "se o sujeito x quer criar uma norma válida, deve proceder do modo y".

Como segunda justificativa para sua posição, SPAAK diz que as normas de competência e as normas técnicas preenchem idêntica função na razão prática, na medida em que, tanto nestas como naquelas, o agente opta livremente por buscar um determinado fim – produzir uma norma válida, ganhar uma partida de xadrez *etc.*, – fazendo uso dos meios indicados na norma.

Em terceiro lugar, segundo o autor, nem as normas de competência nem as normas técnicas dão razões completas para agir, justamente porque a opção pelo fim que constitui seus antecedentes normativos está ao inteiro alvedrio do agente. A seu ver, ainda que se possa considerar que elas "guiam" o comportamento humano em algum sentido vago, ao indicar os meios de que os homens se podem valer para atingir seus objetivos, é errado pensar que fornecem ao agente razões para agir, de modo que não podem ser consideradas normas, mas apenas fragmentos das "verdadeiras" normas, as normas de conduta – "*duty-imposing norms*".

No entanto, apesar dessas semelhanças, o autor vê também algumas diferenças entre as normas de competência e as normas técnicas.

A primeira delas estaria em que as normas de competência conferem um poder – isto é, atribuem uma habilidade ou qualidade especial a alguém – e, concomitantemente, regulam o seu exercício, enquanto as

---

[245] No original inglês: "*My own view is that competence norms do not guide human behavior by giving reasons for action, and that, consequently, we should not recognize them as genuine norms. Competence norms fulfill the same function in practical reasoning as so-called technical norms, which means that they have the same kind of normativity, or, if you will, normative force, as technical norms*" – Tradução livre – *Ibid.*, p. 99.

normas técnicas não conferem nenhuma habilidade especial, mas, simplesmente, indicam os meios para um fim [246].

A segunda residiria em que, enquanto o conceito de "competência" está intimamente ligado ao conceito de "validade", isso não ocorre com as normas técnicas. É dizer, as normas de competência *"... dão ao agente a possibilidade de praticar novas ações, que ele não poderia logicamente praticar de outra maneira"*, não se podendo dizer o mesmo das regras técnicas, que estabelecem os meios para obter um fim já concebível no plano lógico, antes mesmo da existência da norma[247].

2.3.2.4 Normas de competência como normas conceituais

2.3.2.4.1 Introdução
Como dito no capítulo anterior, fala-se em "normas conceituais", ou "determinativas", para fazer referência a regras que definem conceitos, estabelecendo que "A tem o valor de B no contexto x".

As definições, porque dão lugar a enunciados analíticos, tautológicos – em que o predicado já está logicamente contido no sujeito, – e porque sempre criam uma impossibilidade, uma alternativa entre um "ser" e um "não-ser", um "fato" e um "não fato", não podem ser descumpridas.

Como haverá a oportunidade de observar, as definições jurídicas inclusive são, por vezes, identificadas com as normas constitutivas, sempre que "criam" novas formas de conduta – "fatos institucionais", – tornando-as logicamente possíveis.

A tese que trata as normas de competência como definições é adotada, entre outros, por Hart, ainda que não explicitamente; por Ross, ainda que controversamente; e, decididamente, por Alchourrón e Bulygin. Embora suas ideias centrais sejam muito semelhantes, as peculiaridades

---

[246] Nas palavras de Spaak, *"... as normas de competência conferem competência e regulam o exercício da competência, enquanto as normas técnicas não conferem qualquer habilidade especial (competência) ao agente, mas simplesmente indicam os meios para um fim"*. Tradução livre. No original inglês: *"...competence norms confer competence and regulate the exercise of the competence, whereas technical norms do not confer any special ability (competence) on the agent, but simply indicate the means to an end"* – Ibid, op. cit., p. 101.

[247] No original inglês: *"... give the agent a possibility to perform new actions that he logically could not have performed otherwise"* – Tradução livre – Idem.

encontradas nos trabalhos desenvolvidos por cada um deles recomendam que sejam tratados separadamente.

2.3.2.4.2 Hart

HART é um crítico da posição kelseniana de reduzir toda a ideia de norma jurídica aos preceitos que regulam condutas mediante a ameaça de sanções. Entende que, ao fazê-lo, o autor da "Teoria Pura" teria desprezado as diferentes funções, tão ou mais importantes que a sanção, desempenhadas na sociedade pelos diversos tipos de regra.

Para chegar a essa conclusão, o autor inglês parte da concepção de um modelo jurídico não desenvolvido, organizado apenas mediante regras de conduta, e pondera que somente uma sociedade muito pequena, unida por laços de parentesco, sentimentos e crenças comuns, poderia conviver pacificamente apenas sob a regência de regras dessa natureza.

Isso porque, numa sociedade mais complexa, é necessário resolver três problemas essenciais, de que as normas de conduta, por si sós, não dão conta. O primeiro deles é a falta de certeza quanto a quais são as normas que vigoram num dado ordenamento; o segundo é o caráter estático dessas regras, isto é, a ausência de parâmetros que orientem a criação de outras regras e sua modificação, ou mesmo sua eliminação do sistema; o terceiro é a falta de eficácia dessas regras, decorrente da ausência de um órgão que possa decidir quando é o caso de aplicá-las e, ainda, forçar o seu cumprimento quando alguém lhes opuser resistência.

Para responder a essas dificuldades, HART considera necessário agregar ao sistema jurídico outras três espécies de regras, para além das normas de conduta (primárias). Trata-se das regras (secundárias) "de reconhecimento", "de modificação" e "de julgamento", cada uma delas responsável por solucionar um dos problemas apontados: falta de clareza, caráter estático e ausência de eficácia, nessa ordem.

As normas de competência, no pensamento hartiano, estão inseridas, principalmente, entre as "normas de modificação" – ou "normas de câmbio", – categoria em que se incluem tanto os enunciados normativos que conferem "poderes públicos", como os que outorgam "poderes privados" para a introdução ou eliminação de normas no sistema.

HART vê as normas de competência, pois, como normas distintas das prescrições, e a interpretação mais corrente – compartilhada, por exemplo, por FERRER BELTRÁN e por BULYGIN – é a de que as veria como "definições". Isso porque, muito embora não haja nenhuma passagem em que HART o diga textualmente, *"... son abundantes las citas en las que el autor afirma que... las normas de competencia definen a determinadas normas como válidas"* [248-249].

Ademais, segundo explica FERRER BELTRÁN, essa é uma interpretação que se compatibiliza com as três peculiaridades que HART vislumbra nas normas de competência, a saber: (a) sua vinculação com a noção de "nulidade", e não com a noção de "sanção"; (b) o fato de que, por vezes, tornam possível distinguir entre os atos "públicos" e "privados" de um mesmo sujeito; e (c) a impossibilidade lógica de serem "desobedecidas" ou "violadas", no mesmo sentido em que se pode falar em vilipêndio a uma norma de conduta [250].

De fato, em primeiro lugar, para o autor inglês, não é possível equiparar a nulidade (ligada às normas de competência), à sanção (ligada às normas de conduta), nem é possível tratar aquela como uma espécie desta.

A distinção funda-se, principalmente, em que, enquanto a sanção é "externa" à norma de comportamento, a nulidade é "parte essencial" da norma de competência, que, sem ela, simplesmente não faz sentido.

Dizer que a sanção é "externa" às normas de conduta equivale a afirmar que é possível saber qual é o conteúdo do dever atribuído ao sujeito passivo da norma primária independentemente da análise da sanção cominada na norma secundária, o que não ocorre com a nulidade relativa às normas de competência, porquanto, sem a observância da esfera onde há nulidade, não é possível nem mesmo saber qual é, efetivamente, o conteúdo do poder outorgado pela norma de competência.

Isso acontece porque *"La idea de competencia supone la limitación de la misma..."*, limitação que consiste, precisamente, na esfera abrangida pela

---

[248] Embora essa interpretação seja a mais corrente, não se pode ignorar o fato de que HART, numa passagem de sua obra, afirma que as normas que outorgam poderes dizem *"Se quiser fazer isto, é deste modo que deve proceder"* – **O conceito de direito...**, op. cit., p. 36, – estrutura que se assemelha bastante à de uma norma técnica.
[249] FERRER BELTRÁN, **Las Normas de Competencia...**, op. cit., p. 83.
[250] Idem.

nulidade. A relação entre os casos válidos e nulos é como a de dois lados de uma mesma moeda, absolutamente inseparáveis [251].

Essa relação, que é marcante nas regras de competência, simplesmente não se verifica entre a prescrição da conduta e a prescrição da sanção. Enquanto, de um lado, inegavelmente existem normas de conduta sem a correspondente cominação de sanção, de outro lado, é impossível conceber uma norma de competência de cuja inobservância não decorra a nulidade do ato praticado.

Em outras palavras, a previsão de sanção para a hipótese de inobservância do mandamento da norma de conduta é condição de eficácia, mas não de existência ou validade dessa norma; já a previsão, expressa ou implícita, de nulidade para a hipótese de inobservância da regra de competência, condiciona a sua própria existência.

Com efeito, há, em qualquer ordenamento jurídico, uma série de normas de conduta que não estão acompanhadas de sanção para a hipótese de seu descumprimento, como observado no primeiro capítulo. Trata-se de normas provavelmente ineficazes, mas, ainda assim, normas. Das normas de competência não se pode dizer o mesmo, pois, sempre que se pretender exercer os poderes por ela conferidos sem observar as condições postas como necessárias à validade desse exercício, o resultado será, por definição, a nulidade do ato que se pretendia praticar.

Para além dessa distinção entre nulidade e sanção, HART diz, em segundo lugar, que as normas de competência se diferenciam das de conduta porque tornam possível estabelecer uma distinção entre os "atos públicos" e os "atos privados" de um determinado sujeito.

O que HART quer significar é que a norma de competência confere a determinado ato, quando praticado por um dado sujeito e em certas

---

[251] CALSAMIGLIA, *Geografía...*, op. cit., p. 759. É importante ressaltar, porém, que, para o autor, que analisa as normas de competência sob uma noção mais ampla que aquela com a qual se examina o instituto neste texto – na medida em que inclui entre as metarregras não só aquelas sobre a produção do direito, mas também sobre a aplicação de normas e sobre a solução de conflitos entre normas, – não é possível tratar as normas de competência, *"ab initio"*, nem como normas de conduta, nem como definições. Podem ser uma coisa ou outra, a depender do caso.

condições, um "valor especial", de que ele não gozaria se fosse praticado por outro sujeito, ou sem a observância dessas formalidades essenciais.

Tome-se em conta, por exemplo, a figura do juiz. Se, aos atos que ele pratica no exercício de seu múnus, não fossem conferidos os valores de "decisão", "despacho" ou "sentença", como decorre das normas que lhe atribuem competência para julgar, eles não passariam de práticas privadas, sem a força coerciva que normalmente caracteriza os atos de direito público.

Disso decorre a conclusão de HART no sentido de que as normas de competência, ao atribuírem a alguém o "poder" de realizar um determinado ato com um valor especial, "definiriam" esse próprio sujeito. Um juiz não é um juiz sem os poderes que estão atrelados a esse seu cargo; o Presidente da República não é o Presidente da República sem as prerrogativas que advêm de sua investidura na função; e assim por diante.

Finalmente, como terceiro traço distintivo entre as normas de competência e as normas de conduta, HART aponta a impossibilidade de se desobedecer às primeiras no mesmo sentido em que se pode falar no descumprimento das derradeiras.

Para ilustrá-lo, o autor inglês faz um interessante paralelo entre as normas de competência e – para não variar! – as regras do jogo de xadrez.

Segundo HART, no referido jogo, há regras que proíbem, sob ameaça de penalidade, certas condutas, tais como consultar anotações durante a partida ou fazer barulho com o objetivo de desconcentrar o adversário, as quais se assemelham às regras jurídicas de conduta, no sentido de que impõem deveres e, assim, podem ser cumpridas ou descumpridas – caso este em que poderão dar ensejo à aplicação de determinada sanção.

Porém, são igualmente essenciais para o funcionamento do sistema normativo "xadrez" as regras que "definem" o que se há de entender por esse jogo, tais como as que descrevem os movimentos possíveis das peças, a estrutura do tabuleiro *etc*. Essas regras, a seu ver, assemelhar-se-iam às normas jurídicas de competência, justamente por que não impõem, em rigor, o dever de observar qualquer conduta, mas, antes, criam a própria possibilidade de praticar a conduta com o sentido institucional que a norma lhe atribui.

A lógica é a seguinte: um enxadrista que desprezasse a regra segundo a qual o cavalo só se pode mover em "L", movimentando-o em diagonal, na horizontal, na vertical ou de qualquer outro modo, não estaria, em rigor, descumprindo a norma enxadrística que rege o movimento do cavalo; antes, simplesmente não estaria jogando xadrez. Afinal, jogadas como essa não são "proibidas" no jogo de xadrez, mas, sim, jogadas "nulas", que simplesmente não têm sentido naquele sistema normativo. A consequência de um movimento como o descrito acima seria, dentro do jogo, absolutamente nenhuma; o tempo para que esse enxadrista fizesse sua jogada seguiria fluindo, como se nada houvesse acontecido, até porque, na linguagem daquele jogo, nada teria efetivamente ocorrido.

Poder-se-ia até imaginar, é bem verdade, a hipótese de a Federação Internacional de Xadrez (FIDE), ou outro órgão com a atribuição de ditar as regras do jogo, criar outra regra, que determinasse, por exemplo, a eliminação do campeonato de um jogador que cometesse a "ousadia" de (tentar) mover o cavalo em diagonal, ou efetuar qualquer outro movimento impertinente ao jogo de xadrez. Nesse caso, sim, poder-se-ia dizer que tal conduta, além de não dar ensejo a um movimento válido, estaria, também, proibida no sistema do jogo. Contudo, a regulação deôntica da conduta que a norma de competência "define" como um movimento "válido" – com aquele específico sentido institucional – ou como um movimento "nulo", é puramente contingente e independente da norma de competência mesma [252].

Esta, segundo se pode inferir da leitura de FERRER BELTRÁN, é a conclusão mais significativa a que se pode chegar a partir do exame da concepção hartiana da norma de competência:

> ...aunque es común que el ejercicio de la competencia esté permitido, ello es puramente contingente y, es más, hay casos en los que el ejercicio de la competencia está explícitamente prohibido, sin que de eso se derive contradicción alguna en el sistema de normas [253].

---

[252] Como explica CESAR SERBENA, na lógica modal (alética), as proposições contingentes são aquelas "... que não são nem necessárias nem impossíveis... que podem ser verdadeiras em alguns estados de coisas ou falsas em outros estados" – **Lógica e Direito...**, op. cit., p. 54.
[253] FERRER BELTRÁN, ***Las normas de competencia...***, op. cit., p. 85

2.3.2.4.3 Ross

Costuma-se dizer que Ross teria mudado de posição no tocante ao tema das normas de competência, tendo deixado de concebê-las como obrigações indiretas, redutíveis a normas de condutas, como fazia em "Direito e Justiça", para passar, na "Lógica das Normas", a vê-las como normas constitutivas, semelhantes às "normas conceituais" ou "definições".

Na primeira dessas perspectivas, à maneira de KELSEN, Ross teria defendido que as normas de competência são *"... normas de conducta que prescriben el comportamiento acorde con las ulteriores normas de conducta que se dicten de acuerdo con la competencia"* [254].

Já na segunda, à semelhança de HART, teria sustentado que as normas de competência são como as regras dos jogos, tendo por função "definir" as condições formais e materiais sob as quais será possível produzir uma norma válida no sistema, além de "definir" as próprias autoridades desse sistema.

Porém, o fato é que são abundantes as referências expressas que o autor dinamarquês faz, tanto numa obra quanto na outra, a ambas as concepções das normas de competência.

Em razão disso, FERRER BELTRÁN defende que as duas visões não representam uma evolução do pensamento do autor dinamarquês, com a substituição da primeira tese pela segunda, mas, sim, de duas visões compatíveis entre si.

A chave para essa interpretação, segundo sustenta, está em reconsiderar o sentido da expressão de acordo com a qual "uma norma de competência é uma norma de conduta expressa indiretamente".

Na opinião de FERRER BELTRÁN, o que Ross quer dizer é que as normas de competência são *"... reglas que sólo indirectamente establecen aquello que debe o no hacerse"*, na medida em que cumprem a função de *"... identificar las reglas de conducta que directamente establecen las obligaciones y pueden o deben ser aplicadas por los tribunales"* [255].

---

[254] *Ibid.*, p. 87.
[255] *Ibid.*, p. 95. E de fato, o próprio Ross diz, nesse sentido, que *"Las normas de competencia son lógicamente reducibles a normas de conducta de esta manera: las normas de competencia hacen que sea obligatorio actuar de acuerdo con las normas de conducta que han sido creadas según el procedimiento establecido en las primeras"* – **Lógica de las Normas**, p. 113.

Isso se explica pela circunstância de que, para ele, todas as normas têm por destinatários os juízes e tribunais, de modo que, se as normas de competência não podem ser aplicadas diretamente por eles, então só lhes podem regular a conduta de um modo indireto.

Nada disso quer significar, porém, que, no pensamento rossiano, as normas de competência estabeleçam, elas mesmas, deveres; sua função não é a de regular condutas, mas, sim, a de dizer o que é necessário para que as normas de conduta editadas sejam consideradas válidas. As normas de competência, em outras palavras, atuariam na "definição" de quais são as normas válidas. Nesse sentido, diz Ross que

> *Aquellos enunciados en los que se ejercita la competencia se llaman 'actos jurídicos', o, en Derecho Privado, declaraciones dispositivas. Por ejemplo: una promesa, un testamento, una licencia administrativa, una ley. Un acto jurídico es, como un movimiento de ajedrez, un acto humano que nadie puede realizar como ejercicio de sus facultades naturales. Las normas de competencia son, como las reglas de los juegos, constitutivas"* [256].

Não por acaso, à diferença daqueles que as interpretam como normas de conduta, ROSS percebe a necessidade de distinguir (i) entre as normas "de" competência propriamente ditas e (ii) as normas que regulam "o exercício da competência", pontuando que as primeiras, quando não observadas, dão ensejo a uma "nulidade", ao passo que as segundas, quando afrontadas, dão ensejo a uma "responsabilidade", isto é, à aplicação de uma sanção. Percebe, ainda, que a competência e o direito de exercê-la não se confundem (iii) com o ônus de exercitá-la segundo determinadas diretrizes [257].

---

[256] Ross, Alf. **Lógica de las...**, op. cit., p. 123.

[257] Nas palavras de Ross: *"El poder o competencia de una persona debe ser distinguido tanto de la libertad de ejercer sus poderes como quiera (pero, desde luego, solo intra vires), como del deber de ejercerlos según ciertas directrices. Si existe tal deber, existe una norma de conducta, cuyo tema es la manera en que la persona competente ha de ejercer su poder. Es importante comprender esta distinción entre la norma de competencia y la norma de conducta que regula el ejercicio de tal competencia. Mientras que exceder la norma de competencia produce invalidez, violar la norma de conducta no afecta a la validez del acto jurídico, sino que encierra una responsabilidad, como cualquier otra violación de una obligación"* – Idem.

Essas razões efetivamente parecem justificar o enquadramento de sua teoria dentre aquelas que afirmam o caráter "não-prescritivo", e sim "conceitual-constitutivo", das normas de competência.

2.3.2.4.4 Alchourrón e Bulygin

Por fim, também podem ser considerados representantes da tese sob exame ALCHOURRÓN e BULYGIN, na medida em que, desde a edição de *"Definiciones y Normas"*, escrito pelos dois, mas, principalmente em *"Sobre las Normas de Competencia"*, escrito apenas pelo último, abandonaram a tese "permissivista", passando a ver as normas de competência como regras conceituais, ou seja, como "definições".

CALSAMIGLIA critica o fato de que BULYGIN, ao revisar sua posição, não fez referência ao seu entendimento anterior e, ainda, não buscou explicar, "de maneira convincente", as razões da mudança [258]. É preciso ponderar, porém, que, a despeito da relativa procedência dessa crítica, já no *"Normative Systems"* se divisam alguns traços da interpretação posteriormente defendida por ALCHOURRÓN e BULYGIN. Isso porque, embora atribuíssem às normas de competência o caráter de normas de conduta, também diziam que elas, *"Al mismo tiempo, son constitutivas de la autoridad judicial..."*, uma vez que *"... nadie es juez sino en virtud de una norma de competencia y en la medida y con el alcance que esa norma determine"* [259].

A propósito, de acordo com FERRER BELTRÁN, a ideia de que as normas de competência são definições está posta na obra dos referidos autores tanto (i) no sentido de que elas definiriam os conceitos de norma – lei, contrato, sentença *etc.* – válida, como, também, (ii) no sentido de que definiriam o conceito da própria autoridade normativa – juiz, legislador, contratante *etc.*

ALCHOURRÓN e BULYGIN enveredam por esse caminho, principalmente, depois de rechaçar, na senda de HART, a ideia de que a nulidade ligada à inobservância da regra de competência poderia ser equiparada à sanção cominada para a hipótese de descumprimento do mandamento contido na norma de conduta. Entendem, tal como o autor inglês, que

---

[258] Segundo CALSAMIGLIA, BULYGIN, *"En su trabajo sobre las normas de competencia critica la tesis que sostuvo sin citarse y sin explicar el cambio"* – Geografia..., *op. cit.*, p. 755, nota 22.
[259] ALCHOURRÓN e BULYGIN, **Introducción...**, *op. cit.*, p. 208.

a nulidade é uma "parte" da regra de competência, estando, necessariamente, conectada com a definição de "norma válida" que ela engendra.

Contudo, não afastam completamente a ideia de competência do plano deôntico, pois entendem que, ao lado das definições, que constituem as próprias normas de competência, é possível que também existam normas que regulem o exercício da competência, proibindo-o, permitindo-o ou fazendo-o obrigatório.

Reconhecem, ademais, que nem sempre é fácil, ante uma disposição jurídica, discernir se ela veicula uma norma "de competência" – isto é, uma norma que "atribui" a competência – ou uma norma de conduta relativa "ao exercício" de uma competência – isto é, uma norma que qualifica, deonticamente, o exercício de uma competência, como obrigatório, permitido, ou proibido, – mas insistem em que isso não retira a importância da distinção.

2.3.2.5 Normas de competência como normas constitutivas

BULYGIN, ao tratar as normas de competência como "definições", argumenta que elas também seriam "constitutivas" no sentido de SEARLE ou ROSS, isto é, no sentido de que, assim como as regras da gramática, da lógica, da matemática e dos jogos, definem conceitos que, sem elas, não existiriam.

Diz-se que as normas são "constitutivas", nesse sentido, quando "... *amplían el campo de actuación de sus destinatarios...*" [260]; isto é, quando, ao estabelecerem as condições necessárias, suficientes ou necessárias e suficientes de um estado de coisas, possibilitam a realização de certos "atos institucionais" [261] – ou, mais precisamente, a consecução de determinados resultados normativos[262] –, que, antes dessas normas, simplesmente não eram possíveis [263].

---

[260] FERRER BELTRÁN, **Las Normas de Competencia...** *op. cit.*, p. 116.
[261] GUASTINI, **Distinguiendo...**, *op. cit.*, p. 99.
[262] A maior parte dos atos humanos pode ser definida a partir da descrição da própria conduta ou a partir dos efeitos que lhe são peculiares. Não por acaso, é frequente que, nos dicionários, defina-se o significado de determinados verbetes como "ato ou efeito de" determinada ação.
[263] Também é nesse sentido o pensamento de GREGORIO ROBLES: *"Para que un individuo pueda ser sujeto de la acción del ámbito óntico-práctico, es necesario que exista físicamente como tal*

A semelhança entre as noções de norma conceitual e de norma constitutiva é tanta que MENDONCA, por exemplo, diz só conseguir enxergar "diferenças de matizes" entre uma e outra [264].

Neste ponto, porém, ATIENZA e RUIZ MANERO fazem uma interessante observação. Dizem que há uma diferença entre enunciados tais como (a) "para os efeitos desta lei, serão considerados imóveis rurais os que apresentarem as seguintes características" e (b) "para outorgar validamente um testamento, é necessária a presença de duas testemunhas". Tal diferença consiste em que o primeiro apenas serve para identificar o conteúdo das normas em que o conceito "imóveis rurais" estiver presente, ao passo que, com o segundo, pode-se fazer algo mais do que simplesmente identificar testamentos: podem-se "fazer" testamentos [265].

Com base nessa percepção, os autores traçam uma distinção entre as "normas meramente constitutivas", mais identificadas com as definições, e as "normas constitutivas que conferem poderes normativos". As regras do primeiro tipo estabeleceriam apenas que *"... si se da un cierto estado de cosas X, entonces se produce un cierto resultado institucional R"*, ao passo que

> *El segundo tipo está integrado por aquellas normas cuyo antecedente contiene un elemento ulterior: una acción o procedimiento. De manera que el esquema de estas normas sería el siguiente: si se da el estado de cosas X y un sujeto (o sujetos) Z realiza la acción (o serie de acciones: procedimiento) Y, entonces se produce el resultado institucional R* [266].

Segundo os autores, as normas deste último gênero são, para o mundo institucional, o que as proposições "anankásticas" são para o mundo natural, na medida em que estabelecem as condições necessárias ou suficientes de um dado resultado institucional.

Porém, é importante observar, com FERRER BELTRÁN, que, embora tomem emprestada de CONTE a expressão "regra anankástico-consti-

---

individuo, pero la capacidad para realizar la acción y el ámbito de su competencia no son elementos que ya existan ahí, en la realidad natural, sino que son creados convencionalmente por medio de las reglas ónticas" – **Las Reglas del Derecho...**, p. 137-138.
[264] MENDONCA, **Las Claves del Derecho...**, op. cit., p. 114.
[265] ATIENZA e RUIZ MANERO, **Las Piezas....**, op. cit., p. 81.
[266] ATIENZA e RUIZ MANERO. *Seis acotaciones...*, op. cit., p. 721.

tutiva", os autores em questão elastecem seu objeto, para nele inserir, também, aquilo que o autor italiano chamaria de regras "metathético-constitutivas" e "nômico-constitutivas", já que ATIENZA e RUIZ MANERO incluem, nessa categoria, tanto as normas que estabelecem condições necessárias para um resultado institucional como as que estabelecem condições "suficientes" ou "necessárias e suficientes" para tanto.

Segundo os autores, a principal consequência da adoção dessa perspectiva está em que, ao estabelecer as condições "necessárias", "suficientes" ou "necessárias e suficientes" para um determinado resultado, tais regras acabam operando como regras técnicas, que indicam como produzir determinados resultados institucionais [267].

Essa visão seria, no entender de tais estudiosos, um avanço em relação à perspectiva conceitualista, porque permitiria conceber as normas de competência como mais do que meras definições, sem influência na atuação do sujeito, mas, sim, como efetivamente estabelecedoras de razões para a ação, haja vista que precisariam ser observadas sempre que o sujeito destinatário da regra pretendesse conseguir um determinado fim [268].

2.3.2.6 Normas de competência como normas constitutivo-performativas

Finalmente, para dar cabo das perspectivas "unitaristas", cabe ainda mencionar que, embora a expressão "normas constitutivas" normalmente remeta à ideia examinada no tópico anterior, há, também, na literatura, outra noção de norma de competência como norma constitutiva, em que se não lhes atribui caráter semântico, nem instrumental ou técnico, mas, sim, performativo.

Segundo essa perspectiva, o enunciado que veicula uma norma de competência realiza imediatamente o estado de coisas de que trata: não

---

[267] *Ibid.*, p. 725.
[268] Em outro estudo, ATIENZA trata as definições como enunciados "de carácter não prático", em oposição aos enunciados normativos e valorativos, categoria em que insere as normas deônticas ou reguladoras – princípios e regras de ação e de fim – e as normas não deônticas ou constitutivas – que subdivide em "regras que conferem poder" e "regras puramente constitutivas" – *El derecho como argumentación*, p. 132.

estabelece um conceito de norma válida; não prescreve qualquer espécie de conduta; nem indica, simplesmente, os meios de que alguém se pode valer para produzir um resultado[269]; atua, isso sim, como que ungindo alguém, imediatamente, com a capacidade de produzir um determinado resultado. Trata-se, pois, de um enunciado próprio do uso operativo da linguagem, como querem Ferrer Beltrán, Mendonca e, segundo entendem, também Hernandez Marín [270-271].

Nessa concepção, pronunciar uma frase tal como "a autoridade A é competente para executar o ato X" é levar a cabo uma ação que não se concebe como um simples "dizer algo". É investir alguém da *"... capacidad, atribuida por reglas de un determinado sistema jurídico Sj, de producir actos jurídicos válidos de acuerdo con ese mismo sistema Sj"* [272].

Nessa linha, as normas de competência são vistas como *"... reglas constitutivas de la propiedad disposicional institucional 'ser competente'"* [273]. O sujeito "s", pelo simples fato de existir a norma de competência, torna-se um "sujeito competente", o que talvez possa ser representado formalmente como "s → Cx", ou seja, "se é o sujeito 's', então é competente para "x".

---

[269] Nesse sentido, diz Ferrer Beltrán que as normas de competência *"... no son reglas semánticas ni tienen carácter metalingüístico"* – ***Las Normas de Competencia...***, *op. cit.*, p. 152. Já Guastini aponta que as normas constitutivas se distinguem radicalmente das normas de conduta, especialmente porque, *"... no siendo prescripciones, no toleran formulaciones deônticas, están privadas de destinatarios y, como tales, no requieren obediencia ni admiten violación"* – ***Distinguiendo...***, *op. cit.*, p. 99.

[270] Nas palabras de Ferrer Beltrán: *"...en la concepción que sostengo, son reglas constitutivas aquellas emitidas mediante un uso performativo del lenguaje"* – ***Las Normas de Competencia...***, *op. cit.*, p. 134; Nas palabras de Mendonca *"... pueden ser adecuadamente reconstruidas como oraciones realizativas (operativas o performativas) en el sentido de que pronunciarlas es llevar a cabo una acción"* – ***Las Claves...***, p. 134.

[271] De fato, Hernández Marín, de maneira semelhante, vê as normas de competência como *"...disposiciones cualificatorias..."*, isto é, como *"... disposiciones que califican como jurídicas o pertenecientes al derecho todas las oraciones (enunciados) que tengan la propiedad de proceder del órgano O, con arreglo al procedimiento P y sobre la materia M"* – Apud Mendonca, ***Las Claves...*** *op. cit.*, p. 134. Diz Ferrer Beltrán, nesse sentido, que, *"A pesar de que en otro punto de este trabajo he tratado a las tesis de Alchourrón y Bulygin y de Hernández Marín como equivalentes, se puede ofrecer una interpretación plausible de esta última que la acerque a la categoría de las reglas constitutivas que yo presento."* – ***Las Normas de Competencia...***, *op. cit.*, p. 147, nota 268.

[272] Ferrer Beltrán, ***Las Normas de Competencia...***, *op. cit.*, p. 130.

[273] *Ibid.*, p. 164.

Ferrer Beltrán ressalta, não obstante, que uma mesma disposição, isto é, um mesmo enunciado textual do discurso das fontes, pode, além de conferir a competência, expressar uma permissão do seu exercício. Outras vezes, uma mesma disposição pode veicular, além da norma de competência propriamente dita, uma regra que obriga ao uso da competência. É o caso, por exemplo, de um enunciado como o que estabelece que "O juiz é competente para proferir sentenças", que tanto pode se limitar a lhe atribuir a capacidade para proferir sentenças como, também, obrigá-lo a decidir os casos que lhe venham a ser submetidos.

Não se trata, ele esclarece, de admitir que uma mesma norma possa ser, ao mesmo tempo, reguladora e constitutiva, na linguagem de Searle, mas, sim, de admitir que um mesmo ato linguístico – uma mesma disposição – possa ter os efeitos ilocucionários de implicar a emissão de mais de uma norma, e os efeitos perlocucionários de ser recebido por seus destinatários como mais de uma norma[274].

Segundo Ferrer Beltrán, para que um sujeito "s" possua a propriedade de ser competente para algo, *"... es condición necesaria y suficiente la existencia de una norma de competencia que atribuya a 's' esa propiedad"*, o que significa que, a seu ver, a norma de competência é, para usar da classificação contiana, uma norma noético-constitutiva da propriedade "ser competente"[275-276].

Por outro lado, ser competente é *"... condición necesaria, pero no suficiente, de la validez de los actos que cualquier sujeto realice o de las normas que dicte"*,

---

[274] Não faltou, porém, quem admitisse a possibilidade de uma mesma regra ser, ao mesmo tempo, reguladora e constitutiva. Searle, por exemplo, afirmou que algumas regras "... não apenas regulam, mas criam ou definem novas formas de comportamento". Tradução livre. No original inglês: "... not merely regulate but create or define new forms of behavior" – **Speech Acts: An Assay in the Philosophy of Language**, p. 33. Na mesma linha, F. Schauer diz que "... muchas reglas constitutivas poseen también su lado regulativo... La regla tiene un doble aspecto: primero define la conducta y luego la regula" – **Las Reglas en Juego: Un Examen Filosófico de la Toma de Decisiones Basada en Reglas en el Derecho y en la Vida Cotidiana**, p. 63. A nosso ver isso decorre de uma confusão entre "disposição normativa" e "norma", entre as quais, como visto anteriormente, não existe correspondência biunívoca.

[275] Ferrer Beltrán, **Las Normas de Competencia...** op. cit., p. 165.

[276] Ou, então, seria uma norma "noético-constitutiva" do sujeito, e não, pura e simplesmente, da sua propriedade "ser competente" – Ibid., p. 163.

o que significa que a norma de competência é uma norma constitutivo-
-anankástica do conceito de validade [277].

No pensamento do autor, para além da indicação do "sujeito competente", o conceito de validade também compreende o que ele chama de *"...condiciones de actualización de la competencia..."*, assim entendidas as condições sem as quais a competência não pode ser exercida validamente, como é o caso das regras procedimentais [278].

Tais regras, segundo observa, nada têm a ver com permissões ou proibições relativas ao exercício da competência. São, antes, condições sem as quais simplesmente não se exerce – ou não se exerce validamente – a competência; em outras palavras, são "ônus" para o exercício da competência.

Por derradeiro, para além da atribuição positiva da competência, FERRER BELTRÁN também examina a questão da incompetência, dizendo que, ao contrário do que afirma VON WRIGHT, ela não depende de quaisquer regras específicas – regras que seriam "proibitivas", na visão "permissivista", – mas, pura e simplesmente, da inexistência de regras de competência. Desse modo, a utilidade de normas que estabeleçam expressamente a incompetência de alguém para algo assemelhar-se-ia àquela atribuída às *"... normas permisivas emitidas por autoridades superiores: mediante la aplicación del principio 'lex superior', impiden la entrada en el sistema de normas contrarias emitidas por autoridades inferiores"* [279].

Pode-se, assim, no plano das proposições normativas, falar em "incompetência em sentido fraco", quando não pertence ao sistema "S" a norma que atribui competência ao sujeito "x" para a prática do ato "y"; e em "incompetência em sentido forte", quando pertence ao sistema uma norma de incompetência que a declara.

A diferença entre uma norma de incompetência e uma norma que proíbe o exercício da competência está, segundo FERRER BELTRÁN e MENDONCA, nas consequências que estão ligadas às hipóteses de inob-

---

[277] Ibid., p. 165.
[278] PEÑA FREIRE, *Sobre 'Las Normas de Competencia: Un Aspecto de la Dinámica Jurídica', de Jordi Ferrer*, **Isonomía: Revista de Teoría y Filosofía del Derecho**, nº. 16 p. 219.
[279] FERRER BELTRÁN, ***Las Normas de Competencia...*** op. cit., p. 162.

servância de cada qual delas: no primeiro caso, nulidade; no segundo, sanção (responsabilização) [280].

2.3.3 Propostas "não-unitaristas"

Ao lado de todas essas propostas, há, também, as de quem considera ser simplesmente impossível falar em apenas um tipo de norma de competência.

Nesse sentido, diz CALSAMIGLIA que as propostas sobre a estrutura lógica das normas de competência padecem, em geral, do vício do essencialismo, por tentarem oferecer um conceito unitário que reflita todos os objetos que se designam pela mesma expressão. Segundo ele, uma das razões pelas quais existe tanta confusão em relação ao tema

> ... *es porque se presupone que todo lo que se denomina usualmente 'normas de competencia' corresponde a una estructura unitaria que tiene unas propiedades comunes. Cuando se nos sugiere que las normas de competencia son definiciones se nos ofrecen buenos ejemplos que corroboran la tesis, pero también existen algunas normas de competencia que dan instrucciones, que hacen referencia a plazos o que señalan la competencia material o el marco de actuación y todo esto no cabe en nuestro concepto tal y como ha sido definido. Lo mismo ocurre cuando asociamos las normas que confieren poderes a la nulidad. Existen casos en los que, sin duda, se produce – o se puede producir – la nulidad, pero cuando se incumplen algunas normas a veces estas normas son normas de conducta y as veces estas normas de conducta pueden originar sanciones, pero a veces no, como ya veremos más adelante. También nos podemos encontrar casos en los cuales la norma no existe o se produce una apariencia de norma. Quisiera afirmar, por lo tanto, que en la tradición analítica todavía persiste una fuerte dosis de esencialismo cuyos defectos puso de manifiesto magistralmente Carlos Nino* [281].

Para fugir do problema do essencialismo, a sugestão de CALSAMIGLIA é oferecer uma classificação das distintas normas de competência ou "metarregras", aí consideradas todas as regras que têm outras normas como objeto, o que compreende: (i) as normas que conferem poderes; (ii) as normas que regulam procedimentos; (iii) as normas que regulam

---

[280] MENDONCA, *Las Claves del Derecho...* op. cit., p. 136-138.
[281] *Geografía...*, op. cit., p. 757.

as matérias; e (iv) as normas que regulam os conteúdos concretos das normas a produzir.

Embora o autor não ilustre essas categorias com exemplos, o que dificulta a compreensão daquilo a que, por meio delas, pretende fazer referência, conclui, a partir dessa tipologia, que há normas de competência que não podem ser consideradas permissões, e outras que poderiam, sim, ser consideradas normas de conduta.

Da mesma forma, diz o autor que também as consequências jurídicas decorrentes da não observância de uma norma de competência podem ser muito variadas. Para ele, *"No es cierto que la nulidad es la consecuencia de no seguir las normas de competencia como sugiere Hart, porque hay normas de competencia que son normas de conducta"*. Da mesma forma, a seu ver, a tese de que as normas de competência são invioláveis e, portanto, sua não observância produz inexistência, é falsa, *"... porque pueden pertenecer al ordenamiento jurídico normas que se han dictado fuera del cauce de las normas de competencia"* [282-283].

Também GUASTINI entende que *"La clase de las normas secundarias sobre la producción jurídica está compuesta por diversas sub-clases, que no conviene tratar unitariamente"* [284].

Ele argumenta que as discussões a respeito da natureza e da estrutura lógica das normas de competência não têm sido frutíferas, principalmente, porque faltam distinções conceituais e porque a terminologia escolhida é infeliz. E acrescenta não estar seguro sequer de que as principais teorias que enfrentam o problema sejam incompatíveis entre si, como, à primeira vista, poderia parecer.

A seu ver, a classe das normas sobre a produção jurídica inclui, pelo menos, cinco subclasses: (i) normas que conferem o poder de criar certo tipo de fonte do direito – lei, decreto, sentença *etc.*; – (ii) normas procedimentais; (iii) normas que circunscrevem o âmbito do poder conferido; (iv) normas que reservam determinada matéria a uma fonte; e (v) normas relativas ao conteúdo mesmo da produção normativa futura.

---

[282] *Ibid.*, p. 766.
[283] *Ibid.*, p. 767.
[284] GUASTINI, **Distinguiendo...**, *op. cit.*, p. 309

Em sua opinião, contudo, a expressão "normas que conferem poderes" não é apropriada para designar as subclasses "ii" a "v" das "metarregras", porquanto estas fazem coisa distinta de conferir poder, dizendo respeito a um poder já concedido, ao qual simplesmente impõem limites. Assim, apenas as normas que conferem o poder de criar certo tipo de fonte do direito – no sentido tradicional da expressão "fonte" – é que poderiam ser designadas por seu intermédio.

Para ele, todas as normas mencionadas estabelecem condições relativas à fonte a cuja criação se referem. Porém, enquanto as normas da subclasse "i" estabelecem condições de existência jurídica da fonte, as normas das demais subclasses estabelecem condições que vão além da existência, dizendo respeito à validade dos atos praticados por quem tem a competência de produzir a "fonte" normativa – lei, decreto, sentença *etc.*[285].

Como dito, não parece ao autor que as principais teorias relativas ao caráter das normas que conferem poderes sejam incompatíveis entre si, embora ele duvide de que aos tipos mencionados se possa aplicar a mesma análise lógica. E, para demonstrá-lo, GUASTINI procura submeter tais teorias a uma prova, controlando a verdade das proposições que implicam. Diz, então, que: (i) se a teoria da norma permissiva é fundada, então a proposição segundo a qual o Parlamento tem permissão para legislar deve ser fundada; como isso é verdade, então a teoria é fundada; (ii) se a teoria imperativista é fundada, então a proposição segundo a qual os cidadãos têm a obrigação de obedecer às leis editadas pelos entes competentes deve ser certa; como isso é verdadeiro, então também esta teoria é fundada; (iii) se a teoria que vê tais normas como definições é fundada, então a proposição segundo a qual nenhum texto normativo que não tenha sido emanado do Parlamento pode merecer o nome de "lei" deve ser certa; e como tal proposição é verdadeira, também a terceira teoria é fundada; (iv) se a teoria que vê tais normas como estabelecedoras de condições é fundada, então deve ser certa a proposição segundo a qual a circunstância de serem emanadas do Parlamento é condição necessária

---

[285] Melhor que falar em "fonte normativa" seria falar em "enunciado normativo", pois a lei, o decreto, a sentença *etc.*, são produto da fonte.

da existência da lei; como isso é verdade, também essa quarta teoria tem fundamento [286].

A explicação para tanto, segundo o autor, está em que as controvérsias sobre a natureza de tais normas estão mais relacionadas às diferentes interpretações dos enunciados que as veiculam. E isso resulta, a seu ver, do fato de que os enunciados normativos – ou, mais precisamente, as disposições normativas, – podem expressar mais de um significado. Em suas palavras:

> *Cualquier jurista experimentado sabe perfectamente que una única formulación normativa puede ser portadora de un significado complejo o compuesto, de forma que no exprese una única norma, sino una pluralidad de normas independientes. Y, en mi opinión, es precisamente esto lo que sucede en el caso de las normas – o más bien: de los enunciados normativos – que confieren poderes* [287].

De modo geral, portanto, as teorias não-unitaristas partem da observação de que, na verdade, a designação "normas de competência" não é aplicável a apenas um objeto, mas, sim, a objetos múltiplos e muito diferentes entre si, para concluir que essa é a razão de tantos desacordos entre os juristas quanto a este assunto. Propõem, então, que os diferentes tipos de enunciados normativos (do discurso das fontes e do discurso dos intérpretes) que versam sobre a competência não sejam tratados todos do mesmo modo, mas, ao contrário, com o devido destaque a suas peculiaridades.

2.4 Críticas às teorias examinadas

2.4.1 Introdução

Expostas, enfim, as principais teorias que procuram analisar logicamente o fenômeno da competência, é chegada a hora de fazer-lhes a respectiva crítica, com o objetivo de encaminhar a conclusão pessoal a respeito desse ponto.

---

[286] *Ibid.*, p. 310.
[287] *Ibid.*, p. 316.

2.4.2 Críticas às teorias das partes de normas ou normas dependentes

Como visto, há quem entenda que as normas de competência não são normas (completas), mas meros fragmentos de normas. Alguns, como KELSEN, fazem isso em razão da adoção de um conceito muito restritivo de norma completa, segundo o qual só seriam qualificáveis como tais aqueles enunciados que regulam condutas mediante a imposição de sanções. Outros, como SPAAK, argumentam que só podem ser consideradas normas aqueles enunciados que dão (plenas) razões para a ação, ao estabelecerem que determinada conduta é obrigatória, permitida ou proibida.

A primeira crítica que se dirige a essa concepção está associada ao seguinte questionamento: se as normas que regulam condutas, mediante o estabelecimento de sanções (N_1), já são consideradas "normas completas", porque dão razões plenas para a ação, então como se pode conceber que as suas condições de validade – entre as quais as normas de competência (N_2), – que não dizem respeito nem à regulação da conduta, nem ao estabelecimento da sanção, mas aos pressupostos de validade dos enunciados que regulam condutas ou impõem sanções, sejam "partes" delas?

É dizer, se as normas que regulam a conduta e a sanção contêm partes que não integram o seu conceito estrito, então é forçosa a conclusão de que também elas são, a seu turno, "pedaços" de uma norma ainda mais complexa (N_3), que corresponde justamente à integração de N_1 e N_2 – isto é: $N_3 = N_1+N_2$.

Vê-se, então, que existem pelo menos duas noções distintas de "norma completa", entre as quais, no entanto, os partidários dessa teoria não tomam o cuidado de distinguir claramente. Num primeiro sentido, a norma é completa quando regula condutas mediante a imposição de sanções, dando razões plenas para a ação, caso em que "... *las nociones de norma y de norma completa son absolutamente sinónimas*"; num segundo sentido, uma norma é completa se inclui em seu antecedente todas as suas condições de validade [288-289].

---

[288] FERRER BELTRÁN, *Normas de Competencia...*, op. cit., p. 25.
[289] Um exemplo de norma completa nesse segundo sentido é dado por NINO: "*Si la mayoría simple de un cuerpo integrado por los representantes electos del pueblo ha establecido un enunciado*

Esta é a primeira objeção que se dirige à interpretação das normas de competência como "partes" de normas: ela não indica com clareza a que "todo" essa "parte" pertenceria.

Um segundo grupo de críticas investe justamente contra a concepção das normas completas nesse segundo sentido, em que as normas de competência são chamadas a integrar um antecedente extremamente complexo de uma norma prescritiva.

Alchourrón e Bulygin, por exemplo, observam que esse conceito de norma completa é absolutamente indeterminado, na medida em que não há um critério que permita identificar que enunciados deveriam ser acrescidos às disposições reguladoras de condutas e estabelecedoras de sanções para obter essa "norma-tipo".

Raz, por sua vez, entende que é de nenhuma utilidade visualizar um sistema jurídico composto de normas tão complexas, pelo fato de simplesmente "*...não existir ocasião nenhuma em que seja possível fazer referência a uma norma completa*"[290].

Costuma-se apontar, ademais, que essa proposta provoca diversas redundâncias no sistema jurídico, porque muitas normas diferentes passam a ter como subpartes os mesmos enunciados constitucionais, as mesmas regras de direito processual *etc.*

Em outros termos, de acordo com esse segundo grupo de objeções, reduzir as normas de competência a partes do antecedente das normas de conduta é gerar um conceito de "norma" indeterminado, inútil e não independente (redundante).

A terceira crítica contra a teoria das partes de normas diz respeito à incompatibilidade das ideias de norma "completa" e "incompleta" com a noção de validade do próprio Kelsen.

A questão que aqui se põe é a seguinte: se, num sistema dinâmico, a relação de validade está fundada numa relação hierárquica de subordi-

---

que dice 'el que mata será castigado con prisión de 8 a 25 años'; si otro cuerpo integrado por los representantes de las provincias ha formulado un enunciado similar; si un funcionario elegido por el cuerpo electoral lo ha promulgado y hecho publicar; si alguien ha matado; ...si se da todo eso, el acusado debe ser condenado por el juez a cumplir entre 8 y 25 años de prisión" – **Introducción...**, op. cit., p. 86.
[290] Joseph Raz, **O Conceito de Sistema Jurídico: Uma Introdução à Teoria dos Sistemas Jurídicos**, p. 155.

nação e derivação, em que cada norma busca sua validade numa norma superior, que possibilita a sua criação, então, como pode uma dessas normas – inferior/superior – ser parte da outra? A relação entre "parte" e "todo" parece incompatível com a relação entre "inferior" e "superior", que só se poderia estabelecer, logicamente, entre duas coisas distintas – dois "todos", um dos quais está acima do outro – ou entre duas "partes", uma inferior e uma superior, de uma mesma coisa.

Em um quarto ponto, como argumenta HART, quem busca reduzir todos os tipos de enunciados normativos ao esquema geral das normas que regulam condutas mediante a imposição de sanções, acaba pagando um preço muito caro para obter uma uniformidade agradável, porém artificial.

É que, ao se considerar que apenas as normas que estabelecem deveres dão razões para a ação, acabam-se desprezando outros elementos que são, no mínimo, tão característicos do direito como o dever, e tão valiosos para a sociedade como ele. Para o autor inglês, as regras que conferem poderes

> ... para serem compreendidas, hão de ser vistas na perspectiva daqueles que os exercem, [pois] são concebidas, designadas e usadas na vida social de forma diferente das regras que impõem deveres e são valorizadas por razões também diversas. [E pergunta, provocativamente:] Que melhor teste para a diferença de natureza entre elas poderia haver? [291]

Em outras palavras, se as normas que outorgam poderes são concebidas e usadas de forma completamente diferente das que cominam deveres, por que pensá-las do mesmo modo? Por que pensá-las exclusivamente a partir da perspectiva de quem está sujeito a elas, e não sob o ponto de vista de quem tem a prerrogativa de delas se valer para satisfazer seus próprios desígnios?

Parece ser mais acertada a conclusão de RAZ, segundo a qual "... *há leis que conferem poderes; e elas são normas, pois guiam a conduta humana ao fornecer aos indivíduos os meios para a realização de seus desejos*"[292].

---

[291] **O Conceito de Direito...**, *op. cit.*, p. 50.
[292] **O Conceito de Sistema Jurídico...**, *op. cit.*, p. 210.

Não há como discordar, ademais, de que conceber as normas de competência como "partes de normas", ou como "normas dependentes", subtrai completamente a sua importância no sistema normativo. Faz delas algo secundário e, pior, desprovido de eficácia própria, contrariando o unânime reconhecimento de sua posição central nos sistemas jurídicos.

Finalmente, também não se pode perder de vista que definir as normas atribuidoras de competência a partir do conceito de norma de conduta é, em rigor, nada dizer sobre elas mesmas. Afinal, para dizer o que são as normas de competência, e de que maneira se estruturam, não basta apontar sua relação com as normas de conduta. Aliás, como observa HERNÁNDEZ MARÍN, *"La distinción entre normas jurídicas independientes y normas jurídicas dependientes revela que se es consciente de que, por lo menos aparentemente, no todo discurso jurídico es prescriptivo"* [293].

Além de tudo, portanto, essa forma de ver a competência é de reduzida utilidade para a tradução dos fenômenos normativos que com ela estão relacionados.

Todas essas razões demonstram, a nosso sentir, a inadequação da teoria aos propósitos da presente investigação.

2.4.3 Críticas à teoria das obrigações indiretas

Viu-se, antes, que a concepção das partes de normas ou das normas dependentes está ligada à perspectiva que descreve as normas de competência como estabelecedoras de obrigações indiretas, ou como normas em branco, cuja eficácia está posta em função das normas de conduta a que se referem.

Essa teoria também não está isenta de críticas.

A principal objeção que se lhe dirige reside em que, se se considera que a norma atribuidora da competência é apenas uma condição necessária para a existência do dever de aplicar uma norma de conduta, então são forçosas as conclusões de que: (i) a norma de competência não terá qualquer eficácia no sistema normativo até o momento em que se tenha feito uso da autorização que ela confere; e (ii) deixará de irradiar quaisquer efeitos no momento em que derrogadas as normas prescritivas dita-

---

[293] *Introducción a la Teoría...*, op. cit., p. 228

das com base na autorização por ela veiculada, ainda que a autorização propriamente dita permaneça intacta.

Em outras palavras, até o momento em que a competência vier a ser exercida, com a criação da norma de conduta, a norma de competência, em rigor, não seria norma, pois não regularia conduta alguma, sequer indiretamente. Por outro lado, no exato instante em que fosse aplicada, a norma que estatui a "obrigação indireta" passaria a ser totalmente supérflua, pois já haveria outra a regular, diretamente, a conduta[294].

Assim, por um viés, se uma norma "N_1" estabelecer a obrigação de obedecer às normas ditadas pelo órgão x, e se o órgão x editar uma norma "N_2" estabelecendo que "é proibido fumar", então a conduta de fumar implicará desobediência a ambas as normas, o que significa que a norma "N_1" será absolutamente supérflua ou redundante. Por outro, uma vez revogada "N_2", "N_1" ficará como que paralisada, latente, inerte[295].

Para FERRER BELTRÁN, isso é uma evidência de que, embora KELSEN ponha em destaque o caráter "dinâmico" dos sistemas jurídicos, apontando que, pela notável característica de regular sua própria criação, o direito positivo está sempre em movimento ou com potencial de se transformar, ao examinar as normas de competência, contraditoriamente, pensa nelas segundo a lógica de um sistema "estático", isto é, pensa nelas sempre num momento temporal concreto, em que existem tanto "N_1" como "N_2"[296].

---

[294] FERRER BELTRÁN, *Las Normas de Competencia...*, op. cit., p. 39.
[295] RAZ já havia observado, neste mesmo sentido, que *"Segundo Kelsen, não há leis que tenham conferido poderes legislativos antes que os poderes que elas conferem tenham sido usados. Este é apenas um fenômeno, e há vários outros semelhantes. Todos eles provam que Kelsen não explica adequadamente o conceito de poderes legislativos. Pelas mesmas razões, uma lei que confere poderes legislativos deixa de existir quando todas as leis criadas com base nela até o momento deixam de existir, embora a autoridade legislativa ainda tenha o poder de elaborar novas leis"* – **O Conceito de Sistema...**, op. cit., p. 156.
[296] KELSEN parte de uma distinção entre os sistemas normativos em estáticos e dinâmicos para inserir o direito entre os últimos. Em seu pensamento, um sistema estático distingue-se de um sistema dinâmico porque, no primeiro, a validade das normas é determinada por força de seu conteúdo, isto é, por derivar logicamente sua validade do conteúdo de uma norma básica, ao passo que, no segundo, a validade é determinada por força de sua forma, isto é, pelo fato de sua criação ter sido autorizada por outra norma do sistema, num

A procedência dessa primeira crítica leva-nos a concluir que não se pode aceitar a teoria das normas de competência como estabelecedoras de obrigações indiretas se se concebe o sistema jurídico como um sistema normativo dinâmico, em que a existência e a eficácia das normas de competência pode perfeitamente coexistir com a inexistência de qualquer norma de conduta que tenha sido criada sob seu amparo. Ademais, a tese questionada também convive mal com o fato de que as normas de competência podem igualmente orientar a edição de normas não-prescritivas.

Costuma-se confrontar a teoria em questão, também, a partir da observação de que não faz sentido falar no estabelecimento de uma obrigação indireta quando as normas ditadas com amparo na regra atribuidora da competência não estabelecem obrigações, mas permissões, definições ou regras técnicas, por exemplo.

---

encadeamento sucessivo que vai ascendendo até a norma fundamental, cuja existência é pressuposta para evitar o regresso ao infinito.

É preciso registrar que, na perspectiva kelseniana, a existência empírica de sistemas normativos estáticos é impossível, porque buscar o fundamento de validade do direito em seu conteúdo intrínseco pressuporia a existência de uma norma fundamental, de cujo conteúdo derivaria logicamente o conteúdo de todas as demais normas do sistema; isso, porém, simplesmente não é possível, em razão de que uma *norma* não pode estar dada pela razão, porquanto a função da razão é *conhecer*, e não *querer*, ao passo que a imposição de uma norma é um ato de vontade.

Apesar disso, como ressalta Ferrer Beltrán, "*... la imposibilidad de la existencia de sistemas estáticos no afecta la posibilidad de pensar o imaginar sistemas de este tipo*" – **Las Normas de Competencia...**, op. cit., p. 16. Em outras palavras, o caráter dinâmico do direito não obsta a que ele seja reconstruído, teoricamente, sob um ponto de vista estático.

De fato, o direito pode ser observado num momento temporal concreto (perspectiva estática) e, também, em seu transcorrer temporal, quer dizer, levando em conta o ingresso e saída de normas do sistema (perspectiva dinâmica). Mas, se se trata de duas maneiras diferentes de *ver* o (mesmo) direito, então é necessário que (i) ou se estabeleça um critério de individualização do direito que seja independente do ponto de vista adotado para reconstruí-lo, (ii) ou se atribua primazia a um desses pontos de vista para realizar essa função.

E, no caso das normas de competência, segundo a interpretação de Ferrer Beltrán, Kelsen acaba dando primazia à reconstrução do sistema jurídico como um sistema estático, o que se prova pelo fato de ele não atribuir qualquer eficácia às normas de competência quando da inexistência de uma norma de conduta que tenha sido criada sob seu amparo.

Essa crítica pode ser parcialmente rebatida, dizendo-se que as normas que concedem permissões a um dos polos da relação jurídica nada mais fazem do que impor ao ocupante do outro polo o dever de não interferir na realização da conduta permitida, de modo que continuariam, mesmo nesse caso, a estabelecer obrigações indiretas.

Porém, essa mesma saída não é possível quando se analisa a relação das definições e regras técnicas com as normas de competência que servem de fundamento para sua criação.

Afinal, de um lado, isso pressuporia tomar as definições ditadas pela autoridade competente como prescrições de uma conduta verbal, o que parece inadequado, dado que essas definições não podem, logicamente, ser descumpridas, porquanto indiferentes à vontade daqueles que estão sujeitos à sua utilização[297]; de outro lado, pressuporia tomar as regras técnicas como normas que prescrevem "deveres" – atos cuja execução se dá no interesse de outrem –, e não como normas que estabelecem "ônus" – atos cuja execução é necessária para atender ao próprio interesse, como parece ser o caso quando se trata do exercício de uma competência.

Por essas duas razões, também a tese que vê as normas de competência como estabelecedoras de obrigações indiretas parece não dar a melhor explicação para o fenômeno da competência.

2.4.4 Críticas à teoria das normas permissivas

São igualmente variadas as críticas dirigidas contra a tese "permissivista". Procura-se, abaixo, sintetizá-las em três pontos principais.

A primeira objeção, levantada inicialmente por HART e formulada de maneira mais bem-acabada por ALCHOURRÓN e BULYGIN, reside em que, na maioria dos ordenamentos vigentes, pode-se verificar a existência simultânea de normas que "outorgam" competência – possibilitando a produção de normas válidas – e normas que "proíbem o exercício" dessa mesma competência, sem que isso gere contradição no sistema normativo[298].

---

[297] Nesse sentido, observa HERNÁNDEZ MARÍN que, como as definições não podem ser logicamente descumpridas, uma norma que obrigasse ao cumprimento de uma definição seria um enunciado absurdo – ***Introducción a la Teoría...***, *op. cit.*, p. 310.

[298] ALCHOURRÓN e BULYGIN, *Definiciones y normas...* *op. cit.*, p. 11-42; BULYGIN, *Sobre las Normas de Competencia...*. *op. cit.*, p. 489.

Isso, dizem tais autores, simplesmente não seria possível se as normas de competência representassem mesmo permissões, pois, se assim fosse, sempre que o exercício da competência estivesse proibido, a conduta a respeito da qual a norma de competência versa – a introdução de normas válidas no sistema – estaria simultaneamente permitida e proibida, gerando, assim, uma contradição no sistema normativo [299].

Para ilustrar essa crítica, pode-se pensar, por exemplo, na competência que um árbitro de futebol tem para, interpretando os fatos que ocorrem no campo de jogo, assinalar pênaltis[300].

Ora, não há dúvida de que esse árbitro tem competência para marcar pênaltis, quer a jogada se subsuma à moldura da norma que descreve a infração, quer nela não se enquadre, como nos casos de falta fora da área, de inexistência de falta *etc*. A prova disso é que, num caso como no outro, sua decisão será considerada válida, gerando seu efeito próprio: a bola na marca da cal. No entanto, caso o juiz assinale um pênalti que, na verdade, não ocorreu, pode ficar sujeito a uma sanção disciplinar por parte da comissão de arbitragem, tal como a suspensão, por algumas rodadas, da escala de árbitros; tudo, naturalmente, sem prejuízo da validade da partida em que o malfadado sopro no apito ocorreu. Isso revela que, apesar de ter a competência para, validamente, assinalar também os pênaltis que não ocorreram, essa conduta está proibida ao árbitro. E há de convir-se

---

[299] Afinal, como diz o próprio KELSEN: *"As proposições: A deve ser e A não deve ser, excluem-se mutuamente; de ambas as normas assim descritas apenas uma pode ser válida. Não podem ser ambas simultaneamente observadas ou aplicadas"* – **Teoria Pura...**, *op. cit.*, p. 18.

[300] O clássico exemplo do juiz-advogado, que ALCHOURRÓN e BULYGIN apresentam para ilustrar a crítica, não tem, no Brasil, a mesma força explicativa de que parece ser dotado em outros países, em razão de que, aqui, o advogado que se torna juiz fica impedido de exercer a advocacia, o que é muito mais do que um simples dever de não exercer a advocacia, do qual pudesse decorrer eventual sanção disciplinar. No Brasil, a partir do momento em que se torna juiz, o até então advogado tem sua inscrição na Ordem dos Advogados suspensa, e, enquanto viger o impedimento, não pode mais praticar, validamente, atos privativos de advogado. Outro exemplo que é comumente citado, no direito comparado, para explicar a possibilidade de haver "competências" cujo exercício está proibido, é o do ladrão que tem capacidade para, validamente, alienar os produtos do roubo a terceiros de boa-fé, ainda que, evidentemente, esteja proibido de fazê-lo. O exemplo é lembrado por TORBEN SPAAK – *Explicating the Concept...*, *op. cit.*, p. 79.

que, se uma situação como essas não provoca estranheza ou desconforto, é porque não há aí, em princípio, antinomia alguma.

Buscando um exemplo mais concreto para ilustrar a crítica, e voltando os olhos para o ordenamento jurídico brasileiro, pode-se pensar na capacidade postulatória que detêm os advogados, vista como o seu poder, sua habilitação, sua legitimação, em geral privativa, para postular em juízo – artigo 1º, I, da Lei nº 8.906/94 e artigo 103 do Código de Processo Civil.

Sabe-se bem que, se um desses atos privativos da advocacia for praticado por alguém que não é advogado, ou que, embora sendo advogado, esteja impedido, suspenso, licenciado ou exercendo atividade incompatível com a advocacia – hipóteses negativas de competência, – o ato praticado será considerado nulo – artigo 4º, parágrafo único, da referida lei, – não gerando os seus efeitos próprios (a menos, é claro, que seja convalidado por outras razões).

Ocorre, porém, que, se o ato for praticado por advogado regularmente inscrito na Ordem dos Advogados do Brasil, sobre o qual não repousa qualquer impedimento ou suspensão, mas com infração a preceitos éticos, como aqueles listados no parágrafo único do artigo 2º do Código de Ética, ou de modo a se subsumir a um dos tipos penais dos chamados "crimes contra a administração da Justiça" – artigos 338 e seguintes do Código Penal, – a consequência da inobservância dessas normas não será a nulidade dos atos processuais praticados – que, ao contrário, continuarão a ser considerados válidos, – mas sim, a aplicação de uma sanção disciplinar e/ou de uma pena criminal ao advogado infrator.

Pode-se ver, com isso, que tanto há normas que versam sobre a outorga de competência ou capacidade, isto é, que versam sobre a atribuição a alguém do poder de – ou da habilitação para – praticar um determinado ato, cuja inobservância tem por consequência a nulidade do ato praticado, quanto há normas que versam sobre o exercício dessa competência, a cuja hipótese de descumprimento pode eventualmente, mas não necessariamente, estar atrelada uma sanção.

E é justamente em razão de serem diferentes as consequências atreladas às hipóteses de inobservância de cada um desses tipos de normas – nulidade, de um lado, e sanção/responsabilidade, de outro – que ninguém diria haver uma contradição entre elas, isto é, ninguém diria haver antinomia entre a norma que outorga a competência ao advogado para praticar validamente o ato processual (N_1) e a norma que o proíbe de exercer essa competência com infração a preceitos éticos ou com incursão na prática de crime (N_2).

Ocorre que, se a primeira dessas normas – a que habilita o advogado a praticar validamente determinados atos – fosse mesmo uma norma de conduta, modalizada com o operador deôntico "permissão", então haveria, no exemplo examinado, uma situação de antinomia, pois a mesma conduta – praticar o ato privativo de advogado – estaria, ao mesmo tempo, permitida por uma norma e proibida por outra.

CARACCIOLO apresentou um contra-argumento a essa crítica, dizendo que, para defender e manter a tese "permissivista", bastaria interpretar a situação acima descrita como uma hipótese de conflito de normas, solucionando-o por meio das regras de solução de antinomias [301].

Tal argumento, porém, não parece sustentável, porque parte da premissa de que ambas as normas não seriam passíveis de aplicação, num mesmo momento, sem que se produzisse uma contradição no sistema normativo, a ser resolvida com a prevalência de uma delas sobre a outra. No entanto, o último exemplo acima é esclarecedor quanto à possibilidade de aplicação simultânea das normas que regem a validade da conduta e daquelas que regem sua proibição, na medida em que uma petição apresentada por um advogado que representa ambas as partes em um processo pode ser considerada perfeitamente válida, a depender das circunstâncias, ainda que a conduta do profissional implique infração ética e criminal, em razão de se enquadrar, por exemplo, no tipo penal ou disciplinar do patrocínio infiel.

Da mesma forma, o pênalti assinalado, equivocadamente, pelo árbitro de futebol, é perfeitamente válido, ainda que, por implicar a violação de uma norma de conduta, deva levar à sua punição disciplinar. Se a norma de competência fosse mesmo uma permissão de marcar pênaltis que na verdade não ocorreram, isso simplesmente não seria possível.

O grande problema da teoria examinada está, portanto, em sua inaptidão para explicar satisfatoriamente as hipóteses – algo infrequentes, mas plenamente concebíveis, – em que a pessoa dotada de competência

---

[301] *Apud* FERRER BELTRÁN, ***Las Normas de Competencia...***, *op. cit.*, p. 66

está proibida de exercê-la ou compelida a tanto[302]. Ou, como resumem ATIENZA e RUIZ MANERO, "... *la concepción de las reglas que confieren poderes como normas permisivas no puede dar cuenta del uso irregular de eses mismos poderes"* [303].

A verificação da inadequação dessa proposta parece indicar que o melhor caminho para a compreensão das normas que outorgam competência passa por lhes negar caráter prescritivo. Afinal, se elas não configuram permissões para o sujeito competente – desde que seu exercício pode estar proibido, – seria ainda menos defensável afirmar que se trata de ordens ou proibições.

Corrobora-o, aliás, a observação de que a ideia de "imputabilidade", um dos conceitos-irmãos do de "competência", diz respeito, justamente, à possibilidade lógica de se praticar algo ilícito.

Pense-se, por exemplo, no crime de peculato, que só pode – só é passível de – ser cometido por funcionário público e por ninguém mais (artigo 312 do Código Penal [304]). Ora, adotando um conceito mais largo de "competência" ou "capacidade", tal como aquele tomado de GUIBOURG, no início do capítulo, não soaria nada estranho dizer que apenas os funcionários públicos são capazes de – ou competentes para – incorrer no tipo penal em questão.

Isso permite ver, com absoluta clareza, que "... *la capacidad o la competencia para realizar una determinada acción no supone el status permitido de*

---

[302] Nesse sentido, diz GUILLAUME TUSSEAU que *"A tese permissivista não pode compreender alguns fenômenos bastante frequentes. Não é incomum que uma autoridade tenha uma obrigação de exercer o seu poder"*. Além disso, *"Conceber as normas que atribuem poderes torna impossível explicar as situações em que o mesmo ato é possibilitado – i.e., 'permitido' – e proibido"*. Tradução livre. No original inglês: *"The permissivist thesis cannot understand some very frequent legal phenomena. It is not infrequent for an authority to have an obligation to exercise its power"; "Conceiving empowerments as permissions cannot explain such situations, where the same act is both empowered – i.e. permitted – and forbidden"* – Jeremy Bentham on Power-Conferring Laws, In **Revue d'études benthamiennes**, p. 65, disponível em: http://etudes-benthamiennes.revues.org/160, acesso em 04/10/2012.

[303] **Las Piezas...**, op. cit., p. 71.

[304] Desprezamos, aqui, para simplificar, as hipóteses de equiparação de particulares a funcionários públicos, para fins do tipo penal em questão.

la misma", ainda que o mais habitual seja mesmo haver permissão para praticar aquilo para que se é competente ou capaz [305].

Em resumo, o que essa objeção destaca é o fato, até intuitivo, de que é plenamente possível alguém ter capacidade para fazer algo e, ao mesmo tempo, estar proibido de fazê-lo. Nessas situações, será adequado dizer que o sujeito "pode, mas não deve" praticar a conduta.

As incompreensões que, normalmente, envolvem essa situação estão relacionadas ao fato de que, nas línguas latinas, o verbo "poder" é ambíguo, ora dizendo respeito à possibilidade de uma conduta, ora dizendo respeito à permissão da conduta. Quando se atenta para essa ambiguidade, fica mais fácil compreender a existência de casos em que o sujeito, ao mesmo tempo, pode (*"can"*) e não pode (*"shall not"*, *"must not"*) praticar uma determinada ação.

Uma segunda importante crítica à concepção das normas de competência como normas permissivas reside em que ela obscurece a distinção entre nulidade e sanção.

Identificar tais categorias é realmente tentador, porque elas têm um traço de inegável semelhança: ambas consistem, por assim dizer, numa reação "negativa" do sistema normativo a uma determinada ação. Afinal, quando sofre uma sanção, o agente é apenado por ter deixado de observar uma conduta que lhe era obrigatória; quando sua conduta é qualificada como nula, ou como produtora de um ato nulo, o agente não logra o efeito que presumidamente desejava produzir com sua atuação.

No entanto, essas reações são tão diversas, e estão atreladas a hipóteses tão distintas, que tratar uma como espécie da outra é procedimento semelhante àquele que nos leva a, seduzidos pelas aparências que enganam, incluir os tomates na classe dos legumes, ou os golfinhos e as baleias na dos peixes.

A primeira distinção entre uma e outra categoria sedia-se em que, se a sanção é aplicada sobre alguém que tinha o dever de se comportar de determinada maneira, e descumpriu esse dever, a nulidade decorre ou da atuação fora da esfera da competência – atuação *"ultra vires"* [306], – ou da inobservância, pelo sujeito competente, de algum dos ônus que condi-

---

[305] FERRER BELTRÁN, **Las Normas de Competencia...**, op. cit., p. 20.
[306] O sentido de *ultra vires* é o de *"'Além das forças', 'além dos poderes ou autoridade garantida*

cionam o exercício regular dessa competência – como o procedimento, por exemplo.

A distinção é bem sintetizada por TUSSEAU, para quem

> ... as consequências que decorrem da inobservância de uma prescrição e da inobservância de uma norma de competência nada têm em comum. Violar uma norma de conduta é cometer uma ofensa que tem por consequência uma sanção, como a determinação da prisão ou do pagamento de uma soma de dinheiro. Já se uma autoridade viola normas de competência, nenhuma ofensa é cometida: ela simplesmente não consegue alcançar o objetivo que estava perseguindo. A consequência não é uma sanção, mas uma nulidade, uma invalidade[307].

Como se sabe, a hipótese da norma sancionadora contém a descrição de um fato que consiste no descumprimento, pelo sujeito passivo da norma primária, de um dever (uma proibição ou um comando) estabelecido no consequente daquele enunciado – "~C→S". A nulidade, no entanto, simplesmente não pode ser descrita dessa forma, porque o sujeito competente não é "devedor" de conduta alguma; pelo contrário, é precisamente o "titular" da prerrogativa de praticar o ato para o qual se lhe atribuiu competência. Mesmo quando, para lograr tal objetivo, precisa obedecer a certo procedimento, tal condicionante não tem a natureza de um "dever jurídico", de uma conduta que se realiza no interesse de outrem, mas, sim, de um "ônus", de uma providência que se realiza no próprio interesse.

A propósito, atentar para a diferença entre "dever" e "ônus" também permite rechaçar uma tese não mencionada anteriormente, e que é defendida por MACCORMICK e por AGUILÓ, segundo a qual as normas de

---

por lei' (beyond the powers or authority granted by law)" – JOSÉ CRETELLA JÚNIOR, *in* **Enciclopédia Saraiva do Direito**, v.75, p. 424.

[307] No original inglês: *"...the respective consequences of disregarding a prescription and disregarding an empowering norm have nothing in common. Violating a norm of behavior is to commit an offence, the consequence of which is a sanction, e.g. a term of prison or a sum of money. On the contrary, if an authority violates competence norms, no offence is committed: it simply fails to achieve the goal it was pursuing. The consequence is not a sanction, but a nullity, an invalidity"* – Tradução livre – *Jeremy Bentham's..., op. cit.*, p. 65.

competência estabeleceriam sanções premiativas, isto é, sanções positivas, ao vincularem a validade da norma editada pelo sujeito competente à observância dos requisitos materiais e formais cominados para sua edição [308-309].

Isso porque também as sanções premiativas, conquanto inspiradas por uma técnica de motivação positiva da conduta, dirigem-se, exatamente como as punitivas, a estimular a satisfação de um interesse ou direito de terceiro, e não à satisfação de um interesse, direito ou prerrogativa do próprio sancionado[310].

Não por acaso, aliás, elas podem ser estruturadas de maneira idêntica às normas sancionadoras de caráter punitivo, com a única diferença de que nestas o consequente é composto pela imposição de um comportamento que o agente presumidamente não deseja – [("H→C") → ("~C→penalidade")], ao passo que, naquelas outras, o consequente é composto pela negação de um resultado que presumidamente seria favorável ao agente cuja conduta deseja-se dirigir – [("H→C") → ("~C→ ~prêmio")] [311].

---

[308] NEIL MACCORMICK, *Voluntary Obligations*, in **Legal Right and Social Democracy. Essays in Legal and Political Philosophy**, p. 210. Também em: NEIL MACCORMICK, *H.L.A. HART*, in **Jurists: Profiles in Legal Theory**, p. 86.

[309] JOSEP AGUILÓ, *Sobre 'Definiciones y normas'*, **Doxa – Cuadernos de Filosofía del Derecho**, nº. 8, p. 281.

[310] Um bom exemplo de sanção premiativa é dado por REALE. Diz ele que *"Ao lado das sanções penais, temos as sanções premiais, que oferecem um benefício ao destinatário, como, por exemplo, um desconto ao contribuinte que paga o tributo antes da data do vencimento"* – **Lições Preliminares...**, *op. cit.*, p. 76. Como se vê, o desconto é estabelecido, aqui, para motivar o pagamento do tributo, de que o Estado é credor, e não para satisfazer ao interesse do devedor. Como aponta BOBBIO, o conceito de sanção premiativa pode abranger não apenas a *"... privação da desvantagem..."*, como, também, a *"... atribuição de uma vantagem..."* – **Da Estrutura à Função: Novos Estudos de Teoria do Direito**, p. 24-25. É claro, porém, que, em muitas das vezes em que a "sanção premiativa" significa a atribuição de uma vantagem a quem pratica a conduta que o ordenamento pretende estimular, sua estrutura normativa apresenta-se como mais semelhante à de uma norma primária que à de uma norma secundária.

[311] Também JOSÉ DE OLIVEIRA ASCENSÃO observou que *"... as várias espécies de sanções não se distinguem entre si por traços estruturais, ou por representarem específicas figuras jurídicas: distinguem-se pela função que desempenham"* – **Introdução...**, *op. cit.*, p. 58.

Seguindo adiante, para além da distinção entre dever e ônus, outro traço distintivo inequívoco entre a sanção e a nulidade está em que, como apontou Hart, enquanto a nulidade está conceitualmente ligada às normas de competência, a sanção está ligada de modo contingente, eventual, não necessário, às normas de conduta. Ou, nas palavras de Moreso,

> ... *mientras las reglas primarias (que imponen deberes) van contingentemente acompañadas de la sanción, las reglas secundarias (que confieren poderes) van conceptualmente unidas a la idea de nulidad, esto es, los actos realizados ultra vires carecen de validez, son nulos* [312].

Realmente, a norma de competência é absolutamente impensável se sua inobservância não acarretar nulidade; já a norma de conduta pode ser perfeitamente descrita sem que seja necessário mencionar a presença de eventual norma sancionadora que a ela esteja atrelada. Aliás, crê-se já se haver demonstrado, antes, que a existência de normas de conduta não sancionadas nos sistemas jurídicos é, inclusive, bastante frequente.

Por derradeiro, a terceira crítica à tese encabeçada por Von Wright decorre da observação, feita por Makinson, de duas importantes peculiaridades das normas de competência [313].

A primeira está em que a relação do enunciado normativo com a omissão da conduta varia conforme se trate da atribuição de uma competência ou da regulação de um comportamento. Afinal, enquanto faz todo sentido permitir a um sujeito "x" que "não realize" determinada ação "y", parece absolutamente ilógico outorgar competência a um sujeito "para não realizar" uma ação normativa. Não faz sentido, em outras palavras, dizer que alguém é competente para deixar de fazer alguma coisa, ao passo que é perfeitamente lógico dizer que alguém tem permissão para não fazer alguma coisa [314].

---

[312] *El encaje de las piezas del derecho*, In **Isonomía: Revista de Teoría y Filosofía del Derecho**, nº. 15, p. 169.
[313] *On the Formal Representation of Rights Relations: Remarks on the Work of Stig Kanger and Lars Lindahl"*, In **Journal of Philosophical Logic**, nº. 15, p. 403-425.
[314] Nas palavras de Makinson: "*É perfeitamente dotado de sentido dizer, na dimensão deôntica, que uma pessoa tem uma obrigação de cuidar para que se dê 'F', i.e., negar que ele tenha permissão*

A segunda está em que, se uma ação não normativa "p" está proibida, a realização de "p" continua sendo possível, ainda que o sujeito possa sofrer sanção. Aliás, mais que isso, é condição da existência da proibição de "p" que seja possível tanto cumpri-la como descumpri-la, pois não faria sentido prescrever uma conduta necessária ou impossível. Já no que diz respeito à noção de competência,

> ... se um sujeito tenta, digamos, celebrar um casamento ou emitir um passaporte sem ter competência para tanto, diremos que não celebrou casamento, nem emitiu passaporte algum (para ficar claro: não emitiu um passaporte válido), mas apenas realizou os movimentos característicos desse ato, ou deu a impressão de tê-los praticado.[315]

Para MAKINSON, isso significa que as normas de competência são condição de existência – isto é, de possibilidade lógica, num determinado sistema normativo – das ações que versam.

Ambas as observações são interessantíssimas, mas somente podem ser aceitas "com um grão de sal".

Quanto à primeira, só se pode negar a possibilidade de a competência recair sobre a omissão de condutas se se adotar um conceito mais estrito de competência, que não abranja a noção de "imputabilidade", entendida como a capacidade para praticar determinado ilícito. Afinal, é bastante comum, nos sistemas jurídicos, a existência de condutas omissivas que só podem ser praticadas por determinadas pessoas, especialmente qualificadas para tanto, e por ninguém mais. Basta pensar, por exemplo, em alguns

---

para não cuidar para que se dê F. Mas, na dimensão capacitante, enquanto faz sentido dizer que uma pessoa tem poder jurídico para praticar um certo tipo de ato, é muito estranho dizer que ele tem um poder jurídico para não praticá-lo". Tradução livre. No original inglês: *"It makes perfectly good sense to say, in the deontic dimension, that a person has an obligation to see to it that F, i.e, to deny that he has permission not to see to it that F. But in the capacitative dimension, whilst it makes sense to assert or deny that someone has a legal power to perform a certain kind of act, it is very strange to say that he has a legal power not to perform it"* – Ibid., p. 412.

[315] No original inglês: *"...if a person tries, say, to celebrate a marriage or issue a passport without having the power to do so, then we say that he has not in fact celebrated a marriage or issued a passport (for emphasis: has not issued a valid passport) but has only gone through the motions or given the appearance of doing so"* – Tradução livre – Ibid., p. 411-412.

crimes omissivos, como aquele do artigo 269 do Código Penal brasileiro – "Deixar o médico de denunciar à autoridade pública doença cuja notificação é compulsória" –, que só pode, logicamente, ser cometido por médicos.

Quanto à segunda, o "grão de sal" está em que, claramente, nem todas as normas que versam sobre a competência são condição de existência das ações a que se referem. Basta pensar, por exemplo, na diferença que existe entre uma sentença proferida por um juiz incompetente *"ratione materiae"* e uma "sentença" proferida por um grupo de estudantes. Dessas, apenas a segunda não reúne condições para receber, seriamente, o nome de "sentença".

Como dito no primeiro capítulo, há determinadas normas que estabelecem condições de existência de um ato, e outras que estabelecem condições de validade de um ato, ainda que, eventualmente, não seja fácil identificar quando se dá um caso e quando se dá o outro.

Por tudo isso, diz TORBEN SPAAK que:

> Conceber competência como um caso especial de permissão é simplesmente um equívoco. Os autores que sustentam que a ideia de competência poderia ser analisada nos termos das permissões parecem dizer ou (a) que a competência "é" uma permissão, ou (b) que a competência "pressupõe" permissão. A primeira alternativa é até difícil de compreender, e a segunda não se compagina com os fatos. Afinal, todos sabemos que um ladrão pode vender coisas roubadas a um comprador de boa-fé sem ter a permissão de fazê-lo, e uma pessoa que recebe competência para agir em nome de outra pode – mas não tem permissão para – agir contrariamente às suas instruções[316].

2.4.5 Críticas à teoria das normas técnicas

Passando adiante, recorda-se que SPAAK concebe as normas de competência como semelhantes às normas técnicas, dado que elas indicam os

---

[316] No original inglês: *"To conceive of competence as a special case of permission is simply a mistake. Writers who maintain that competence should be analyzed in terms of permission seem to be saying either (a) that competence 'is' a permission, or (b) that competence 'presupposes' permission. The first alternative is difficult even to understand, and the second alternative does not com-port with the facts. For we all know that a thief can sell stolen goods to a bona fide purchaser without being permitted to do so, and a person who is authorized to act on behalf of another can – but may not – act contrary to his instructions"* – Tradução livre – The Concept of ..., op. cit., p. 2.

meios necessários para produzir uma norma válida, isto é, os meios para lograr o fim buscado pelo sujeito competente.

A despeito dessa semelhança, entende o autor sueco que as normas de competência se distinguem das normas técnicas porque, além de conferirem um poder, isto é, além de atribuírem uma habilidade ou qualidade especial a alguém, elas concomitantemente regulam o exercício desse poder ou capacidade.

Uma primeira objeção que se lhe pode dirigir está em que SPAAK parece não distinguir a norma que outorga a competência da disposição normativa que a veicula.

Afinal, ao dizer que as normas de competência, além de "conferir competência", também "regulam o seu exercício", o autor atribui-lhes duas funções normativas, isto é, dois significados completamente distintos, que, justamente por isso, talvez fossem mais adequadamente interpretados se vistos como correspondentes não a uma só norma, mas a duas normas, contidas numa mesma disposição – "$D = N_1 + N_2$", na expressão de GUASTINI.

Aliás, é interessante notar que seria, inclusive, útil para os propósitos do autor, adotar uma interpretação como tal, pois, se atentasse para a possibilidade de haver, numa mesma disposição de competência, mais de uma norma, SPAAK teria podido, inclusive, manter sem ressalvas a correspondência que pretendeu estabelecer entre a estrutura das normas técnicas e a da regra que regula o exercício válido da competência.

Essas observações permitem fazer uma segunda – e mais importante – crítica à visão de SPAAK. Ela reside na observação de que o autor não equipara as normas técnicas, exatamente, às normas que criam – atribuem, conferem – competência, isto é, que dão a alguém capacidade para praticar uma determinada ação, mas, sim, às normas que regulam o exercício de uma competência já criada.

Em outras palavras, a semelhança que o autor vê entre as normas relativas à competência e as normas técnicas parece dizer mais respeito às normas "sobre" a competência do que às normas "de" competência propriamente ditas.

Afinal, se a competência é, por ele mesmo, concebida como o poder de criar normas válidas, então é forçosa a conclusão de que a norma que indica os meios adequados para alguém criar normas válidas, em rigor, não outorga competência a ninguém, mas, sim, regula o exercício de uma competência pré-existente. Dito de outro modo: uma norma que diz como exercer a competência de maneira eficaz, isto é, que diz quais são os meios de que se deve necessariamente valer o ente competente para lograr o fim de obter uma norma válida, não pode, logicamente, criar a competência sobre cujo exercício válido versa.

Por exemplo: se alguém deseja pagar uma conta, pode optar livremente entre fazê-lo via transferência bancária, via cartão de crédito, via boleto bancário, via depósito, em espécie *etc*. Todos esses meios, salvo alguma restrição específica estabelecida entre credor e devedor, são condições suficientes – e a adoção de pelo menos um deles é condição necessária – para que essa pessoa obtenha o resultado "pagamento". Mas a eficácia do uso de cada um desses atos, para que se obtenha o resultado, pressupõe, antes, a legitimidade – competência, capacidade, habilitação, credenciamento *etc*. – de quem os pratica, para efetuar o pagamento. Portanto, a legitimidade para o ato de pagar é um *"prius"* em relação ao ato de pagar, cuja execução, como *"posterius"*, é viabilizada pelas regras técnicas que indicam os meios de pagamento.

Resta claro, assim, que a outorga da competência é uma coisa e a regulação das condições de seu exercício válido é outra, ainda que a primeira seja um pressuposto inafastável da segunda.

Finalmente, uma terceira crítica aplicável a Spaak está em que, ao distinguir as normas técnicas das normas de competência, ele acaba dizendo o mesmo que afirmam alguns dos partidários da tese segundo a qual as normas de competência são normas constitutivas, no sentido de que criam a possibilidade lógica de uma nova conduta – no caso, a conduta de produzir uma norma válida sobre determinada matéria; – no entanto, deixa de manifestar sua adesão a essa última tese.

Com efeito, ao dizer que as normas de competência se diferenciam das regras técnicas porque dão ao agente a possibilidade de praticar novas ações, que ele não poderia logicamente praticar de outra maneira, Spaak acaba chegando a uma conclusão que é central para a tese que vê, nas normas de competência, normas constitutivas em sentido institucional.

Por todas essas razões, também não parece ser o caso de adotar o pensamento de Spaak, para o fim de classificar as normas que outorgam a competência como normas técnicas.

Isso não infirma, porém, a possibilidade de conceber como regras técnicas algumas das normas que regulam o exercício da competência já outorgada, como as que estabelecem por quais meios o ente competente "x" pode, efetivamente, obter aquilo para que é competente, isto é, as que dizem que meios são eficazes para que ele logre o efeito a que visava ao exercer a competência.

Ademais, a observação da existência de uma diferença entre a norma que regula a outorga da competência e as normas que disciplinam o exercício de uma competência já concedida, que a teoria defendida por Spaak permite fazer, parece-nos absolutamente central para compreender algumas das questões que as teses anteriormente examinadas não haviam conseguido responder.

Afinal, se a outorga da competência é independente da regulação do uso da competência, então é plenamente possível, por exemplo, que alguém seja competente para uma determinada ação normativa e, ao mesmo tempo, esteja proibido de praticá-la, ou obrigado a praticá-la, ou proibido de praticá-la de determinada maneira, ou obrigado a praticá-la de determinada maneira *etc.*

2.4.6 Críticas à teoria das normas conceituais

Também não está imune a críticas a tese segundo a qual as normas de competência seriam normas conceituais, ou "definições jurídicas", isto é, normas cuja estrutura estaria voltada, de um lado, a definir o conceito de "normas válidas" e, de outro, a definir o conceito da própria pessoa ou órgão ao qual se atribui a competência.

A primeira objeção que se pode dirigir a essa teoria reside em que, muito embora não seja possível definir quais são as normas válidas, em um dado sistema normativo, sem fazer referência às normas de competência, *"... ello no implica que las normas de competencia sean ellas mismas definiciones de esa validez"*. Afinal, para que uma norma seja válida, é necessário, mas insuficiente, que a pessoa ou órgão que a editou seja competente para tanto, na medida em que a validade de uma norma também depende, pelo menos, de que, depois de sua edição, não tenha sido revogada [317].

---

[317] Ferrer Beltrán, *Las Normas de Competencia...*, *op. cit.*, p. 105.

Isso equivale a dizer que a tese em questão, segundo a qual as normas de competência são definições do conceito de norma válida, até pode se prestar a explicar a introdução válida de uma norma no sistema, mas não é capaz de reger a permanência dessa mesma norma, com validade, no sistema. E, se assim é, uma norma de competência não pode corresponder a uma definição de validade da norma, podendo, no máximo, ser pressuposto para uma definição da validade do ato de pôr a norma – isto é, do ato normativo, na terminologia de GUASTINI.

Num segundo ponto, a teoria também falha ao não explicar a diferença entre (i) o agir sem competência – *"extra"* ou *"ultra vires"* – e (ii) o simples exercer irregularmente a competência, descumprindo os ônus estabelecidos para a produção dos efeitos próprios do ato para o qual se é competente. A tese trata ambas as situações como casos de simples não correspondência à definição de validade.

Num terceiro ponto, a tese em questão pode até explicar, em alguma medida, a relação entre competência e validade, e pode até descrever os efeitos que decorrem da atuação conforme a norma de competência, mas não diz nada sobre a maneira como o sujeito recebe a competência, isto é, sobre como ele é investido na competência. É, em outras palavras, uma descrição dos efeitos, e não das causas da competência.

Por fim, ainda menos promissor do que ver as normas de competência como definições de "norma válida" é considerar que elas definem o próprio órgão ou pessoa ao qual outorgam capacidade para praticar uma determinada ação.

Essa tese é muito restritiva, porque trata como igualmente inválidas, por exemplo, uma lei que é emitida por um órgão dotado de competência legislativa, mas que versa sobre matéria diversa daquela para a qual tal órgão era competente, e uma "lei" editada por alguém sem qualquer competência legislativa, como um grupo de estudantes. Ocorre que há uma grande diferença entre essas situações, pois o parlamento que edita uma lei inválida, por vício de competência, nem por isso deixa de agir como parlamento, assim como, ao fazê-lo, não deixa de produzir uma lei, ainda que inválida. Aliás, tanto é assim que, na maioria dos sistemas jurídicos, uma lei como essa gozará, inclusive, da presunção de validade, o que imporá, a quem pretender deixar de aplicá-la, o ônus de demonstrar a incompatibilidade entre ela e as normas hierarquicamente superiores. Já aos atos normativos editados por estudantes, dificilmente alguém poderia atribuir, seriamente, a designação de "lei".

Em outras palavras, ao tratar ambos os casos como hipóteses de simples não correspondência à definição de norma válida, a teoria obscurece a já difícil distinção entre a simples existência e a validade normativa.

Por esses motivos, igualmente não pode ser aceita como capaz de dar uma explicação para todos os fenômenos que envolvem a competência.

2.4.7 Críticas à teoria das normas constitutivas

De maneira geral, as críticas apresentadas contra a tese que vê as normas de competência como definições jurídicas são também aplicáveis à teoria que as concebe como normas constitutivas no sentido institucional, até porque se trata de perspectivas bastante semelhantes. Afinal, a estrutura das normas conceituais – "x tem o valor de y no contexto c" – pode ser perfeitamente reconstruída sob a estrutura de uma norma constitutiva – "Ocorrendo x, no contexto c, produz-se o resultado institucional y". E não é o caso de repetir as críticas formuladas no tópico anterior.

Convém, não obstante, fazer algumas observações sobre a tese apresentada por ATIENZA e RUIZ MANERO, segundo a qual as normas de competência, como espécie do gênero "normas constitutivas que conferem poderes", distinguir-se-iam das "normas puramente constitutivas" pelo fato de seu antecedente conter um elemento adicional, consistente na descrição de uma ação ou procedimento.

Nessa perspectiva, é oportuno lembrar, as normas de competência seriam regras "constitutivo-anankásticas", no sentido peculiar de que se caracterizariam por estabelecer as condições – necessárias, suficientes, ou necessárias e suficientes – para a validade dos enunciados produzidos pelo sujeito competente. Ao fazê-lo, dariam razões para a ação, o que não ocorreria com as normas puramente constitutivas, equivalentes às normas conceituais.

Segundo os autores, a estrutura das normas de competência seria a seguinte: se se dá um estado de coisas X e um sujeito (ou sujeitos) Z realiza a ação (ou série de ações: procedimento) Y, então se produz o resultado institucional R, consistente, precisamente, na produção de uma norma válida.

FERRER BELTRÁN critica a concepção em tela, dizendo que a forma canônica apresentada pelos autores é "... *altamente inmanejable...*", o que a deixaria sujeita às mesmas objeções que a ideia de norma completa kelseniana. Isso porque, enquanto "Z" e "R" envolvem um menor número de variáveis a serem substituídas, a ação "Y", por exemplo, pode ser tão complexa quanto a totalidade do procedimento legislativo[318].

Tal crítica não nos parece de todo procedente, pois, de um lado, nada impede que se segmente essa estrutura para ampliar seu potencial analítico; de outro lado, como observado, a principal objeção à ideia de "norma completa" kelseniana não está exatamente em sua complexidade – embora ela também seja um alvo de ataques, – mas no fato de estar construída totalmente em função da aplicação da sanção, como se tudo o que não estivesse a serviço da penalidade, direta ou indiretamente, fosse menos relevante ao direito [319].

A refutação dessa crítica, porém, não põe a teoria totalmente a salvo.

Em primeiro lugar, porque, tal como as normas puramente constitutivas, as normas de competência de ATIENZA e RUIZ MANERO explicam a introdução de normas válidas no sistema, mas não a sua permanência, de modo que não se pode dizer que o resultado institucional que delas decorre seja a produção de uma norma válida; no máximo, esse resultado institucional é um ato normativo válido. Apenas pode ser aceita como referente à produção de uma "norma válida" se se utilizar a expressão no sentido ambíguo admitido neste trabalho.

Em segundo lugar, a teoria de ATIENZA e RUIZ MANERO pode até explicar a relação entre a competência e a validade, descrevendo os efei-

---

[318] FERRER BELTRÁN, *Las Normas de Competencia... op. cit.*, p. 119.

[319] Na verdade, KELSEN também concebe a possibilidade de sanções premiativas, entendendo que, num conceito mais amplo, *"O prêmio e o castigo podem compreender-se no conceito de sanção"*, ainda que acrescente a isso a observação de que *"... usualmente, designa-se por sanção somente a pena, isto é, um mal... a aplicar como consequência de uma determinada conduta, mas já não o prêmio ou a recompensa"*. Contudo, considera que o caráter peculiar da ordem jurídica está no fato de *"... prescrever uma conduta precisamente pelo fato de ligar à conduta oposta uma desvantagem, como a privação dos bens acima referidos, ou seja, uma pena no sentido mais amplo da palavra. Desta forma, uma determinada conduta apenas pode ser considerada, no sentido dessa ordem social, como prescrita... na medida em que a conduta oposta é pressuposto de uma sanção (no sentido estrito)"* – **Teoria Pura...**, *op. cit.* p. 17.

tos que decorrem da atuação conforme a norma de competência – produção de um ato normativo válido, – porém, a exemplo do que ocorre com a teoria conceitualista, não diz nada sobre a maneira como o sujeito recebe a competência, vale dizer, não informa nada sobre a investidura, no sujeito competente, de seu plexo de prerrogativas.

2.4.8 Críticas à teoria das normas "constitutivo-performativas"

FERRER BELTRÁN e MENDONCA, como visto, interpretam os enunciados normativos que atribuem competência como enunciados dotados de caráter operativo, performativo. Tomam-nos, nessa linha, como regras constitutivas da "propriedade dispositiva institucional" "ser competente".

Na visão de GUASTINI, essa interpretação tem, pelo menos, um grave defeito: é que qualquer enunciado pode ser objeto de enunciação performativa, independentemente de sua organização estrutural, parecendo-lhe sintomático, por isso mesmo, que os partidários dessa tese não tenham apresentado uma "forma lógica" que retrate tal concepção [320].

PEÑA FREIRE argumenta, de outro lado, que não fica claro, no pensamento de FERRER BELTRÁN, o que significa a propriedade "ser competente". Afinal, ele define as normas de competência com expressa exclusão das normas procedimentais, fazendo referência apenas ao órgão e à matéria para cuja regulação determinado sujeito é declarado competente; porém, ao definir "competência", atrela tal conceito especificamente à capacidade de produzir normas válidas, para o que considera essencial a observância do procedimento estabelecido [321].

Essas críticas são procedentes. Contudo, não parece desprovida de sentido a ideia defendida pelos autores, segundo a qual, para que um sujeito possa, mediante a observância de certo procedimento, produzir um determinado resultado institucional, é necessária, antes de tudo, a existência de uma norma que lhe atribua, imediatamente, tal propriedade. Muito embora tal forma não tenha sido sugerida pelos autores, parece-nos que ela poderia ser representada como "s→Cx", isto é, quem se enquadrar na classe dos sujeitos "s", será competente para "x" – "Cx".

---

[320] GUASTINI, *Prólogo...*, op. cit., p. XVII.
[321] *Sobre 'Las Normas de Competencia'...*, op. cit., p. 220.

2.5 Adesão à posição não-unitarista

Diante da quantidade de propostas divergentes sobre o caráter das normas de competência, VERNENGO lança dúvida sobre a importância da discussão, ao dizer que *"As normas que conferem poderes podem assumir qualquer forma lógica..."*, podendo, com algum engenho, *"... ser expressas como sentenças ou proposições categóricas ou condicionais..."* [322].

A relativa procedência dessa afirmação decorre, porém, do fato de que a sintaxe, plano da linguagem que é focalizado no estudo da forma lógica, não é suficiente, no extremo da abstração, para revelar o sentido e a função de uma proposição, seja ela descritiva, normativa ou de qualquer outra espécie.

O sentido e a função presentes na forma lógica só aparecem quando as variáveis proposicionais são saturadas de significação e se identifica a função dos functores ou operadores, isto é, apenas quando se alça voo aos planos semântico e pragmático da linguagem.

Ora, a forma lógica, pelas razões expostas no capítulo anterior, é um poderoso instrumento metodológico, quando utilizada no processo de retorno aos objetos a que se refere, para identificar as diferenças entre esses mesmos objetos, a partir da distinção, de um lado, entre as variáveis proposicionais que os integram, e, de outro lado, entre as funções que os conectores inter ou intraproposicionais neles desempenham.

Usando das formas lógicas com esse objetivo, o que se verifica é que, num sistema normativo-jurídico, o tema da competência é perpassado por enunciados regidos por diferentes tipos de functores ou operadores.

Justamente por isso é que cada uma das propostas teóricas examinadas neste capítulo se mostra capaz de explicar pelo menos alguns dos casos em que o conceito de competência está presente, mas nenhuma delas se revela apta a explicar todos e cada um dos fenômenos normativos que estão relacionados com a ideia de competência.

Com efeito: (1) as propostas que tratam a norma de competência como parte de uma norma prescritiva, ou como estabelecedora de uma

---

[322] No original inglês: *"Empowering norms can have any logical form: They can be expressed as categorical or conditional sentences or propositions. As a matter of fact, they can be expressed under any logical form one chooses"* – Tradução livre – About an Empowerment Theory of Legal Norms and Some Related Problems, **Ratio Juris**, v. 2, nº.3, p. 302.

obrigação indireta, evidenciam que as normas de competência estão relacionadas a outros tipos de norma, mas não dão um tratamento específico à própria outorga da competência; (2) as propostas "permissivistas" evidenciam que o exercício da competência pode estar permitido, mas deixam de notar que ele pode também estar proibido ou comandado, sem que isso afete a validade do ato para o qual a competência foi conferida; (3) a proposta que equipara a norma de competência a uma regra técnica faz evidente a distinção entre deveres e ônus do sujeito competente, mas despreza o fato de que a definição do meio apto para exercer validamente uma competência só pode ser um *"posterius"* em relação à atribuição mesma da competência [323]; (4) as propostas que identificam as normas de competência com as definições, ou (5) com as normas constitutivas em sentido institucional, inserem adequadamente o campo da competência no da possibilidade institucional das condutas, logicamente prévio à sua regulação deôntica, porém não indicam como a prerrogativa que é definida – ou criada – pela norma é atribuída ao titular da competência; (6) por fim, a proposta segundo a qual as normas de competência são constitutivo-performativas identifica como a competência é atribuída a alguém, mas não identifica qual é o objeto do poder conferido ao sujeito competente.

Ocorre, não obstante, que todas essas notas são importantes para a compreensão do fenômeno da competência, pois: (1) o poder de alguém para fazer alguma coisa tem de advir de algum lugar, e é sobremaneira importante, nos sistemas jurídicos, conhecer a fonte do poder, donde a necessidade de haver um enunciado que atribua a capacidade a alguém; (2) o objeto desse poder – que pode ser, inclusive, mas não exclusivamente, (3) o estabelecimento válido de uma regra de comportamento (permissão, obrigação ou proibição), como no caso das competências

---

[323] O que ocorre, note-se, mesmo quando o meio definido pela regra técnica é condição necessária para o exercício da competência. Por exemplo: para furar uma parede, é necessário usar uma furadeira; contudo, para que se consiga furar a parede, mediante o uso de uma furadeira, é necessário que, antes, o sujeito tenha capacidade de usar a furadeira – capacidade que, por exemplo, um homem adulto, em princípio, tem, e que uma criança muito jovem não tem. Por isso, para que faça sentido a regra técnica segundo a qual "para furar uma parede, é necessário usar uma furadeira", ela deve ser dirigida a um homem adulto, e não a uma criança.

normativas – precisa estar bem delimitado, donde a necessidade de um enunciado que o defina/constitua, estabelecendo os efeitos que devem decorrer de seu exercício; (4) é necessário, também, estabelecer os meios idôneos para que esse poder seja efetivamente exercido, com a produção dos seus efeitos próprios; (5) o próprio poder de criar uma norma pode estar qualificado deonticamente como proibido, obrigatório ou permitido, sendo que, nos dois primeiros casos – vedação e obrigação, – pode, inclusive, (6) haver sanção para o respectivo descumprimento.

Segundo nos parece, cada uma das propostas teóricas examinadas ajuda a explicar um desses traços, sendo essa a razão pela qual se adota, aqui, a posição não-unitarista, de maneira semelhante à defendida por GUASTINI.

Essa adesão assume, como pressuposto, que alguns enunciados normativos conferem competência, ao estabelecer "quem tem a capacidade de fazer o quê", enquanto outros disciplinam "o exercício da competência", ora definindo os ônus que condicionam o agir regular – o agir eficiente, apto a produzir os seus efeitos próprios –, ora estabelecendo os "direitos e deveres" relacionados a esse agir, que resultam de sua qualificação como "proibido", "permitido", "facultado" ou "obrigatório".

Assume, também, que não há correspondência biunívoca entre disposições e normas de competência, de modo que tanto pode ser necessária mais de uma disposição normativa para obter a regulação da competência – "$D_1 \wedge D_2 \rightarrow NComp$", – quanto é possível que de uma mesma disposição de competência se extraiam mais de um enunciado normativo do discurso dos intérpretes – "$DComp \rightarrow N_1 \wedge N_2$".

Admite, por fim, que, a partir de uma mesma "disposição de competência", o intérprete pode vir a construir tanto normas prescritivas quanto normas técnicas, conceituais – ou definições, ou normas constitutivas em sentido institucional – ou constitutivo-performativas: $DComp \rightarrow N' \vee N'' \vee N''' \vee N''''$.

Assentadas essas premissas, é chegada, enfim, a hora de desenvolvê-las, para verificar se, a partir delas, faz-se viável a operação lógica de partir das disposições referentes à competência para chegar tanto às normas "de" competência quanto às normas "sobre" o exercício da competência. Esse é o raciocínio que se busca desenvolver nas linhas a seguir.

Em primeiro lugar, é forçoso notar que as disposições de que se valem as fontes do direito para conferir competência – capacidade, legitimidade, habilitação *etc.* – podem ser redigidas das mais diversas maneiras.

A Constituição Federal, por exemplo, para atribuir competência e regular deonticamente o seu exercício, vale-se, normalmente, de verbos como "competir"[324], "caber"[325], "incumbir"[326] e "poder"[327], mas também o faz por meio de disposições tais como "a atividade x será exercida pelo sujeito y"[328]; "a atividade x deve ser exercida pelo sujeito y"[329], o "sujeito x disporá sobre"[330], "estabelecerá"[331], "definirá"[332], "fixará"[333], "organizará"[334] *etc.*

Para além das disposições que conferem competências e regulam seu exercício, outro grupo de disposições constitucionais destina-se a demarcá-las ou restringi-las, estabelecendo "imunidades" para os sujeitos passivos, normalmente regidas por expressões tais como "não poder" e "ser vedado", entre outras[335].

Um terceiro grupo de disposições estabelece os procedimentos que têm de ser observados para o exercício regular e efetivo das competências.

Por fim, também fornecem material para o trabalho de tradução, a ser desempenhado pelos intérpretes do sistema jurídico, as disposições que veiculam princípios, normas geralmente mais abstratas que as regras, e

---

[324] Arts. 21 a 24, 25, §1º, 27, §3º, 30, 32, §1º, 49, 51, 84, 87, 90, 96, 102, 105, 108, 109, 114, 124, 147, 149, 153, 155, 156.
[325] Arts. 25, §2º, 42, §1º, 48, 58, §2º, 61, 146.
[326] Art. 127.
[327] Art. 25, §3º; 43; 50; 60; 103; 137; 139; 146, parágrafo único; 146-A; 148, 149-A; e 154.
[328] Art. 31, *caput* e §1º, 44, 60, §2º
[329] Art. 31, §2º.
[330] Art. 33, 43, §1º, 90, 121.
[331] Art. 37, IX.
[332] Art. 37, VII.
[333] Art. 42, §2º.
[334] Art. 125.
[335] Curiosamente, como bem observa Tácio Lacerda Gama, "... *em todo o texto constitucional não há sequer uma referência à expressão imunidade*" – **Competência Tributária...**, *op. cit.*, p. 243. Em rigor, a Constituição até faz uso da palavra "imunidade", ao tratar das garantias dos parlamentares – arts. 27, §1º e 53, §8º. Trata-se, porém, de um sentido do vocábulo completamente diverso daquele a que aqui nos referimos.

dotadas, em comparação com estas, de maior abertura à incorporação de valores [336].

É, em geral, sobre esses quatro tipos de disposições que o intérprete se debruça a fim de construir as normas que versam sobre a competência, embora nada impeça que precise recorrer a outras para lograr tal desiderato.

Ao traduzi-las para a sua metalinguagem, poderá obter, como resultado, a construção de: N_1) uma norma constitutiva em sentido performativo, atribuindo a um dado sujeito ou grupo de sujeitos, e a ninguém mais, a capacidade de praticar determinada conduta; N_2) uma definição, ou norma constitutiva em sentido institucional, atribuindo determinado valor a certas condutas praticadas pelo sujeito competente no sistema normativo; N_3) uma norma técnica, estabelecendo, como meio, a ligação entre o sujeito competente e o objeto de sua competência, isto é, os ônus cuja observância é necessária para se exercer validamente a competência; N_4) uma norma prescritiva relativa ao exercício da competência, que o qualifique como permitido, proibido, obrigatório ou facultativo; e, por fim, eventualmente, do conjunto dessas disposições ainda se poderá extrair (N_5) uma norma sancionadora, cujo antecedente será o descumprimento, pelo sujeito competente, do dever cominado em N_4. Uma formalização possível dessa estrutura normativa seria a seguinte[337]:

---

[336] Diz-se que são "geralmente" mais abstratos que as regras, porque, como observa MARCELO NEVES, embora se possa observar "... *uma tendência maior à imprecisão entre os princípios..., não procede a definição dos princípios como normas mais imprecisas do que as regras...*", pois, "*Tanto no plano legal quanto no plano constitucional, nós encontramos regras que apresentam caráter de imprecisão semântica, tornando-as extremamente dependentes do contexto de aplicação*". O autor conclui que a diferença entre ambos os tipos de normas está em que "... *os princípios, que se estruturam tipicamente mediante uma relação mais elástica entre 'se' e 'então', ou seja, entre antecedente e consequente, tendem a envolver uma postura mais flexível e aberta face à incorporação de valores...*" – **Entre Hidra e Hércules: Princípios e Regras Constitucionais como Diferença Paradoxal do Sistema Jurídico**, p. 31, 27 e 51.

[337] Note-se que N1, N3 e N2 correspondem, em certa medida, respectivamente, à distinção que ROSS faz entre "... *(1) las normas que prescriben qué persona (o personas) está cualificada para realizar el acto creador de la norma (competencia personal); (2) las que prescriben el procedimiento a seguir (competencia de procedimiento); y (3) las que prescriben el alcance posible de la norma creada con relación a su sujeto, situación y tema (competencia material)*" – **Lógica de las...**, op. cit., p. 123.

$N_1: s \to Cx$[338]
$N_2: (Cx \land y) \to x$[339]
$N_3: (Cx \land Qx) \to (Cx \land O'y)$[340]
$N_4: Cx \to (Cx \land Px) \lor (Cx \land Ox) \lor (Cx \land Vx)$ [341]
$N_5: [Cx \land Ox \land \sim x \to Cx \land Oq] \lor [Cx \land O\sim x \land x \to Cx \land Or]$[342]

Algumas das estruturas N1 a N_5 podem claramente ser omitidas, sem prejuízo para o significado, porque todos os seus elementos estão contidos em outras estruturas. É o caso de N_1 e N_2 – normas constitutivas, – cujos elementos estão todos na estrutura de N_3, isto é, na norma técnica, o que, aliás, confirma a observação de ATIENZA e RUIZ MANERO segundo a qual, ao estabelecerem as condições necessárias, suficientes ou necessárias e suficientes para um determinado resultado, as regras constitutivas operam como regras técnicas, que indicam como produzir determinados resultados institucionais[343]. Por isso mesmo, também N_1 e N_3 podem considerar-se contidas em N_2.

No entanto, dificilmente será possível reduzir N_2 ou N_3 ao binômio composto por N_4 e N_5 – estrutura dúplice da norma de conduta, que regula deonticamente o exercício da competência – sem perda de significado, pois, em N_2 e N_3, há uma variável proposicional ("y") que não está presente nestas outras, assim como no binômio "$N_4 \land N_5$" há variáveis ("q" e "r") que não estão presentes naquelas outras estruturas.

A distinção entre o primeiro e o segundo grupo de estruturas faz-se ainda mais clara quando se examina o que ocorre no caso de inobservância da conduta "y", de um lado, e no caso de inobservância das condutas "Ox" ou "Vx", de outro. Vejamos:

---

[338] Se "s" é, então é um sujeito competente para "x" (Cx).
[339] Se Cx pratica "y", então produz-se "x".
[340] Se Cx quer produzir "x", então Cx tem de praticar "y".
[341] Se Cx é, então a Cx está permitido "x", ou Cx está obrigado a "x" ou Cx está proibido de "x".
[342] Se Cx está obrigado a "x" e omite "x", então está obrigado à sanção "q"; se Cx está proibido de "x" e pratica "x", então está obrigado à sanção "r".
[343] ATIENZA, M. RUIZ MANERO, J. *Seis acotaciones...*, op. cit., p. 725.

$\sim Cxv \sim y \rightarrow \sim x$ [344]

$(Ox \land \sim x \rightarrow q) \lor (Vx \land x \rightarrow r)$ [345]

No primeiro caso (norma "de" competência), se o sujeito que tenta praticar "x" não é o sujeito competente para "x", ou se o ato "y", necessário à prática de "x", não é por ele praticado, então esse sujeito simplesmente não logra produzir "x"; já no segundo caso (norma "sobre" a competência), o sujeito que descumpre a obrigação de praticar o ato "x", ou que descumpre a proibição de praticá-lo, fica sujeito às sanções "q" e "r", respectivamente.

Cremos haver chegado, com isso, a uma estrutura que responde ao mínimo necessário para a disciplina da competência. Para verificar o seu funcionamento, pode-se tentar aplicá-la na tradução de um grupo de disposições normativas alusivas a uma competência concreta.

Para tanto, tomar-se-á o artigo 21, V, da Constituição Federal, segundo o qual "Compete à União decretar o estado de sítio, o estado de defesa e a intervenção federal".

Como se vê, há, nessa disposição normativa, pelo menos, três normas "de" competência, isto é, três normas atribuidoras de competência, do tipo N_1: 1) a norma que confere à União, como "sujeito competente", o poder de decretar estado de sítio (x_1); 2) a que lhe outorga a capacidade para decretar estado de defesa (x_2); e 3) a que lhe investe da habilitação para decretar intervenção federal (x_3).

Essas três normas remetem, respectivamente, às disposições dos artigos 136 a 139, 34 e 36 da Constituição, que veiculam normas, do tipo N_2, responsáveis por "definir" o que se deve entender por "estado de sítio", "estado de defesa" e "intervenção federal", isto é, por "criar" essas três categorias no sistema normativo.

Em rigor, cada uma dessas expressões representa uma série de condutas, ou, se se preferir, uma série de resultados institucionais, que, a partir da investidura decorrente da norma de competência N_1, a União se torna

---

[344] Se não se pratica y, ou se quem pratica y é outro sujeito, que não Cx, então não se produz x.
[345] Se alguém está obrigado a x e omite x, então deve q; ou se está obrigado a omitir x, e pratica x, então deve r.

capaz de praticar. Sem essa investidura, simplesmente não lhe seria possível praticar tais atos com o valor que a norma lhes atribui, isto é, não seria possível produzir o resultado que a norma de competência viabiliza.

Isso significa que, se o Estado do Paraná desejasse intervir em outro Estado-membro, ou se o Município de Curitiba pretendesse decretar estado de sítio, os atos praticados com tal objetivo simplesmente não teriam o condão de criar as relações jurídicas típicas do "estado de sítio", do "estado de defesa" ou da "intervenção", ou seja, seriam inidôneos, inábeis, nulos para tal desiderato, porque só a União tem competência para fazê-lo.

Não se trata de dizer, é importante observar, que Estados e Municípios carecem de "permissão" para praticar tais atos; trata-se, antes, de dizer que a prática de tais atos, com a produção do resultado "y", contido na norma de competência, é a eles simplesmente impossível, no sistema normativo de referência, razão pela qual sequer faz sentido proibir-lhes, permitir-lhes ou obrigá-los à respectiva prática.

De fato, proibir, permitir, facultar ou comandar a produção de um resultado institucional "x", para o qual sujeito "s" não tem competência, isto é, que ele não tem capacidade, não tem condições de obter validamente, simplesmente não faz sentido e, portanto, é inócuo. Seria o mesmo que proibir alguém que não é funcionário público de cometer peculato, ou proibir o torcedor de assinalar um pênalti em favor do time pelo qual torce. Tais ordens são absolutamente desprovidas de sentido, porque apenas os funcionários públicos "podem", no sentido de que apenas eles "têm a possibilidade de", cometer peculato, e apenas o árbitro de futebol, e não o torcedor, está investido do poder de assinalar pênaltis.

Assim, ao atribuir à União a competência para decretar estado de sítio, o que o legislador constitucional fez, em princípio, não foi "permitir" que ela decrete estado de sítio, mas, sim, "capacitá-la" a decretar o estado de sítio, ainda que, ao mesmo tempo, tenha também atribuído a ela a permissão para fazê-lo.

Uma vez exercida essa competência e decretado o estado de sítio, abrir-se-á à União a possibilidade de ocupar uma série de relações jurídicas que não lhe seria possível integrar na ausência dessas normas atribuidoras de poder. Numa dessas relações, a União será titular do direito subjetivo de obrigar quaisquer cidadãos, sujeitos passivos, a não se reunirem (art. 139, IV), cabendo a eles, a seu turno, o dever jurídico de obedecer a essa ordem.

Porém, para exercer validamente essa competência, obtendo o resultado institucional que lhe abre a possibilidade de participar da relação jurídica em questão, na condição de sujeito ativo, a União tem o ônus de observar os procedimentos previstos nos artigos 137, 138 e 140 da Constituição Federal, que veiculam norma técnica.

Se não observar tais ônus, não terá descumprido dever algum, e não será submetida a sanção; apenas não conseguirá ocupar, de fato, o polo ativo da relação jurídica em questão, embora conserve a legitimidade para fazê-lo, quando bem desejar.

Isso não significa, naturalmente, que um ato que a União praticar, arvorando-se na condição de titular do "direito subjetivo"[346] em questão, mas sem que antes tenha observado os ônus necessários para ocupar, de fato, o polo ativo dessa relação jurídica, não possa ser sancionado.

Se, por exemplo, a União requisitar um bem de um particular, invocando uma das prerrogativas que lhe confere a decretação do estado de sítio (art. 139, VII), mas não houver, antes, observado os ônus que condicionam seu ingresso no polo ativo da relação jurídica, terá cometido um ilícito e, por isso, estará eventualmente obrigada a indenizar os prejuízos daquele que foi provisoriamente desprovido de seu bem.

É importante notar, porém, que, nesse caso, a sanção não terá decorrido diretamente do exercício irregular da competência, mas do fato de que, ao exercê-la irregularmente, a União não terá logrado produzir o resultado institucional de se tornar titular do direito subjetivo de requisitar bens, com o que sua conduta não se haverá subsumido à hipótese da norma permissiva do direito de requisitar bens, mas, sim, à da norma que proíbe a conduta de esbulhar ou turbar a posse, ou de apropriar-se indevidamente do patrimônio alheio.

---

[346] Importante esclarecer que se usa da expressão "direito subjetivo", aqui e ao longo de todo este trabalho, não no sentido histórico da expressão, em que ela remete à ideia de direitos do cidadão contra o Estado Liberal, mas no sentido puro e simples de direito do sujeito ativo de uma relação jurídica, a que corresponde o dever do sujeito passivo dessa mesma relação.

Vale dizer, num caso como esse, ela não terá exercido a competência e, sim, praticado um ato que fisicamente se assemelha ao exercício da competência, mas que não goza do seu sentido institucional e que, por uma regulação puramente contingente do sistema – o qual, por acaso, proíbe o esbulho ou a turbação da posse, – é sancionado.

Todavia, é preciso não perder de vista que o próprio exercício regular, isto é válido e eficiente dessa competência, poderia ser proibido e, inclusive, sancionado.

É bem verdade que não há, na Constituição, nenhuma disposição veiculadora de norma que proíba a União, ou o Presidente, de decretar validamente o estado de sítio, sob pena de sanção; há, apenas, normas que delimitam o poder da União, isto é, do Presidente, de decretar estado de sítio, auxiliando a definição do contorno dessa prerrogativa. Entretanto, isso não quer dizer que a existência de uma norma prescritiva dessa natureza seria impensável.

Não seria ilógica, por exemplo, uma norma que, sem retirar a competência da União para decretar estado de sítio, determinasse, sem prejuízo da validade do decreto, que, cessados os seus efeitos, o Presidente perderia o mandato, caso houvesse decretado o estado de sítio em razão de situação de "comoção grave de repercussão nacional" provocada por ato dele próprio.

Uma norma como tal não limitaria o poder do Presidente de requerer autorização ao Congresso Nacional para decretar estado de sítio nessa hipótese, nem tornaria inválido o estado de sítio eventualmente decretado, nem alteraria o sentido institucional dos atos praticados durante a vigência da situação excepcional, mas representaria, para o Presidente, uma inegável proibição do exercício dessa prerrogativa no caso específico, tanto que o submeteria à sanção de perda do mandato. Uma norma desse jaez estaria a dizer ao Presidente que ele pode, mas não deve, praticar a conduta em questão.

Essa seria uma norma proibitiva do exercício de uma competência, e não uma hipótese de impotência, isto é, de ausência de competência, o que prova que conferir competência a alguém para realizar algo não implica, de maneira alguma, que se lhe conceda permissão para realizar essa conduta.

É verdade que a existência de normas proibitivas do exercício das competências não é muito frequente, sendo mais comum a existência de normas permissivas do exercício da competência, até porque as competências normalmente são conferidas, precisamente, para que sejam usufruídas por seu titular, quando necessário. Isso não nos autoriza, porém, a simplesmente ignorar a distinção entre o poder de realizar uma conduta e a permissão de realizá-la.

Infelizmente, porém, parece haver, de maneira geral, uma grande confusão, na doutrina brasileira do Direito Tributário, entre o poder como "possibilidade" – capacidade, legitimidade, idoneidade, habilidade *etc.* – e o poder como "permissão", o que se reflete em algumas propostas teóricas relativas à forma lógica das normas de competência tributária difíceis de sustentar. É disso que se buscará tratar no próximo capítulo.

3.
As Normas de Competência Tributária

3.1 O sistema constitucional tributário brasileiro: princípio federativo e repartição das competências

Não assumirá grande risco quem afirmar, mesmo à míngua de estatística confiável, que nove entre dez textos sobre a competência tributária iniciam o tratamento do tema pela alusão às características do sistema constitucional tributário brasileiro, buscando situar o assunto em suas dobras.

Compreensível que seja assim, pois a organização, pela Constituição brasileira, da matéria tributária, apresenta peculiaridades que a tornam única, diferente de todas as outras, e a repartição das competências tributárias desempenha um papel central nesse seu especial arranjo.

O elemento que conecta a organização do Sistema Tributário Nacional ao conceito de competência é o princípio federativo.

Dizer que o Estado brasileiro se organiza sob a forma federativa significa, em primeiro lugar, afirmar que ele não é um Estado unitário, e que, portanto, nele coexistem uma estrutura jurídica central, que responde pelo Estado brasileiro, e ordens parciais, dotadas de personalidade jurídica própria, todas subordinadas ao mesmo ordenamento. Aliás, é isso, basicamente, o que estabelece o artigo 1º do texto constitucional, ao instituir uma República formada pela união indissolúvel da União, dos Estados, dos Municípios e do Distrito Federal.

Em segundo lugar, afirmar o caráter federativo do Estado brasileiro significa dizer, como decorre, em especial, do artigo 18 da Constituição Federal, que as pessoas políticas que a integram – União, Estados, Distrito Federal e Municípios[347] – são dotadas de autonomia para executar as tarefas que a Constituição lhes cominou.

---

[347] José Roberto Vieira também aponta, como característica essencial da Federação, a "... *participação da vontade das ordens jurídicas parciais na vontade da ordem jurídica nacional...*". Isso

Essa autonomia garante que elas se possam auto organizar, o que, no caso dos Estados, do Distrito Federal e dos Municípios, faz-se, inclusive, mediante atividade constituinte própria, da qual resultam as Constituições Estaduais e Leis Orgânicas Municipais e Distrital[348]. Os aspectos constitucionais da organização da União, a seu turno, já vêm definidos, de antemão, no texto constitucional do Estado brasileiro, e servem de parâmetro e limite para a organização das demais pessoas políticas, que devem respeitá-los nos seus traços essenciais – trata-se do que se tem usado chamar de "princípio da simetria"[349].

Em terceiro lugar, dizer que o Brasil é uma Federação é afirmar a isonomia de que cada uma dessas pessoas políticas goza perante as demais, a qual opera de modo a que, na sua esfera de competências, tais entidades estejam subordinadas, única, direta e exclusivamente, à Constituição da República. Precisamente por isso, as competências dos governos locais não podem ser amesquinhadas, suprimidas ou invadidas pelo governo central, sendo verdadeira a recíproca[350]. Também como reflexo dessa iso-

---

tem como consequência, em seu pensamento, a exclusão dos Municípios da condição de entes integrantes da Federação, ainda que sem prejuízo de vigorosa afirmação da autonomia municipal – *Princípios Constitucionais e Estado de Direito*, **Revista de Direito Tributário**, nº. 54, p. 102-103. Em texto mais recente, o autor ratifica o entendimento, pontuando que *"... da inegável autonomia dos nossos municípios, não nos é permitido cometer 'o excesso de passar a considerá-los entidades federativas, que não são'. Seja porque há disposições constitucionais – como os artigos 18, § 4º, e 35 – que apontam nitidamente no sentido de que os municípios seguem sendo divisões políticas e administrativas dos estados; seja, sobretudo, pela ausência de participação do município na formação da vontade nacional... (artigos 46, 52, 48 e 49)"* – *O Princípio da Federação e as Competências Tributárias: um Exorcismo Constitucional*, **Direito Tributário Paranaense**, p. 29.

[348] Diz José Roberto Vieira, com razão, que as leis orgânicas municipais são uma verdadeira constituição municipal. Por isso, dedica encômios à *"... opção solitária do Município de Barbacena-MG, que deu o nome de 'Constituição' à sua lei orgânica municipal"* – *O Princípio da Federação..., op. cit.*, p. 28.

[349] Art. 25, *caput*, da parte permanente do texto constitucional e art. 11, *caput* e parágrafo único, do Ato das Disposições Constitucionais Transitórias – ADCT.

[350] Adelmo Da Silva Emerenciano, *Modificação na Competência Tributária por Emenda Constitucional. A contribuição para Custeio do Serviço de Iluminação Pública – Emenda Constitucional 39/2002*, in Eurico De Santi (coord.), **Curso de Especialização em Direito Tributário: Estudos Analíticos em Homenagem a Paulo de Barros Carvalho**, p. 907.

nomia é que o artigo 19, III, da Carta de 1988, torna juridicamente impossível que os entes federados criem *"... preferências entre si"*[351].

Assim, a Federação distingue-se, por um lado, dos Estados unitários, porque neles pode até ocorrer uma desconcentração das prerrogativas estatais em favor de esferas regionais, mas sempre haverá um governo central que sobre elas terá ascendência[352]; e distingue-se, por outro lado, das Confederações, porque estas são formadas por Estados independentes, soberanos, unidos por um tratado ou convenção que, para vigorar efetivamente, depende de internalização na ordem jurídica de cada um de seus membros[353].

Para além, contudo, dos traços conceituais de qualquer Federação – união de pessoas políticas isônomas e reciprocamente autônomas para a formação de uma terceira pessoa, à qual todas estão diretamente subordinadas, – há, ainda, elementos que são pressupostos ou condições para a viabilidade da Federação brasileira.

A primeira dessas condições é a partilha das competências, pela Constituição, entre os entes federados. Sua importância no nosso sistema constitucional torna compreensível o exagero da afirmação segundo a qual *"A Federação... é um grande sistema de repartição de competências*[354].

Diz-se que se trata de uma condição de viabilidade da Federação porque o objetivo da partilha de competências é, precisamente, o de fazer efetivamente autônomas as esferas parciais de poder, mediante a atribui-

---

[351] As previsões dos arts. 151 e 152 da Constituição Federal são desdobramentos desse princípio.
[352] Nesse sentido, diz VICTOR UCKMAR que *"O elemento que distingue de maneira decisiva o Estado federal do unitário é que, no primeiro, os Estados membros 'possuem uma certa medida de autonomia constitucional, quer dizer, o órgão legislativo de cada Estado-membro é competente em matéria relativa à Constituição desta Comunidade, de modo que as modificações das Constituições dos Estados-membros podem ser realizadas mediante leis formais dos próprios Estados-membros, mesmo que seja com as limitações impostas pela Constituição Federal"* – **Princípios Comuns de Direito Constitucional Tributário**, p. 94-95.
[353] Ao contrário do que ocorre com os entes integrantes de uma Federação, os Estados que compõem uma Confederação, porque soberanos, e não meramente autônomos, gozam do direito de secessão e estão habilitados a negar vigência, em seus territórios, às normas que decorrem do tratado responsável por uni-los.
[354] FERNANDA DIAS MENEZES DE ALMEIDA, **Competências da Constituição de 1988**, p. 32.

ção, a elas, de "poderes", isto é, de determinadas possibilidades de ação privativas ou exclusivas, das quais as demais esferas não gozam.

Isso não significa, é claro, que todas as competências sejam exclusivas ou privativas de uma só pessoa, pois há casos em que mais de uma pessoa política goza da competência para praticar um mesmo ato – competência comum[355] – e, também, casos em que cada pessoa política é dotada de competência para exercer em parte uma determinada tarefa constitucional – competência concorrente [356].

Mesmo nesses casos, porém, é possível falar, em certo sentido, em "exclusividade" ou "privatividade", pois somente quem receber a competência, ninguém mais, terá condições de, validamente, praticar os atos para os quais ela é atribuída[357]. Numa Federação, de fato, deve haver sempre a definição normativa de *"... campos específicos..."* para a atuação *"... de cada uma das pessoas políticas..."*[358].

Dentre as competências partilhadas pelas pessoas constitucionais estão as relativas à instituição e à cobrança de tributos. Elas são dotadas de redobrada importância, pois constituem *"... um dos aspectos nucleares da disciplina jurídica do Estado Federal..."*, ainda que, historicamente, tenham precedido à própria Federação, remontando, em certa medida, *"... ao período colonial"* [359-360].

---

[355] Como estabelecido, por exemplo, pelo art. 23 da Constituição Federal.

[356] Como estabelecido, por exemplo, pelo art. 24 da Constituição Federal, que, no tocante às matérias ali referidas, outorga à União a competência para editar normas gerais e aos Estados a competência para suplementar a respectiva regulação.

[357] É preciso reconhecer que o conceito de "privatividade" remete, por vezes, à qualidade daquilo que é atribuído a apenas "uma" pessoa. Usa-se a expressão, aqui, porém, no sentido daquilo que é atribuído a determinadas pessoas, com exclusão das demais.

[358] FLÁVIO DE AZAMBUJA BERTI, **Direito Tributário e Princípio Federativo**, p. 98.

[359] SAMPAIO DÓRIA critica o uso da expressão "discriminação de rendas" como traço necessário da Federação, afirmando que *"A atribuição de competência tributária, sim, é requisito axiomático da federação, para assegurar independência política. Mas a circunstância de ser tal atribuição de competência decomposta numa discriminação de rendas compreensiva, objetivando, ao imprimir feitio privativo à respectiva competência fiscal, propósitos de natureza econômica, é fator, senão acidental, pelo menos secundário na definição da estrutura do regime federado"* – **Discriminação de rendas tributárias**, p. 15.

[360] Segundo AMÍLCAR FALCÃO, no período colonial, *"... aos Municípios ou às suas Câmaras era*

De fato, a repartição de competências tributárias – e, também, das receitas tributárias – constitui uma inexorável condição de viabilidade da Federação brasileira, porque foi principalmente por meio da possibilidade de auferir receita via arrecadação de tributos que a Constituição procurou prover as pessoas políticas dos meios econômicos necessários à realização das tarefas que lhes atribuiu[361].

É bem verdade que há outros meios de dotar as pessoas constitucionais dos recursos indispensáveis ao desempenho de suas competências executivas, como a participação nas receitas de outras pessoas constitucionais e a participação em fundos formados a partir de múltiplas fontes de recursos. Porém, para que se possa falar em efetiva autonomia financeira, parece necessário que ao menos uma parcela – de difícil determinação, reconheça-se – dessas receitas provenha de fontes cujo controle esteja nas mãos de cada uma das pessoas constitucionais, a quem se confira, inclusive, poder para ampliar tais receitas, se preciso for, sem que, para tanto, fiquem a depender da atuação de quaisquer outras pessoas políticas[362].

Na Constituição brasileira, a repartição das competências tributárias entre os entes federados é regida, sobretudo, pelos critérios (i) da materialidade, (ii) da territorialidade e (iii) da previsão do destino do produto da arrecadação.

Primeiro, no tocante aos impostos – tributos cuja hipótese de incidência descreve um fato não vinculado a uma atuação estatal, – a Cons-

---

reconhecida a competência para decretar certos tributos, especialmente taxas e as chamadas fintas" – **Sistema Tributário Brasileiro: Discriminação de rendas**, p. 9 e 31.

[361] Nesse sentido, observam TÉRCIO SAMPAIO FERRAZ JUNIOR E MARCO AURÉLIO GRECO que *"A existência de outorga constitucional de competência tributária própria de cada entidade é decorrência da necessidade de assegurar sua autonomia, pois, se a atribuição de competência ficasse entregue ao Congresso, seria sempre uma das entidades políticas (União) a titular da aptidão de definir o que seria tributável pelas demais"* – *Desafios do Federalismo Fiscal Brasileiro*. **Revista do Instituto dos Advogados de São Paulo**, p. 97.

[362] De se convir, ademais, que muitas vezes a atribuição de competência tributária não se destina apenas a viabilizar a provisão de meios financeiros, mas tem, também, finalidade extrafiscal. Basta pensar na importância que tem o IPTU, por exemplo, para a organização do espaço urbano dos Municípios. Os Municípios teriam muito mais dificuldade para desempenhar essa atividade caso não se lhes outorgasse a competência para a instituição do imposto em questão.

tituição distribuiu competências privativas para a sua instituição entre os entes federados de cada classe – União, Estados, Distrito Federal e Municípios, – a partir das materialidades que lhes atribuiu por meio das disposições contidas nos artigos 153, 155, 147 e 156, respectivamente; de outro lado, distribuiu-as entre os entes integrantes da mesma classe de pessoas políticas – Estados entre si e Municípios entre si – segundo o critério da territorialidade da lei a ser instituída.

Como, porém, vislumbrou a eventual necessidade de tributar outros fatos jurídicos, por ela não previstos, reservou à União a "competência residual" (art. 154, I), isto é, a competência para, mediante lei complementar, instituir impostos, necessariamente não cumulativos, cujas materialidades e bases de cálculo não tenham sido indicadas no Texto Constitucional. Também outorgou ao ente central a competência para instituir, nos Territórios, os impostos federais e estaduais, bem como os municipais, nos Territórios não divididos em Municípios (art. 147).

Por derradeiro, ainda possibilitou (art. 154, II) que, em caráter excepcionalíssimo – hipóteses de guerra externa ou sua iminência, – a União institua impostos sobre quaisquer materialidades, ainda que situadas na esfera de competência de outras pessoas políticas.

No tocante aos tributos cuja hipótese de incidência descreve uma atuação estatal – taxas e contribuições de melhoria, – a Constituição operou de maneira semelhante, distribuindo competências privativas entre as pessoas políticas.

Para tanto seguiu, de um lado, o critério da materialidade, relativo à competência administrativa para realizar a atividade estatal – prestar o serviço público específico e divisível, colocá-lo à disposição dos usuários, se essencial, exercer o poder de polícia ou realizar a obra pública de que decorra valorização imobiliária, conforme o caso – e, de outro lado, o critério atinente ao âmbito territorial de vigência da lei a ser instituída[363].

---

[363] Corretíssima, portanto, a observação de José Roberto Vieira, quando aponta que a afirmação, constante e majoritária, de que *"'Taxa e Contribuição de Melhoria são tributos de competência comum'"*, constitui mais um dos *"... mitos e mentiras que infestam a doutrina do Direito Tributário Brasileiro" – Competências Tributárias no Brasil: Mitos e Mentiras, In* **30 Anos da Constituição federal e o sistema tributário brasileiro**, p. 606-607. Melhor reconhecer, com Carrazza, que União, Estados, Distrito Federal e Municípios podem, todos, instituir

Também seguindo tais critérios, e observando que é aos Estados e ao Distrito Federal que cabe, nos seus respectivos territórios, a competência residual para a realização das atividades estatais de cunho administrativo (arts. 25, §1º e 32, §1º), reservou-lhes a competência residual para a instituição das taxas e contribuições de melhoria[364].

Por fim, em relação a alguns tributos, cuja arrecadação deve estar afetada ao atendimento de alguma finalidade específica, independentemente da natureza de sua hipótese de incidência – isto é, independentemente de a hipótese de incidência do tributo descrever ou não um determinado tipo de ação estatal, – a Constituição atribuiu diversas competências, em caráter exclusivo, à União – contribuições especiais e empréstimos compulsórios (arts. 148, 149 e 195, entre outros) –, algumas aos Estados – contribuição previdenciária de seus servidores, – e outras aos Municípios e ao Distrito Federal – contribuição previdenciária de seus servidores e contribuição para o custeio do serviço de iluminação pública (art. 149-A).

Nenhuma das pessoas políticas pode agir, na instituição de tributos, fora desses planos de atuação, que a Constituição tão bem desenhou. Se o fizerem, haverá ou simples ação *"extra"* ou *"ultra vires"*, inválida, ou usurpação da competência alheia, igualmente inválida.

A Constituição desenha essas fronteiras entre o válido e o inválido de maneira absolutamente precisa, ainda que muitas vezes o intérprete tenha dificuldade de traduzir a mensagem normativa. Por isso, falar em "conflito de competência tributária" – tal como faz a literalidade do art. 146, I, da Constituição Federal – é impreciso; o que pode haver é não exatamente um conflito de competências, mas, sim, um conflito de interpretações incidentes sobre uma ou mais disposições de competência, em

---

taxas e contribuições de melhoria, *"... só que... não as mesmas taxas, nem a mesma contribuição de melhoria..."* – **Curso de Direito Constitucional...**, op. cit., p. 553.

[364] Mendaz, portanto, a afirmação de que *"... as competências tributárias residuais, no Brasil, pertencem à União"*, como denuncia JOSÉ ROBERTO VIEIRA – *Competências Tributárias no Brasil: Mitos e Mentiras... op. cit.*, p. 634.

que uma das traduções – interpretações – será fidedigna à mensagem expedida pelo Poder Constituinte, e as demais, não[365].

Como se pôde observar, a partir dessa rápida exposição do sistema de repartição das competências tributárias, são traços marcantes do Sistema Constitucional Tributário Brasileiro a intensidade e o modo absolutamente minucioso, quase exauriente, com que, ao tratar das competências tributárias e de sua distribuição entre os entes federados, a Constituição da República disciplina a atividade tributária do Estado[366].

Realmente, como observa HUMBERTO ÁVILA, a Constituição não define apenas os traços essenciais de todos os tributos, mas estabelece, também, *"Os requisitos normativos para sua instituição..."*[367]; fazendo-o a ponto de deixar *"...pouca... margem de liberdade ao legislador ordinário na tarefa de criar tributos..."* e regular a sua cobrança e fiscalização[368].

Por isso mesmo, se é certo que a Constituição não promove a regulação dos tributos na inteireza de sua disciplina, não há dúvida de que, como bem observou JOSÉ ROBERTO VIEIRA, na esteira de SOUTO MAIOR BORGES, o processo de criação dos tributos se inicia na Constituição[369].

Não obstante, é igualmente certo que esse processo de criação dos tributos passa, também, por algumas disposições normativas infraconstitucionais específicas, que devem, necessariamente, ser consideradas pelo sujeito competente ao exercer a sua competência tributária, isto é, ao criar a norma de incidência tributária.

É o caso, por exemplo, da exigência de lei complementar: (i) para a definição de "grandes fortunas", no tocante ao imposto programado no

---

[365] Conforme JOSÉ ROBERTO VIEIRA, *IPI x ICMS e ISS: Conflitos de Competência ou Sedução das Aparências?*, **Direito Tributário: Tributação do Setor Industrial**, p. 53-60. Na mesma linha, TÁCIO LACERDA GAMA aponta que, *"Rigorosamente conflitos de competência não existem"* – **Competência tributária...**, *op. cit.*, p. 233.
[366] CLÉLIO CHIESA, **A Competência Tributária do Estado Brasileiro**, p. 27.
[367] **Sistema Constitucional Tributário**, p. 109.
[368] REINALDO PIZOLIO, **Competência Tributária e Conceitos Constitucionais**, p. 76.
[369] *E, Afinal, a Constituição Cria Tributos! In* **Teoria Geral da Obrigação Tributária: Estudos em Homenagem ao Professor José Souto Maior Borges**, p. 629-633. Segundo SOUTO MAIOR BORGES *"... mesmo antes de sua instituição por lei, o tributo previsto na Constituição 'já existe'. Como uma categoria normativa do direito constitucional positivo, conceito jurídico-positivo, já está parcialmente estruturado (...)* – **Teoria Geral da Isenção Tributária**, p. 172,

artigo 153, VII, da Constituição; (ii) para a definição de uma série de pontos específicos do imposto sobre serviços – ISS (art. 156, III e §3º); (iii) do imposto sobre a circulação de mercadorias e serviços – ICMS (art. 155, §2º, XII) e (iv) do imposto sobre as transmissões em razão da morte ou via doação – ITCMD (art. 155, §1º, III). É o caso, também, da exigência de resolução do Senado (art. 155, §1º, IV e §2º, IV e V) para a regulação das alíquotas do ITCMD e do ICMS, bem como dos tratados internacionais relativos à matéria impositiva, celebrados pelo Estado brasileiro e devidamente incorporados à sua ordem normativa interna[370].

Finalmente, é, também, o caso das leis complementares a que aludem o art. 146-A e o art. 146 da Constituição Federal, cuja real função, no sistema jurídico brasileiro, ainda é motivo de viva controvérsia na doutrina tributarista, em especial no que diz respeito à extensão do poder conferido ao legislador complementar para expedir "normas gerais em matéria de legislação tributária"[371].

---

[370] Segundo CLÉLIO CHIESA, algumas "desonerações" são reguladas por tratado, para cuja edição não concorrem as pessoas políticas de direito público interno, mas o Estado brasileiro, por força da competência contida no artigo 21, I, da CF. Diz ele: *"A competência para desonerar da tributação não tem exatamente a mesma configuração da competência para a instituição de tributos, pois não só a União, Estados-membros, Distrito Federal e Municípios podem desonerar da tributação no âmbito de suas respectivas competências, mas também o Estado brasileiro"* – **Competência Tributária...**, *op. cit.*, p. 32. Antes dele, JOSÉ SOUTO MAIOR BORGES já havia feito observação nesse sentido – **Teoria Geral da Isenção Tributária**, p. 292-294. O Supremo Tribunal Federal seguiu essa linha de pensamento: "... A jurisprudência da Corte assentou-se no sentido da constitucionalidade das desonerações tributárias estabelecidas, por meio de tratado, pela República Federativa do Brasil..." – **Agravo Regimental no Agravo de Instrumento nº. 764951**.

[371] A discussão é conhecida; enquanto, para alguns, como AIRES FERNANDINO BARRETO, EURICO MARCOS DINIZ DE SANTI, LUCIANO AMARO e HUMBERTO ÁVILA, ditos representantes da corrente "tricotômica", a lei complementar tributária tem três funções gerais – dispor sobre conflitos de competência, regular as limitações constitucionais ao poder de tributar e estabelecer normas gerais em matéria tributária, – para outros, como PAULO DE BARROS CARVALHO, ROQUE ANTÔNIO CARRAZZA e JOSÉ ROBERTO VIEIRA (corrente dicotômica ou unifuncional), a finalidade de estabelecer "normas gerais" está em função das de dispor sobre "conflitos de competência" (se é que eles existem) e regular as limitações ao poder de tributar, notadamente as imunidades e os princípios. Enveredar por uma ou outra senda depende, sobretudo, da extensão do significado que se atribua ao fato de a Constituição ter optado por um modelo federativo. A nosso ver, se existe um

Conforme observa TÁCIO LACERDA GAMA, todos esses enunciados "... *servem de fundamento de validade para as normas que serão criadas...*", de modo que, apenas depois de tê-los todos em conta é que as pessoas políticas terão a possibilidade institucional de, mediante a edição de lei ordinária – caso da maior parte dos tributos – ou complementar – caso dos empréstimos compulsórios e impostos e contribuições sociais da competência residual, – validamente instituir os tributos para os quais são competentes[372].

Mas, depois de aludir a essa exaustiva regulação do tema da competência pela Constituição, é necessário acrescentar que ela de nada serviria se as pessoas contempladas com as competências tributárias pudessem alterar, a seu bel prazer, a extensão dos poderes que lhes foram outorgados[373].

---

conteúdo semântico mínimo da expressão "federação" (autonomia e isonomia recíproca dos entes federados, sob a égide da Constituição), como cremos haver deixado manifesto linhas atrás, ele deve orientar a interpretação das demais disposições constitucionais relativas à organização do Estado, inclusive a atividade tributária. E, assim, é inadmissível que se cogite poder o legislador complementar tratar, livremente, de matérias como "definição de tributos e de suas espécies..., respectivos fatos geradores, bases de cálculo e contribuintes", sem amesquinhar completamente a competência de Estados, Distrito Federal e Municípios. Estamos, portanto, com a segunda corrente a que acima se aludiu. Sem entrar em pormenores, ressaltamos que a discussão é sobremaneira relevante, em especial porque depende do posicionamento em relação a ela a identificação do nível de vinculação às disposições do Código Tributário Nacional a que estão sujeitos os legisladores estaduais, municipais e distritais, no exercício de suas competências tributárias. Um bom resumo do atual cenário é encontrado em MAURÍCIO DALRI TIMM DO VALLE, **Princípios Constitucionais...**, *op. cit.* p. 395-400.

[372] **Competência Tributária...**, *op. cit.* p. 248.

[373] Diz HUMBERTO ÁVILA que isso é decorrência de as normas que conferem competências terem natureza de regras, e não de princípios. Em suas palavras, *"Na perspectiva da espécie normativa que as exterioriza, as normas de competência possuem a dimensão normativa de regras, na medida em que descrevem o comportamento a ser adotado pelo Poder Legislativo, delimitando o conteúdo das normas que poderá editar. O decisivo é que a Constituição Brasileira não permitiu a tributação pelo estabelecimento de princípios, o que deixaria parcialmente aberto o caminho para a tributação de todos e quaisquer fatos condizentes com a promoção dos ideais constitucionalmente traçados. Em vez disso, a Constituição optou pela atribuição de poder por meio de regras especificadoras, já no plano constitucional, dos fatos que podem ser objeto de tributação. Essa opção pela atribuição de poder por meio de regras implica a proibição de livre ponderação do legislador a respeito dos fatos que ele gostaria de tributar, mas que a Constituição deixou de prever"* – **Sistema Constitucional...**, *op. cit.*, p. 163.

Afinal, se fosse possível a *"... distorção, alteração ou diminuição desses compartimentos* [de poder] *por meio de norma infraconstitucional..."*, pouca serventia teria a repartição de competências promovida pelo Texto Constitucional[374].

Diz-se, por isso, que uma segunda condição de viabilidade da Federação está na rigidez das disposições constitucionais que atribuem as competências tributárias às pessoas jurídicas de direito público interno[375].

Essa rigidez é entendida, em primeiro lugar, como a característica segundo a qual algumas disposições normativas da Constituição Federal são simplesmente imodificáveis, *ex vi* do art. 60, § 4º, do Texto Constitucional, enquanto a alteração das demais está sujeita a processo legislativo mais complexo do que o exigido para a alteração das leis infraconstitucionais.

Esse traço é tão importante para a viabilidade da Federação que GERALDO ATALIBA, depois de examinar as Constituições de outros países, chegou à conclusão de que, naqueles em que o sistema de repartição de competências é flexível e parcimonioso na disciplina da tributação, deixa-se de opor qualquer obstáculo à indesejada pluritributação, dando ensejo à mais *"... abundante e contraditória doutrina e – mais abundante e caótica, ainda – jurisprudência sobre a interpretação das faculdades tributárias da União..."*, que tende a tomar todos os espaços de legislação e administração, subordinando os demais entes federados ao seu comando[376].

Em segundo lugar, aludir à rigidez do Sistema Constitucional Tributário implica apontar para a impossibilidade de as pessoas políticas promoverem, a seu talante, a extensão dos conceitos por meio dos quais a Constituição designa o objeto de sua competência. Isso significa que a rigidez constitucional vai além das disposições de competência, para proteger, também, as normas, ou seja, os significados que se podem extrair dessas disposições.

---

[374] JOSÉ ARTUR LIMA GONÇALVES, **Imposto sobre a renda: pressupostos constitucionais**, p. 90-91.
[375] E, como aponta SAMPAIO DÓRIA, na história do federalismo financeiro brasileiro verifica-se uma *"... progressiva rigidez do sistema"* – **Discriminação...**, *op. cit.*, p. 43.
[376] **Sistema Constitucional Tributário...**, *op. cit.*, p. 71.

Nesse sentido, diz REINALDO PIZOLIO que, quando a Constituição outorga competência, vale-se, para tanto, de conceitos veiculados por vocábulos dotados de algum grau de ambiguidade e vagueza[377]. Porém,

> O fato de o sentido (ou significação) não estar expresso na Constituição não significa que não exista. Se não há um *significado intrínseco* a cada conceito, se tal significado intrínseco não existe, há certamente, pelo menos um mínimo de significado consagrado pelo uso do conceito ou do termo; há, indubitavelmente, um conteúdo semântico mínimo. Desse modo, se a Constituição Federal utiliza o conceito, é certo que o faz, quando menos, com seu conteúdo semântico mínimo, ou, em outros termos, a tão-só utilização do conceito, a mera presença dele no texto da Constituição implica a aceitação de seu mínimo teor de significação[378].

Corolário lógico disso é que, embora a Constituição tenha normalmente utilizado a técnica de conferir as competências tributárias mediante a indicação do *"nomen iuris"* dos tributos a serem criados, não deu liberdade aos entes competentes para fazer, com esses conceitos, o que bem lhes aprouvesse. É percuciente, nesse sentido, a lição de SOUTO MAIOR BORGES, segundo a qual *"A Constituição, ao mencionar o 'nomen juris' dos tributos... não outorga às entidades competentes um simples rótulo, desprovido de significado, mero 'flatus vocis', carecedor de ingredientes substanciais"*[379]. Pelo contrário, como observa AMÍLCAR FALCÃO, *"... a indicação do fato gerador está implícita no nomen juris utilizado..."*[380].

Mais que isso: dado que a norma de incidência tributária constitui uma unidade lógica – que dissecamos em critérios de identificação apenas com o objetivo de melhor conhecê-la – e não um aglomerado de elementos desconexos, a indicação, pela Constituição, do *nomen juris* do

---

[377] Cremos havê-lo evidenciado no artigo em que ensaiamos o enquadramento das situações, atos e negócios jurídicos relativos a criptomoedas no sistema de repartição das competências tributárias – Criptomoedas e competência tributária. **Revista Brasileira de Políticas Públicas...**, p. 79-104
[378] **Competência Tributária...**, *op. cit.*, p. 90-91.
[379] **Teoria Geral da Isenção Tributária**, *op. cit.* p. 172
[380] **Sistema Tributário...**, *op.cit.*, p. 26.

tributo a ser instituído, traz consigo o desenho completo do arquétipo do tributo, com a indicação de todos os critérios possíveis do antecedente e do consequente normativos.

Por isso, a doutrina costuma afirmar que uma das características da competência tributária é a sua inalterabilidade (ou "inextensibilidade") pelo sujeito competente, querendo com isso significar que o sujeito competente não pode deturpar os conceitos por meio dos quais a Constituição lhe conferiu a competência[381]. De fato, o sujeito competente não pode chamar de "serviço" o que não é serviço, nem de "imóvel" o que não é imóvel, nem de "importação" o que não é "importação"; afinal, não fosse assim, de nada serviria a existência de um sistema de repartição de competências.

Afirmar a rigidez das disposições constitucionais utilizadas na outorga da competência, portanto, é dizer que, para alterar a competência tributária, é necessário emendar a Constituição, o que somente pode ser feito dentro dos limites estreitos do artigo 60, §4º, da Carta Constitucional[382]. No plano infraconstitucional, simplesmente não é possível fazer alteração desse jaez.

Fazer essa afirmação não nos impede, contudo, de reconhecer que o significado das palavras utilizadas para a outorga da competência pode

---

[381] Precisamente para que não se confunda a afirmação da impossibilidade de alteração da competência pelo próprio sujeito competente com a afirmação (equivocada) da impossibilidade de alterar o sistema tributário por meio de emendas constitucionais, JOSÉ ROBERTO VIEIRA sugere que se fale em "inextensibilidade", em lugar de "inalterabilidade", da competência tributária – *Competências Tributárias no Brasil...*, op. cit, p. 616.

[382] Disposição que, reconheça-se, infelizmente não vem constituindo efetivo obstáculo para a alteração do sistema de repartição de competências. Prova disso está em que, das pouco mais de cem emendas constitucionais editadas até o momento, pelo menos um quarto trata, direta ou indiretamente, de alterações nas regras de competência do Sistema Constitucional Tributário. Houve, por exemplo, emendas suprimindo ou ampliando imunidades (ECs 20/1998, 75/2013), ou acrescendo ou extinguindo competências (ECs 39/2002 e 03/1993), aumentando ou reduzindo os rigores formais (EC 32/2001), alterando a destinação do produto de contribuição (ECs 27/2000, 31/2000e 68/2011), limitando a possibilidade de isentar (EC 37/2002), entre muitas outras.

sofrer variação em razão de mudanças sociais – processo que se usa chamar de "mutação constitucional"[383].

Também não impede de observar que as categorias de que se vale a Constituição para outorgar competência podem sofrer alterações em razão de inovações legislativas que incidam sobre esses conceitos[384]; ou em razão de alterações em outras regras de caráter infraconstitucional, como se verifica, por exemplo, (i) com regras – inclusive isenções e outras

---

[383] A mutação constitucional corresponde ao incontrolável "... *processo não formal de mudança das constituições rígidas, por via da tradição, dos costumes, de alterações empíricas e sociológicas, pela interpretação judicial e pelo ordenamento de estatutos que afetem a estrutura orgânica do Estado*" – JOSÉ AFONSO DA SILVA, **Curso de Direito Constitucional Positivo**, p. 61-62. Podemos citar, como possíveis exemplos de mutação constitucional, **(i)** a ampliação do campo semântico da palavra "livro", que, em função de mudanças sociais, passou a abranger os livros eletrônicos, como reconheceu o Supremo Tribunal Federal ao julgar, com repercussão geral, o **Recurso Extraordinário nº. 330.817**; **(ii)** a ampliação da noção de "mercadoria", que, segundo o STF, passou a abranger não mais apenas os bens corpóreos (como se entendia quando do julgamento dos **Recursos Extraordinários nº. 176.626 e 199.464**), mas também bens incorpóreos, como o STF entendeu ao julgar a **Medida Cautelar na Ação Direta de Inconstitucionalidade nº. 1945**, ocasião em que consignou que "*O Tribunal não pode se furtar a abarcar situações novas, consequências concretas do mundo real, com base em premissas jurídicas que não são mais totalmente corretas. O apego a tais diretrizes jurídicas acaba por enfraquecer o texto constitucional, pois não permite que a abertura dos dispositivos da Constituição possa se adaptar aos novos tempos, antes imprevisíveis*"; e **(iii)** a alteração no conceito de "serviço", que, segundo decidiu o STF ao julgar, com repercussão geral, o **Recurso Extraordinário nº. 651.703**, passou a não mais se identificar com a noção extraída do Direito Civil, e sim com uma noção econômica, ligada ao setor terciário da economia. Naquele caso, registrou a Corte Suprema: "*Os tributos sobre o consumo, ou tributos sobre o valor agregado, de que são exemplos o ISSQN e o ICMS, assimilam considerações econômicas, porquanto baseados em conceitos elaborados pelo próprio Direito Tributário ou em conceitos tecnológicos, caracterizados por grande fluidez e **mutação** quanto à sua natureza jurídica*".

[384] Pensamos, aqui, para dar um exemplo, no significado de "direitos reais", para fins de imposto de transmissão de bens imóveis – ITBI. Ao tempo da edição da Constituição, não se cogitava a existência de um direito real de habitação, nem das concessões de direito real de uso ou de uso especial para fins de moradia, nem do direito de laje, posteriormente inseridos no rol do art. 1.225 do Código Civil. O mesmo raciocínio aplica-se às alterações no conceito de "valores mobiliários", para fins de IOF, na medida em que vários títulos e contratos deixaram de ser ou passaram a ser considerados valores mobiliários a partir das alterações promovidas pela Lei nº. 10.303/2001 no art. 2º da lei 6.385/76.

medidas de desoneração – estabelecidas em tratados internacionais[385]; (ii) com as eventuais autolimitações, decorrentes do poder de autoconstituição, que promovam Estados, Distrito Federal e Municípios ao editar suas Constituições e Leis Orgânicas[386]; (iii) com as alterações decorrentes de leis complementares, resoluções do Senado[387], decretos ou outras leis gerais, de caráter ordinário[388], a que o constituinte tenha reservado o trato de certas matérias[389].

A possibilidade de haver alterações dessa natureza na extensão dos poderes do sujeito competente não é capaz de infirmar esse traço indelével da inalterabilidade (ou inextensibilidade) da competência tributária. Trata-se, afinal, de alterações que se verificam ou operam independentemente da vontade ou ação do sujeito competente, e que encontram seu

---

[385] "... A jurisprudência desta Suprema Corte assentou-se no sentido da constitucionalidade das desonerações tributárias estabelecidas, por meio de tratado, pela República Federativa do Brasil..." – BRASIL, Supremo Tribunal Federal, **Agravo Regimental no Agravo Interno n. 764951**. Importante destacar que o tratado internacional devidamente incorporado ao ordenamento, no ponto em que versar sobre direitos humanos – como poderia ser o caso, por exemplo, de desonerações promovidas para proteger o mínimo existencial – terá estatura de emenda constitucional, caso aprovado por pelo menos 3/5 dos membros das duas casas legislativas. (CF, art. 5º, §3º, da CF), mesmo que não siga o processo legislativo típico das emendas constitucionais.

[386] Entendemos que o sujeito contemplado com a competência tem a prerrogativa de, por exemplo, aumentar os rigores formais para a edição de lei que majore tributos, ou mesmo diminuir o rol de matérias tributáveis. CRISTIANE MENDONÇA traz um exemplo concreto, ao aludir a um caso em que a Constituição de Minas Gerais acrescentou regra no sentido de que, no período de 90 dias antes do fim da sessão legislativa, não seria admissível sequer a apresentação de projeto de lei voltado à instituição ou majoração de tributo estadual – **Competência Tributária**, op. cit. p. 288-289. Alertamos, porém, desde logo, que deter essa prerrogativa é diferente de ter permissão para fazê-lo; essa permissão nem sempre estará presente, especialmente ante a existência dos comandos relativos à responsabilidade fiscal.

[387] Arts. 155, §2º, IV e V e art. 155, §1º, VI.

[388] Pensamos, aqui, especificamente, nas disposições dos arts. 24, IV e 236, §2º, da Constituição, que dão à União o poder de editar regras gerais sobre emolumentos e custas dos serviços forenses. Pensamos, também, na competência dos Municípios para definir as suas zonas urbana e rural (art. 30, VII, da CF), fator importante para a definição de se a propriedade relativa a determinado imóvel está na esfera de tributação do IPTU ou do ITR.

[389] É o caso, por exemplo, das leis complementares que vierem a atuar nos estritos limites dos arts. 146, 146-A, 153, VII, 155, §1º, III, 155, §2º, XII e 156, §3º, da Constituição Federal.

fundamento de validade direto na Constituição. São, portanto, limites constitucionais à extensão da competência outorgada.

Por fim, e como consequência direta da anterior, a terceira condição de viabilidade da Federação é a existência de um Poder judicial capaz de solucionar, com fundamento na Constituição, as controvérsias que vierem a surgir entre os entes federados, de modo a assegurar o *"... equilíbrio entre o poder Federal e os poderes dos demais entes periféricos"*[390].

É sabido que, por vezes, esses conflitos entre os entes federados só podem ser remediados mediante a solução extrema da intervenção, prevista nos artigos 34 a 36 da Constituição. Deve-se salientar, porém, que a intervenção é medida que visa a restabelecer o equilíbrio federativo, e não a possibilitar que os entes federados mais centrais suprimam a autonomia dos entes mais periféricos. É, por isso mesmo, medida transitória, que afasta apenas momentaneamente a autonomia do ente que a sofre em favor do ente legitimado a decretá-la, o qual, nem por isso, passa a gozar de alguma ascendência sobre a pessoa na qual intervém.

3.2 O conceito de competência tributária

3.2.1 Introdução

Situado o tema da competência tributária no contexto do Sistema Constitucional Tributário – em que, como visto, exerce papel central, – cumpre, como medida preliminar à análise da estrutura das normas por meio das quais ela é outorgada aos entes federados, clarear o seu conceito.

Afinal, se a função metodológica das formas lógicas é a de intensificar o potencial analítico, no processo de desformalização que viabiliza o retorno ao objeto examinado, então, antes de falar da estrutura lógica das normas de competência tributária, é necessário responder à seguinte questão: o que significa outorgar competência tributária? Ou, em outros termos, o que faz a Constituição ao outorgar competência tributária?

---

[390] FERNANDO LOBO D'EÇA, *O Sistema Federal e os Princípios Constitucionais de Coordenação de Competências*, in CARLOS MÁRIO DA SILVA VELLOSO et al. (coord.). **Princípios Constitucionais Fundamentais: estudos em homenagem ao professor Ives Gandra da Silva Martins**, p. 491.

Na verdade, essa pergunta pode ser desdobrada em duas. A primeira delas atine ao objeto da competência: falar em competência tributária significa aludir a competência para quê? A segunda diz mais respeito à relação da competência com o sujeito competente: quem recebe competência tributária é contemplado com o quê? Esta última é a pergunta central a cuja resposta nos propusemos neste estudo.

De certa forma, essas duas questões estão relacionadas com os já conhecidos problemas linguísticos da vagueza e da ambiguidade. De um lado, a expressão "competência tributária" é ambígua, porque há uma grande variedade de objetos aos quais ela é potencialmente aplicável; de outro, é vaga, pois não há uniformidade de juízos acerca de qual é a extensão do significado de conferi-la a alguém. Enfrentar esses problemas é o objetivo dos próximos tópicos.

3.2.2 As diversas "competências tributárias"

O exame dos diferentes conceitos de "competência tributária" usados pela doutrina revela a existência de pelo menos dois focos de indeterminação quanto ao objeto designado pela expressão. Segundo CRISTIANE MENDONÇA,

> O primeiro está em [se se deve] restringir ou não a compreensão da competência tributária à função legislativa. O segundo envolve o primeiro, na medida em que a competência legislativo-tributária pode ser entendida de modo estrito (edição da regra-matriz de incidência tributária) ou de forma mais lassa (edição de enunciados prescritivos tributários em geral)[391].

De fato, num sentido muito lasso, têm competência tributária todas as pessoas e todos os órgãos investidos da capacidade de criar ou aplicar – e, em certo sentido, toda aplicação envolve criação de – normas em matéria tributária, inclusive os próprios contribuintes e responsáveis tributários[392]. Nessa perspectiva, extremamente ampla, têm competência tributária, nas palavras de PAULO DE BARROS CARVALHO:

---

[391] **Competência Tributária...**, *op. cit.*, p. 28.
[392] Nesse sentido é a afirmação de TÁCIO LACERDA GAMA, segundo a qual, *"Na atual conformação do Sistema Tributário Nacional, os particulares são os maiores responsáveis pela produção*

... o Presidente da República, ao expedir um decreto sobre IR, ou seu Ministro ao editar a correspondente instrução ministerial; o magistrado e o tribunal que vão julgar a causa; o agente da administração encarregado de lavrar o ato de lançamento, bem como os órgãos que irão participar da discussão administrativa instaurada com a peça impugnatória; aquele sujeito de direito privado habilitado a receber o pagamento de tributo (bancos, por exemplo); ou mesmo o particular que, por força de lei, está investido na condição de praticar a sequência procedimental que culminará com a produção de norma jurídica tributária, individual e concreta (casos de IPI, ICMS, ISS *etc.*)[393]

Numa concepção um pouco mais estrita do que essa primeira, porém, diz-se que são dotados de competência tributária apenas aquelas pessoas e órgãos investidos de competência para editar "leis", em sentido amplo, em matéria tributária, isto é, aqueles sujeitos habilitados a inovar o ordenamento jurídico na disciplina das questões atinentes aos tributos. É nesse sentido que a expressão "competência tributária" é utilizada, por exemplo, pelo artigo 6º do Código Tributário Nacional, segundo o qual *"A atribuição constitucional de competência tributária compreende a competência legislativa plena..."* relativa à matéria tributária.

Essa "matéria tributária", porém, é bastante vasta. Afinal, interessam à regulação das relações entre o Fisco e os cidadãos normas tão diversas quanto as relativas à incidência, às formas de extinção do crédito tributário, ao processo administrativo-tributário, ao lançamento, à cobrança,

---

de normas...", dado o fato de que, na maior parte dos casos, compete aos sujeitos passivos verificar a ocorrência do fato ensejador do dever de pagar tributo, promover a liquidação dessa obrigação e efetuar seu pagamento, para posterior revisão da autoridade administrativa – **Competência Tributária...**, *op. cit.*, p. XLI.
[393] PAULO DE BARROS CARVALHO, **Direito Tributário, Linguagem e Método**, p. 228-229. Nessa mesma linha, TÁCIO LACERDA GAMA, fazendo referência a esse conceito mais lasso de competência, elabora um exemplo em que aparecem, na "cadeia de positivação" de um mesmo imposto (o ISS), sete sujeitos competentes: a União, para expedir uma lei complementar que define os serviços tributáveis; os Municípios, para instituir o imposto; o Prefeito, para editar um decreto regulador do tributo; o Secretário de Finanças, também no exercício da competência reguladora; o contribuinte, ao lançar o imposto; e o agente fiscal, ao aplicar a multa pelo atraso no pagamento – **Competência Tributária...**, *op. cit.*, p. 66-67.

à fiscalização, às ações judiciais sobre matéria tributária, ao estabelecimento de deveres instrumentais, à regulação de imunidades, às disposições sobre "conflitos de competência", à interpretação da legislação tributária, entre tantas outras.

Cada uma dessas espécies de normas poderia ser objeto de análise e enfrentamento específicos. Porém, para os fins deste trabalho, é preciso restringir ainda mais o sentido da expressão, para que abranja "... *apenas a competência legislativa para a instituição... de tributos...*" noção em que o termo é mais correntemente utilizada[394].

Trata-se, mais precisamente, da competência para criar a norma cuja incidência fará nascer a relação jurídica que enlaça um sujeito ativo e um sujeito passivo, vinculando-os a uma prestação pecuniária, chamada "tributo", que o primeiro tem o "direito" de receber e o segundo tem o "dever" de pagar.

Nas palavras de CARRAZZA, o conteúdo dessa competência é a "... *norma padrão de incidência (o arquétipo, a regra-matriz) de cada exação...*", ou seja, "... *a hipótese de incidência possível, o sujeito ativo possível, o sujeito passivo possível, a base de cálculo possível e a alíquota possível, das várias espécies e subespécies de tributos*"[395].

Como se trata de espécie da competência legislativa, a competência tributária *stricto sensu* só pode ser titulada por aquelas pessoas capazes de legislar, isto é, pelas pessoas políticas – União, Estados, Distrito Federal e Municípios. Por isso, se qualquer outra pessoa, que não uma pessoa política – aí se incluem, portanto, autarquias, fundações públicas, pessoas jurídicas de direito privado, pessoas naturais *etc.* –, pretender legislar sobre tributos, dar-se-á o caso em que se produzirá norma que não passará sequer pelo filtro da existência e, portanto, não deverá gozar sequer de presunção de validade[396].

---

[394] ANDREI PITTEN VELLOSO, **Constituição Tributária Interpretada**, p. 9.
[395] **Curso de Direito Constitucional...**, *op. cit.*, p. 482.
[396] A hipótese pode parecer cerebrina, mas verificou-se concretamente, a nosso ver, no caso em que se discutia a possibilidade de conselhos profissionais intrometerem modificações nos critérios quantitativos das contribuições profissionais ou corporativas, instituídas pela União em seu favor. Eis alguns excertos da ementa do acórdão do STF que julgou a questão, com repercussão geral: "(...) 3. *A Lei nº 11.000/04, que autoriza os Conselhos de fiscalização de profissões regulamentadas a fixar as anuidades devidas por pessoas físicas ou jurídi-*

A partir deste momento, portanto, as referências que se fizer à competência tributária dirão respeito à competência de que as pessoas constitucionais são investidas para, validamente, editar veículos introdutores de normas de incidência tributária, isto é, atos normativos que disciplinam o surgimento de relações jurídicas tributárias[397].

A "competência tributária" de que falamos, apressamo-nos em esclarecer, não se confunde com a chamada "capacidade tributária ativa", isto é, com a legitimação para integrar o polo ativo de uma relação jurídica tributária, na posição de credor da importância pecuniária denominada "tributo". Mesmo que, via de regra, as duas prerrogativas se enfeixem na mesma pessoa constitucional, deve-se ter claro que uma coisa é ser competente para criar o tributo; outra, muito distinta, é estar legitimado para exigi-lo.

Costuma-se dizer, e também assim o fazíamos, quando da primeira versão deste texto, que a competência tributária seria indelegável e irrenunciável, enquanto a capacidade tributária ativa seria passível de transferência pelo seu titular[398]. Contudo, acabamos convencidos, por Mau-

---

cas, não estabeleceu expectativas, criando uma situação de instabilidade institucional, ao deixar ao puro arbítrio do administrador o estabelecimento do valor da exação – afinal, não há previsão legal de qualquer limite máximo para a fixação do valor da anuidade. 4. O grau de indeterminação com que os dispositivos da Lei nº 11.000/2000 operaram provocou a degradação da reserva legal (art. 150, I, da CF/88). Isso porque a remessa ao ato infralegal não pode resultar em desapoderamento do legislador para tratar de elementos tributários essenciais. Para o respeito do princípio da legalidade, seria essencial que a lei (em sentido estrito) prescrevesse o limite máximo do valor da exação, ou os critérios para encontrá-lo, o que não ocorreu. 5. Não cabe aos conselhos de fiscalização de profissões regulamentadas realizar atualização monetária em patamares superiores aos permitidos em lei, sob pena de ofensa ao art. 150, I, da CF/88. 6. Declaração de inconstitucionalidade material sem redução de texto, por ofensa ao art. 150, I, da Constituição Federal, do art. 2º da Lei nº 11.000, de 15 de dezembro de 2004, de forma a excluir de sua incidência a autorização dada aos conselhos de fiscalização de profissões regulamentadas para fixar as contribuições anuais devidas por pessoas físicas ou jurídicas, e, por arrastamento, da integralidade do seu § 1º. (...) – **Recurso Extraordinário nº. 704.292.**
[397] A ideia de norma de incidência corresponde, precisamente, a uma das seis possíveis noções de "tributo", apontadas por Paulo De Barros Carvalho – **Curso...**, *op. cit.*, p. 51. Daí não ser estranho que se faça referência, simplesmente, à competência tributária, e não à competência para editar normas de incidência tributária. A alusão a "tributo" é suficiente, nesse contexto, para aludir à norma que prescreve a instauração da relação jurídica tributária.
[398] **As Normas de Competência Tributária,** *passim.*

rício Dalri Timm Do Valle, de que mesmo a posição de sujeito ativo – a dita "capacidade tributária ativa" – não pode ser objeto de delegação, exceto nos casos em que a Constituição expressamente franqueia essa possibilidade[399]. Trata-se, basicamente, dos casos do imposto territorial rural – ITR (art. 153, §4º, III), das contribuições sindicais (art. 8º, IV) e das contribuições ao chamado "sistema 'S'" (art. 240) cuja legislação, pré-existente à Constituição Federal e por ela recepcionada, tenha previsto essa possibilidade de delegação.

Afinal, se as competências tributárias foram deferidas com o objetivo de prover os meios de sustento dos entes federados, e se o constituinte cuidou de discriminar pontualmente as hipóteses em que é possível transferir a posição de sujeito ativo da relação jurídica tributária a terceiros, então parece-nos sem sentido supor a existência dessa livre delegabilidade, no plano constitucional.

Aliás, se, no caso da União e dos Estados, a Constituição não apresenta enunciado algum que possibilite concluir pela existência ou inexistência dessa prerrogativa de transferir a "capacidade tributária ativa" – o que poderia indicar a existência de lacuna no tratamento constitucional do tema –, no caso dos Municípios, a Constituição não apenas omitiu qualquer indicação no sentido da possibilidade de delegar a prerrogativa de arrecadá-lo, como, agindo em sentido diametralmente contrário, foi expressa em estabelecer que compete aos Municípios não só instituir, mas também "... *arrecadar os tributos de sua competência*" (art. 30, III).

De se destacar, a propósito, que o art. 7º, *caput*, do CTN, ao dizer da possibilidade de delegação da *"... atribuição das funções de arrecadar ou fiscalizar tributos, ou de executar leis, serviços, atos ou decisões administrativas em matéria tributária..."*, remete expressamente ao art. 18, §3º, da Constituição de 1946, que, a seu turno, parece fazer referência não exatamente à possibilidade de transferência da **titularidade** do crédito tributário, mas apenas à possibilidade de transferência da atribuição do **encargo, mera-**

---

[399] **Princípios Constitucionais e Regras-Matrizes de Incidência do Imposto sobre Produtos Industrializados – IPI**, p. 223-246.

mente operacional, de executar *"... leis e serviços... [e] atos e decisões..."* de outro ente federado[400].

A seu turno, a previsão do §3º do art. 7º do CTN, segundo a qual *"Não constitui delegação de competência o cometimento, a pessoas de direito privado, do encargo ou da função de arrecadar tributos"*, também parece dizer respeito à possibilidade de atribuição de uma função instrumental, administrativa, servil, de arrecadar o tributo, com vistas a repassá-lo ao titular do crédito, e não à possibilidade de o sujeito competente transferir a outrem a própria qualidade de credor do tributo, isto é, a própria qualidade de sujeito ativo da relação jurídica tributária[401].

Com efeito, não se pode extrair, do art. 7º do CTN, a conclusão de que a posição de sujeito ativo seria delegável fora das hipóteses constitucionalmente autorizadas, até porque o art. 119 do mesmo Código estabelece ser *"Sujeito ativo da obrigação [tributária]... a pessoa jurídica de direito público, titular da competência para exigir o seu cumprimento"*. Ora, mesmo partindo da premissa de que a Constituição, como regra, não regulou a questão relativa à delegabilidade da capacidade tributária ativa, tal como parte MAURÍCIO DALRI TIMM DO VALLE – conclusão que, pelo menos no que concerne aos Municípios, parece-nos questionável, *ex vi* do art. 30, II, da CF –, o disposto no art. 119 do CTN será, então, suficiente para colmatar essa lacuna e regular plenamente a questão, proscrevendo inteiramente a possibilidade de delegação, exceto naquilo em que essa determinação conflitar com alguma previsão constitucional. A afirmação de PAULO DE BARROS CARVALHO no sentido que o art. 119 do CTN *"... briga com o sistema..."*, ao investir contra o universo da parafiscalidade, parece-

---

[400] Diz aquele dispositivo da CF/46, na redação que lhe deu a EC nº 1/65: *"... Mediante acordo com a União, os Estados poderão encarregar funcionários federais da execução de leis e serviços estaduais ou de atos e decisões das suas autoridades; e, reciprocamente, a União poderá, em matéria da sua competência, cometer a funcionários estaduais encargos análogos, provendo às necessárias despesas"*.
[401] Foi nesse sentido, por exemplo, que a Constituição autorizou a *"... cobrança da contribuição [para o custeio da iluminação pública...] na fatura de consumo da energia elétrica"* (art. 149-A, parágrafo único). Decididamente não se trata de uma autorização para que o crédito relativo à referida contribuição passe à titularidade da concessionária do serviço público de fornecimento de energia elétrica; trata-se isso sim, de uma simples autorização para que o Fisco, validamente, atribua a terceiro a função de agir como seu auxiliar na tarefa de coletar o tributo devido. .

-nos carente de demonstração[402]. Como diz Maurício Dalri Timm Do Valle, o art. 119, longe de "brigar com o sistema", é, isso sim,

> "... parte integrante do sistema. É, inclusive, o único enunciado que forma a base axiomática do sistema. Além disso, o argumento de que o art. 119 do CTN afastaria a possibilidade do fenômeno da 'parafiscalidade', parece-nos, é igualmente fraco, desde que a existência ou inexistência da parafiscalidade é tema a ser definido pelo direito positivo. Não é porque há uma teoria da parafiscalidade que, no sistema tributário brasileiro, deverá estar ela presente"[403].

Portanto, a competência tributária é sempre irrenunciável e indelegável, o que também se verifica, como regra, com a capacidade tributária ativa, que apenas pode ser delegada nos casos em que a Constituição o autoriza.

Voltando ao ponto, ao cabo desse tópico deixamos claro que estamos a adotar, aqui, a noção mais estrita de "competência tributária", em que ela corresponde à prerrogativa de, mediante lei, finalizar o processo de criação do tributo.

Essa noção mais estrita de competência tributária normalmente abrange, também, a competência para não tributar, ou para afastar da tributação, certas pessoas ou fatos[404]. Como ensina Souto Maior Borges, "No poder de tributar se contém o poder de eximir, como o verso e reverso de uma medalha. (...) O poder de isentar é o próprio poder de tributar visto ao inverso"[405]. As isenções, de fato, nada mais são do que regras mutiladoras da norma de incidência, como demonstrou Paulo De Barros Carvalho, não sendo outra a razão pela qual o art. 150, §6º, da Constituição Federal estabelece que "... Qualquer subsídio ou isenção... só poderá ser concedido mediante lei espe-

---

[402] **Curso de Direito Tributário**, op. cit., p. 312.
[403] **Princípios Constitucionais...**, op. cit., p. 236.
[404] Diz-se que a competência para tributar apenas "normalmente" abrange a competência para isentar (negar a tributação) porque há casos em que a Constituição não atribui ao próprio sujeito competente, mas a outros, a prerrogativa de estabelecer isenções e incentivos fiscais. É o caso, por exemplo, do que está estabelecido nas regras dos arts. 155, §2º, XII, e 156, §3º, da Constituição Federal.
[405] **Teoria Geral...**, op. cit., p. 30-31.

*cífica... que regule exclusivamente as matérias acima enumeradas **ou o correspondente tributo ou contribuição...***"[406-407].

E assim, com essa restrição do conceito, fruto de uma escolha, logramos aproximar-nos um pouco mais do objeto a que nos estamos referindo. Contudo, para que esse objeto de investigação reste efetivamente claro, ainda é preciso responder a uma segunda questão: o que significa, exatamente, investir alguém de competência tributária?

3.2.3 O que significa atribuir "competência tributária"?

Diferentemente do que pode parecer à primeira vista, está longe de ser claro, na doutrina tributarista brasileira, o conceito de "competência tributária".

De fato, esse é daqueles conceitos sobre que muito se fala, e pouco se discute. Talvez não seja uma prova inconteste, mas certamente é um sugestivo sintoma da confusão que existe em torno do significado da expressão "competência tributária", a variedade de expressões que se usa para defini-la.

Por um lado, a miríade de vocábulos que compõem o núcleo das definições de "competência" cunhadas pela Dogmática – não só do Direito Tributário, mas, também, do Direito Constitucional e Administrativo – é integrada por palavras tão distintas como "poder"[408], "faculdade"[409],

---

[406] Diz o mestre paulista: *"Guardando a sua autonomia normativa, a regra de isenção investe contra um ou mais dos critérios da norma-padrão de incidência, mutilando-os, parcialmente"* – **Curso de Direito Tributário**, *op. cit.* p. 504.

[407] Ressalve-se que, muitas vezes, a concessão de isenções e benefícios não está ao talante do ente competente para a instituição do tributo, como nas hipóteses relativas: (i) às isenções benefícios do ICMS (CF, art. 155, §2º, XII, "g"), cuja instituição está condicionada à deliberação das demais unidades federativas; (ii) à isenção do ICMS nas exportações (CF, art. 155, §2º, XII, 'e'), que compete à União ainda que se tenha tornado inútil com a ampliação da imunidade da alínea "a" do mesmo dispositivo; (iii) à isenção do ISS nas exportações (CF, art. 155, §3º, II), que compete à União; (iv) segundo pensamos, à instituição de custas dos serviços forenses e dos emolumentos (CF, arts. 24, IV e 236, §2º); e (v) às isenções concedidas por meio de tratados internacionais.

[408] Trata-se da expressão de uso mais frequente, sendo utilizada, em maior ou menor grau, por praticamente todos os autores consultados.

[409] *"A competência para conceder benefícios fiscais por meio de leis infraconstitucionais constitui **faculdade**..."* – Clélio Chiesa, **Competência Tributária...**, *op. cit.*, p. 72; *"A atribuição de*

"potestade"[410], "capacidade"[411], "possibilidade"[412], "habilitação"[381], "qualificação, adjetivação"[382], "prerrogativa"[383], "aptidão"[384], "atribuição"[385],

*competência tributária, por obra de disposição constitucional, a uma pessoa de direito público, outorga a esta uma **faculdade** que pode ou não ser utilizada"* – BERNARDO RIBEIRO DE MORAES, **Compêndio de Direito Tributário**, p. 127; *"A norma de competência tributária, constitucional por sua natureza, quando confere a uma das esferas de governo a **faculdade** inerente ao estabelecimento de tributos..."* – JOSÉ ROBERTO VIEIRA, E, Afinal..., op. cit., p. 620; *"Competência é a **faculdade** juridicamente atribuída a uma entidade ou a um órgão ou agente do Poder Público para emitir decisões..."* – JOSÉ AFONSO DA SILVA, **Curso de Direito Constitucional Positivo...**, op. cit., p. 477; *"... competência tributária consiste na aptidão ou **faculdade** para criar tributos..."* – PAULO LUCENA DE MENEZES, **Comentários ao Código Tributário Nacional**, p. 62; *"Competência tributária significa... a **faculdade** de exercer o poder tributário, do ponto de vista material, sobre um setor determinado..."* – JOSÉ SOUTO MAIOR BORGES, **Isenções Tributárias**, p. 26-27; *"A competência atribuída pelo constituinte é **faculdade**, às vezes obrigação, para o legislador infraconstitucional das pessoas políticas de direito público interno, editar normas que disciplinem a matéria tributária."* – JÚLIO MARIA DE OLIVEIRA, **Internet e Competência Tributária...**, op. cit., p. 52; *"No plexo das **faculdades** legislativas que o constituinte estabeleceu, figura a de editar normas que disciplinem a matéria tributária..."* – PAULO DE BARROS CARVALHO, **Curso...**, op. cit., p. 266. A noção de competência como "faculdade" aparece também em: LUÍS EDUARDO SCHOUERI, **Direito Tributário**, p. 237; HECTOR VILLEGAS, **Curso de Direito Tributário**, p. 82; e SAINZ DE BUJANDA, *"Poder Financiero", in **Notas de Derecho Financiero**, p. 5. Sem os destaques, nos originais.

[410] *"Perante uma regra atributiva de competência, o legislador está numa situação de **potestade**..."* – ANDREI PITTEN VELLOSO, **Conceitos e Competências...**, op. cit., p. 164-165. Sem o destaque, no original.

[411] *"... descentralização da **capacidade** legislativa, repartindo entre as unidades federativas a competência para criar leis..."* – CHIESA, **Competência Tributária...**, op. cit., p. 31; *"No poder fiscal, ou competência tributária, conferido à entidade pública, há implicitamente a outorga de uma **capacidade** legislativa plena..."* – BERNARDO RIBEIRO DE MORAES, **Compêndio...**, op. cit., p. 126; *"... competência equivale à **capacidade** no Direito privado, isto é, ao poder de praticar atos jurídicos..."* – FERNANDA DIAS MENEZES DE ALMEIDA, **Competências...**, op. cit, p. 38. "O Poder é a **capacidade** de agir (força natural e racional) imanente ao Estado..." – ALFREDO AUGUSTO BECKER, **Teoria Geral do Direito Tributário**, p. 268. Sem os destaques, nos originais.

[412] *"... **possibilidade** de editar comandos normativos sobre assuntos de sua competência"* – CLÉLIO CHIESA, **Competência...**, op. cit., p. 26; *"... uma parcela de poder fiscal atribuída à pessoa jurídica de direito público, que lhe dá a **possibilidade** de criar o tributo"* – BERNARDO RIBEIRO DE MORAES, **Compêndio...**, op. cit., p. 130; *"... a **possibilidade** de editar veículos introdutores de enunciados prescritivos"* – EURICO MARCOS DINIZ DE SANTI, **Decadência e Prescrição no Direito Tributário**, p. 79; *"... da norma constitucional que regula a competência decorre uma potencialidade, uma virtualidade – a **possibilidade** mesma de criação do tributo."* – GERALDO

"autorização"[418], "direito de imposição"[387], "qualidade"[388], "função", "poder-dever"[389], "limitação"[390], "alcance normativo"[391], "anuência"[392],

---

ATALIBA, **Sistema Constitucional...**, *op. cit.*, p. 120; *"... **possibilidade** de legislar para a produção de normas jurídicas sobre tributos"* – PAULO DE BARROS CARVALHO, **Curso...**, *op. cit.*, p. 267. *"... competência tributária (**possibilidade** de criar o tributo)..."* – ANIS KFOURI JR, **Curso de Direito Tributário**, p. 90. Sem os destaques, nos originais.

[413] *"A norma de competência tributária... quando outorga a **habilitação** para assentá-los em nossa realidade de direito... termina necessariamente por oferecer dados essenciais da norma jurídica de incidência dos respectivos tributos."* – JOSÉ ROBERTO VIEIRA, **E, Afinal...**, *op. cit.*, p. 620. Sem os destaques, no original.

[414] *"Para ser competente é necessário ser **qualificado, adjetivado** pelo direito positivo como tal..."* – TÁCIO LACERDA GAMA. **Competência Tributária...**, *op. cit.*, p. 68. Sem os destaques, no original.

[415] *"... **prerrogativa** de instituir a obrigação de pagar tributos"* – ANDRÉ PORTELLA, **Comentários ao Código Tributário Nacional**, p. 30. Sem o destaque, no original.

[416] *"... **aptidão** para fixá-los..."* – JOSÉ ROBERTO VIEIRA, **E, Afinal...**, *op. cit.*, p. 620; *"... competência tributária consiste na **aptidão** ou faculdade para criar tributos"* – PAULO LUCENA DE MENEZES, **Comentários...**, *op. cit.*, p. 62; *"... podemos conceituar a competência tributária como a **aptidão** da pessoa política de direito constitucional interno para expedir regras tributárias..."* – JÚLIO MARIA DE OLIVEIRA, **Internet...**, *op. cit.*, p. 52; *"... **aptidão** para criar tributos."* – LUCIANO AMARO, **Direito Tributário Brasileiro**, p. 99; *"... a **aptidão** de o Poder Público instituir tais exigências."* – MARCO AURÉLIO GRECO, **Contribuições: Uma Figura *Sui Generis***, p. 228; *"... **aptidão** para criar os tributos, legalmente e de forma abstrata"* – JOSÉ EDUARDO SOARES DE MELO, *Sistema Tributário – Bitributação, bis in idem, e Cumulatividade – Reformas*, In **Direito Tributário e Reforma do Sistema**, p. 133; *"Competência legislativa é a **aptidão** de que são dotadas as pessoas políticas para expedir regras jurídicas, inovando o ordenamento positivo."* – PAULO DE BARROS CARVALHO, **Curso...**, *op. cit.*, p. 266; *"... competência tributária, em sentido estrito, é a **aptidão** do poder legislativo para inserir, de forma inaugural, enunciados prescritivos de natureza tributária no ordenamento jurídico, observando a forma e o procedimento previstos pelo próprio sistema* – LUÍSA CRISTINA MIRANDA CARNEIRO – **IPVA: teoria, prática e questões polêmicas**, p. 69. Sem os destaques, nos originais.

[417] *"Por competência tributária deve-se entender a **atribuição** ou **autorização** fornecida pela própria Constituição Federal para que determinada pessoa jurídica de Direito Público possa criar e arrecadar um tributo."* – PEDRO ROBERTO DECOMAIN, **Anotações ao Código Tributário Nacional**, p. 44; *"A competência legislativa é **atribuição** conferida com exclusividade às pessoas jurídicas de direito público e consiste em editar normas gerais e abstratas"* – ELIUD JOSÉ PINTO DA COSTA, **Competência Tributária**, p. 41-42. Sem os destaques, no original.

[418] *"A competência tributária consiste, pois, numa **autorização** e limitação constitucional para o exercício do poder tributário"* – JOSÉ SOUTO MAIOR BORGES, **Isenções...**, *op. cit.*, p. 26-27; *"As competências tributárias correspondem à **autorização** para os entes estatais tributarem..."* – LÚCIA VALLE FIGUEIREDO, **Estudos de Direito Tributário**, p. 16. Sem os destaques, nos originais.

"quantidade de poder"[425], "parcela de poder"[426], "campo impositivo de atuação"[427], "plexo de deveres e poderes públicos"[428], "legitimação"[429], "faculdade potencial"[430], "credenciamento"[431], "permissão"[432], "direito

---

[419] ZELMO DENARI, **Curso de Direito Tributário**, p. 23.
[420] "... a **qualidade** atribuída às pessoas jurídicas de direito público interno para instituir tributos discriminados nas Constituições..." – ZELMO DENARI, **Curso...**, op. cit., p. 24; "Competência é, assim, a **quantidade ou qualidade do poder funcional** que, na Administração, a lei atribui às pessoas, órgãos ou agentes públicos para manifestar sua vontade." – DIOGO DE FIGUEIREDO MOREIRA NETO, **Curso de Direito Administrativo**, p. 103. Sem os destaques, nos originais.
[421] "... poderes jurídicos que não se ajustam, rigorosamente, nem ao conceito de direito subjetivo, nem ao de direito potestativo, constituindo verdadeiro tertius genus: são **funções** ou **poderes-deveres**." – UBIRAJARA COSTÓDIO FILHO, **As Competências do Município na Constituição Federal de 1988**, p. 29. Sem os destaques, no original.
[422] JOSÉ SOUTO MAIOR BORGES, **Isenções...**, op. cit., p. 26-27.
[423] "... a norma jurídica discrimina, uma vez que determina o que está dentro e o que está fora de seu **alcance normativo**" – REINALDO PIZOLIO, **Competência...**, op. cit., p. 97. Sem o destaque, no original.
[424] "... os titulares da competência tributária são as pessoas jurídicas de direito público que receberam da Constituição Federal **anuência** para instituir tributos..." – ELIUD JOSÉ PINTO DA COSTA, **Competência Tributária**, p. 44. Sem o destaque, no original.
[425] "Competência é, assim, a **quantidade ou qualidade do poder funcional** que, na Administração, a lei atribui às pessoas, órgãos ou agentes públicos para manifestar sua vontade." – DIOGO DE FIGUEIREDO MOREIRA NETO, **Curso de Direito Administrativo**, p. 103. Sem o destaque, no original.
[426] "Esta **parcela de Poder**, delimitada quantitativa e qualitativamente, é a competência." – ALFREDO AUGUSTO BECKER, **Teoria Geral...**, op. cit., p. 269; "... a atribuição constitucional de competência tributária (**parcela de poder** fiscal)..." – BERNARDO RIBEIRO DE MORAES, **Compêndio...**, op. cit., p. 126. Sem os destaques, nos originais.
[427] ALEXANDRE MACEDO TAVARES, **Fundamentos de Direito Tributário**, p. 48.
[428] CELSO ANTONIO BANDEIRA DE MELLO, **Curso de Direito Administrativo**, p. 87.
[429] "Competência administrativa é a atribuição normativa da **legitimação** para a prática de um ato administrativo." – MARÇAL JUSTEN FILHO, **Curso de Direito Administrativo**, p. 195. Sem os destaques, no original.
[430] ROQUE ANTONIO CARRAZZA, **Curso de Direito Constitucional...**, op. cit., p. 473.
[431] "... **está credenciado** a criar tributos". CARRAZZA, R. A. **Curso de Direito Constitucional...**, op. cit., p. 478. Sem os destaques, no original.
[432] "Competência, em termos jurídicos, é a **permissão** para praticar atos (tomar decisões) cujo resultado é a criação de normas válidas..." – EURICO MARCO DINIZ DE SANTI E DANIEL MONTEIRO PEIXOTO, PIS e Cofins na Importação, Competência: entre Regras e Princípios, **Revista Dialética de Direito Tributário**, nº. 121, p. 35; "... a competência tributária identifica-se com a **permissão**

subjetivo"[433], "direito e, em certas circunstâncias, dever"[434]; "direito potestativo"[435], "virtualidade"[436] e "possibilidade jurídica"[437].

Por outro lado, é igualmente vasto o universo das expressões de que se vale a doutrina para fazer referência à "incompetência" tributária. Fala-se, via de regra, em "imunidade"[438], mas também se alude a "vedação, negativa ou inibição" (ao exercício da competência)[439], "vedação ao

---

*para criar tributos, isto é, com o **direito subjetivo** de editar normas jurídicas tributárias."* – ROQUE ANTONIO CARRAZZA, **Curso de Direito Constitucional...**, *op. cit.*, p. 474; *"Competência tributária é a **permissão** constitucional para instituir tributo"* – ELIUD JOSÉ PINTO DA COSTA, **Competência Tributária**, p. 42. Sem os destaques, nos originais.

[433] *"... a competência tributária é um **direito subjetivo** das Casas Parlamentares de baixarem leis em matéria tributária."* – RENATO LOPES BECHO, **Lições de Direito Tributário: Teoria Geral e Constitucional**, p. 234. Sem os destaques, nos originais.

[434] ELIUD JOSÉ PINTO DA COSTA, **Competência Tributária**, p. 43

[435] *"A aptidão para criar tributos corresponde ao **direito potestativo** de criar, modificar e revogar obrigações tributárias, sendo referenciado pela norma constitucional como 'poder tributário'."* – VÍTOR MARTINS FLORES, *Imunidade das Exportações: créditos acumulados das contribuições para o PIS e o COFINS, In* ELIZABETH NAZAR CARRAZZA (coord.); DANIL MORETI (org.). **Imunidades Tributárias**, p. 248. Sem os destaques, no original.

[436] *"... da norma constitucional que regula a competência decorre uma potencialidade, uma **virtualidade**..."* – GERALDO ATALIBA, **Sistema Constitucional...**, *op. cit.*, p. 120; *"... confere à pessoa política contemplada a **virtualidade** de criar certo e determinado tributo..."* – ROQUE ANTONIO CARRAZZA, **Curso de Direito Constitucional...**, *op. cit.*, p. 487. Sem os destaques, nos originais.

[437] NARCISO AMORÓS RICA diz que competência tributária é *"... a **faculdade** ou a **possibilidade jurídica** de o Estado exigir contribuições das pessoas ou bens que se achem dentro de suas fronteiras ou limites territoriais."* – Apud ROQUE ANTONIO CARRAZZA, **Curso de Direito Constitucional...**, *op. cit.*, p. 472, nota 4; "Competência tributária, dito de outro modo, é a **possibilidade jurídica** que têm a União, os Estados, os Municípios e o Distrito Federal, para criar, por lei, os tributos que a Constituição lhes reservou – ELIUD JOSÉ PINTO DA COSTA, p. 43. Sem os destaques no original.

[438] PAULO DE BARROS CARVALHO define as normas de incompetência como *"a classe finita e imediatamente determinável de normas jurídicas, contidas no texto da Constituição Federal, e que estabelecem, de modo expresso, a incompetência das pessoas políticas de direito constitucional interno para expedir regras instituidoras de tributos que alcancem situações específicas e suficientemente caracterizadas"* – **Curso...**, *op. cit.*, p. 234.

[439] *"... é uma **vedação**, **uma negativa**, **uma inibição** para o exercício da competência tributária..."* – JOSÉ SOUTO MAIOR BORGES, **Isenções...**, *op. cit.*, p. 206-207; *"... fica **vedada** ou **proibida**, não apenas a cobrança ou exigência, mas a própria instituição de imposto"* – RUY BARBOSA NOGUEIRA, **Imunidades Contra Impostos na Constituição Anterior e sua Disciplina Mais Completa na Constituição de 1988**, p. 194; *"... delimitam determinadas áreas em que é **vedado** ao*

poder de tributar"[440], "impotência (não-competência)", "não sujeição"[441], "impossibilidade de cogitação"[442], "não-permissão"[443], "impossibilidade de incidência", "proibição"[444], "interdição"[445], "óbice"[446], "obstá-

---

Estado exercer sua competência tributária" – BETINA TREIGER GRUPENMACHER, **Eficácia e Aplicabilidade das Limitações Constitucionais ao Poder de Tributar**, p. 133; *"As normas jurídicas imunizantes em sentido amplo são aquelas construídas pelo intérprete a partir de enunciados instalados na Constituição Federal, expressando-se com linguagem na **função proibida ou vedatória**..."* – MÁRCIO PESTANA, **O princípio da imunidade tributária**, p. 70. *"... vedam o estabelecimento de regras incidência sobre determinadas materialidades ou pessoas..."* – ANDREI PITTEN VELLOSO, **Constituição Tributária...**, *op. cit.*, p. 9. Sem os destaques, nos originais.

[440] *"... **vedações absolutas ao poder de tributar** certas pessoas (subjetivas) ou certos bens (objetivas) e, às vezes, uns e outras."* – ALIOMAR BALEEIRO, **Direito Tributário Brasileiro**, p. 87. Sem os destaques, nos originais.

[441] *"Perante uma regra de imunidade (de competência negativa), o legislador encontra-se num estado de **impotência (não-competência)**, e os particulares, numa situação de imunidade, (não-sujeição)."* – ANDREI PITTEN VELLOSO, **Conceitos e Competências...**, *op. cit.*, p. 164-165. Sem os destaques, no original.

[442] *"Matéria imune é aquela que **não pode sequer ser cogitada pelo legislador como objeto de imposição**."* – ANDRÉ PORTELLA, **Comentários...**, *op. cit.*, p. 44. Sem os destaques no original.

[443] *"... grupo de medidas que limita o poder tributário, ao excluir do seu âmbito de atuação determinados supostos fáticos previstos pelo legislador, **não permitindo** que sobre os mesmos sejam instituídos tributos"* – Idem. Sem os destaques, no original.

[444] *"... **proibição** de que determinadas pessoas ou coisas fossem tributadas."* – LÚCIA VALLE FIGUEIREDO, **Estudos...**, *op. cit.*, p. 18; *"... imunidade é a **impossibilidade de incidência** que decorre de uma **proibição** imanente, porque constitucional..."* – GILBERTO ULHÔA CANTO, **Temas de Direito Tributário**, p. 190; *"... imunidade tributária é a **proibição** de instituição e cobrança de tributos a pessoas e/ou sobre atos, fatos ou situações, quando expressamente formulada na própria Constituição Federal."* – GILBERTO ULHÔA CANTO, *Imunidade Tributária – Entidades Fechadas de Previdência Privada (Fundos de Pensão)*, **Revista de Direito Tributário** n. 61, p. 19; ÁLVARO MELO FILHO, **Código Tributário Nacional**, p. 11; *"... substanciam **proibições** claras e peremptórias, com indicação precisa do objeto de **interdição**..."* – PAULO DE BARROS CARVALHO, *Imunidades Tributárias*, **Revista de Direito Tributário**, p. 104/105; *"A essa **proibição** constitucional de instituir tributos dá-se o nome de imunidade tributária."* – ANIS KFOURI JR, **Curso...**, *op. cit.*, p. 102. Sem os destaques, nos originais.

[445] *"... substanciam **proibições** claras e peremptórias, com indicação precisa do objeto de **interdição**..."* – PAULO DE BARROS CARVALHO, *Imunidades Tributárias*, **Revista de Direito Tributário**, p. 104/105.

[446] *"A regra jurídica de imunidade é regra jurídica no plano da competência dos poderes públicos – **obsta** à atividade legislativa impositiva, retira ao corpo que cria impostos qualquer competência para

culo"[447], "não-poder"[448], "impedimento"[449], "inexistência de poder"[450], "intributabilidade"[451], "insuscetibilidade de imposição"[452], "supressão"[453], "limitação"[454], "exclusão"[455], ou "delimitação"[456] do poder de tributar ou da competência tributária, "impossibilidade de tributação"[457], "dever de omitir"[426], "exceção à competência"[427] etc.

---

pôr na espécie." – PONTES DE MIRANDA, **Comentários à Constituição de 1946**, p. 156. Sem os destaques, no original.

[447] "... *o obstáculo decorrente de regra da Constituição à incidência de regra jurídica de tributação...*" – HUGO DE BRITO MACHADO, **Curso de Direito Tributário**, p. 213. Sem os destaques, no original.

[448] "... *a qualidade da situação que não pode ser atingida pelo tributo...*" – LUCIANO AMARO, **Direito Tributário Brasileiro**, p. 151. Sem os destaques, no original.

[449] *"A imunidade impede que a lei defina como hipótese de incidência tributária aquilo que é imune."* – HUGO DE BRITO MACHADO, **Curso...**, op. cit., p. 213. Sem os destaques no original.

[450] "... *nas situações imunes, não existe (nem preexiste) poder de tributar."* – LUCIANO AMARO, **Direito Tributário...**, op. cit., p. 151. Sem os destaques no original.

[451] "... *exsurge a imunidade como norma constitucional demarcatória da competência tributária, por continente de hipótese de intributabilidade, e de outro, constitui direito público subjetivo das pessoas direta ou indiretamente por ela favorecidas."* – REGINA HELENA COSTA, **Imunidades Tributárias**, p. 51. Sem os destaques, no original.

[452] "... *uma Não Incidência Qualificada, porque as situações ou fatos são jurídica e previamente qualificados pela Constituição como insuscetíveis de imposição."* – RUY BARBOSA NOGUEIRA, **Imunidades...**, op. cit., p. 194. Sem os destaques, no original.

[453] *"A imunidade é, assim, uma forma de não-incidência pela supressão da competência impositiva para tributar certos fatos, situações ou pessoas, por disposição constitucional.."* – RUY BARBOSA NOGUEIRA, **Curso...**, op. cit., p. 167. Sem os destaques, no original.

[454] *"É limitação da competência tributária..."* – HUGO DE BRITO MACHADO, **Curso...**, op. cit., p. 213. Sem os destaques, no original.

[455] "... *exclusão tanto do poder, como da competência tributária."* – RUY BARBOSA NOGUEIRA, **Imunidades...**, op. cit., p. 194. "... *deixa determinados eventos ou situações expressamente fora da competência impositiva dos entes tributantes."* – JAMES MARINS, *Fundações Privadas e Imunidade Tributária*, **Revista Dialética de Direito Tributário**, nº. 28, p. 22. Sem os destaques, nos originais.

[456] "... *a imunidade tributária é norma constitucional de delimitação da competência..."* – LEANDRO MARINS DE SOUZA, **Tributação do Terceiro Setor no Brasil**, p. 138. Sem os destaques, no original.

[457] "... *imunidade é a impossibilidade de incidência que decorre de uma proibição imanente, porque constitucional..."* – GILBERTO DE ULHÔA CANTO, **Temas...**, op. cit., p. 190; *"Pode-se afirmar que as normas de imunidade, ao prescreverem a impossibilidade da tributação, contribuem, ao lado das normas que outorgam tal possibilidade, para delimitar o exato campo de competência tributária*

Como se vê, são dezenas de palavras e expressões que se costumam utilizar para fazer referência àquilo que parece ser – mas não é! – um só e mesmo objeto. Algumas delas são claramente próximas entre si, como "poder" e "potestade", enquanto outras são, no máximo, com muito boa vontade, primas distantes, como "capacidade" e "direito subjetivo".

Essa diversidade poderia ser apenas uma evidência da riqueza do vocabulário dos cultores do Direito Público e, em especial, dos cientistas do Direito Tributário. Não parece, contudo, que seja assim, pelas razões que se passa a expor.

Dentre as palavras utilizadas para conceituar competência, sem dúvida a mais frequente é "poder", ainda que, mais modernamente, muitos autores, para remediar uma confusão que o legislador e parte da doutrina fazem, apressem-se em delimitar o sentido da palavra, distinguindo o "poder" absoluto, ilimitado e pré-existente à Constituição, ligado à noção de "soberania", do "poder" limitado, constrito, fracionado e parcial, posterior à Constituição – e dela decorrente, – ligado à noção de "autonomia" [460-461].

---

dos entes políticos." – ANDRÉ PARMO FOLLONI, **Tributação sobre o Comércio Exterior**, p. 21. "... a imunidade é a ***impossibilidade de tributação*** – ou intributabilidade – de pessoas, bens e situações, resultante da vontade constitucional." – REGINA HELENA COSTA **Curso de Direito Tributário...**, op. cit., p. 79. Sem os destaques, nos originais.

[458] "A imunidade e as isenções (incluída a alíquota zero) são permissões explícitas do ponto de vista do contribuinte e configuram **proibições ou deveres de omissão** aos entes estatais." – ALIOMAR BALEEIRO, **Direito Tributário...**, p. 117; "No caso de dispositivos relativos à delimitação material de competência, o aplicador pode reconstruir, conjuntamente, duas normas: uma regra de conduta obrigatória que obriga alguém a exercer um poder somente sobre determinadas matérias; e uma regra de conduta proibitiva que **proíbe a alguém exercer poder** sobre outras matérias" – HUMBERTO ÁVILA, **Teoria dos Princípios**, p. 89. Sem os destaques, nos originais.

[459] "A imunidade é, portanto, regra de **exceção** e de delimitação de competência, que atua, não de forma sucessiva no tempo, mas concomitantemente" – ALIOMAR BALEEIRO, **Direito Tributário...**, op. cit., p. 116. Sem os destaques, no original.

[460] De fato, por um lado "A Constituição... emprega indistintamente 'poder de tributar' e 'competência tributária'." – CRISTIANE MENDONÇA, **Competência Tributária...**, op. cit., p. 43. Por outro lado, a associação entre as noções de "poder tributário", ligada à soberania, e "competência tributária", é recorrente tanto na doutrina internacional quanto na nacional, como observou JOSÉ ROBERTO VIEIRA, embora anotando que "... há muito já se estabeleceu a doutrina contrária a essa conexão entre o 'poder' ou a 'potestade' tributária à ideia de soberania" – E, Afinal..., op. cit., p. 610-618.

[461] TORBEN SPAAK observa que o termo "poder" ("*power*") é mais usado na tradição anglo-

Apesar desse uso corriqueiro, de maneira geral, os autores que recorrem ao vocábulo "poder" para aludir à competência tributária não parecem atinar – descartando a hipótese maléfica de simplesmente não darem importância – para o fato de que essa palavra, nas línguas latinas, é portadora de uma radical ambiguidade: com efeito, "poder" ora diz respeito à "possibilidade" de algo, isto é, à condição daquilo que é "possível", ora diz respeito à "permissão" que alguém tem para fazer algo, vale dizer, à condição daquilo que é "permitido"[462-463].

O problema é que essa ambiguidade não é facilmente eliminável pelo contexto – como ocorre, por exemplo, com a palavra "gato", conforme apontado no primeiro capítulo. Ao contrário, ela dá ensejo a tantos engodos que, diante de uma expressão tal como "Fulano 'pode' fazer isto", o intérprete, na função de tradutor da mensagem normativa, frequentemente se põe em severa dúvida quanto ao seu significado. Afinal, ela pode tanto significar que "Fulano é 'capaz' de fazer isso", quanto indicar que "a Fulano é 'permitido' fazer isso", caso em que, aliás, o primeiro sentido também estará presente e pressuposto.

-saxônica; na tradição continental europeia, escandinava e latino-americana o uso do termo "competência" é mais comum. Diz ele: *"Eu utilizo, como o leitor deve ter percebido, o termo 'competência jurídica' e não o termo 'poder jurídico' para designar o conceito em questão, e, fazendo-o, sigo o que se poderia chamar de uma tradição escandinava da Filosofia do Direito. Como Lars Lindahl observou, autores britânicos e norte-americanos preferem o termo 'poder', enquanto autores das tradições escandinava, continental-europeia e latino-americana costumam falar mais em 'competência'".* Tradução livre. No original inglês: *"I use, as the reader will have noticed, the term 'legal competence' and not the term 'legal power' to designate the concept in question, and in doing so I follow what might perhaps be called a Scandinavian tradition within the philosophy of law. As Lars Lindahl has pointed out, British and American writers prefer the term 'power,' while Scandinavian, Continental-European and Latin American writers speak rather of 'competence.'"* – The Concept..., op. cit., p. 1.

[462] Há idiomas em que esses dois sentidos da palavra "poder" são representados por palavras diferentes, como no inglês, em que se usa *"can"* para fazer referência a "capacidade" – "poder" no sentido de "possibilidade" – e *"may"* ou *"shall"* para indicar "permissão".

[463] Ross, a propósito, diagnostica problema semelhante nos conceitos de "direito" e "dever". Diz: *"...la división derecho-deber es demasiado superficial. El término 'derecho' cubre conceptos tan heterogéneos como pretensión, libertad, poder (competencia) e inmunidad; y no se distingue 'deber' de las otras modalidades pasivas"* – **Lógica de las...**, op. cit., p. 126.

Diz-se que o segundo significado – "poder" como "permissão" – pressupõe, logicamente, o primeiro – "poder" como "possibilidade", "capacidade", "habilitação" *etc.*, – porque, simplesmente, não faria sentido permitir a "Fulano" que fizesse algo que ele é incapaz de fazer, tanto quanto não faria sentido proibi-lo de fazê-lo ou obrigá-lo a tanto. Em outras palavras, só pode ter permissão para editar validamente a norma de incidência tributária aquele que é capacitado, habilitado, credenciado, ungido, legitimado para tanto.

Essa conexão essencial entre os dois sentidos – em que o segundo pressupõe o primeiro – não autoriza, porém, que se tome um pelo outro, muito menos abre ensanchas a que se obscureça a distinção entre eles.

Afinal, é seguro que nem tudo que é "possível" está "permitido", na medida em que o que é "possível" pode também ser "obrigatório" ou estar "proibido". E embora seja impossível deter "poder-permissão" sem deter "poder-possibilidade", é plenamente possível deter "poder-possibilidade" sem "poder-permissão". As noções são parcialmente independentes.

Parece residir precisamente nessa ambiguidade do verbo "poder" a explicação para a existência da já aludida e ilustrada variedade de concepções sobre o conceito de "competência tributária".

De fato, algumas das palavras que compõem o núcleo das definições acima exibidas, como "aptidão", "habilitação", "capacidade", "legitimação", "credenciamento" *etc.*, são claramente usadas como sinônimos de "poder" no sentido de "possibilidade" – cujo antônimo é representado pelas ideias de "impossibilidade" ou "impotência" (e a correlata "imunidade" do destinatário); – outras, como "faculdade", "permissão", "direito subjetivo" e "autorização", são utilizadas como sinônimas de "poder" no sentido de "permissão" – cujo antônimo está nas noções de "proibição", "vedação", "dever de omissão", entre outras [464].

---

[464] É preciso anotar, porém, que Cristiane Mendonça, a partir de uma tradução da "Teoria Geral das Normas", de Kelsen, concebe o termo "autorização" como referente ao poder-possibilidade, e não ao poder-permissão, tanto que fala em "autorização-permissão" para se referir à "competência cujo exercício não é imposto ao órgão destinatário" e em "autorização-imposição" para se referir à "competência que é imposta ao órgão destina-

Apesar da notória diferença entre os significados desses dois grupos de vocábulos, não é nada incomum que, ao definir "competência tributária", os autores se valham, simultaneamente, de expressões pertencentes a um e a outro campo semântico. Para ficar num só exemplo, CARRAZZA define competência tributária ora como "autorização", "faculdade", "faculdade potencial", "permissão" ou "direito subjetivo" de editar normas de incidência tributária, ora como "aptidão", "possibilidade", "habilitação", "credenciamento", "legitimação" e "virtualidade" para a instituição de tributos, ora, ainda, como "limite ao exercício do poder" ou como "proibição aos incompetentes"[465].

Essa maneira relativamente confusa de conceituar "competência tributária", equiparando possibilidade e permissão, é atribuível, em grande medida, ao fato de que o próprio legislador constitucional não esclarece quando se está valendo de correlatos do verbo poder apenas no primeiro sentido ou em ambos[466]. De fato, ao atribuir competência para legislar em matéria tributária, a Constituição ora fala em "poder" (arts. 145, 146-A, 148, 154, 195, §4), ora em "caber" (arts. 146, 155, §2º, XII), ora em "competir" (arts. 147, 149, 153, 155 e 156), ora em "facultar" (art. 155, §2º, V), ora em "incidir" (art. 155, §2º, IX, 195, I) *etc.*; e, ao estabelecer "imunidades" – ou outras formas de limites à competência tributária, – ora alude a "vedar" (arts. 150, 151, 152), ora a "não poder" (art. 145, §2º), ora a "não incidir" (art. 155, §2º, X, 156, §2º, I), ora a "não poder incidir" (art. 155, §3º) e ora a "isentar" (art. 195, §7º) *etc.*; em nenhuma dessas hipóteses, porém, deixa claro se está fazendo referência apenas à atribuição ou negação da capacidade, ou se está, também, regulando deonticamente o respectivo exercício. Isso vem ao encontro da seguinte observação de ROSS:

---

tário", de modo que "*... a sua omissão é contrária ao Direito, sendo passível de sanção*" – **Competência Tributária...**, *op. cit.*, p. 75.
[465] **Curso de Direito Constitucional...**, *op. cit.*, p. 472-490
[466] A confusão entre poder como permissão e como possibilidade aparece, ainda, em MICHEL TEMER, quando diz, de um lado, que aos Estados fica "*... proibido dispor sobre as competências da União... e as dos Municípios...*" e, de outro lado, que "*Nada podem dispor, também, a respeito das competências tributárias da União e dos Municípios. A tais competências o Estado não tem acesso*" – **Elementos de Direito Constitucional**, p. 85-86.

Si las leyes estuvieran *cuidadosamente pensadas y redactadas con precisión, no sería difícil decidir si una regla dada tenía el sentido de una regla de competencia (cuyo quebrantamiento produciría invalidez) o de una norma de conducta reguladora del ejercicio del poder (cuyo quebrantamiento produciría responsabilidad). Pero, desgraciadamente, esto no ocurre siempre* [467].

A confusão referida é atribuível, também, a uma tendência – que não é exclusividade da doutrina brasileira – de conceber as relações jurídicas apenas em termos de "deveres" e "direitos". Ocorre que, como mais uma vez bem observou Ross, invocando as lições de HOHFELD:

> ...a divisão dever/direito é demasiadamente superficial. O termo *direito* (*right, derecho*) (em sentido subjetivo) abrange conceitos tão heterogêneos como faculdade (*facultad, claim*), liberdade, poder (*potestade*) e imunidade, e não se distingue entre *dever* e as outras modalidades passivas. Essa análise incompleta em termos de dever/direito (*duty-right*) tem causado a confusão que caracteriza a linguagem jurídica, tanto na legislação como no estudo doutrinário do direito[468].

No que interessa ao objeto do presente trabalho, o problema está em que esse tratamento confuso entre os binômios "direito/dever" ("permissão/obrigação") e "competência/sujeição" conduz à tendência, quase irresistível para a nossa doutrina, de reconstruir os enunciados atribuidores de competência como permissões, ou, mais largamente, como enunciados prescritivos, regidos, na estrutura intraproposicional – e não apenas no interproposicional "functor-de-functor", – pelo "dever-ser", perspectiva que é ensejadora das mais diversas dificuldades e perplexidades, como se buscará deixar manifesto mais adiante.

Por ora, o que se quer deixar claro é que "ter competência tributária" é uma coisa, e ter "permissão para exercer a competência tributária" é outra, muito diferente.

Quem é dotado de competência tributária, no sentido estrito a que se referiu no tópico anterior, é, pura e simplesmente, "capaz" de, mediante

---

[467] ***Lógica de las...***, op. cit., p. 124
[468] **Direito e Justiça...**, op. cit., p. 200.

a observância de certo procedimento, fazer com que um sujeito ou grupo de sujeitos determinado seja obrigado a entregar certa soma de dinheiro a outro sujeito, sempre que ocorrido um fato específico. Quem é competente para instituir tributos, em outras palavras, está habilitado a produzir uma norma de incidência tributária válida, isto é, uma norma que não apenas "existe" no sistema, mas que, também, é de observância obrigatória por aqueles a quem é dirigida, aqueles de quem se espera o respectivo cumprimento e aplicação. Mas essa idoneidade do sujeito competente para produzir determinado resultado institucional – que, no caso, corresponde à norma tributária – é absolutamente independente do *status* deôntico dessa conduta. Isto é, o sujeito competente tanto pode ter permissão para exercer sua competência e produzir aquele resultado institucional, quanto pode ter o dever de praticar ou omitir essa conduta.

A distinção fica mais clara quando se reserva o verbo "poder" só para a descrição da relação de competência, e se utilizam "dever" ou proibir" ou "obrigar" para aludir à regulação deôntica dessa conduta, como na tabela a seguir:

Categoria	Descrição (tradução da mensagem normativa pelo destinatário)
Poder-permissão	"Posso – e tenho a permissão de – fazer" (Pp)
Poder-faculdade	"Posso – e tenho a permissão – tanto de fazer como de não fazer" (Fp)
Poder-dever	"Não só posso, como devo fazer" (Op); ou "posso fazer e estou proibido de omitir" ($V\sim p$)
Poder-proibição	"Posso, mas não devo fazer" (Vp); "Posso fazer, mas estou obrigado a não- fazer" ($O\sim p$)

Como se vê, nas competências cujo exercício é permitido ou facultado (poder-permissão/ poder-faculdade), o sujeito "pode" (está apto a) praticar a conduta e, ao mesmo tempo, não está obrigado a (não tem o dever de) realizá-la ou omiti-la; nas competências cujo exercício é obrigatório (poder-dever), o sujeito não só "pode" (está habilitado a), como "deve" praticar a conduta (está proibido de omiti-la); por fim, nas competências cujo exercício é proibido, o sujeito "pode" (tem a possibilidade de) praticá-la, mas "não deve" fazê-lo (deve omitir a sua prática).

Isso pode até parecer contraintuitivo, mas o fato é que encontramos, no Direito Tributário Brasileiro, exemplos de cada uma dessas situações.

Deixemos de lado, por ora, as competências cujo exercício é facultado ou permitido, porque, em relação a elas, haverá considerações adicionais a fazer, a partir da distinção entre permissões "fortes" e "fracas". Ademais, exemplos de competências tributárias cujo exercício é facultado ou permitido certamente não faltarão. Concentremo-nos, por ora, em fornecer exemplos de regras que, sem interferir na validade dos enunciados produzidos pelo sujeito competente, obrigam-no ou proíbem-no de exercer sua competência para tributar ou para isentar.

Um primeiro exemplo, já clássico, de competência tributária cujo exercício é obrigatório, é o daquela relativa à instituição do ICMS.

De fato, pode-se inferir essa obrigatoriedade a partir (i) do reconhecimento do caráter eminentemente nacional do ICMS, cuja não instituição por um dos Estados encetaria graves prejuízos aos demais; (ii) da regra constitucional segundo a qual as alíquotas internas desse imposto não podem ser inferiores às previstas para as operações estaduais, salvo deliberação em contrário dos Estados e do Distrito Federal (art. 155, §2º, VI); e (iii) da regra constitucional que condiciona a concessão (e revogação) de "isenções, incentivos e benefícios fiscais" à deliberação dos Estados e do Distrito Federal (art. 155, §2º, XII, "g").

Também se podem elencar, entre as competências tributárias cujo exercício é obrigatório, as relativas à instituição das contribuições previdenciárias dos servidores federais, estaduais, distritais e municipais.

Com efeito, segundo o art. 40, §18, da Constituição, a contribuição dos servidores da União não apenas poderá incidir, mas, sim, *"Incidirá..."*. É no mesmo sentido a alteração promovida, no art. 149, §1º, pela EC nº. 103/2019, que deixou ainda mais claro o dever de a União instituir essa contribuição.

A propósito, se, na redação originária da Constituição, o art. 149, §1º, estabelecia que Estados, Distrito Federal e Municípios *"... poderão instituir..."* contribuição para o custeio da previdência própria de seus servidores, a partir da EC nº. 41/2003, a Constituição passou a prever que eles *"... instituirão..."* tais contribuições. Antes da alteração promovida pela EC nº.

103/2019, o caráter imperativo da instituição vinha ainda reforçado pela determinação de que a alíquota da contribuição não fosse "*...inferior à da contribuição dos servidores titulares de cargos efetivos da União*". Por outro lado, o contraste do verbo "*... instituirão...*" com os verbos utilizados nas competências extraordinárias dos §§ 1º-A e 1ºB ("*...poderá...*", "*... é facultado...*"), inseridos no dispositivo por essa mesma emenda, parecem igualmente corroborar o tom imperativo do §1º.

A Constituição inclusive comina uma consequência negativa para o descumprimento do dever de instituir tais tributos, ao prever, em seus arts. 167, X e XIII, que são vedadas tanto "*... a transferência voluntária de recursos e a concessão de empréstimos..., pelos Governos Federal e Estaduais e suas instituições financeiras, para pagamento de despesas com pessoal ativo, inativo e pensionista, dos Estados, do Distrito Federal e dos Municípios*", quanto "*... a transferência voluntária de recursos, a concessão de avais, as garantias e as subvenções pela União e a concessão de empréstimos e de financiamentos por instituições financeiras federais aos Estados, ao Distrito Federal e aos Municípios na hipóteses de descumprimento das regras gerais de organização e de funcionamento de regime próprio de previdência social*". Isso, não há dúvida, reforça a existência de um comando constitucional no sentido do efetivo exercício dessa competência.

Também nos parece haver a obrigatoriedade de os Municípios e o Distrito Federal instituírem o ISS, em relação aos serviços "*... não compreendidos no art. 155, II, definidos em lei complementar...*" (art. 156, III). Isso porque a Constituição comina à lei complementar a tarefa de "*... fixar as suas alíquotas máximas e mínimas...*", bem como "*... regular a forma e as condições como isenções, incentivos e benefícios fiscais serão concedidos e revogados*" (art. 156, §3º, I e III), e o art. 88 do ADCT prevê que, enquanto não fosse editada essa lei complementar, a alíquota mínima seria de 2%, não sendo admissível "*... a concessão de isenções, incentivos e benefícios fiscais, que resulte, direta ou indiretamente, na redução da alíquota mínima estabelecida no inciso I*"[469].

No plano infraconstitucional, também há regra que obriga ao exercício das competências tributárias. Trata-se do art. 11 da Lei de Responsabilidade Fiscal (Lei Complementar nº. 101/2000), segundo o qual

---

[469] É nessa linha o pensamento de Maysa De Sá Pittondo Deligne – **Competência Tributária Residual e as Contribuições Destinadas à Seguridade Social**, p. 53-55.

"Constituem requisitos essenciais da responsabilidade na gestão fiscal a instituição, previsão e efetiva arrecadação de todos os tributos da competência constitucional do ente da Federação", sendo *"...vedada a realização de transferências voluntárias para o ente que não observe o disposto no caput, no que se refere aos impostos"*.

Há quem diga que esse dispositivo seria inconstitucional, porque violaria a suposta característica da "facultatividade" do exercício da competência tributária. Em nosso entendimento, porém, essa leitura parte de uma premissa, não demonstrada, segundo a qual haveria, na Constituição, uma norma que, positivamente, permitiria omitir o exercício das competências tributárias (permissão forte), e não uma simples lacuna na regulação deôntica do exercício das competências tributárias (permissão fraca), ou mesmo uma regra no sentido de compelir ao exercício das competências tributárias necessárias para fazer, de fato, financeiramente autônomos os entes federados. Trataremos, mais adiante, do tema. Para o momento, o que importa é demonstrar a possibilidade lógica de haver normas que proíbem o exercício ou a omissão do exercício de uma competência tributária.

Seguindo por essa senda, observamos que, quando da redação inicial deste texto, entre 2012 e 2013, queixávamo-nos da falta de casos concretos que pudessem ilustrar a possibilidade de haver regras proibitivas do exercício válido de uma competência tributária[470]. Hoje, porém, após alguns anos de reflexão e observação, cremos poder apresentar exemplos concretos de casos em que (i) é proibido estabelecer determinada norma de incidência tributária, sem que, no entanto, a norma editada em desobediência a essa prescrição seja inválida; ou (ii) é proibido estabelecer determinada norma de isenção, ou instituidora de outro benefício fiscal, sem que, no entanto, a norma daí resultante seja inválida.

No primeiro grupo, encontramos as disposições da Lei Complementar nº 157/2016, nos pontos em que, por meio de seus arts. 2º e 4º, alterou a Lei Complementar nº. 116/2003 e a Lei nº. 8.429/1992[471-440].

---

[470] **As Normas de Competência Tributária...**, op. cit., passim.
[471] *Art. 2º. A Lei Complementar nº 116, de 31 de julho de 2003, passa a vigorar acrescida do seguinte art. 80-A: Art. 80-A. A alíquota mínima do Imposto sobre Serviços de Qualquer Natureza é de 2% (dois por cento). § 1o O imposto não será objeto de concessão de isenções, incentivos ou benefícios tributários ou financeiros, inclusive de redução de base de cálculo ou de crédito presumido ou outorgado,*

Segundo o *caput* e o §1º do art. 8º-A da LC nº. 116/2003, por ela introduzido, a alíquota mínima do ISS será de 2%, não sendo franqueado ao legislador municipal ou distrital, seja por meio de isenções, seja por meio de outros benefícios, dar azo à cobrança do tributo sob uma carga inferior à que resultaria da aplicação desse percentual sobre a base de cálculo típica do ISS ("o preço do serviço").

Aqueles que concorrerem para a consumação do ato ilegal estarão sujeitos às penas da lei de improbidade, nos termos dos arts. 10-A e 12, IV, da Lei nº. 8.429/1992, o que revela que se trata de uma conduta proibida. Darão ensejo, ainda à caracterização do ato como renúncia de receita, para fins das consequências prescritas pelos arts. 11 e 14 da Lei de Responsabilidade Fiscal, o que também concorre para afirmar a existência da proibição.

Contudo, segundo os §§2º e 3º do art. 8º-A da LC nº. 116/2003, nem todos os atos praticados com infração a esse dispositivo ensejarão a nulidade da norma editada e o consequente dever de restituição do imposto pago. Apenas aquelas regras que se referirem a *"...serviço prestado a tomador ou intermediário localizado* **em Município diverso** *daquele onde está localizado o prestador de serviço..."* é que serão reputadas nulas, inclusive ensejando direito de restituição ao sujeito passivo que houver efetuado pagamento

---

ou sob qualquer outra forma que resulte, direta ou indiretamente, em carga tributária menor que a decorrente da aplicação da alíquota mínima estabelecida no caput, exceto para os serviços a que se referem os subitens 7.02, 7.05 e 16.01 da lista anexa a esta Lei Complementar. § 2º. É nula a lei ou o ato do Município ou do Distrito Federal que não respeite as disposições relativas à alíquota mínima previstas neste artigo no caso de serviço prestado a tomador ou intermediário localizado em Município diverso daquele onde está localizado o prestador do serviço. § 3o A nulidade a que se refere o § 2o deste artigo gera, para o prestador do serviço, perante o Município ou o Distrito Federal que não respeitar as disposições deste artigo, o direito à restituição do valor efetivamente pago do Imposto sobre Serviços de Qualquer Natureza calculado sob a égide da lei nula".

[472] *Art. 4º. A Lei nº 8.429, de 2 de junho de 1992 (Lei de Improbidade Administrativa), passa a vigorar com as seguintes alterações: "Seção II-A – Dos Atos de Improbidade Administrativa Decorrentes de Concessão ou Aplicação Indevida de Benefício Financeiro ou Tributário. Art. 10-A. Constitui ato de improbidade administrativa qualquer ação ou omissão para conceder, aplicar ou manter benefício financeiro ou tributário contrário ao que dispõem o caput e o § 1º do art. 8º-A da Lei Complementar nº 116, de 31 de julho de 2003." "Art. 12. (...)IV – na hipótese prevista no art. 10-A, perda da função pública, suspensão dos direitos políticos de 5 (cinco) a 8 (oito) anos e multa civil de até 3 (três) vezes o valor do benefício financeiro ou tributário concedido.*

em função da norma inválida. No caso, portanto, do estabelecimento de norma de incidência tributária que infrinja a regra da alíquota mínima de 2% – por exemplo, uma regra que estabeleça a alíquota de 1% –, mas que diga respeito a serviços prestados a tomador ou intermediário localizado no mesmo Município em que situado o prestador de serviço, simplesmente não haverá nulidade. Isto é, a regra será válida, e o tributo será mesmo devido à razão de 1%, não cabendo falar em restituição, ainda que a conduta dos gestores e do próprio Município seja proibida (e, inclusive, sancionada).

O segundo grupo das normas que proíbem o legislador de exercer validamente uma competência tributária é o compreendido pelos casos em que se proíbe a conduta de isentar ou conceder benefícios fiscais, sem, contudo, predicar nulidade dos enunciados produzidos com violação a essa proibição, ao contrário do que ocorre, por exemplo, com as isenções estabelecidas ao arrepio do que estabelece o art. 155, §2º, XII, "g", da Constituição Federal, ou em afronta a preceitos constitucionais como o da isonomia.

Nessa categoria identificamos, como primeiro exemplo, a Emenda Constitucional nº. 95/2016, que introduziu o chamado "Novo Regime Fiscal" – popularmente conhecida por "Emenda do Teto de Gastos", no Ato das Disposições Constitucionais Transitórias. Ela estabelece, no art. 109, §2º, I e II, do ADCT, que, descumprido o limite individualizado de despesas primárias do Executivo, fica vedada "... *a concessão ou a ampliação de incentivo ou benefício de natureza tributária*". Da violação a tal previsão, porém, não resulta a nulidade da norma criada, mesmo porque seria desarrazoado exigir, do sujeito contemplado com o benefício fiscal, conhecer a situação das contas do ente concedente para poder gozar do benefício. Em princípio, portanto, a criação de um benefício dessa natureza poderá levar, puramente, à aplicação do parágrafo único do art. 11 da Lei de Responsabilidade Fiscal e à sujeição dos responsáveis pelo seu estabelecimento a penas tais como as da lei de improbidade, à rejeição das contas – na medida que é da competência do Tribunal de Contas da União promover o controle externo das renúncias de receita (arts. 70 e 71 da Constituição Federal) – e ao dever de indenizar os prejuízos experimentados pelo ente federado. Não se trata, pois, de um caso de incompetência, mas sim da proibição do exercício (válido e eficaz) de uma competência.

Por fim, pode-se também divisar a existência de uma proibição à concessão de isenções diretamente decorrente do princípio federativo, a qual é aplicável a todos os casos em que a concessão de benefícios fiscais impossibilita ao ente federado a obtenção de recursos suficientes para fazer frente às suas tarefas constitucionais. Seria proibida, sem necessariamente ser nula, a concessão de benefícios fiscais em um patamar tal que comprometesse a autonomia financeira do ente federado.

É nesse sentido o pensamento de ELIUD JOSÉ PINTO DA COSTA, para quem *"... a instituição do tributo é obrigatória..."*, ou, pelo menos, *"... não é inteiramente facultativa para todas as pessoas tributantes"*. Essa conclusão, diz o autor, extrai-se *"... do próprio texto constitucional"*, e decorre, precisamente, da circunstância de que, *"... sem recursos financeiros..."*, *"... a União e as demais pessoas políticas..."* não poderiam *"... cumprir com todos os seus deveres institucionais..."*, sendo certo que *"A Constituição da República enumerou uma quantidade expressiva de atribuições que são de execução obrigatória..."*. Parece-lhe, contudo, *"... aceitável que se uma unidade da Federação produzisse a façanha de obter recursos para execução de todos os seus encargos com apenas um ou poucos dos seus tributos, os demais poderiam deixar de ser instituídos"*[473].

A propósito, nesse sentido, a Lei de Responsabilidade Fiscal (LRF) determina, em seu art. 14, que não se concedam ou ampliem benefícios fiscais (i) sem que se demonstre que a renúncia de receita foi considerada na estimativa de receita da lei orçamentária e não afetará as metas de resultados fiscais, ou (ii) sem que a desoneração esteja acompanhada de medidas de compensação. No segundo caso, a LRF estabelece que a entrada em vigor do benefício está condicionada à implementação da condição, o que, de fato, pode lançar dúvida sobre a validade do benefício efetuado sem a observância da regra. Porém, no primeiro caso, ainda que sem estar atendida a condição – qual seja, a demonstração de que a renúncia de receita foi considerada na estimativa de receita da lei orçamentária e não afetará as metas de resultados fiscais –, uma vez aprovada a lei, o benefício entrará em vigor e produzirá, perante o destinatário,

---

[473] **Competência Tributária,** *op. cit.,* p. 96-101.

os seus efeitos típicos, impedindo que ele venha a ser colhido, ou que venha a ser colhido com a mesma intensidade, pela norma de incidência tributária; em contrapartida, caberá a aplicação da sanção prevista no parágrafo único do art. 11 da Lei de Responsabilidade Fiscal e, ainda, será possível aplicar, contra os gestores, as sanções de rejeição das contas e pagamento de indenização aos cofres públicos. Eis aí, portanto, outro caso de proibição à produção de uma norma válida, isto é, de prescrição que é contrária ao exercício da competência tributária, sem induzir a nulidade dos enunciados criados pelo legislador.

Alguém poderia objetar que outorgar uma competência para a instituição do tributo ou de uma isenção e, ao mesmo tempo, proibir o seu exercício, é incoerente, do ponto de vista da razão prática, pois, se o legislador confere competência a alguém para instituir um tributo, não teria razão para proibir sua instituição. Não nos parece que assim seja, pois, ao optar por instituir uma vedação, em vez de tornar a conduta impossível, o legislador pode muito bem-estar franqueando ao destinatário a possibilidade de transgressão da norma, a partir de um cálculo de custo-benefício. Mas ainda que fosse correto esse juízo, no sentido da incoerência entre os propósitos do legislador, ela em nada desabonaria as conclusões obtidas até aqui. Nem sempre o legislador segue os melhores caminhos da razão prática, e isso não é, por si só, suficiente para infirmar a validade dos enunciados que produz. Essa objeção, a que aludimos, questiona a existência de uma justificativa teleológica para a hipótese de o legislador agir assim, mas não infirma a possibilidade lógica de haver situações tais como as descritas, em que o sujeito é agraciado com a competência e, simultaneamente, proibido de exercê-la, sem que isso gere antinomia, isto é, sem que gere a impossibilidade de observância simultânea dos efeitos atinentes aos dois preceitos (o que confere a competência e o que proíbe o seu exercício).

Enfim, esses exemplos parecem deixar clara a distinção entre a regulação das condições da validade do exercício da competência tributária e a regulação deôntica de seu exercício – isto é, sua qualificação como "permitido", "proibido" ou "obrigatório".

Por eles, fica claro que o sujeito desprovido de competência para instituir um determinado tributo sequer tem condições de agir validamente para institui-lo; se tentar instituí-lo, em rigor, não produzirá o tributo a que provavelmente visava, mas fabricará, sim, "outra coisa" em seu lugar[474]; já um sujeito competente para instituir um tributo pode muito bem vir a ser proibido de fazê-lo, sem que se lhe suprima a possibilidade de produzir o resultado institucional consistente na criação válida do tributo.

Da mesma forma, o enunciado de caráter isentivo produzido por um sujeito incompetente será simplesmente inerte para proteger o sujeito passivo da tributação; já o enunciado de caráter isentivo produzido pelo sujeito que é dotado de competência para tanto, mas está proibido de conceder isenções – em razão, por exemplo, de sua situação fiscal – produzirá integralmente os seus efeitos, por ser válido, mas sujeitará o infrator a sanções, por ser proibido.

Ao que nos parece, a confusão que usualmente se faz entre essas figuras está em que, quando se pensa no estado "proibido" de uma conduta, tende-se a concebê-lo como um estado de impotência, que torna interditada ao sujeito a quem se dirige a proibição a possibilidade de violá-la.

No entanto, é seguro, por um lado, que a conduta "proibida" não pode ser uma conduta "impossível"; antes, e pelo contrário, só faz sentido "proibir" condutas "possíveis". Isto é, só faz sentido usar a linguagem para "dirigir" uma conduta, de modo prescritivo, quando é logicamente possível que o destinatário da mensagem normativa se comporte no sentido oposto ao dessa diretiva. Dito mais sinteticamente: o caráter contin-

---

[474] Essa "outra coisa", note-se, pode ser até mesmo um outro tributo válido, conquanto diferente daquele que o sujeito visava a produzir. Como consignamos, junto a MAURÍCIO DALRI TIMM DO VALLE: *Lo importante, aquí, es observar que ni el sujeto competente tiene el deber de obedecer al procedimiento legislativo, a los límites materiales y a las condiciones de tiempo y espacio previstos, ni los destinatarios de la norma tienen el derecho de que el sujeto competente los observe. El sujeto competente tiene, eso sí, el 'onus' (carga) de observar esas condiciones para que su actuación sea válida. Si las observar, el destinatario de la norma que editó estará sujeto a ese enunciado, es decir, estará obligado a cumplirlo; si no los observar, el resultado será, conforme aquello que dispongan las demás normas del sistema, o (i) la producción de otra norma válida, pero distinta de aquella que el sujeto declaradamente pretendía producir; o (ii) la producción de una norma 'existente', pero inválida, como la institución de un tributo inconstitucional, cuya exigencia por el Estado representará irregular confiscación; o (iii) finalmente, la producción de un enunciado pseudonormativo, no dotado de existencia en e sistema jurídico, como sería, por ejemplo, un enunciado con pretensión normativo-tributaria editado por un grupo de estudiantes – Las Normas de Competencia Tributaria Y las Tentativas de su Reconstrucción Formal en el Derecho Brasileño*, **Racionalidad en el Derecho**, p 406-407.

gente da conduta é pressuposto da possibilidade de o legislador dirigi-la num ou noutro sentido.

De outro lado, e por isso mesmo, é também certo que o sujeito contra quem se volta a proibição pode "escolher" praticar o ilícito, pode "optar" pela infração ao comando negativo, seja por julgar que o comportamento vedado, a despeito da sanção, lhe é vantajoso – caso em que a sanção abstratamente cominada será considerada insuficiente (ineficaz) para desestimular o comportamento "proibido", – seja por considerar que é possível escapar à aplicação ou ao cumprimento da penalidade cominada para a infração.

Nesse ponto, começa a ficar mais clara a distinção entre a "proibição do exercício da competência" e as imunidades. Quando o exercício da competência é proibido, o sujeito competente pode – tem, na expressão de Atienza e Ruiz Manero, a "possibilidade institucional" de – atuar validamente, isto é, de praticar um ato "com sentido" no sistema normativo de referência; apenas "não deve" fazê-lo; já onde existe uma imunidade, isto é, uma área de incompetência, o agente sequer tem condições – sequer tem a possibilidade – de atuar validamente. Seu agir será nulo, isto é, não terá o sentido daquele ato para cuja prática se outorgou a competência, ainda que possa, eventualmente, ter outro sentido, em razão do que estiver estabelecido por outras normas do sistema.

A suposição de que todo ato jurídico praticado com infração a alguma proibição é um ato nulo encerra uma petição de princípio. Ao longo deste tópico e mesmo nos capítulos anteriores, foram oferecidos diversos exemplos de atos que, embora proibidos, são plenamente dotados de validade, produzindo, por isso, todos os efeitos que lhes são próprios[475].

Aliás, na tradição do pensamento jurídico ocidental, é de longuíssima data – remonta, segundo Reale, aos *"...expositores medievais do Direito Romano..."* – a distinção entre as normas (i) *"plus quam perfectae"*, (ii) *"perfectae"*, (iii) *"minus quam perfectae"* e (iv) *"imperfectae"*, assim classificadas, respectivamente, segundo de sua inobservância resulte (i) tanto nulidade

---

[475] Sem olvidar, é claro, que atos inválidos também podem gerar efeitos, também podem ser eficazes, mas isso é acidental e depende da existência de norma que o estabeleça. Em outras palavras, produzir efeitos não é um efeito natural da norma inválida.

quanto sanção, (ii) apenas nulidade, (iii) apenas sanção ou (iv) nenhum dos dois – como nas chamadas "obrigações naturais"[476-477].

A nulidade, portanto, pode ou não estar acompanhada de sanção, o que indica serem os dois conceitos absolutamente independentes, embora possam ser – e frequentemente são – ambos aplicáveis, concomitantemente, a uma mesma situação fática.

No caso de um ato nulo ser considerado também proibido, sê-lo-á não com fundamento na mesma regra que regula a sua validade, mas, sim, com base numa regra de conduta que qualifica a sua conduta de maneira diversa. É o caso, como visto no capítulo anterior, do ato de requisição de bens, praticado, pela União, sem a prévia decretação regular do estado de sítio. Ao não se qualificar como uma relação jurídica própria do estado de sítio – sendo, portanto, "nula", para o fim de atrair o regime jurídico daquele específico estado excepcional – a conduta caracterizar-se-á como uma hipótese de esbulho possessório, cuja prática está proibida por outra norma do sistema[478].

---

[476] **Lições Preliminares...**, op. cit., p. 126.
[477] O Código Civil, ao tratar da validade dos atos e negócios jurídicos, estabelece que é nulo o ato quando, entre outras hipóteses, "a lei taxativamente o declarar nulo, ou proibir-lhe a prática, sem cominar sanção" – artigo 166, VII. Ora, interpretada *"a contrario sensu"* – mesmo que ciente dos riscos desse expediente, essa disposição veicula uma norma segundo a qual, se há sanção específica cominada para a prática do negócio, então ele – ao menos em princípio – não é nulo, muito embora seja, sem dúvida, proibido.
[478] Um exemplo extrajurídico talvez possa clarificar melhor essa situação. Numa partida da Copa do Mundo de futebol de 2010, no último minuto da prorrogação, um jogador da seleção uruguaia interceptou com a mão uma bola que seguia em direção ao gol por sua equipe defendido. As sanções previstas nas disposições normativas que regulam o jogo foram todas devidamente aplicadas pelo árbitro: a penalidade máxima foi assinalada e o infrator foi expulso. No entanto, o jogador da seleção adversária errou a cobrança do tiro livre e a disputa foi para a cobrança alternada de pênaltis, donde a seleção uruguaia saiu classificada. Ora, na situação narrada, a opção pelo ato ilícito, de bloquear a bola com as mãos, não só era possível ao jogador, na linguagem do jogo, como foi por ele efetivamente exercida, com evidente vantagem, já que a equipe por ele defendida restou, ao final, classificada. Nem por isso, obviamente, essa conduta deixou de ser ilícita, tanto que deu ensejo à aplicação das sanções previstas na regra do jogo – expulsão e pênalti. Deve-se destacar, porém, que a conduta do jogador, de pôr a mão na bola, era plenamente dotada de sentido no sistema do jogo, o que significa que o infrator era "capaz" de cometê-la, isto é, era "competente" para cometê-la. A situação seria muito diferente, note-se, se não

É essa a ideia que, mais adiante, tentar-se-á expressar, com o auxílio da linguagem lógico-formal. Antes disso, porém, convém fazer a crítica das outras propostas teóricas que, na doutrina brasileira, buscaram dar conta da "competência tributária" em termos formais.

3.3 Propostas de formalização

3.3.1. Introdução

Poucas foram as obras que se dedicaram, com maior denodo, à construção de uma estrutura lógico-formal para as normas de competência tributária. Em rigor, apenas a obra de TÁCIO LACERDA GAMA teve esse objetivo específico, ainda que a formalização da competência tributária também apareça na obra de CRISTIANE MENDONÇA e em texto conjunto de DANIEL MONTEIRO PEIXOTO e EURICO MARCOS DINIZ DE SANTI.

Não obstante, também é possível encontrar, em passagens das obras de ALFREDO AUGUSTO BECKER, PAULO DE BARROS CARVALHO, HUMBERTO ÁVILA, TÉRCIO SAMPAIO FERRAZ JÚNIOR, TÁREK MOYSÉS MOUSSALLEM E GABRIEL IVO, senão a organização formal dos elementos normativos importantes para a regulação da competência tributária, boas referências sobre o modo como os aludidos autores concebem tal sorte de normas.

E, a partir desse exame, o que se verifica é que, embora os autores comumente observem que "ser competente" e "exercer a competência" são coisas diversas, ninguém parece vislumbrar qualquer inconveniente ou obstáculo em unificar, na mesma estrutura lógica, os elementos que dizem respeito à validade da atuação do sujeito competente e aqueles

---

fosse um jogador a colocar a mão na bola, mas um repórter ou um torcedor. Essa, sim, seria uma conduta que o sistema não reconheceria como possível, como relevante, como dotada de sentido, como hábil a produzir efeitos no sistema normativo em que consiste o jogo de futebol. Daí dizer-se que o repórter ou o torcedor são incapazes, inábeis, inidôneos, incompetentes para cometer pênaltis, o que absolutamente não significa que eles estejam "proibidos" de cometer pênaltis. Essa conduta do repórter ou do torcedor seria considerada um fato irrelevante no "sistema do jogo de futebol", ainda que pudesse ser uma conduta relevante em outro sistema, como aquele que regula o funcionamento dos estádios e que proíbe pessoas que não integram o jogo de ingressar no campo em que ele se desenvolve.

que dizem respeito ao *"status"* prescritivo de sua conduta, isto é, à modalização de sua conduta em termos deônticos[479-480].

O objetivo dos próximos tópicos é apresentar e analisar, criticamente, as propostas de formalização das normas de competência apresentadas pelos quatro autores acima mencionados, ainda que entremeadas por algumas considerações dos demais doutrinadores referidos. É o que se passa a fazer.

3.3.2 Eurico Marcos Diniz de Santi e Daniel Monteiro Peixoto

Para SANTI e PEIXOTO, a norma atribuidora de competência legislativa – e aí se inclui a competência para instituir tributos, – estabelece que, *"Se 'fulano é a pessoa política A' e 'estão presentes as circunstâncias de fato B ou C', então, deve ser a permissão de a pessoa política A legislar sobre a matéria D, nos limites E, segundo o procedimento F"* [481]. A estrutura que concebem para a norma de competência legislativa é a seguinte:

$$NCL = D\{[hs.ho] \rightarrow P[cs.(m.-i.p.d.r).cp.ct.ce]\}$$

O "D" indica a presença do dever-ser neutro, como *"... modal que incide sobre toda a fórmula, indicando que a relação de implicação não se dá por relação de causalidade natural, mas por imputação"*.

A hipótese é composta pela *"... conjunção das notas aptas a identificar as situações fáticas tomadas como pressupostos para o surgimento da permissão para*

---

[479] Quanto à distinção entre o "ter" e o "exercer" a competência diz TÁCIO LACERDA GAMA, por exemplo, que *"... uma coisa é ser sujeito competente. Outra, bem distinta, é exercer a competência de que se é titular. Para ser competente é necessário ser qualificado, adjetivado pelo direito positivo como tal. Para exercer a competência, é necessário realizar ato, ou conjunto de atos, previstos pelo direito positivo para legitimar a enunciação de novos textos jurídicos"* (*sic*) – **Competência tributária...**, *op. cit.*, p. 68.

[480] Nesse sentido, diz MAURÍCIO DALRI TIMM DO VALLE que *"A competência tributária é usualmente conceituada pela doutrina como a aptidão ou faculdade para 'criar' abstratamente o tributo; observando-se o procedimento previsto na Constituição para tanto. Trata-se de norma de estrutura dirigida ao legislador, cujo modal deôntico é o permitido..."* – Considerações sobre as Características da Competência Tributária no Brasil, **Revista Eletrônica da Academia Brasileira de Direito Constitucional**, p. 10.

[481] *PIS e Cofins na Importação...*, *op. cit.*, p. 37.

legislar sobre determinada matéria...", sendo que a hipótese subjetiva (hs) *"...estipula a necessidade de o agente ser identificado como pessoa política..."* e a hipótese objetiva (ho) *"... estabelece as circunstâncias que devem ou não devem ocorrer para que surja determinada autorização"*.

A prótase dessa estrutura está unida, por um nexo de imputação ($\rightarrow$), ao consequente, que é regido pelo modal permitido ("P"), sendo composto, no que diz respeito às variáveis proposicionais, pelo apontamento dos *"... limites dentro dos quais a conduta há de se realizar"*.

Mais especificamente, tais limites consistem [1] no critério subjetivo (cs), que indica *"... o(s) órgão(s) credenciado(s) ao exercício da competência legislativa..."*; [2] no critério material (m-i.p.d.r), que indica a materialidade (m), *"... entendida como conjunto de fatos... passíveis de serem utilizados pela pessoa política como hipótese de incidência da regra-matriz de incidência tributária..."*, sob as condicionantes das imunidades (i), dos princípios (p), da afetação do produto da arrecadação, no caso das contribuições especiais (d) e da previsão de restituição do produto da arrecadação (r), no caso dos empréstimos compulsórios; [3] no critério procedimental (cp), que estabelece *"... as balizas referentes ao ritual de produção legislativa..."*; e, finalmente, [4] no critério temporal (ct), que indica *"... os marcos cronológicos dentro dos quais o procedimento deverá ser realizado..."* e [5] no critério espacial (ce), que aponta *"... o local onde deverá ser realizado o procedimento"*[482].

3.3.3 Cristiane Mendonça

CRISTIANE MENDONÇA, buscando imunizar-se contra críticas, acaba involuntariamente alvejando o objeto deste trabalho, acusando-o de

---

[482] *Ibid.*, p. 37-40. DANIEL MONTEIRO PEIXOTO, em outra obra, descreve forma lógica semelhante, ao atribuir à estrutura da norma *"D[h'$\rightarrow$R'(S'S'')]"*, referente à competência para a instituição de lei complementar, *"... os seguintes conteúdos semânticos: h' (concreto) – fato jurídico 'ser Congresso Nacional' e 'ser Presidente da República'; R'(S'S'') (geral) – a relação jurídica em que S' é a variável de sujeito em que se encontra o titular da competência legislativa (sujeito pretensor); S'' tem por conteúdo a coletividade em geral (sujeitos portadores do dever jurídico de não criar obstáculos ao pleno exercício do direito); e R é a variável relacional, que será preenchida pelo modal deôntico 'Pp', que que 'P' indica a permissão e 'p' a conduta de 'exercer competência para editar Lei Complementar'"* – **Competência Administrativa na Aplicação do Direito Tributário**, p. 102-103.

presunçoso, ao dizer que não tem o *"... pretensioso desiderato de investigar os aspectos estruturais da norma de competência..."*[483].

No entanto, a despeito de declarar não possuir tal pretensão, a autora dedica um bom número de páginas à apresentação da estrutura que concebe para as normas de competência tributária – passando, inclusive, por uma menção, ainda que breve, a boa parte das teorias examinadas no segundo capítulo deste texto, – para, ao final, afirmar que *"... a noção de competência que adotamos é aquela apresentada por ALF ROSS..."*, por entender que a norma de competência *"... estipula não só o sujeito competente para a criação do direito e o conteúdo do ato normativo que será criado, mas também o procedimento a ser percorrido para o cumprimento de tal tarefa..."* [484].

Ao organizar esses elementos, CRISTIANE MENDONÇA concebe duas estruturas diferentes para as normas de competência tributária, conforme os sujeitos que dela são dotados tenham *"... permissão para agir..."* (*"... autorização-permissão..."*) ou estejam *"... obrigados a atuar..."* (*"... autorização-imposição..."*) [485].

No primeiro caso – da norma permissiva, – tal estrutura é apresentada da seguinte forma:

> **Antecedente:** Se for pessoa política constitucional no território brasileiro no tempo X. **Conseqüente:** Deve-ser a autorização (permissão) para distintos sujeitos de direito (ocupantes de órgãos unipessoais ou colegiais), de acordo com determinados limites formais (relativos ao procedimento) e materiais (concernentes à substância dos enunciados a serem criados), editarem e revogarem (parcial ou totalmente) enunciados prescritivos instituidores de tributos e o dever jurídico de a comunidade respeitar o exercício de tal permissão (faculdade), em consonância com os limites previstos no sistema.[486]

No segundo caso – da norma que impõe o exercício da competência, – a estrutura é descrita nos seguintes termos:

---

[483] **Competência tributária...**, *op. cit.*, p. 63.
[484] *Ibid.*, p. 61-78.
[485] *Ibid.*, p. 75.
[486] *Ibid.*, p. 70.

Antecedente: Se for pessoa política constitucional no território brasileiro no tempo X. **Conseqüente:** Deve-ser a autorização (imposição-obrigatoriedade) para distintos sujeitos de direito (ocupantes de órgãos unipessoais ou colegiais), de acordo com determinados limites formais (relativos ao procedimento) e materiais (concernentes à substância dos enunciados a serem criados), editarem e revogarem (parcial ou totalmente) enunciados prescritivos instituidores de tributos e o direito subjetivo de a comunidade exigir o cumprimento da imposição (obrigatoriedade), em consonância com os limites previstos no sistema [487].

CRISTIANE MENDONÇA procede, então, a uma formalização da estrutura que descreve, sintetizando-a por meio da seguinte fórmula[488]:

$$\overset{\text{Dsm}}{\longleftrightarrow}$$
$$NCT = \{Hct = [Cm+Ce+Ct] \rightarrow Cct = [Cp\,(Sa+Sp) + Cda\,(Lf+Lm)]\}$$

Nessa estrutura (NCT), a hipótese (Hct) descreve o fato de alguém ser uma pessoa política (Cm), situada em determinadas condições de tempo (Ct) e espaço (Ce); ela está unida por um conectivo deôntico interproposicional neutro ($\rightarrow$) ao consequente (Cct), que, por sua vez, é regido por um conectivo intraproposicional (dever-ser) modalizado (Dsm) e vem composto pela indicação do sujeito – ou melhor, do órgão, – que tem a "autorização-permissão" de editar a norma (Sa), do sujeito que tem o dever de obedecer à norma (Sp) e do objeto, refletido no critério delimitador da autorização (Cda), no qual estão situados os limites materiais e formais (Lf e Lm) que condicionam a validade da enunciação normativa, isto é, o procedimento e a materialidade.

Importante assinalar que, conquanto a autora considere, em termos gerais, ser o exercício da competência passível de imposição ao seu titular, entende que, no caso da competência tributária, ela seria sempre facultativa, de modo a conferir, ao sujeito competente, a permissão bilateral de fazer ou de omitir.

---

[487] *Idem.*
[488] *Ibid.*, p. 107.

Contra a exceção que a doutrina normalmente aponta, atinente à obrigatoriedade de instituição do ICMS pelos Estados-membros, Cristiane Mendonça entende por afastá-la, dizendo que tal obrigação, na verdade, não existe, porque a Constituição não previu a possibilidade de *"... obrigar as Assembleias Legislativas dos Estados federados a editarem a respectiva regra-padrão de incidência do ICMS, caso houvesse omissão no desempenho de tal mister"*[489-490-491].

3.3.4 Tácio Lacerda Gama

Também Tácio Lacerda Gama toma as normas de competência como genuínas prescrições, embora concebendo estrutura bastante diversa daquelas propostas pelos autores antes examinados[492].

O autor parte, antes de tudo, do pressuposto de que, *"... para ser uma unidade do sistema, a norma jurídica deve regular coercitivamente a conduta humana..."* de modo que, *"... se não regular qualquer dos elementos da conduta, será apenas fragmento de norma..."*[493].

Para ele, só são jurídicas as normas a cuja hipótese de descumprimento estiver atrelada uma sanção, de modo que, a seu ver, uma norma jurídica completa é sempre um *"... duplo juízo condicional"*[494].

Em seu pensamento, todas as normas são sintaticamente uniformes, sendo, por isso, dotadas da mesma estrutura lógica: uma norma primária que liga a descrição hipotética de um fato à prescrição de uma relação

---

[489] Diz Paulo De Barros Carvalho, nesse sentido, que o ICMS *"... há de ser instituído e mantido, obrigatoriamente, pelas pessoas políticas competentes (Estados-membros e Distrito Federal)"* – **Direito Tributário, Linguagem...**, *op. cit.*, p. 239.
[490] Cristiane Mendonça, **Competência tributária...**, *op. cit.*, p. 125
[491] A proposta de Cristiane Mendonça é adotada por Dayana De Carvalho Uhdre – **Competência Tributária: Incidência e Limites de Novas Hipóteses de Responsabilidade Tributária**, p. 148-149.
[492] A proposta de Tácio Lacerda Gama é adotada, na íntegra, por Luísa Cristina Miranda Carneiro – **IPVA...**, *op. cit.*, p. 64-65.
[493] Tácio Lacerda Gama, **Competência Tributária...**, *op. cit.*, p. 18.
[494] *Ibid.*, p. 13.

jurídica e uma norma secundária que comina a sanção para o caso de descumprimento da conduta prescrita pela norma primária[495].

GAMA considera que essa estrutura é perfeitamente aplicável às normas de competência, porque *"... a criação de normas jurídicas é uma conduta idêntica às demais, passível de ser isolada tão-só pelo seu resultado, que consiste na produção de mais normas"*, o que o leva, inclusive, a infirmar a importância epistemológica da distinção entre normas de conduta e normas de estrutura [496-497].

Para ele, a norma de competência nada mais é que

> ...o juízo hipotético condicional que prescreve, no seu antecedente, os elementos necessários à enunciação válida e, no seu consequente, uma relação jurídica que tem como objeto a validade do texto que versa sobre determinada matéria ou comportamento[498].

---

[495] Não é diferente o pensamento de GABRIEL IVO, para quem *"Em todas as normas jurídicas encontramos a mesma estrutura sintática. [...] traduzindo ou recompondo logicamente as diversas modalidades verbais, temos sempre: 'se se dá um fato F qualquer, então o sujeito S deve fazer ou deve omitir ou pode fazer ou omitir a conduta C ante outro sujeito"* – **Norma Jurídica: Produção e Controle**, p. XLI. Também MOUSSALLEM considera que todas as normas têm *"... idêntico arquétipo sintático..."* – **Fontes do Direito Tributário...**, *op. cit.*, p. 76. PAULO DE BARROS CARVALHO, por igual, adota o *"... pressuposto de que toda norma jurídica é sintaticamente homogênea, variando apenas em planos semânticos e pragmáticos..."* – **Direito Tributário, Linguagem...**, *op. cit.*, p. 231.

[496] TÁCIO LACERDA GAMA, **Competência Tributária...**, *op. cit.*, p. 22.

[497] É preciso mencionar, não obstante, que há quem conceba as regras de estrutura como regras dotadas de forma lógica diversa daquela das regras de conduta. Nesse sentido, diz JOSÉ WILSON FERREIRA SOBRINHO que *"... as regras de estrutura... têm um dever-ser neutro--não-modalizável, na medida em que não utilizam a conduta humana em sua hipótese legal. As regras jurídicas de estrutura prestam-se para fixar competências e para dispor sobre a edição de outras regras..."* – **Imunidade Tributária**, p. 74.

[498] TÁCIO LACERDA GAMA, **Competência Tributária...**, *op. cit.*, p. 61-62. A propósito, essa ideia já era defendida em obra anterior, na qual dizia, em relação à norma de competência, que: *"No antecedente dessa norma, descreve-se um fato – o processo de enunciação necessário à criação dos tributos – imputa-se a esse fato uma relação jurídica cujo objeto consiste na faculdade de criar tributos"* – TÁCIO LACERDA GAMA, **Contribuição de Intervenção no Domínio Econômico**, p. 73. Essa posição recebe o endosso de PAULO DE BARROS CARVALHO – **Direito Tributário, Linguagem...**, *op. cit.*, p. 232.

Essa estrutura, que corresponde à norma jurídica de competência tributária (Njcom), é representada pela seguinte fórmula [499]:

$$Njcom = H \{[s.p(p1,p2,p3...].(e.t)\} \rightarrow R [S(s.sp).m(s.e.t.c)]$$

Na hipótese (H) está a *"... descrição hipotética do fato produtor de normas..."*, que é identificado por quatro critérios: (1) *"O critério pessoal (s)..."*, referente *"... ao sujeito do verbo, aquele que desempenha a conduta de enunciar..."*; (2) *"O critério espacial (e), que indica o local onde o sujeito pode realizar o verbo enunciar..."*; (3) *"O critério temporal (t), que estabelece as circunstâncias de tempo na qual o verbo pode ser enunciado..."* e (4) o *"... critério procedimental..."*, que faz *"... referência ao modo de realização do verbo enunciar..."*, podendo consistir ou num ato (p), ou num procedimento, composto de diversos atos (p1, p2, p3...) [500].

Essa hipótese, que descreve a "forma", está ligada ao consequente, que regula o conteúdo da atividade de criação de normas tributárias, por meio de um conectivo interproposicional (→), operador lógico neutro que *"... sintetiza a decisão, positivada na norma de competência, de submeter determinada matéria à enunciação de certo tipo..."*[501].

Já no consequente, está a prescrição da "relação jurídica de competência" (R), que atribui ao sujeito competente, como sujeito ativo (s), o direito subjetivo de *"... criar norma jurídica para versar sobre determinado tema..."* – isto é, sobre determinada matéria (m), que é integrada pelo apontamento de seus limites subjetivos (s), espaciais (e), temporais (t) e materiais em sentido estrito (c), – e aos destinatários da norma, como sujeitos passivos (sp), o dever de *"... aceitarem o texto criado licitamente, ou seja, de acordo com os condicionantes formais e materiais do próprio sistema..."*[502].

---

[499] A ideia é em tudo semelhante à de GABRIEL IVO, para quem *"A norma de produção normativa em sentido amplo teria a seguinte estrutura: O **antecedente:** dado o fato de o sujeito competente exercer sua competência conforme o procedimento em circunstância de tempo e espaço. **Consequente**: deve ser a permissão para emitir norma jurídica pelo sujeito ativo, e o dever de respeitar as disposições veiculadas pela norma jurídica por parte dos sujeitos passivos"* – **Norma Jurídica...**, op. cit., p. 30.
[500] TÁCIO LACERDA GAMA, **Competência Tributária...**, op. cit., p. 69.
[501] Ibid., p. 75.
[502] Ibid., p. 76-78 e 90.

O autor ainda estabelece uma distinção entre a "sujeição passiva fraca", atinente àqueles destinatários "... *que simplesmente devem saber da existência da norma, sujeitando-se aos seus comandos...*", e a "sujeição passiva forte", concernente aos que, "... *estando no âmbito de incidência da norma criada, têm legitimidade para acionar o Judiciário, suspendendo ou afastando a juridicidade da norma criada de forma ilícita...*"[503].

Essa "sujeição passiva forte" obriga os destinatários da norma, segundo GAMA, a um dever jurídico, consistente em "... *subordinar-se ao conteúdo da norma que venha a ser criada, não impedir a sua criação nem exercer competência própria de outrem...*"[504].

De acordo com o autor, há um traço comum entre a competência tributária, o direito potestativo e o direito de propriedade, consistente "... *no fato de essas normas estabelecerem relações jurídicas absolutas, ou seja, disporem sobre direitos oponíveis a toda a sociedade...*"[505].

Para ele, o conectivo deôntico intraproposicional, que liga sujeito ativo e sujeito passivo, pode estar regido ou pelo modal "facultado" ou pelo modal "obrigatório". Seriam "... *de exercício facultativo as competências não condicionadas e de exercício obrigatório as competências cujo exercício está sujeito ao preenchimento de certas condições*"[506].

A essa norma, que, na visão do autor, regula o "ato de criar a norma" de incidência tributária, concebido tal ato criativo como "... *uma conduta como outra qualquer...*", está ligada uma norma sancionadora, "... *que prescreve a reação do sistema jurídico à prática de uma conduta ilícita*"[507].

Na visão de GAMA, a cominação de uma sanção para a hipótese de descumprimento é condição da juridicidade de uma norma, de modo que "... *norma jurídica sem sanção deixa de ser jurídica...*"[508].

Na estrutura binária que concebe para as normas de competência, a sanção seria, precisamente, a decretação da nulidade da norma criada

---

[503] *Ibid.*, p. 80.
[504] *Ibid.*, p. 82.
[505] *Ibid.*, p. 83.
[506] *Ibid.*, p. 87.
[507] *Ibid.*, p. 103.
[508] Diz, nesse sentido, que *"O efeito que qualifica uma norma como jurídica é, justamente, a previsão de uma consequência coercitiva para o seu descumprimento"* – *Ibid.*, p. 106.

com violação à norma de competência. A relação de sanção é, assim, representada por uma norma secundária – "sanção nomogenética", "norma sancionatória de competência" ou "norma anulatória", – sintetizada na seguinte estrutura:

$$Ncom.s = H\,[s.p(-c).\,e.t] \rightarrow R\,[S(s.sj).m(s.e.t.c)]$$

Em suas palavras, essa "... *norma sancionatória tem como hipótese o descumprimento da relação jurídica de competência tributária (-c)...*", correspondendo à "... *violação daquilo que dispõem os condicionantes formais e materiais da norma de competência...*"[509].

A hipótese dessa norma (H) é composta pela indicação de um sujeito (s) competente para o exercício da jurisdição, somada à indicação da "... *existência de norma fruto do exercício irregular da competência...*" [p-(c)] e, ainda, pela indicação das circunstâncias de espaço e tempo para a enunciação da sanção[510].

O consequente (R) traz a indicação dos sujeitos e do objeto de uma relação jurídica. O sujeito ativo (s) é quem tem o direito de provocar a jurisdição para anular a norma criada com violação à regra de competência tributária, em razão de haver, contra ele, uma "... *lesão potencial ou efetiva a direito subjetivo...*"; o sujeito passivo (sj) é o Estado-jurisdição. O objeto da relação jurídica corresponde aos "... *contornos materiais (M) da norma anulatória...*", vale dizer, ao "... *seu alcance subjetivo (s), espacial (e), temporal (t) e material em sentido estrito (c) ou comportamental...*"[511].

Para GAMA, a posição dos que veem a nulidade como categoria não passível de subsunção ao conceito de sanção não é correta. Em sua opinião,

> A distinção entre invalidade e responsabilidade não se sustenta. As duas circunstâncias são espécies do gênero sanção, ambas representam situações em que o direito positivo prescreve consequências indesejadas. O que existe, isso sim, é variação dos efeitos dessa consequência em virtude do tipo de

---

[509] *Ibid.*, p. 107.
[510] *Ibid.*, p. 108.
[511] *Ibid.*, p. 110-111.

conduta. Não haveria como prescrever de forma eficaz consequências idênticas para condutas que têm natureza distinta[512].

3.3.5 Apreciação crítica das propostas apresentadas

3.3.5.1 Introdução

Para realçar tanto as semelhanças quanto as distinções entre as propostas acima expressas, oportuno traçar o seguinte quadro sinótico:

Norma de competência	Hipótese (H/Hct)	→ (D)	(Modal) [Dsm]	Consequente (Cct/R)	Sanção (Ncom.s)
Santi e Peixoto	hs.ho	→	P	cs.(m.-i.p.d.r). cp.ct.ce	?
Mendonça	Cm.Ce.Ct	→	P ou O	Cp (sa.sp).Cda (Lf. Lm)	?
Gama	s.p (p1, p2, p3...).e.t	→	P ou O	S(s.sp).m(s.e.t.c)	H [s.p(-c).e.t] → R [S(s.sj).m(s.e.t.c)]

Como não é difícil verificar, as três propostas examinadas partem, implícita ou expressamente, da mesma premissa: a de que as normas jurídicas "verdadeiras" são as normas de conduta, isto é, as prescrições em sentido estrito, as quais seriam sempre dotadas de uma mesma estrutura – "postulado da homogeneidade sintática", – que vincula, por meio de um functor neutro, a descrição hipotética de um fato a uma relação jurídica, regida por um modal deôntico – permitido, proibido ou obrigatório.

Apesar dessas premissas comuns, observa-se, na comparação entre as estruturas examinadas, uma grande variação, tanto no que diz com os elementos que os autores inserem no antecedente e no consequente normativo, quanto no que concerne à modalização deôntica da conduta.

[512] *Ibid.*, p. 39.

Ademais, embora todos eles entendam que não pode haver norma jurídica sem sanção, de modo que toda norma jurídica "completa" deve contê-la em sua compostura, apenas Tácio Lacerda Gama procura traduzir a sanção das normas de competência em termos formais, ao conceber uma estrutura para o que denomina "norma sancionadora da competência".

Para ampliar o efeito comparativo da análise, aglutinando os destaques aos pontos positivos e negativos de cada proposta, proceder-se-á, abaixo, a um exame que parte dos elementos comuns das estruturas normativas concebidas em cada uma delas, a saber: (i) hipótese; (ii) functores inter e intraproposicional; (iii) consequente; (iv) sanção.

3.3.5.2 A hipótese

Na comparação entre as hipóteses das três estruturas, o primeiro item que chama a atenção está em que, enquanto Santi, Peixoto e Mendonça concebem-na como o descritor do fato de determinado sujeito ser uma pessoa política (hs v Cm) em determinado território e em dado espaço territorial [ho v Ce.Ct], Gama, adotando perspectiva bastante diversa, afirma que, na hipótese, está a "... *descrição hipotética do fato produtor de normas*...", isto é, do ato de enunciar uma norma, que, em sua visão, só pode ser realizado por determinado sujeito (s) em dado espaço (e) e tempo (t) e segundo determinado procedimento (p ou p1, p2, p3 *etc*...), tudo de forma a compor o "... *modo de realização do verbo enunciar*...".

Para os três primeiros, portanto, o **núcleo da hipótese** é o "ser pessoa política"; já para Gama, é o "enunciar norma". Para aqueles, o **procedimento** está no consequente (cp v Lf); para este, está no antecedente [p (p1, p2, p3...)].

A nosso ver, a proposta de Mendonça apresenta, no tocante à hipótese, o seguinte problema: para que um sujeito seja competente, gozando da prerrogativa de editar, validamente, uma determinada classe de normas de incidência tributária, não basta que seja uma pessoa política; é preciso, também, que pertença à classe das pessoas especificamente indicadas pela Constituição para tanto (s ∈ Cx). É preciso, em outras palavras, que, ademais de ser pessoa política, o sujeito cuja possibilidade de ação se analisa seja "a" pessoa ou "uma das" pessoas políticas às quais a

Constituição outorgou competência. Sem isso, não há credenciamento para a prática válida do ato normativo[513].

É seguro, não obstante, que essa dificuldade poderia ser contornada, mediante uma mínima alteração na saturação da variável proposicional proposta (Cm), isto é, na identificação do que ela representa, com a substituição do "ser pessoa política" pelo "ser 'a' – ou 'uma das' – pessoa(s) política(s) indicada(s) pela Constituição", como fizeram SANTI e PEIXOTO, ao descrever a hipótese como "*Se 'fulano é a pessoa política A'*". Por isso, essa primeira objeção não investe tão decisivamente contra a tentativa de reconstrução formal apresentada pela autora.

O mesmo não se pode dizer, porém, da proposta apresentada por GAMA para a hipótese. Ela causa alguma perplexidade, pois o autor não parece indicar, ali, as condições que fazem surgir, no consequente, o direito de editar/enunciar a norma, como se esperaria encontrar na estrutura de uma norma de conduta. Muito diversamente, a sua hipótese descreve, desde logo, o exercício desse "direito" de editar a norma, consistente na prática do que chama de "*... fato produtor de normas...*". Tanto é assim que o autor já insere, nessa mesma proposição, o procedimento [p ($p1, p2, p3...$)], concebido justamente como a ferramenta que viabiliza a prática da conduta de pôr a norma.

Ora, a questão que a tese de GAMA suscita é a seguinte: se o direito subjetivo de praticar a conduta consistente em editar a norma e vincular terceiros ao seu preceito só surge no consequente, como previsto na estrutura por ele cunhada, então como pode o antecedente já conter o exercício desse mesmo direito, acompanhado, inclusive, do meio de exercê-lo? Como pode a hipótese conter a "*... descrição hipotética do fato produtor de normas...*", se o direito à produção da norma – isto é, à prática regular do "fato produtor de normas", capaz de vincular a conduta dos destinatários do enunciado – só surge no consequente?

Em outras palavras, se a competência tributária se manifesta, como diz PAULO DE BARROS CARVALHO, "*... ao desencadearem-se os mecanismos jurídicos do processo legislativo...*" – vale dizer, se o desencadeamento dos mecanismos do processo legislativo já é uma manifestação do exercício

---

[513] Essa crítica pareceu pertinente a DAYANA DE CARVALHO UHDRE – **Competência Tributária...**, *op. cit., p. 150*

da competência tributária, – como, então, pode-se conceber que essa competência só surja no consequente, depois do processo legislativo[514]?

Parece haver aí uma inaceitável inversão na lógica das proposições unidas por conectivo condicional. Afinal, se a conduta de "regular uma determinada matéria por meio de um dado procedimento" corresponde a um só comportamento, não parece lógico que uma parte dessa conduta única esteja no antecedente e a outra parte esteja no consequente.

Por isso, as estruturas concebidas por SANTI, PEIXOTO e MENDONÇA, nesse ponto particular do núcleo da hipótese, parecem preferíveis para representar a descrição do fato que dá ensejo à outorga da competência, caso fosse mesmo possível concebê-la como uma típica estrutura prescritiva.

A estrutura por eles concebida, aliás, é mais parecida com a referida por PAULO DE BARROS CARVALHO, no seguinte exemplo: *"'Antecedente': dado o fato da existência do órgão legislativo municipal. 'Consequente': deve ser a competência para que esse órgão edite normas sobre o ISSQN"*. Curiosamente, no entanto, o mestre paulista endossa, em termos gerais, as conclusões de GAMA[515].

Por fim, as três propostas examinadas são coincidentes em advertir para a necessidade de inserir na hipótese normativa as **referências de tempo e espaço** [*ho* v *ce.ct* v *e.t*], que precisam ser observadas para que se produza a norma válida.

Ao fazê-lo, atentam, em primeiro lugar, para o fato de que, embora, em regra, a Constituição não o faça, em alguns casos, como no da competência para a instituição do imposto extraordinário (art. 154, II) no da competência para instituição dos empréstimos compulsórios (art. 148, I e II), e no das contribuições previdenciárias extraordinárias, previstas pela Emenda Constitucional nº 103/2019 ..." (art. 149, §1º-A e §1º-B, da CF), a Carta efetivamente condicionou o surgimento da própria prerrogativa de legislar a circunstâncias de fato, como a ocorrência de "guerra externa ou sua iminência", a decretação de "calamidade pública", a necessidade de "investimento público de caráter urgente e de relevante interesse nacional", ou a situação de *"deficit* atuarial".

---

[514] PAULO DE BARROS CARVALHO, **Curso...** *op.cit.*, p. 291.
[515] **Direito Tributário: Fundamentos...**, *op. cit.*, p. 65 e 60, nota 28-A.

Também atentam os autores, em segundo lugar, para o fato de que há competências cuja outorga é limitada no tempo, como aquelas conferidas para a instituição do Imposto Provisório sobre Movimentações Financeiras e de seu sucedâneo, a Contribuição Provisória sobre Movimentações Financeiras[516], à qual poderíamos acrescentar a contribuição prevista no art. 149, §1º-B e §1º-C, da Constituição, que "... *vigorará por prazo determinado...*".

Ainda nessa quadra, tem-se o caso das contribuições instituídas para o atingimento de uma finalidade, posteriormente exaurida. É o caso, por exemplo, da contribuição instituída pelo art. 1º da Lei Complementar nº. 110/2001, prevista para incidir, sobre os empregadores, à razão de 10% sobre o montante dos depósitos devidos ao Fundo de Garantia por Tempo de Serviço – FGTS, no caso de demissão de empregado sem justa causa. A contribuição destinava-se a compor caixa para o ressarcimento pelos expurgos dos Planos Verão e Collor I, finalidade que foi atingida no ano de 2012, o que levou muitos autores a defender – com razão – a inconstitucionalidade superveniente da contribuição[517].

Por fim, resta acrescentar que, da mesma forma que há a indicação de lapsos temporais ou circunstâncias determinadas, em que o exercício da competência é possível, nada impede que haja a indicação de lugares específicos para o exercício válido da competência legislativa, pela pessoa que detém a prerrogativa de fazê-lo, embora, normalmente, essa indicação esteja implícita na referência ao procedimento. Diante de tudo isso, a inserção das referências de tempo e espaço, no antecedente da norma

---

[516] Aliás, casos como esses inclusive têm levado alguns doutrinadores a negar que a "incaducabilidade", seja um dos traços da competência tributária, ao contrário do que é corrente afirmar. Há, contudo, é bem verdade, outra perspectiva da característica da "incaducabilidade", em que afirmá-lo não quer significar (i) a impossibilidade de a prerrogativa de exercer a competência ter sua extensão limitada no tempo, mas, sim, (ii) a impossibilidade de o seu não-exercício conduzir à perda da competência. Sob essa segunda perspectiva, parece-nos possível manter, sem ressalvas, a afirmação dessa característica das competências tributárias.

[517] Nesse sentido, por todos, o artigo de ANDRÉ MENDES MOREIRA e CÉSAR VALE ESTANISLAU – Inconstitucionalidade superveniente da contribuição social de 10%..., **Revista Dialética de Direito Tributário n. 227**, p. 7-20.

de competência, tal qual feita pelos autores examinados, parece mesmo adequada.

3.3.5.3. Os conectores inter e intraproposicional

Passando adiante, no que diz respeito ao **conector interproposicional** (D v →), não parece haver grandes discrepâncias entre as três propostas de formalização, uma vez que todas concebem a integralidade da fórmula como regida por um "functor-de-functor" neutro, a revelar a existência de um nexo de imputação entre a hipótese e o consequente normativos, próprio da lógica convencional, normativa, em oposição ao nexo de causalidade, próprio da lógica alética ou apofântica. O mesmo não se pode dizer, porém, do **functor intraproposicional**, operador lógico que rege a relação jurídica estabelecida no consequente.

Afinal, enquanto Santi e Peixoto só concebem a possibilidade de a conduta do sujeito competente para editar a norma jurídica de incidência tributária ser regida pelo modal "permitido" – afinando-se, nesse ponto, com o que parece ser o pensamento de Ferraz Júnior[518], – Gama e Mendonça também consideram a possibilidade de, ao menos em tese, ser o exercício da competência regido pelo modal "obrigatório".

A despeito desse ponto comum, a diferença entre os dois últimos autores, no tocante a esse particular, está em que, enquanto Gama concebe a existência efetiva de competências tributárias cujo exercício é obrigatório, inclusive fazendo alusão à obrigatoriedade do exercício da competência para a instituição do ICMS, Mendonça não considera que haja uma real obrigação de instituição desse imposto, por não haver, nas

---

[518] Para Tércio Sampaio Ferraz Júnior, as *"... normas de competência têm a estrutura de normas permissivas, isto é, seu dever-ser é expresso por meio de conjuntores do tipo: 'é autorizado, é facultado, pode, cabe', que constituem as chamadas permissões fortes"* – Competência tributária Municipal, **Revista de Direito Tributário**, nº. 54 p. 159. É preciso mencionar, não obstante, que Daniel Monteiro Peixoto reconhece a existência de diversas competências cujo exercício é obrigatório, como fica claro em sua obra relativa às competências para aplicação do direito tributário – é o caso da competência para o lançamento de ofício, por exemplo – **Competência Administrativa...**, *op. cit.*, p. 154.

palavras de ROQUE ANTONIO CARRAZZA, "... *como compelir o Poder Legislativo de um Estado (ou do Distrito Federal) a criar o ICMS...*"[519-520].

Essa posição de MENDONÇA, no sentido de negar a obrigatoriedade da instituição de um tributo apenas em razão da inexistência da possibilidade de exigir o cumprimento específico da obrigação, não nos parece defensável. Isso porque simplesmente não é condição de existência de uma obrigação a possibilidade de exigir a sua execução específica. Aliás, em muitos casos, a execução específica de uma obrigação é simplesmente impossível, fato que costuma redundar na conversão da obrigação em perdas e danos, isto é, na imposição, como sanção, da obrigação de o infrator indenizar aquele a quem causou prejuízo.

É exatamente o que ocorre com a obrigação de instituir o ICMS, segundo ROQUE ANTONIO CARRAZZA. Embora não haja como forçar a instituição do imposto, ou substituir-se ao Estado remisso na atividade criadora do tributo, "... *as demais pessoas políticas competentes para criar este imposto podem bater às portas do Poder Judiciário (STF, ex vi do art. 102, I, 'f', da CF) e, lá, postular o ressarcimento dos prejuízos (sofridos ou iminentes) causados por tal omissão*"[521].

Ora, a existência de uma sanção punitiva[522] para a hipótese de transgressão de uma conduta proibida, ou para a hipótese de inexecução de

---

[519] Nesse ponto, GAMA adere parcialmente às observações de PAULO DE BARROS CARVALHO e de ROQUE CARRAZZA quanto à obrigatoriedade de instituição do ICMS, fundada no art. 155, §2º, XII, *g*, da Constituição, no caráter eminentemente nacional deste tributo e no prejuízo que a omissão de sua instituição, por qualquer dos sujeitos competentes, traria para o equilíbrio da Federação. Diz-se que ele adere parcialmente porque afirma que "*Essa observação não merece retoques se a competência para instituir o ICMS for entendida como competência incondicionada, outorgada a apenas um sujeito, no caso os Estados e o Distrito Federal*". Porém, "... *se o CONFAZ, mediante deliberação dos Estados e do Distrito Federal, dispuser sobre a possibilidade de ser concedida redução de alíquota ou concessão de isenções, os Estados poderão ratificar o convênio e alterar a forma de incidência do imposto*", de modo que, nesse caso, não haverá que se falar em obrigatoriedade do exercício – **Competência Tributária...**, *op. cit.*, p. 280.
[520] **Curso de Direito Constitucional...**, *op. cit.*, p. 641.
[521] *Idem*.
[522] Que não corresponde, evidentemente, ao único sentido possível de "sanção", já que, ao lado das sanções punitivas também há, como normalmente se reconhece, as sanções premiativas.

uma ação comandada é condição suficiente – ainda que não necessária[523] – para que se possa afirmar a existência de um dever de praticar a conduta contrária àquela que constitui a hipótese de aplicação da pena.

Como diz LAGERSPETZ, *"Parece haber algún tipo de conexión esencial entre el concepto de sanción (o castigo) y el deber (u obligación)..."*[524]. Segundo MENDONCA, as normas que cominam sanções consistem em "atos de fala indiretos", que, *"... al amenazar (directamente) con un castigo para el caso de ejecución (u omisión) de cierta acción..."*, prescrevem *"... (indirectamente) la omisión (o ejecución) de dicha acción"*[525].

A propósito, não se pode pretender negar o *status* "obrigatório" da conduta de instituir o ICMS sob o argumento de que, para poder persistir na omissão, bastaria ao Estado remisso pagar a indenização eventualmente reclamada pelos entes federados que se reputassem prejudicados. Para verificar-se a falsidade desse raciocínio, basta observar que, em certo sentido, qualquer pessoa "pode" cometer homicídios, bastando, para tanto, que fique sujeito à aplicação de uma pena privativa de liberdade com duração entre seis e vinte anos, tal como estabelecido pelo artigo 121 do Código Penal. Aliás, não deve faltar quem efetivamente faça esse cálculo macabro, mas nem por isso alguém ousará dizer que a prática do homicídio está permitida. A possibilidade de transgressão da norma prescritiva, aliás, é condição de sua existência, pois simplesmente não faz sentido proibir ou comandar condutas necessárias ou impossíveis.

---

[523] Por razões que deixamos claras no capítulo primeiro, entendemos que a cominação de sanção para a hipótese de transgressão da conduta proibida é condição de eficácia – mas não de existência ou validade – dessa proibição (ou comando de omissão).
[524] *Normas y Sanciones*, In **La Normatividad del Derecho**, p. 51
[525] **Las Claves...**, op. cit., p. 85-86. KELSEN também afirma expressamente a existência de uma relação necessária entre sanção punitiva e ilícito, isto é, entre pena e proibição – ou dever de omissão, – dizendo o seguinte: *"Na medida em que o ato de coação estatuído pela ordem jurídica surge como reação contra a conduta de um indivíduo pela mesma ordem jurídica especificada, esse ato coativo tem o caráter de uma sanção e a conduta humana contra a qual ele é dirigido tem o caráter de uma conduta proibida, antijurídica, de um ato ilícito ou delito – quer dizer, é o contrário daquela conduta que deve ser considerada como prescrita ou conforme ao Direito, conduta através da qual será evitada a sanção"* – KELSEN, **Teoria Pura...**, op. cit., p. 24. O grande problema desse ponto da teoria kelseniana está, a nosso ver, pelas razões que procuramos deixar claras no primeiro capítulo, em afirmar que a sanção validamente estabelecida é condição não apenas suficiente, mas suficiente e necessária, para que exista uma proibição.

Seja como for, parece-nos absolutamente correta a posição de MENDONÇA e GAMA quando consideram a possibilidade, ao menos hipotética, de o exercício da competência tributária ser obrigatório.

É interessante observar, porém, que nenhum dos quatro autores cogita, sequer hipoteticamente, a possibilidade de o exercício válido da competência tributária ser proibido. Parecem entender que, se o exercício da competência estiver proibido, é porque, em rigor, não haverá competência, e sim incompetência/imunidade, a inquinar de nulidade as normas editadas pelo sujeito que infringir essa proibição.

Essa visão parece-nos profundamente equivocada, pois, do ponto de vista lógico, nada impede que o exercício válido de uma competência tributária seja, não obstante, proibido, o que pensamos haver demonstrado, inclusive com exemplos concretos, em tópico anterior.

Justamente por inserirem a relação entre competência e validade das normas de incidência numa estrutura prescritiva, nenhuma das três propostas de formalização examinadas dá conta de explicitar as diferenças que existem entre "competência" e "permissão do exercício da competência", entre "imunidade" e "proibição do exercício da competência" e entre "nulidade" e "sanção". A outorga da competência aparece, em todas elas, ou como a "permissão de exercer a competência" ou como "obrigação (que pressupõe permissão, na medida em que '$Op \rightarrow Pp$') de exercê-la", enquanto a imunidade é vista como uma espécie de "proibição" à prática do ato de editar a norma jurídico tributária em determinada situação.

O problema é que se fosse mesmo assim, nos casos antes vislumbrados, em que o exercício da competência tributária é proibido, sem prejuízo da validade da norma editada, conceber a respectiva outorga como uma permissão, ou mesmo como um comando de exercê-la, obrigaria a descrever essa situação como um caso de antinomia, demandando uma solução segundo as regras estabelecidas para a superação de conflitos entre normas incompatíveis. Ocorre que esses casos não ensejam antinomia, porque é plenamente viável a manutenção de ambas as normas – a que outorga competência para a prática de atos válidos e a que proíbe o seu exercício, – sem que se manifeste qualquer relação de contradição ou contrariedade no sistema.

Por mais essa razão, a proposta de conceber a regra que outorga a competência tributária como uma permissão de exercer a competência é problemática. E esses problemas ficam ainda mais evidentes quando se examinam os consequentes normativos das propostas teóricas referidas e, sobretudo, a proposta apresentada por Tácio Lacerda Gama para a sanção, como veremos nos próximos tópicos.

3.3.5.4 O consequente

As três propostas de formalização analisadas indicam, no consequente, pelo menos (i) o sujeito competente $[cs \text{ v } Cp \text{ v } S]$ e (ii) os limites materiais de sua atuação $[(m\text{-}i.d.r) \text{ v } (Lm) \text{ v } m \text{ }(s.e.t.c)]$.

A despeito disso, observam-se, pelo menos, sete diferenças entre os elementos que os autores inserem nas estruturas normativas que propõem.

Em primeiro lugar, embora todos indiquem, no consequente, a presença do **sujeito competente**, como aquele "capaz" de editar a norma, enquanto Santi, Peixoto e Mendonça inserem nessa posição os "órgãos" credenciados ao exercício da competência legislativa – "cs" na estrutura daqueles; "Cp", na estrutura desta, – Gama não aponta para o órgão, mas para a "pessoa política" ("S") capaz de criar a norma de incidência tributária.

Nesse aspecto, a razão parece estar com o último autor, pois os "órgãos" nada mais são do que meios pelos quais a "pessoa política" manifesta a sua vontade, razão pela qual sua indicação poderia, inclusive, restar pressuposta na referência ao "procedimento" necessário para a edição da norma. O titular da prerrogativa de editar a norma será, sempre, a pessoa política a quem ela foi conferida, e não os órgãos por meio dos quais ela exprime sua vontade.

O segundo ponto de distinção está em que Santi e Peixoto, talvez por mero esquecimento, simplesmente não indicam em sua estrutura o **sujeito passivo** da relação jurídica que concebem, o que é devidamente cumprido por Mendonça ("sp") e Gama ("p"), de maneira coerente com a premissa, por eles assumida, de que a estrutura da norma de competência é prescritiva.

No entanto, num terceiro ponto, para estes últimos, parecem variar tanto o sujeito passivo como o **sujeito ativo** da relação jurídica, conforme se trate de uma relação de competência regida pelo modal "permitido" ou pelo modal "obrigatório".

Quando se trata de uma relação "permissiva", o sujeito ativo apontado por ambos é o próprio sujeito competente, como detentor do "direito subjetivo" de editar a norma. Já o polo passivo da relação é ocupado pelos destinatários da norma, sejam os destinatários imediatos (sujeição passiva forte) – aqueles que têm legitimidade para questionar a validade da norma, – sejam os destinatários remotos (sujeição passiva fraca) – aqueles que só devem "saber" da existência da norma. A eles incumbiria o "dever jurídico" de respeitar a edição da norma, não opondo obstáculos para tanto.

Já quando se trata de uma relação regida pelo modal "obrigatório", o sujeito ativo é "a comunidade", como detentora do "direito" de exigir a edição da norma, enquanto o sujeito passivo é o sujeito competente, que tem o "dever" de editar a norma.

Ambos os autores parecem conceber a existência, na disciplina da competência, de um feixe de relações jurídicas prescritivas, de modo que *"Aquilo que é dever para o agente competente é direito dos demais sujeitos passivos; inversamente, o que for dever dos sujeitos passivos é direito dos sujeitos competentes"*[526].

Num primeiro momento, a tese parece verossímil, porque, quando se concebem duas relações simultâneas, uma de "permissão" e outra de "obrigação", não aparece contradição lógico-deôntica entre elas, porque a relação entre as permissões e obrigações não é de contradição, nem de contrariedade, mas de mera subalternidade[527]. Faz todo sentido dizer que "aquilo a que se está obrigado está, também, logicamente permitido".

Isso parece significar que, para ambos os autores, o sujeito competente tem uma "permissão" de editar a norma de incidência tributária, embora possa, também, ter o "dever" de editá-la. Trata-se, ao que parece, de um daqueles casos em que se costuma falar em "poder-dever", figura híbrida de invocação bastante comum – e, arriscamos dizer, algo descuidada – no Direito Público.

---

[526] Tácio Lacerda Gama, **Competência Tributária...**, *op. cit.*, p. 86.
[527] Ver quadro de oposições lógico-deôntico constante do item 1.2.3.2.2, *supra*.

No entanto, quando se concebe a possibilidade de haver "proibição do exercício da competência normativa", sem prejuízo da validade da norma que venha a ser editada, a solução de conceber a existência simultânea de duas relações de caráter prescritivo resulta simplesmente insatisfatória. Afinal, a relação entre normas permissivas e normas proibitivas é ensejadora de contradição (antinomia), o que, por definição, impede que ambas sejam executadas ou aplicadas ao mesmo tempo.

Em suma, o que parece é que a compatibilidade lógica dos estados "permitido" e "obrigado", que decorre da relação de subalternidade – não contrária e não contraditória – existente entre esses dois modais deônticos, acaba obscurecendo, nos modelos de GAMA e MENDONÇA, a distinção entre a regulação da outorga da competência e a regulação prescritiva de seu exercício, impedindo, também, que se estabeleça uma distinção adequada entre "incompetência" (e seu corolário, a "imunidade") e "proibição do exercício da competência".

A quarta diferença entre as propostas analisadas está em que, como outrora mencionado, enquanto SANTI, PEIXOTO e MENDONÇA inserem no consequente o **procedimento** que o sujeito competente "tem de" observar para editar a norma ("cp" v "Lf"), GAMA deixa-o no antecedente, o que não parece fazer sentido, uma vez que, se o credenciamento do sujeito para editar a norma sobre determinada matéria só surge no consequente, o uso do procedimento como meio apto ao desempenho dessa habilitação só pode ser um seu *posterius* – jamais um *prius* – lógico.

De fato, como diz GABRIEL IVO, *"As normas que regulam o procedimento disciplinam [...] o modo de exercício do poder normativo conferido..."*, o que significa que não podem ser um pressuposto lógico para o surgimento desse mesmo poder[528]. Pelo contrário, conforme observa PAULO DE BARROS CARVALHO, o exercício da competência tributária *"Opera-se pela observância de uma série de atos, cujo conjunto caracteriza o procedimento legislativo..."*, o que significa que dar curso ao procedimento legislativo previsto para criar uma norma de incidência tributária já equivale a exercer, ou começar a exercer, a competência tributária[529].

---

[528] **Norma Jurídica...**, *op. cit.*, p. 16.
[529] **Curso...**, *op. cit.*, p. 266.

Em quinto lugar, enquanto Santi, Peixoto e Gama inserem no prescritor **elementos espaciais e temporais** [("ct.ce") v ("e.t.")], observando que não só o surgimento da prerrogativa de legislar pode estar condicionado à observância de requisitos dessa natureza, como também a própria norma a ser instituída só poderá incidir em determinadas circunstâncias de tempo e espaço, Mendonça deixa as referências de tempo e espaço apenas na hipótese.

Tudo leva a crer, porém, que as referências de tempo e espaço do consequente estão contidas naquilo que a autora designa por "limitações materiais da competência" – isto é, limitações materiais da norma a ser instituída, – de modo que a distinção parece ser mais de forma e menos de fundo.

Em sexto lugar, enquanto apenas Santi e Peixoto apresentam, na estrutura que concebem, um lugar específico para as **imunidades** ("i"), nenhum dos quatro autores insere expressamente os **princípios** na estrutura lógica da norma.

Não há dúvida, porém, de que tanto os princípios como as imunidades aparecem, implicitamente, nas estruturas de todos os autores.

Gama, por exemplo, concebe as imunidades como "... *proposições que compõem a norma de competência tributária, restringindo um ou mais aspectos da sua materialidade...*", entendendo, inclusive, que elas "... *nada mais representam que princípios...*"[530].

Da mesma forma, na estrutura de Mendonça, as imunidades e os princípios também aparecem implícitos na definição dos "limites materiais" da norma para cuja instituição o sujeito é dotado de competência[531].

Aqui talvez caiba apenas a observação de que os princípios, sejam aqueles "...*que fixam valores densamente indeterminados...*", – como os da capacidade contributiva, da vedação à utilização de tributo com efeito de confisco, do

---

[530] **Competência Tributária...**, *op. cit.*, p. 243.
[531] Diz ela: "*Os princípios constitucionais tributários, denominados pelo legislador constituinte como 'limitações do poder de tributar', auxiliam na demarcação da competência legislativo tributária*"; [...] "*... as normas constitucionais que fixam as hipóteses de imunidade tributária em verdade ajudam a fixar a moldura da competência legislativo-tributária*". E, por isso, "*... alojamos os preceitos imunizantes fixados no Texto Constitucional de 1988 no âmbito do critério delimitador da autorização, contido no consequente da NCLT.*" – **Competência tributária...**, *op. cit.*, p. 156 e 177-178.

mínimo existencial, da progressividade, da seletividade, da segurança jurídica, da razoabilidade *etc.*, – sejam os que fixam "... *limites 'objetivos'...*" à atuação legiferante – como os princípios da legalidade, da anterioridade, da territorialidade da tributação, da não-cumulatividade *etc.*, – não colaboram apenas na definição da materialidade (objeto da competência outorgada), mas contribuem, também, para a indicação do sujeito apto a editar a norma de incidência, bem como do procedimento e dos elementos de tempo e espaço que condicionam a validade de seu agir [532].

Finalmente, em sétimo lugar, apenas SANTI e PEIXOTO destacam, expressamente, dentre os limites materiais à atuação do sujeito competente, a **destinação** vinculada do produto da arrecadação, no caso das contribuições especiais, e a previsão da **restituição** do produto da arrecadação ao sujeito passivo da relação jurídica tributária, no caso dos empréstimos compulsórios.

No entanto, CRISTIANE MENDONÇA também considera que os critérios utilizados para a classificação das espécies tributárias consistem "... *em verdadeiros limites materiais à ação legislativo-tributária das pessoas políticas...*"[533].

Na mesma linha, TÁCIO LACERDA GAMA observa que a delimitação da competência se dá segundo três possíveis técnicas de atribuição – "matéria", "finalidade" ou "matéria e finalidade" – e, nos casos em que a finalidade é relevante, a falta de afetação jurídica do produto da arrecadação à finalidade prevista pela norma de competência "... *faz com que a norma* [de incidência tributária] *criada...*" fique sujeita "... *à decretação de sua invalidade*"[534-535].

---

[532] Sobre a função dos princípios na construção da regra-matriz de incidência, em tudo semelhante à que desempenham na conformação das regras de competência: CARLOS AGUSTINHO TAGLIARI, **Os Princípios e a Construção da Norma Jurídica Tributária**, p. 263–277.
[533] **Competência tributária...**, *op. cit.*, p. 150.
[534] No mesmo sentido, aponta HUMBERTO ÁVILA que, para dizer quais são os fatos suscetíveis de tributação, a Constituição usa de três técnicas diferentes: 1) delimitação de comportamentos, reserva de poder ou estabelecimento de definições; 2) delimitação de comportamentos, reserva de poder ou estabelecimento de definições vinculados a finalidades; 3) delimitação das finalidades –**Sistema Constitucional...**, *op. cit.*, p. 258-259.
[535] **Competência Tributária...**, *op. cit.*, p. 227-228. Na mesma linha, diz PAULO DE BARROS

No tocante à inserção desses elementos – destinação e/ou restituição do produto da arrecadação, – implícita ou explicitamente, na estrutura das normas de competência relativas a contribuições especiais e empréstimos compulsórios, não poderíamos estar mais de acordo com os autores citados[536].

3.3.5.5. A sanção

Por derradeiro, como dito, dentre as propostas examinadas, apenas a de Tácio Lacerda Gama procura descrever, em termos formais, a norma secundária que, como norma sancionadora, integraria a estrutura dúplice da norma de competência, formulada em termos prescritivos. E ele o faz mediante a afirmação de que a nulidade – ou, mais precisamente, a "anulação" – é a espécie de sanção típica das normas de competência.

O autor parte do pressuposto de que, sob o ponto de vista dos aplicadores, – em oposição ao dos observadores, – as normas sempre ingressam validamente no sistema, independentemente de serem ou não compatíveis com as normas que regem a sua produção, de modo que a existência – pertinência ao sistema jurídico – é igual à validade normativa.

Assim, para que uma norma deixe de ser válida – o que equivale, nessa perspectiva, a deixar de existir no sistema –, será sempre necessária a intervenção de um sujeito – o Estado-Jurisdição – dotado de habilitação para extirpar do ordenamento o enunciado produzido sem a observância da norma (primária) de competência. Diz GAMA, nesse sentido, que

> Os ilícitos nomogenéticos... não se presumem, tampouco são automáticos e infalíveis. Sendo o direito positivo um sistema dinâmico de normas, apenas com decisões exaradas por autoridades competentes – via de regra, titulares de competência jurisdicionais – é possível constituir a invalidade de uma norma. Noutro dizer, até que uma norma jurídica identifique o ilícito nomo-

---

Carvalho que, "... *além de prescrever os dispositivos que fundamentam a regra-matriz de incidência tributária, a norma de competência determina, também, qual destino deve ser dado ao produto da arrecadação*" – **DireitoTributário, Linguagem...**, *op. cit.*, p. 235.

[536] É também nesse sentido o pensamento de Misabel Derzi, para quem, "*Sem afetar o tributo às despesas expressamente previstas na Constituição, falece competência à União para criar contribuições*" – in Aliomar Baleeiro, **Direito Tributário...**, *op. cit.*, p. 81.

genético (inconstitucionalidade, ilegalidade, nulidade...) e prescreva os efeitos desta ilicitude, a norma seguirá regulando condutas de modo coercitivo, por efeito da chamada presunção de validade[537].

Essa ideia, com a qual o autor rejeita toda e qualquer possibilidade de se falar em "nulidade de pleno direito", está claramente ligada à noção de cláusula alternativa tácita kelseniana, tanto que GAMA, no mesmo trecho acima transcrito, alude, em nota de rodapé, à seguinte passagem da obra de LOURIVAL VILANOVA:

> A norma inconstitucional é válida enquanto não desconstituída pelo órgão com competência para tal. Mesmo normas N e não-N, contraditórias entre si, são ambas válidas, *alternativamente aplicáveis* aos atos administrativos, aos atos judiciais e aos próprios atos de legislação ordinária. Dizemos alternativamente, pois seria insolúvel o caso concreto com incidência de N e não-N. A inaplicabilidade simultânea não prejudica a simultânea validade[538].

A equiparação, empreendida por GAMA, entre a nulidade e a sanção, parece-nos bastante problemática, por diversas razões.

Em primeiro lugar, GAMA afirma que a hipótese da norma sancionadora consiste na descrição do descumprimento da "relação jurídica de competência" ([-c]), prescrita no consequente de sua estrutura normativa. No entanto, ele mesmo traduz o fato que dá ensejo à aplicação da sanção – hipótese da norma sancionadora – como correspondente à "... *violação daquilo que dispõem os condicionantes formais e materiais da norma de competência*"[539].

Ora, isso não parece coerente com a sua posição de dispor os "condicionantes formais" do exercício da competência na hipótese de sua norma primária [$p\ (p1, p2, p3...)$], como parte integrante do "fato produtor de normas". Afinal, se esses condicionantes formais integram o "antecedente" da norma primária, e não o respectivo mandamento, como, então, a sua inobservância poderia corresponder à hipótese da norma sanciona-

---

[537] **Competência Tributária...**, *op. cit.*, p. 325-326.
[538] *Apud. Ibid.*, p. 325.
[539] TÁCIO LACERDA GAMA, **Competência Tributária...**, *op, cit.*, p. 107.

dora? As normas estabelecedoras de sanção, afinal, sempre têm por hipótese o descumprimento de um dever prescrito no consequente – e não no antecedente – da norma primária.

Aliás, essa percepção parece reforçar as críticas anteriormente tecidas, relativas ao fato de GAMA inserir os condicionantes formais do exercício da competência em um lado da estrutura normativa (p), e os condicionantes materiais no outro polo (q), não obstante se trate da representação de aspectos de uma só e mesma conduta.

Por outro lado, é interessante notar que, em determinada passagem, GAMA trata a inobservância dos requisitos formais não como o descumprimento de um "dever", mas como a simples não realização do "fato jurídico produtor de normas"; contudo, segue tratando essa situação como um caso de "invalidade" – que, para ele, é sinônimo de aplicação da norma sancionadora. Vejamos:

> O modo de realizar a enunciação é, pois, um elemento fundamental na compostura interna da hipótese das normas de competência tributária. Ignorado qualquer de seus aspectos, ou seja, feita a enunciação dos textos de direito positivo sem atenção a qualquer dos elementos previstos no modo de enunciação, o texto não terá sido enunciado da forma correta. O fato enunciação não terá ocorrido de acordo com o sistema. Logo, a norma jurídica inserida por esse instrumento introdutor será inválida[540].

Diante disso, surge a seguinte dúvida: os casos de invalidade são casos de "sanção" pelo descumprimento de um dever de editar a norma de determinado modo, ou casos de simples inocorrência do chamado "fato jurídico produtor de normas"? Praticar o "fato produtor de normas" de determinado modo é um "dever" do sujeito competente, embora esteja situado no antecedente da norma primária de competência? É possível situar direitos e deveres, como elementos de uma relação jurídica, no antecedente de uma norma prescritiva? Nada disso fica claro no pensamento do autor[541].

---

[540] *Ibid.*, p. 70-71
[541] Vale, aqui, a propósito, a observação de PAULO DE BARROS CARVALHO, segundo quem *"... o suposto normativo não se dirige aos acontecimentos do mundo com o fim de regrá-los. Seria um*

Em segundo lugar, para sustentar a natureza sancionadora da declaração de nulidade, Gama acaba descrevendo a observância dos condicionantes formais e materiais do exercício da competência como "deveres jurídicos" do sujeito competente. No entanto, uma melhor observação das diversas categorias jurídicas que se costumam esconder sob o termo "dever" revela que essas condicionantes, em rigor, não são deveres do sujeito competente, que ele "deva" obedecer para atender ao interesse dos destinatários das normas; trata-se, isso sim, de "ônus", que ele "tem de" observar para satisfazer **o seu próprio interesse** de criar, validamente, a norma jurídica tributária. A admissão, como premissa, de uma suposta "homogeneidade sintática" das normas jurídicas, que estariam, nessa perspectiva, estabelecidas sempre em termos de "direitos" e "deveres", impede o autor de perceber essa distinção – que nos parece fundamental para a devida compreensão das normas de competência – entre "deveres" e "ônus".

Em terceiro lugar, na norma primária concebida pelo autor, o sujeito competente não é o "devedor" da conduta de criar a norma de determinado modo, mas sim o "credor" do direito de criar essa norma, vale dizer, é o sujeito ativo da relação de competência, de modo que não parece fazer sentido inserir uma conduta sua no suposto da norma sancionadora atrelada a essa norma primária.

Em quarto lugar, também chama a atenção o fato de que o sujeito ativo da norma sancionadora descrito por Gama não é o mesmo sujeito ativo que se costuma inserir na relação jurídica de competência, – o sujeito competente, – o que é curioso, pois, como explica Paulo De Barros Carvalho, na estrutura típica de uma norma de conduta,

> ... na norma secundária o antecedente aponta, necessariamente, para um comportamento violador de dever previsto na tese de norma primária, ao passo que o consequente prescreve relação jurídica em que o sujeito ativo

inusitado absurdo obrigar, proibir ou permitir as ocorrências factuais, pois as subespécies deônticas estarão unicamente no prescritor" – Para uma Teoria da Norma Jurídica: da Teoria da Norma à Regra-Matriz de Incidência Tributária, **Revista do Advogado**, nº. 118, p. 125.

é o mesmo, mas agora o Estado, exercendo sua função jurisdicional, passa a ocupar a posição de sujeito passivo[542].

Veja-se que, ao contrário do que seria de se esperar encontrar numa norma que impõe sanção, o sujeito ativo da norma sancionadora concebida por GAMA não é o mesmo que ocupa o polo ativo da relação jurídica prevista no consequente da norma primária, como titular do direito de exercer a competência; em sua construção, o sujeito ativo da norma sancionadora – aquele que tem o direito de provocar a jurisdição – é, precisamente, o destinatário – isto é, o sujeito passivo – da norma de competência.

Por fim, em quinto lugar, cabem algumas críticas sobre o modo como o autor concebe a invalidade das normas jurídicas de incidência tributária, entendendo, na esteira kelseniana, que toda norma que ingressa no sistema é válida/existente até que outra norma a invalide/expulse, razão pela qual a existência da invalidade dependeria da edição de uma norma apta a expulsar do sistema a norma produzida em desconformidade com as regras de competência.

Ressalte-se, de antemão, que a discussão aqui posta não tem relação alguma com os efeitos da declaração de nulidade da norma – ou, na perspectiva adotada pelo autor, com os efeitos decorrentes da "anulação da norma". Isso porque a programação dos efeitos que decorrem de uma norma inválida, seja a supostamente inexistente "nulidade de pleno direito", seja a "anulação", de caráter constitutivo, concebida por GAMA, é puramente contingente nos sistemas jurídicos. Vale dizer, quer se entenda que a norma produzida em desconformidade com as regras de competência é, *ipso facto*, inválida, quer se entenda que ela surge validamente e, depois, é "invalidada", o sistema jurídico pode, com absoluta independência, estabelecer que a decisão relativa à nulidade tenha efeitos *ex tunc*, *ex nunc* ou, ainda, efeitos especiais, definidos *ad hoc*, como ocorre, por exemplo, nas hipóteses de modulação da declaração de inconstitucionalidade (artigo 27 da Lei nº. 9.868/99), ou como ocorreu com a convalidação de alguns benefícios do ICMS, nos termos da Lei Comple-

---

[542] **Direito Tributário: Fundamentos...**, *op. cit.*, p. 56.

mentar nº. 160/2017 e do Convênio CONFAZ nº. 190/2017. Se a norma nasceu nula, como concebem aqueles que distinguem entre validade e existência, nem por isso é inexistente, de modo que pode gerar efeitos; se ela nasceu válida, e assim permaneceu até que invalidada, como entendem os partidários da tese contrária à que esposamos, com ainda maior razão se explica que tenha produzido efeitos.

A discussão, portanto, é outra, e diz respeito ao fato de que assumir, como premissa, que nenhuma norma ingressa de modo inválido no sistema, de modo a ser possível, inclusive, que sejam simultaneamente válidas a norma que determina a prática da conduta A e a que determina a omissão da conduta A, é, simplesmente, negar a ambas as normas, num caso como esse, a possibilidade de realizar a sua função fundamental, que é a de "dirigir" o comportamento do destinatário.

Realmente, se ambas as normas, conquanto contrárias ou contraditórias, são válidas até que o sujeito "aplicador" decida por uma ou outra, a pergunta fundamental a fazer é: como então se deve comportar o "destinatário" dessas normas enquanto não há essa decisão? Está livre para obedecer a qualquer delas, em prejuízo da outra? Não há resposta lógica que se possa dar a essa questão sem recorrer à tese da cláusula alternativa tácita kelseniana, cujo equívoco foi bem demonstrado por NINO[543].

Ademais, se nenhuma norma ingressasse de maneira inválida no ordenamento, então as normas N_2, N_3 *etc.*, criadas a partir de uma norma N_1, produzida sem observância da regra de competência que regulava sua criação, não poderiam jamais ser anuladas antes que a própria N_1 fosse expulsa do ordenamento. Entretanto, essa possibilidade pode muito bem existir nos sistemas jurídicos, e efetivamente existe no Brasil, em que todo juiz pode deixar de aplicar uma norma a um caso, com fundamento em sua inconstitucionalidade, muito embora nenhum juiz, isoladamente, tenha competência para "expulsar" a norma do ordenamento, regulando os efeitos decorrentes dessa "expulsão"[544].

---

[543] Item 1.3.2, *supra*.
[544] Também equiparando a sanção à nulidade, mas de forma totalmente diversa da concebida por GAMA, inclusive para admitir que *"... a sanção opera de pleno direito, automaticamente..."*, quando há vício de nulidade, e, *"a posteriori"*, quando há vício de anulabilidade – Elival Da Silva Ramos, **A Inconstitucionalidade das Leis: Vício e Sanção**, p. 89-90.

Em determinadas passagens, em vez de afirmar que as normas ingressam validamente no sistema, diz GAMA que elas nele ingressam com presunção de validade e "... *mantêm essa presunção até que outra norma seja produzida prescrevendo o fim da sua vigência temporal*"[545]. Eis aí um caminho bem mais promissor, e que parece remeter à distinção entre "existência", concebida como a condição para que uma norma possa ser presumida válida, e a própria validade, decorrente do preenchimento de todos os requisitos que condicionam a introdução e manutenção de enunciados num sistema normativo.

Essa "presunção de validade" das normas, porém, não pode ser equiparada a uma espécie de "validade" subordinada a uma condição resolutiva, segundo a qual a norma seria válida até o momento em que fosse expulsa do sistema por uma autoridade. Ora, da mesma forma que a consequência das presunções (relativas) é impor ao sujeito em cujo desfavor se estabelecem o ônus de provar a não ocorrência do fato presumido, também a consequência das presunções que incidem sobre a validade das normas é, simplesmente, impor aos destinatários ou aplicadores da norma o ônus de demonstrar a sua não adequação aos enunciados que regulam sua produção, seja para furtar-se aos seus efeitos, no caso dos destinatários, seja para deixar de determinar a sua observância, no caso dos aplicadores.

O que se quer deixar claro é que não existe a necessidade de se criar uma nova norma para que a irregular norma de incidência tributária, criada em desconformidade com as regras que regulam a sua produção, seja inválida. Isso porque a sua invalidade já corresponde, analiticamente, por definição, à inobservância das regras que regulam a sua produção.

Em suma, a nulidade não pode ser equiparada à sanção, de um lado, porque não existe, para o sujeito competente, um "dever" de observar as condições formais e materiais previstas para o exercício válido da competência, mas, sim, o "ônus" de fazê-lo.

A nulidade não pode ser equiparada à sanção, de outro lado, porque os destinatários da norma de competência não têm um "direito" a que o sujeito competente exerça regularmente a sua prerrogativa. Essa relação

---

[545] TÁCIO LACERDA GAMA, **Competência Tributária...**, *op. cit.*, p. 114.

não pode ser estabelecida em termos de "direitos" e "deveres", mas apenas em termos de "poder" e "sujeição". Se o sujeito competente, ao editar a norma tributária, houver observado todas as normas que condicionam a regularidade de seu agir, os destinatários desse enunciado estarão irresistivelmente sujeitos a ele; se algum desses requisitos não houver sido obedecido pelo sujeito competente ao editar a norma tributária, os destinatários estarão imunes a ela[546].

Essas observações parecem apontar para a necessidade de reconstruir as normas de competência, em sua relação com a validade ou a invalidade das condutas do sujeito, de outra maneira. É o que passamos a fazer.

3.4. Competência tributária: validade e regulação deôntica

Os problemas encontrados nas propostas de formalização das normas de competência tributária acima analisadas estão ligados ao fato de que elas procuram inserir os temas (i) da validade da norma decorrente do exercício da competência e (ii) do *"status"* deôntico – permitido, proibido ou obrigatório – da conduta de exercer a competência, na estrutura de uma mesma e única típica norma prescritiva.

Isso é decorrência, ao que nos parece, da adoção, praticamente uníssona na doutrina tributarista brasileira, de um conceito deveras restrito de norma jurídica, segundo o qual, para um enunciado ser considerado uma "norma", é necessário o seu enquadramento numa estrutura formal muito específica, caracterizada, sobretudo, por estar regida, no consequente, por algum dos modais deônticos, integrando, assim, os chamados

---

[546] Conceber a nulidade como uma espécie de sanção/penalidade poderia, ainda, desencadear outros efeitos. Por exemplo, o art. 106, II, do Código Tributário Nacional, prevê a retroatividade das leis que deixam de definir um ato como infração, ou cominam penalidade menos severa para a hipótese de sua prática. Seria ele aplicável ao caso em que, o sujeito competente para o lançamento deixa de observar um requisito de validade do ato, cuja exigência é suprimida por legislação posterior? Talvez se possa contornar a questão restringindo a aplicabilidade do dispositivo aos casos em que o "infrator" é o sujeito passivo da relação jurídica tributária, ou terceiro, negando-lhe aplicação aos casos em que o "infrator" é o próprio Estado, ainda que o dispositivo não estabeleça, claramente, essa distinção. De todo modo, o exemplo é ilustrativo do que pode ocorrer, em termos de definição do regime jurídico, quando se equipara a nulidade à sanção.

subsistemas jurídicos "S_3" e "S_4", na classificação de Paulo De Barros Carvalho[547].

O problema é que, com esse expediente, acabam-se pondo em segundo plano outras proposições construídas pelos intérpretes do sistema jurídico – destinatários ou aplicadores das normas – a partir da tradução das mensagens veiculadas nas disposições normativas, de modo a desconsiderar que elas são no mínimo tão importantes quanto as estruturas prescritivas para o adequado funcionamento do sistema normativo.

Essa percepção motivou a seguinte observação crítica de Tárek Moysés Moussallem, que, ressalvadas diferenças de perspectiva relativas ao conceito de "norma" – para nós, mais amplo, para ele, mais estrito, – consideramos irretocável:

> A atenção exacerbada dada ao subsistema S_3 (normas jurídicas em sentido estrito) dominou, até a presente data, o cenário jurídico brasileiro, **olvidando-se, por vezes, as importantes funções exercidas pelos subsistemas S_2 e S_1. Tal fato acabou por reduzir a visão do direito positivo ao subsistema S_3, além de prejudicar o estudo dos elementos pertencentes aos demais subsistemas**.
> É claro que, ao assestar os subsistemas S_2 e S_1, o jurista não classifica normas jurídicas em sentido estrito, conforme entendido por Paulo De Barros Carvalho, mas isso não impede a divisão lógica dos enunciados prescritivos componentes de S_1 e as proposições isoladas integrantes de S_2. **Labor mais detido na classificação dos elementos pertencentes a tais subsistemas enriquecerá, em muito, aquela a ser efetuada no subsistema S_3 e, mais, sem reduzir o direito a este último** [548].

De fato, no Sistema Tributário Nacional, para além das (i) normas prescritivas, que classificam as condutas em "permitidas", "proibidas" e "obrigatórias", eventualmente cominando sanções para o caso de seu descumprimento, há, também: (ii) normas que estabelecem "definições" ou, num sentido mais estrito, criam a possibilidade de "fatos institucionais" – isto é, criam a possibilidade de determinados fatos "com algum

---

[547] Vide item 1.2.3.4, *supra*, p. 51-56.
[548] **Revogação...**, *op. cit.*, p. 116. (sem os destaques, no original)

sentido específico" no sistema; (iii) normas que conferem poderes, habilitando alguém a praticar uma conduta dotada de sentido determinado no sistema; e (iv) normas que orientam o agente a quem se atribui um poder acerca da maneira de exercê-lo validamente. E todos esses tipos de enunciados dos intérpretes do sistema jurídico – não só os enunciados prescritivos – têm seu lugar na disciplina da competência tributária[549].

Há, primeiro, enunciados constitutivos-performativos, de estrutura predicativa, que "habilitam" determinadas pessoas políticas a criar normas de incidência tributária sobre determinados fatos, tornando o seu agir um "com sentido" no sistema jurídico, tal qual um movimento válido do jogo de xadrez. Pode-se dizer, nesse sentido, que os Municípios são competentes para instituir o IPTU da mesma forma que, no jogo de xadrez, ao bispo é possível mover-se exclusivamente na diagonal, e que os Municípios são tão incompetentes para instituir o IPVA quanto os bispos brancos do jogo de xadrez são incapazes de transitar pelas casas pretas do tabuleiro.

De fato, em função da norma veiculada pelo artigo 156, III, da Constituição, todos os entes que se enquadrarem na definição de "Município" serão dotados da prerrogativa de editar, validamente, a norma de incidência do IPTU. Em linguagem simbólica: $N_{1:}$ "s $\in$ M$\rightarrow$C$_{IPTU}$", ou, "Se 's' pertence à classe dos 'Municípios', então 's' é um sujeito competente para instituir o IPTU".

Note-se, desde logo, que essa qualificação, por si só, não dota o sujeito "s" do "direito" de instituir o IPTU; dota-o, apenas, do "poder" de instituí-lo, validamente. Deter esse "poder" significa apenas que, se "s" instituir o IPTU, então o sujeito ativo da norma de incidência desse imposto – o qual, no caso do IPTU, corresponderá ao próprio sujeito "s" – terá, aí sim, o "direito subjetivo" de exigir dos destinatários imediatos da norma de incidência tributária, que paguem o imposto, sempre que ocorrer o fato previsto no suposto desse enunciado. Da mesma maneira, os destinatários imediatos dessa norma, enquanto sujeitos passivos da relação jurídica prescrita para o caso de a norma incidir, terão o "dever jurídico"

---

[549] Nesse sentido, diz Júlio Maria De Oliveira que *"As normas jurídicas não são apenas aquelas que qualificam determinada conduta (fato volitivo) deonticamente, mas, também, as que criam os fatos jurídicos"* [...] *"A norma cria o fato jurídico"* – **Internet...**, op. cit., p. 18.

de cumprir com ela, recolhendo o tributo, sempre que se verificar o fato jurídico tributário.

Esse "direito subjetivo" (permissão) de editar a norma pode até existir – e parece que efetivamente existe no caso do IPTU, – mas é relativamente independente do "poder" de editar a norma. Ou melhor, esse direito pressupõe, necessariamente, o poder de validamente editar a norma, não podendo existir sem ele, mas a recíproca não é verdadeira.

A distinção entre o "poder" que corresponde à competência e o "direito" de exercitá-la não escapou à observação de ALFREDO BECKER. Embora aludindo à competência "de órgão", e não "de pessoa", consignou o mestre gaúcho que os sujeitos dotados de poder, concebido como a *"... capacidade de agir (força natural e racional) imanente ao Estado..."*,

> ...exercem o Poder – não como um direito cujo uso lhes assiste – mas como um dos elementos essenciais aos quais eles (Órgãos) devem a sua existência. O Órgão não é titular de um 'direito' ao Poder. O Órgão, por sua própria natureza de *Órgão funcional* do Ser Social, tem – imediata e conaturalmente à sua existência – uma parcela de Poder: aquela parcela de Poder que foi delimitada qualitativa e quantitativamente pelas regras jurídicas que criaram o órgão e disciplinaram sua função específica. Esta parcela de Poder, delimitada quantitativa e qualitativamente, é a *competência*[550].

Discordamos, portanto, da observação de MOUSSALLEM, segundo a qual

---

[550] **Teoria Geral...**, *op. cit.*, p. 268-269. É preciso ressalvar, porém, que, diferentemente do entendimento manifestado por BECKER, nem sempre a outorga da competência é condição da "existência" dos sujeitos – ou mesmo dos órgãos – competentes. É dizer, se é seguro que um juiz não é um juiz sem a competência judicante, no caso das competências tributárias, a existência do sujeito – isto é, da pessoa política, – é completamente independente da sua competência para instituir tal ou qual tributo. Com efeito, o "ser Município", por exemplo, responde, na Constituição, apenas e tão-somente, ao critério genético do art. 18, §4º; da mesma forma, a União e os Estados não devem sua existência a suas competências tributárias: existem independentemente delas, na medida em que elas configuram apenas "condições de viabilidade", e não de existência, da Federação e de seus respectivos integrantes

... (1) Ao se qualificar um sujeito como competente (2), instala-se no consequente normativo a *relação jurídica de competência legislativa* (3) modalizada pelo functor permitido (Pp), na qual o sujeito ativo é o detentor de direito subjetivo de criar normas jurídicas, e a comunidade é o sujeito passivo portador do dever jurídico de não impedir o direito subjetivo do sujeito ativo[551].

Entendemos, muito diversamente, que, ao se qualificar um sujeito como competente, não se diz nada, em princípio, sobre o seu direito de criar normas jurídicas, ou sobre o "dever" de outros sujeitos respeitarem – não impedirem – o exercício desse suposto "direito". Estabelece-se, isso sim, o "poder" de os sujeitos competentes criarem a norma válida, e a irresistível "sujeição" dos destinatários à norma produzida. Contra o fato de estarem sujeitos à norma válida, os destinatários nada podem fazer, ainda que possam, eventualmente, optar por transgredir o preceito nela estabelecido, como é próprio das normas prescritivas.

Da mesma forma, ao se desqualificar um sujeito, negando-lhe competência para instituir um determinado tributo, não se estabelece uma "proibição" à edição da norma de incidência tributária, nem se outorga, aos pretensos destinatários dessa norma, um "direito" a que ela não seja editada, ainda que, muitas vezes, o legislador, na sua linguagem natural, utilize-se de derivados dos verbos "vedar" ou "proibir" para instituir imunidades. Cria-se, isso sim, um caso de "impotência" do sujeito, em que ele simplesmente não é capaz de criar uma norma válida; correlatamente, cria-se, para os destinatários do enunciado normativo emitido pelo sujeito incompetente, uma situação de "imunidade", isto é, de "não-sujeição", no sentido de que não se pode exigir deles o cumprimento do preceito contido naquele enunciado.

Em outras palavras, como bem observa ANDREI PITTEN VELLOSO,

Perante uma regra atributiva de competência, o legislador está numa situação de potestade; e os cidadãos, num estado de sujeição. Perante uma regra de imunidade (de competência negativa), o legislador encontra-se num

---

[551] **Fontes do Direito...**, *op. cit.*, p. 83.

estado de impotência (não-competência), e os particulares, numa situação de imunidade (não-sujeição)[552].

Importante ressaltar, a propósito, que não há relação de anterioridade lógica entre a outorga da competência e o estabelecimento de uma imunidade. Elas surtem seus efeitos simultaneamente, razão pela qual podem, inclusive, ser condensadas numa só e mesma estrutura. Afinal, da mesma forma que as normas de incidência tributária conjugam-se com as normas estabelecedoras de isenções, as normas atribuidoras de competência conjugam-se com as normas definidoras de imunidades, que agem de modo a excepcioná-las, retirando de seu âmbito de aplicação determinadas hipóteses específicas[553].

A despeito, porém, da independência lógica entre a atribuição da competência e a regulação deôntica de seu exercício, dada a inexistência de correspondência biunívoca entre disposição e norma, nada impede que uma só e mesma disposição normativa veicule, a um só tempo, uma imunidade – delimitando a esfera de ação válida de um sujeito – e, também, uma proibição, no sentido de vedar ao sujeito que (tente) editar normas de incidência relativas à matéria abrangida pela imunidade. Uma norma prescritiva dessa natureza seria como a que estabelecesse uma sanção para o jogador de xadrez que "ousasse" tentar mover o bispo em "L" – uma conduta impossível de ser praticada, validamente, naquele

---

[552] **Conceitos e Competências...**, op. cit., p. 164-165
[553] Nesse sentido, diz MISABEL DERZI: "*Se tomarmos a palavra competência no sentido de poder tributário já delimitado (como pretende Paulo de Barros Carvalho), então a norma de competência é um conjunto que resulta da seguinte subtração: norma de atribuição de poder – norma denegatória de poder (imunidade)*" – In ALIOMAR BALEEIRO, **Direito Tributário...**, op. cit., p. 118. Da mesma forma, assinala HUMBERTO ÁVILA: "*A competência tributária, no entanto, é resultado da análise conjunta de duas espécies de normas jurídicas: de um lado, das normas que atribuem poder ao Estado para instituir tributos por meio da especificação dos fatos e situações que se tornam suscetíveis de tributação (normas de competência); de outro, das normas que subtraem poder do Estado sobre determinados fatos e situações que se tornam insuscetíveis de tributação (normas limitativas da competência). A parcela de poder do Estado para instituir tributos é resultado do poder que se lhe atribui menos o poder que lhe é subtraído*" – **Sistema Constitucional Tributário...**, op. cit., p. 217.

jogo, mas que ganharia significado, naquele sistema, a partir da proibição de sua prática[554].

Em suma, a norma que confere ou nega competência tributária simplesmente indica a possibilidade de um sujeito editar, validamente, normas de incidência tributária sobre determinadas matérias. Ela nada tem a ver com a regulação deôntica do exercício da competência, que é regulada – quando regulada – por outra norma, da qual é totalmente independente. Isso tudo, é claro, sem prejuízo da possibilidade de que ambas as normas possam, eventualmente, vir veiculadas por uma única e mesma disposição de competência ($D = N_1 + N_2$).

"Ser competente" não basta, porém, para que se exerça validamente a competência, isto é, não basta para que se crie uma norma de incidência tributária válida.

De fato, embora a norma que atribui a competência tributária seja, normalmente, uma norma "noético-constitutiva" da propriedade "ser competente", na medida em que sua existência é condição necessária e suficiente para que um sujeito detenha competência para editar uma norma de incidência tributária válida sobre determinada matéria – exceção feita aos casos em que o surgimento da prerrogativa de criar o tributo legislar está também condicionado à ocorrência de determinado fato, como no caso do imposto extraordinário de guerra –, ela é uma norma "*anankástico*-constitutiva" da validade dos enunciados criados pelo sujeito competente, pois, para que o sujeito competente crie enunciados normativos válidos, é também necessário que observe os "ônus" que condicionam a validade de seu agir.

Por isso, também encontramos, em nosso sistema tributário, para além dos enunciados predicativos, a que antes nos referimos, enunciados que indicam de que maneira o sujeito competente "tem de" agir para conseguir o resultado "norma de incidência tributária válida" – aquela que os destinatários, sujeitos passivos imediatos, estarão obrigados a cumprir.

---

[554] Aliás, pelo que se sabe, no xadrez, tentar mover uma peça de forma irregular, apesar de constituir uma conduta que produz um movimento inválido, tem, no campo prescritivo, a consequência de tornar obrigatório ao jogador mover a peça em que tocou, e não outra, sob pena de desclassificação.

Com efeito, assim como os sujeitos que desejam produzir um contrato dotado de força executiva "têm de" colher no instrumento as assinaturas de duas testemunhas; assim como o enxadrista que deseja realizar um "roque" precisa antes liberar o espaço entre o rei e a torre; também o Município que deseja fazer obrigatória uma norma de incidência do IPTU tem de, antes, editá-la com estrita observância ao procedimento legislativo previsto para a edição de leis ordinárias, bem como aos requisitos materiais que condicionam o seu agir. Sem isso, simplesmente não conseguirá o resultado que almeja.

Tomando, novamente, o exemplo do IPTU, e considerando o ponto de vista do sujeito competente, uma norma dessas poderia ser reconstruída como uma norma técnica, assim: $C_{IPTU} \wedge Q(NI_{IPTU}) \rightarrow C_{IPTU} \wedge O'(M_{IPTU} \wedge P_{LO} \wedge t.e)$, isto é, "Se o sujeito competente para instituir o IPTU 'quer' (Q) instituir validamente a norma de incidência do IPTU, então esse sujeito 'tem de' (O') observar os ônus consistentes em (i) não tratar de matéria estranha à sua esfera de competências, (ii) observar o procedimento previsto para a edição de leis ordinárias (P_{LO}) e (iii) observar as condições de tempo e espaço (t.e) para a edição desses enunciados".

Isso não impede que, agora sob o ponto de vista dos destinatários da norma de competência, essa mesma norma seja reconstruída como uma definição, ou como uma norma constitutiva em sentido institucional, da seguinte maneira: $C_{IPTU} \wedge M_{IPTU} \wedge P_{LO} \wedge t.e. \rightarrow NI_{IPTU}$, isto é: "Se o sujeito competente para instituir o IPTU tratar da instituição de um imposto sobre a propriedade predial e territorial urbana, observando os limites materiais a essa instituição, o procedimento previsto para a edição de leis ordinárias, mais as condições de tempo e de espaço que condicionam o seu agir, então 'produzir-se-á' uma norma de incidência do IPTU válida", a cujo preceito, então, os sujeitos passivos do imposto deverão obediência.

O importante, aqui, é observar que nem o sujeito competente tem o dever de obedecer ao procedimento legislativo, aos limites materiais e às condições de tempo e espaço previstos, nem os destinatários da norma têm o direito de que o sujeito competente os observe. O sujeito competente tem, isso sim, o ônus de observar essas condicionantes para agir de maneira válida; se os observar, o destinatário da norma por ele editada estará sujeito ao enunciado e, quando praticar o fato descrito em seu suposto, estará obrigado a cumpri-lo; se, porém, o sujeito competente não as observar, o destinatário de seu enunciado não estará compelido a atender à regra, ainda que venha a praticar o fato descrito em seu suposto.

A edição de uma norma de incidência tributária válida manifesta-se como "fato institucional" no sistema jurídico e, sendo assim, simplesmente ocorre ou não ocorre, não havendo terceira possibilidade, como é próprio da lógica alética que rege os fatos – em que vigora a "lei do terceiro excluído", – e de maneira completamente independente de sua regulação deôntica.

É dizer, se a observância das regras que condicionam o agir do sujeito competente houver sido suficiente para atender a "todas" as normas sobre a produção jurídica – "suporte fático suficiente", – a norma válida terá sido produzida; do contrário, simplesmente não terá restado produzida, o que não impede, é bom deixar claro, que tenha sido produzida "outra coisa", como, por exemplo, uma norma simplesmente "existente", porém inconstitucional, a que o sistema jurídico atribua outros efeitos, entre os quais pode estar até mesmo a presunção de validade[555].

Nada disso está relacionado ao *"status"* deôntico da conduta de exercer a competência, que pode estar permitida, ser obrigatória ou ser vedada, sendo que, nestes últimos dois casos, o respectivo descumprimento poderá até mesmo ser sancionado. Por outro lado, nenhum impeditivo existe para que uma mesma "disposição de competência", como aquela do art. 156, III, da Constituição, outorgue competência aos Municípios para instituir o IPTU e, ao mesmo tempo, permita-lhes a instituição do tributo, como nos parece que ocorre, de fato, no caso em tela[556].

---

[555] CALSAMIGLIA observou, nesse sentido, *"... las analogías entre el derecho y los juegos pueden conducir a confusiones. Si se juega con cinco alfiles se deja de jugar al ajedrez pero si no se sigue una regla constitutiva es posible que se continúe jugando al derecho – aunque sea ilegal..."* – Geografía..., op. cit., p. 760.

[556] Sobre a possibilidade de uma mesma disposição de competência veicular diversas normas, inclusive de tipos diversos, interessante o seguinte excerto de HUMBERTO ÁVILA, ainda que nele o autor defenda uma concepção de norma de competência tributária diversa da aqui apresentada. Diz ele:
"Frente a essa variedade de dispositivos normativos, repete-se a pergunta: todos eles estabelecem normas de conduta e exigem do aplicador um exame de correspondência da construção factual à descrição normativa e à finalidade que lhe dá suporte? Nos termos gerais aqui propostos, sim.

A regulação deôntica do exercício da competência pode tanto ser veiculada pela própria disposição por meio da qual ela é outorgada, quanto decorrer de outras disposições constantes do ordenamento jurídico – como parece ocorrer, por exemplo, no caso do ICMS, em que a obrigatoriedade do exercício da competência é geralmente vista como uma decorrência do princípio federativo, ou como uma decorrência da exigência de que a concessão de isenções e benefícios fiscais relativos ao ICMS passe por prévia deliberação do conjunto das unidades federativas.

Enfim, por tudo quanto exposto, concebemos da seguinte maneira a forma geral das normas atribuidoras da competência tributária:

$$NCompx = Cx \wedge p \wedge t \wedge e \wedge m \rightarrow RIx$$

No caso dos dispositivos de atribuição de competência [os que atribuem poder a um sujeito], o aplicador pode reconstruir, conjuntamente, três normas: uma regra de conduta permissiva que permite a um sujeito exercer determinada atividade; uma regra de conduta proibitiva que proíbe a outros sujeitos exercer a mesma atividade; e uma regra definitória que define determinada fonte como apta a produzir determinados efeitos.

No caso de dispositivos relativos ao exercício de competências [que estabelecem o procedimento] o aplicador pode reconstruir, conjuntamente, duas normas: uma regra de conduta obrigatória que obriga determinado sujeito a adotar determinado comportamento para exercer validamente um poder; e uma regra definitória que define como fonte normativa somente aquela fonte que foi produzida conforme determinado procedimento.

No caso de dispositivos relativos à delimitação material de competência, o aplicador pode reconstruir, conjuntamente, duas normas: uma regra de conduta obrigatória que obriga alguém a exercer um poder somente sobre determinadas matérias; e uma regra de conduta proibitiva que proíbe a alguém exercer poder sobre outras matérias.

No caso de dispositivos relativos à reserva de competência, o aplicador pode reconstruir, conjuntamente, três normas: uma regra de conduta permissiva que atribui a um sujeito o poder para instituir determinada fonte normativa; uma regra de conduta proibitiva que proíbe o sujeito de editar outra fonte normativa; e uma regra de conduta proibitiva que proíbe o sujeito de delegar a outro sujeito o poder de editar determinada fonte.

E, finalmente, no caso de dispositivos relativos à delimitação substancial de competência, o aplicador pode reconstruir, conjuntamente, três normas: uma regra de conduta obrigatória que obriga um sujeito a inserir determinado conteúdo no ato normativo que vai editar; uma regra de conduta proibitiva que proíbe o sujeito de inserir conteúdo diverso no ato normativo; e uma regra de conduta permissiva que atribui ao sujeito o poder para praticar determinado ato" – **Teoria dos Princípios...**, *op. cit.*, p. 88-90.

Essa estrutura, que diz respeito à outorga de competência para a instituição válida do tributo x (NCompx), e não à regulação deôntica de seu exercício, quer apenas significar que, se, e somente se, um dos sujeitos competentes para a instituição do tributo x (Cx), observando o procedimento previsto para a instituição do tributo (p), mais as condições de tempo e espaço (t ∧ e), praticar um ato consistente em versar dada matéria (m), para cuja disciplina detém competência, então produzir-se-á, validamente, o veículo introdutor de uma norma de incidência do tributo x (RIx), a qual, por sua vez, terá a estrutura básica de qualquer regra-matriz de incidência tributária.

Essa matéria "m" é um conceito amplo, que abrange desde a definição de todos os critérios possíveis da regra-matriz de incidência – aí consideradas, inclusive, as condicionantes contidas em leis complementares e outros dispositivos infraconstitucionais, como os tratados internacionais e as resoluções do Senado Federal – até a previsão do destino, isto é, a afetação jurídica do produto da arrecadação, que é relevante nos casos (i) das contribuições especiais, em razão da necessidade de previsão de aplicação no atendimento à finalidade constitucionalmente prevista; e (ii) dos empréstimos compulsórios, em face da necessidade de previsão de sua restituição para caracterizar um tributo como pertencente a essa espécie.

Se não for o sujeito (ou os sujeitos) "Cx" a tentar(em) editar a norma – ou melhor, a tentar(em) produzir o veículo introdutor dessa norma; – se ele(s) não respeitar(em) o procedimento "p"; se não versar(em) sobre a matéria "m" – concebida nesse sentido amplo, – ou se não atentar(em) para as condições de tempo ("t") e espaço ("e"), o resultado "RIx" (regra de incidência do tributo "x") simplesmente não se produzirá; e, para isso, não será necessário que alguém o diga.

No caso de inobservância dessas condicionantes – que, a propósito, podem tanto estar contidas em enunciados atribuidores de competência como em enunciados definidores dos casos de incompetência, aí considerados, inclusive, aqueles que veiculam "princípios"[557] – haverá, conforme

---

[557] Diversamente do que afirma SACHA CALMON NAVARRO COELHO, por exemplo, os princípios não são "... *orientadores do exercício das competências tributárias*" – *Os Princípios do Sistema Tributário de repartição de Competência na Constituição*, **Revista do Advogado**, p. 170.

o que dispuserem as demais normas do sistema, (i) a produção de outra norma válida, diversa da que o sujeito pretendia produzir – como, por exemplo, a instituição de um imposto, no lugar de uma contribuição[558]; (ii) a produção de uma norma de incidência tributária "existente", porém inválida – como, por exemplo, a instituição de um tributo inconstitucional; (iii) ou, ainda, a produção de um enunciado que sequer merecerá ser chamado de norma – como seria o caso, por exemplo, de um "tributo" estabelecido por uma autarquia, ou por uma pessoa jurídica de direito privado.

Quando se produzir uma norma "existente", porém "inválida", no que lhe diz respeito, nem os falsos sujeitos passivos terão o "dever" de cumpri-la, nem os pretensos sujeitos ativos terão o "direito" de exigir seu cumprimento, a menos que haja outra norma dispondo em contrário, isto é, atribuindo efeitos à norma inválida – como ocorreria, por exemplo, se ela fosse objeto de convalidação (o que pode decorrer, por exemplo, da modulação de seus efeitos, ou de uma medida salvacionista tal qual a estabelecida pela Lei Complementar nº. 160/2017).

Por isso mesmo é que, se houver recolhimento do tributo, haverá o direito à restituição; se houver auto de infração, haverá o direito à respectiva anulação, e assim por diante. Que nada disso acabe eventualmente se verificando no plano fático – ou porque, por exemplo, o sujeito passivo simplesmente entendeu que não valia a pena buscar a restituição, ou não arcou com seu ônus de tentar ilidir a presunção de validade da norma, ou porque o aplicador da norma (juiz, auditor fiscal etc.) se equivocou, deixando de reconhecer a invalidade suscitada, – é contingência que se

---

Os princípios contribuem na própria definição da extensão da competência tributária. Sem que sejam observados, simplesmente "não se exerce", validamente, a competência tributária. Nesse sentido, por exemplo, pretender tributar a renda abaixo do mínimo vital é agir no campo da incompetência e, portanto, da invalidade; a atuação tributária *ultra vires* qualifica-se melhor como confisco, ou como esbulho, do que como tributação.

[558] Nesse sentido, diz ANDREI PITTEN VELLOSO que a afetação é "... 'traço conceitual' das contribuições especiais...", de modo que *"Tributo instituído sob a forma de contribuição, mas não afetado sequer de modo implícito, de contribuição tem apenas o rótulo. Não é vera contribuição. E nem mesmo contribuição inconstitucional. É imposto. Provavelmente inconstitucional, mas imposto, jamais contribuição"* – Teoria das Contribuições, in LEANDRO PAULSEN e ANDREI PITTEN VELLOSO, **Contribuições: teoria geral, contribuições em espécie**, p. 44.

pode atribuir inteiramente à falibilidade humana. Trata-se, em suma, de uma contingência decorrente da velha e surrada cizânia entre os mundos do "ser" e do "dever-ser".

Como dito, os efeitos dessa eventual norma existente, porém, inválida, serão regulados contingentemente pelo sistema. Muitas vezes o sistema atribuirá efeitos mesmo a normas inválidas. Por outro lado, mesmo nos casos em que o sistema vier a negar a aplicação de efeitos às normas inválidas, pode ser que elas, concretamente, gerem efeitos. Por exemplo, a adesão espontânea do contribuinte, que recolhe o imposto a despeito da invalidade da norma tributária, é um efeito inequívoco da norma inválida. O fato, porém, de uma norma concretamente produzir efeitos (plano do "ser") nada tem a ver com a sua validade; a validade tem a ver com o fato de uma norma "dever" produzir os seus efeitos (plano do "dever-ser").

Como demonstramos anteriormente, o exercício da competência tributária poderá estar permitido ou facultado, mas poderá também ser obrigatório ou proibido. É, por isso, um erro falar-se na "facultatividade" do exercício como uma característica intrínseca à competência tributária, se com isso se deseja exprimir a mensagem de que, da outorga da competência decorrem, automaticamente, tanto a permissão positiva de seu exercício como a permissão positiva de omiti-lo.

Com efeito, apenas é possível aceitar a defesa dessa característica da competência tributária se for para fazer uma afirmação (juízo de fato) no sentido de que, geralmente, o exercício ou a omissão do exercício das competências tributárias são "permitidos" (ao menos em sentido fraco) ao sujeito competente.

Nesse ponto, aliás, emerge uma indagação importante: haverá, na Constituição, uma permissão positiva (permissão forte) para exercer as competências tributárias, ou para omitir o seu exercício? Ou o que há são apenas permissões fracas, decorrentes da ausência de proibição dessas condutas? Dito em outros termos: a Constituição qualifica deonticamente o exercício ou a omissão do exercício das competências tributárias, ou há uma lacuna, no sistema constitucional, a respeito do tema?

Como dissemos em outra oportunidade, a **permissão fraca ou negativa** (P^-) corresponde à "...*negação externa da proibição de 'p', cuja formulação é $P^-S = def.\ Vp \notin S$ (ou seja, uma norma que proíbe 'p' não pertence a "S"), sem que nada se diga a respeito de se Op ['obrigatório 'p'] ou ~P~p [não permitido não 'p']* *pertencem a 'S'...*". Já **permissão forte ou positiva** (P⁺) corresponde à *"... negação interna da proibição de 'p', segundo a qual $P^+S = def.$ ($\sim Vp \in S$) = def. ($Pp \in S$) – ou seja, permitido 'p' e não vedado 'p' pertencem a 'S'"*⁵⁵⁹.

E, como também asseveramos naquela ocasião, a diferença decorrente dessa distinção é simplesmente abissal, pois

> "... se uma conduta (comissiva ou omissiva) está permitida em sentido negativo e uma autoridade resolve proibi-la, não há, aí, nenhum conflito normativo; se, no entanto, ela estiver permitida em sentido positivo, o estabelecimento de uma proibição por determinada autoridade gera incoerência, que tem de ser resolvida, segundo as regras de solução contingentemente previstas pelo próprio sistema, para efeito de lograr o intento de dirigir a conduta"⁵⁶⁰.

Afirmar, portanto, que há, na Constituição, uma permissão forte tanto para que os sujeitos competentes exerçam, como para que não exerçam a competência, é ou pressupor que que as disposições de competência, ou sua conjugação com outras disposições constitucionais, já veiculam uma norma permissiva tanto do exercício da competência (para tributar e também para isentar) como de sua omissão, ou pressupor a existência de uma cláusula geral permissiva das ações estatais, contrária à regra geral proibitiva – "tudo o que não estiver permitido, está proibido"⁵⁶¹ – que se costuma dizer aplicável às condutas estatais⁵⁶².

Caso fosse correta essa leitura, no sentido de que a Constituição permite positivamente tanto o exercício como a omissão do exercício das

---

⁵⁵⁹ A Noção de Sistema no Direito, **Ensaios em Homenagem ao Professor José Roberto Vieira**, p. 626-627.
⁵⁶⁰ *Idem*.
⁵⁶¹ É bem verdade que a possibilidade de existência de uma cláusula geral proibitiva é problemática, pois sempre geraria incoerência nos casos em que tanto "p" como "~p" não estivessem regulados, na medida em que "Vp" e "V~p" são incompatíveis; isso não apaga, porém, o fato de a afirmação da existência de uma regra de clausura dessa natureza ser praticamente um truísmo na doutrina juspublicista brasileira.
⁵⁶² Como bem observa JULIANO MARANHÃO, *"A ausência de proibição pode levar à existência de uma permissão, não com base na lógica, mas sim com base na existência de uma metanorma"* – **Estudos sobre Lógica...**, p. 65

competências tributárias, os arts. 11 e 14 da Lei de Responsabilidade Fiscal seriam irremediavelmente inconstitucionais, porque, ao obrigar os entes federados à instituição de todos os tributos de sua competência – cominando sanção para o caso de não instituição dos impostos – e ao proibir a concessão de isenções em determinadas circunstâncias, estariam em antinomia com normas constitucionais, que sobre elas prevaleceriam, em razão do princípio *lex superior*, presente em nosso ordenamento.

Porém, se se partir da premissa de que a Constituição apenas outorga as competências tributárias, sem regular deonticamente o seu exercício, isto é, se se concluir que há lacuna quanto a essa matéria no Sistema Constitucional, ter-se-á de admitir, então, que a obrigação (ou proibição da omissão) do exercício da competência tributária, ou que a proibição da concessão de isenções em determinada circunstância é plenamente válida. Essa seria uma interessante alternativa interpretativa para salvar da inconstitucionalidade tais dispositivos, cuja importância na disciplina da atividade financeira do Estado ninguém haverá de negar[563].

---

[563] Destaca-se, aqui, nesse sentido, a observação de CELSO DE BARROS CORREIA NETO: "*Certamente, uma das disposições mais importantes do ordenamento brasileiro, no que diz respeito aos incentivos e renúncias fiscais, é a que consta do art. 14 da Lei Complementar 101, de 2000.*
(...) A previsão do art. 14 tem destacada relevância prática não apenas pela elevada perda de arrecadação que os incentivos fiscais ensejam para o erário, mas, sobretudo, porque essa questão não costuma ser levada a sério na formulação dos projetos de lei que os instituem. Assim, ao determinar as condições que devem ser atendidas para 'concessão ou ampliação de benefício ou incentivo de natureza tributária'..., a regra incorpora a preocupação com os custos orçamentários ao debate e ao processo legislativo das leis que concedem incentivos fiscais. As demandas por gasto ou renúncia de receita, em sua imensa maioria, explica Eber Z. Santa Helena, são 'formuladas por proposições legislativas de forma indefinida em termos financeiros, simplesmente justifica-se o mérito e não seu custo, quase nunca estimado, muito menos demonstrado e nunca compensado.
A previsão do art. 14 contraria essa realidade institucional e assinala a importância desta outra face dos benefícios fiscais, a perspectiva dos custos (...).
A disposição do art. 14 deve ser lida em conjunto com o art. 11 da mesma Lei Complementar, que elenca, entre os 'requisitos essenciais da responsabilidade na gestão fiscal a instituição, previsão e efetiva arrecadação de todos os tributos da competência constitucional do ente da Federação'. A inobservância, no que se refere aos impostos, implica proibição do recebimento de transferências voluntárias por parte do ente federado. Ambas as previsões, a do art. 11 e do art. 14, evidenciam o propósito de reafirmar o tributo como padrão de financiamento do Estado brasileiro. (...)" – **O Avesso do Tributo**, p. 235-236.

Há, porém, outra alternativa interpretativa, que nos parece apontar ainda mais fortemente no sentido da constitucionalidade – ou, pelo menos, no sentido da possibilidade de uma interpretação conforme à Constituição – dos dispositivos legais em questão (arts. 11 e 14 da LRF).

Tal alternativa consiste em vislumbrar, nas disposições que outorgam as competências tributárias, a existência tanto de regras atribuidoras da competência, como de comandos – normas estabelecedoras de obrigação, portanto – no sentido de que os entes federados instituam, pelo menos, os tributos necessários para assegurar sua autonomia financeira.

Essa parece-nos uma interpretação muito mais consentânea com o princípio federativo do que a afirmação de que dele decorreria uma liberdade irrestrita para os entes federados fazerem, com suas competências tributárias, o que bem lhes aprouvesse.

Afinal, se as competências tributárias foram outorgadas para tornar os entes federados efetivamente autônomos, capazes de cumprir as tarefas que lhe foram atribuídas pela Constituição, é razoável supor a existência, no texto constitucional, de um comando no sentido de que eles efetivamente se valham, pelo menos, das competências tributárias necessárias para atender a esse desiderato.

É nesse sentido o pensamento de Eliud José Pinto Da Costa, já referido anteriormente, para quem *"... a instituição do tributo... não é inteiramente facultativa para todas as pessoas tributantes"*, conclusão que se extrai *"... do próprio texto constitucional"*, e decorre, precisamente, da circunstância de que, *"... sem recursos financeiros..."*, *"... a União e as demais pessoas políticas..."* não poderiam *"... cumprir com todos os seus deveres institucionais..."*, dos quais a maior parte, aliás, é de *"...execução obrigatória..."*[564].

Ademais, como também argumenta o autor, há regras constitucionais que atuam no sentido de restringir a concessão de isenções e outros benefícios fiscais, e que podem ser vistas como regras que prescrevem o dever de instituir os tributos a que se referem[565]. Estamos de inteiro acordo com essa observação, e estamos convencidos, também, de que ela concorre para demonstrar a falácia em que consiste a afirmação da suposta "facultatividade" das competências tributárias. Acreditamos ser necessá-

---

[564] **Competência Tributária,** *op. cit.*, p. 96-101.
[565] Ibid., p. 101-108.

rio, contudo, distinguir os casos **(i)** em que é simplesmente impossível ao sujeito instituir uma isenção válida – como é o caso, por exemplo, de uma isenção do ICMS estabelecida fora dos limites do art. 155, §2º, XII, "g", da parte permanente Constituição Federal – daquelas hipóteses **(ii)** em que o sujeito pode até lograr instituir uma isenção válida, apesar de estar proibido de fazê-lo – como é o caso, por exemplo, da isenção concedida com violação à regra do art. 109, §2º, II, do ADCT.

Seja como for, é certo que, adotando essa linha de raciocínio, também seriam preservados os importantes mecanismos dos arts. 11 e 14 da Lei de Responsabilidade Fiscal, que ordenam aos entes federados a instituição e efetiva arrecadação de seus tributos, bem como o responsável comedimento na concessão de incentivos e benefícios fiscais. Ora, se o ente federado não houver cumprido com a obrigação de instituir, pelo menos, os tributos para os quais é competente, ou se houver concedido benefícios fiscais de maneira irresponsável, de tal modo a comprometer a sua autonomia financeira, será inteiramente justificável (e absolutamente proporcional), aplicar a sanção consistente em negar-lhe acesso à participação em transferências voluntárias, como fazem tais dispositivos.

3.5. Sobre as chamadas "características da competência tributária"

O assunto relativo às chamadas "características da competência tributária" é recorrente nos estudos que versam sobre a competência tributária, pois, ante as disposições dos artigos 6º e seguintes do Código Tributário Nacional – os quais, certa vez, tivemos a oportunidade de comentar[566] – os autores, de modo geral, veem-se forçados a enfrentá-lo.

Fizemos isso, também, ao longo do texto, expondo as razões pelas quais concordamos ou discordamos da atribuição de tais características à competência tributária; contudo, depois dessa longa digressão, entendemos oportuno consolidar o que foi dito a esse respeito, até porque, em alguma medida, o tratamento do tema serve de síntese conclusiva.

Como resume MAURÍCIO DALRI TIMM DO VALLE, *"A doutrina costuma atribuir à competência tributária seis características: i) indelegabilidade; ii) irre-*

---

[566] *Comentários aos arts 6º a 8º, 10 a 13 e 15*, **Código Tributário Nacional Anotado**, p. 33-43, 51-61 e 67-69.

nunciabilidade; iii) incaducabilidade; iv) inalterabilidade; v) privatividade; e vi) facultatividade"[567].

Quanto à **indelegabilidade** e à **irrenunciabilidade**, como dissemos no ponto 3.2.2, estamos de acordo com a afirmação de sua existência, na medida em que, de fato, não é dado aos entes federados transferir suas competências a terceiros ou abdicar delas. Não em razão do que está disposto no art. 7º do CTN, mas porque as competências tributárias constituem os principais instrumentos por meio dos quais o constituinte proveu a União, os Estados, o Distrito Federal e os Municípios, dos meios necessários para desenvolver suas tarefas constitucionais. Delegar ou renunciar a essas competências é, portanto, incompatível com a autonomia preconizada pelo princípio federativo.

Discordamos, apenas, da afirmação de que esse seria um traço distintivo entre a competência tributária e a chamada "capacidade tributária ativa". Para nós, o sujeito competente também não pode abrir mão de figurar no polo ativo da relação jurídica tributária, isto é, não pode transferir ou abdicar da posição de titular do crédito tributário, capaz de exigir a sua satisfação, exceto nas hipóteses em que houve autorização constitucional para deferi-la a terceiros. É o caso, segundo MAURÍCIO DALRI TIMM DO VALLE, do ITR (art. 153, §4º, III), das contribuições sindicais (art. 8º, IV) e das contribuições ao chamado "sistema 'S'" (art. 240) cuja legislação, pré-existente à Constituição Federal e por ele recepcionada, tenha previsto essa possibilidade de delegação[568].

Seguindo adiante, estamos de acordo com a afirmação de que é característica da competência tributária a sua **incaducabilidade**, como dissemos, de passagem, no item 3.3.5.2. De fato, a prerrogativa de o sujeito instituir o tributo para o qual é competente não decai pelo desuso, não perece em razão de seu não exercício.

Afirmar a incaducabilidade, contudo, não significa dizer que a competência tributária não possa estar limitada no tempo. Há, com efeito, competências cuja extensão está limitada a prazo certo e determinado (casos, por exemplo, do IPMF e da CPMF); há casos, também, de competências cujo exercício válido está condicionado à ocorrência e permanência de

---

[567] *Considerações sobre as Características...*, op. cit., p. 19.
[568] Conforme considerações feitas no item 3.2.2.

um determinado estado de fato (casos, por exemplo, do estado de guerra ou sua iminência para o imposto extraordinário, do estado de calamidade pública para certos empréstimos compulsórios, ou do *deficit* atuarial de que fala o art. 149, §1º-A, da Constituição, para que a contribuição ordinária dos aposentados e pensionistas possa *"... incidir sobre o valor dos proventos de aposentadoria e de pensões que supere o salário mínimo"*); finalmente, há casos em que a competência tributária está vinculada a determinada finalidade, cujo atendimento implica, também, a cessação da competência (caso, por exemplo, da contribuição instituída, pelo art. 1º da Lei Complementar nº 110/2001, com arrimo no art. 149 da Constituição).

Estamos de acordo, também, como dissemos no item 3.1, com a afirmação de que a **privatividade** é um traço das competências tributárias, desde que com isso se queira afirmar, pura e simplesmente, que apenas os sujeitos material e territorialmente contemplados com determinada competência tributária – ninguém mais – é que poderão instituir o tributo plasmado na regra que veicula a competência.

A afirmação dessa característica é importante para que a atribuição da competência tributária a determinado ente federado tenha como consequência o desenho de um limite para a atuação impositiva dos demais. Em outras palavras, dizer que as competências tributárias são privativas é importante para destacar que os atos de usurpação da competência alheia serão marcados com o timbre indelével da inconstitucionalidade, fato que é reforçado pela afirmação das competências residuais da União para a criação de impostos e contribuições para a seguridade social (arts. 154, I e 195, §4º) e das competências residuais dos Estados e do Distrito Federal para, em seus respectivos territórios, instituir taxas e contribuições de melhoria (arts. 145, 25, §1º e 32, §1º). A esse sentido específico de "privatividade", como dito, Eliud José Da Costa prefere atribuir a designação **"inapropriabilidade"** – um neologismo perdoável pela função esclarecedora que a palavra exerce.

É claro, porém, que afirmar a privatividade das competências tributárias não equivale a dizer que todas as competências para a instituição de tributos tenham sido, concretamente, deferidas pela Constituição a apenas um ente federado, ou apenas a uma determinada classe de entes (ou União, ou Estados, ou Municípios). Afinal, há casos em que a Constituição efetivamente autorizou a tributação de um mesmo fato jurídico por entes federados pertencentes a classes distintas. Pode-se lembrar, nesse ponto, do sempre mencionado imposto extraordinário de guerra (art. 154, II), mas pode-se, também, fazer referência ao ICMS cobrado na importação realizada por sujeito que não seja "contribuinte habitual do imposto" (art. 155, §2º, IX, "a") – por muitos visto como um simples adicional estadual ao imposto de importação – ou, ainda, ao antigo adicional estadual ao imposto de renda, bem como ao IVVC ("imposto sobre vendas a varejo de combustíveis líquidos e gasosos, exceto óleo diesel", cujo critério material possível era parcialmente coincidente com o âmbito de incidência do ICMS) – arts. 155, II, e 156, III, da redação originária da Constituição, suprimidos do ordenamento pela EC nº 3/1993.

Aliás, nesse ponto, estamos com Eliud José Pinto Da Costa, segundo quem, nesse sentido da expressão, nem mesmo a União pode ser considerada como dotada apenas de competências tributárias privativas, pois, se nos casos de guerra externa ou sua iminência, ou nos casos da importação de bens por sujeito que não é contribuinte habitual do ICMS, sua competência tributária **concorre** com a de outros entes federados, então nenhum deles – nem a União – detém exclusividade para a instituição de todos os tributos de sua competência[569].

A propósito da **inalterabilidade** (ou **inextensibilidade**, como prefere José Roberto Vieira) da competência tributária, como pontuamos no item 3.1, estamos de acordo com a afirmação de que os entes federados não podem alargar os limites dos poderes que lhes foram concedidos, nem mesmo mediante a deturpação dos conceitos – sempre vagos e ambíguos – utilizados pelo constituinte para outorgar as competências. Pelo contrário, devem atuar nos estritos limites das competências concedidas, para o que deverão levar em conta: (i) o *nomen juris* dado pela Constituição ao tributo, no qual está implícita a indicação de todos os critérios de identificação possíveis da norma de incidência tributária a ser criada; (ii) os princípios constitucionais tributários; (iii) as imunidades; (iv) a extensão das competências concedidas aos demais entes federados

---

[569] Diz o autor: "... *se a União recebeu autorização para instituir o ICMS e o ISS, por exemplo,* [em caso de guerra externa ou sua iminência], *é porque ela é detentora da competência para institui-los. Se tais impostos podem ser instituídos por todos, é de se inferir que nenhum deles (União, Estados, Municípios) tem competência privativa*" – **Competência Tributária**, p. 66.

– limite que é decorrência da afirmação da característica da privatividade (ou "inapropriabilidade"); e (v) os requisitos formais exigidos pela Constituição para o exercício regular das competências.

Afirmar a inalterabilidade da competência tributária pelo sujeito com ela contemplado, naturalmente, não implica negar a possibilidade de a competência ser alterada mediante emenda à Constituição, nos limites do art. 60, §4º, da Carta.

Também não implica negar que possam haver alterações na extensão dos poderes conferidos ao sujeito competente em razão (i) de mutação nos conceitos utilizados pela Constituição para outorgar a competência; (ii) de alterações no direito positivo, a cujos conceitos a Constituição remeta, como linguagem de sobrenível, ao outorgar competências (caso das alterações no rol de direitos reais, por exemplo); ou, ainda, em razão (iii) de outras alterações em regras infraconstitucionais reclamadas pela própria Constituição, como as decorrentes de (iii.a) regras estabelecidas em tratados internacionais; (iii.b) eventuais autolimitações, decorrentes do poder de autoconstituição, que Estados, Distrito Federal e Municípios promovam ao editar suas Constituições e Leis Orgânicas; e (iii.c) leis complementares, resoluções do Senado, decretos ou outras leis gerais, de caráter ordinário, a que o constituinte tenha reservado a disciplina de determinadas matérias relativas à edição das normas de incidência tributária.

A possibilidade de haver alterações dessa natureza na extensão dos poderes do sujeito competente não é capaz de infirmar esse traço indelével da inalterabilidade (ou inextensibilidade) da competência tributária, pois elas consistem em alterações involuntárias, que se operam ou verificam independentemente da vontade ou ação do sujeito competente, e que encontram fundamento direto na própria Constituição, de modo que já estão implícitas na própria extensão original da competência outorgada[570].

---

[570] ELIUD JOSÉ PINTO DA COSTA vale-se da existência desses casos, em que a Constituição defere a um terceiro – sujeito não competente para a instituição do tributo – a possibilidade de introduzir ou modificar elementos nas normas de incidência produzidas pelo sujeito competente – tais como alíquotas máximas e mínimas, isenções heterônomas, normas gerais *etc*. – como um fator adicional para negar a característica da privatividade

Por fim, a respeito da alegada **facultatividade** da competência tributária, depois de tudo o quanto consignamos nas linhas acima, vemo-nos forçados a discordar da doutrina, imensamente majoritária, que repete como mantra a afirmação de sua existência.

Se, ao aludir à facultatividade da competência tributária, quer-se dizer que as normas de competência têm a natureza de normas permissivas, pensamos haver demonstrado a falsidade dessa assertiva por meio dos aportes da teoria do direito que apontam para a impossibilidade de reconstituir as normas atribuidoras de poderes como normas de caráter prescritivo (capítulo 2), bem como os problemas existentes nas propostas que tentaram aplicar essa premissa às normas de competência tributária (item 3.3).

Se, ao afirmar-se a facultatividade da competência tributária, quer-se fazer um juízo fático no sentido de que não há normas permitindo ou proibindo o exercício ou a omissão do exercício da competência tributária, cremos haver deixado claro o equívoco dessa interpretação, ao fornecer exemplos no sentido contrário (item 3.2.3).

Se, ao afirmar-se a facultatividade da competência tributária, quer-se aludir à possibilidade de, ao menos em princípio, extrair das disposições de competência a permissão positiva para exercer ou deixar de exercer a competência, cremos haver demonstrado que não há nada que aponte nesse sentido, e que sequer é seguro que a matéria tenha sido, em todos os casos, objeto de regulação deôntica pela Constituição, podendo muito bem haver lacuna constitucional nesse ponto (item 3.4).

Se, por fim, ao afirmar-se a facultatividade da competência tributária, quer-se defender a inexistência, na Constituição, de proibição ao seu exercício ou à omissão de seu exercício, cremos haver demonstrado que, dado o fato de que as competências tributárias foram outorgadas para serem exercidas, isto é, de que elas foram outorgadas para fazer efetivamente autônomos os entes federados, provendo-os dos recursos neces-

---

da competência tributária. Parte, nesse ponto, da premissa de que, se *"... a competência não é identificada apenas pela possibilidade de instituir o tributo, mas também pela possibilidade que detém o ente tributante de alterá-lo quando por ele instituído..."*, então não se pode falar em privatividade quando a pessoa competente não puder, também, *"... com exclusividade, modificá-lo"* – **Competência Tributária**, *op. cit.*, p. 65.

sários à execução de suas tarefas constitucionais, é muito mais razoável supor a existência de uma norma constitucional que, pelo menos, obrigue ao exercício da competência tributária no limite do necessário para concretizar essa autonomia, do que supor, irrestritamente, a existência de uma absoluta liberdade dos entes federados para instituir ou não instituir os tributos de sua competência.

CONCLUSÕES

1 – Dizer que os enunciados por meio dos quais se outorgam competências são normas é providência que depende do conceito de norma que se venha a adotar.

2 – "Norma" é uma palavra ambígua. Para aclarar o sentido em que a utilizamos, tomamo-las, aqui, como enunciados não descritivos, de caráter proposicional, criados a partir da interpretação dos enunciados normativos – em especial das disposições normativas – oriundos do discurso das fontes.

3 – Não há correspondência biunívoca entre disposições normativas e normas.

4 – "Norma" é uma palavra vaga. Entendemo-las, aqui, como os enunciados destinados a – direta ou indiretamente – dirigir a conduta.

5 – Dentre as diretivas estão as prescrições, que servem para fazer com que alguém tome um determinado curso de ação, mediante a qualificação de sua conduta como permitida, obrigatória ou proibida. É pressuposto lógico do uso prescritivo que o comportamento que o emissor pretende obter do destinatário lhe seja possível e não necessário. Por isso, o assentimento do destinatário de uma prescrição manifesta-se quando ele, tendo a possibilidade de agir de outro modo, ainda assim executa o comportamento pretendido pelo emissor.

6 – Nem todos os enunciados a que se usa atribuir a designação "norma" são expressões do uso (ou sentido) prescritivo. Há enunciados a que se costuma atribuir caráter normativo, porque também se destinam, direta ou indiretamente, a disciplinar condutas, mas que não têm a estrutura lógica de prescrições.

7 – Embora a distinção entre esses tipos normativos esteja fundada em critérios de ordem semântica e pragmática, nada impede que se estabe-

leça uma distinção entre eles com base em sua forma lógica, resultante da abstração dos significados concretos dos enunciados normativos em categorias sintáticas, pois, como as formas lógicas têm seu ponto de apoio no conhecimento dos objetos, podem ser aplicadas, como instrumento metodológico, para a análise desses mesmos objetos, no processo de "retomada de contato com o mundo" que se realiza mediante a saturação das variáveis proposicionais e a identificação da função desempenhada pelos operadores ou functores inter e intraproposicionais.

8 – A lógica das normas segue, na essência, os mesmos princípios básicos da lógica modal alética, isto é, da lógica das proposições descritivas; dela se diferencia, porém, sobretudo, pela função que o functor interproposicional (nexo de implicação [→]) cumpre numa e noutra: naquelas, relação de imputação – isto é, relação regida por um "dever-ser" neutro, convencional; nestas, relação de causalidade – relação regida por um "ser", natural.

9 – As formas lógicas dos diferentes tipos normativos distinguem-se entre si, sobretudo, pelo tipo de operador intraproposicional que rege a apódose de cada uma delas; porém, assemelham-se umas às outras pelo fato de serem regidas pelo mesmo conector interproposicional – "dever--ser" neutro, convencional;

10 – As prescrições têm uma estrutura lógica que, mediante um nexo de imputação, conecta, de modo inexorável, a descrição de um fato (hipótese) a uma relação normativa, a qual enlaça dois sujeitos segundo um feixe de deveres e direitos recíprocos. Cada um dos polos da relação é regido por um modal intraproposicional, que qualifica a conduta futura do sujeito como "proibida", "permitida", "facultada" ou "obrigatória". Como é pressuposto das prescrições que o sujeito possa tanto agir de maneira conforme como de maneira dissonante do que prescreve a norma, costuma-se cominar uma sanção – norma secundária – para desestimular o descumprimento do comportamento prescrito. Os modais deônticos que regem os consequentes das prescrições são interdefiníveis, e as relações de compatibilidade ou incompatibilidade que mantêm entre si podem ser descritas num quadro de oposições.

11 – As normas técnicas têm uma estrutura lógica que, mediante nexo de imputação, conecta a indicação, na hipótese, de um desejo ou pretensão do sujeito normativo à previsão, no consequente, dos meios idôneos

para a consecução de tal fim, isto é, os meios de que o sujeito "tem de" se valer para lograr seu objetivo.

12 – No functor que liga as proposições integrantes do consequente das definições normativas não estão presentes nem o "dever-ser" das prescrições, nem o "ter de" das regras técnicas, mas, sim, o "ser", ainda que, bem entendido, trate-se de um ser "convencional". É por isso que as definições normativas dão origem a enunciados analíticos, tautológicos, o que possibilita até mesmo estabelecer, entre as proposições que unem, uma relação de equivalência.

13 – As normas constitutivas opõem-se às normas "reguladoras" porque, em rigor, não disciplinam condutas, mas, antes, criam novas espécies de comportamento, ao atribuir determinado valor institucional a determinadas condutas. Sua estrutura lógica é normalmente concebida como semelhante à das definições, embora alguns autores agreguem, como elemento distintivo, a presença, no seu antecedente normativo, de um procedimento.

14 – Para além dessa noção "institucional", há, também, outra noção de normas constitutivas, em que elas são vistas como um tipo de atos performativos, operativos, que realizam imediatamente o estado de coisas de que falam.

15 – As normas constitutivas, consideradas essas duas perspectivas, podem ser classificadas em seis tipos, conforme constituam ou insiram condições apenas necessárias, apenas suficientes ou necessárias e também suficientes à existência ou ocorrência daquilo sobre que versam.

16 – Neste trabalho, adota-se uma definição lexicográfica de "norma", que toma a palavra no sentido estrito de significado dos enunciados formulados pelas fontes normativas, de modo a representar todas as hipóteses de aplicação do vocábulo consagradas pelo uso. A adoção de uma definição lexicográfica, contudo, não deixa de ser uma "estipulação", porque a reunião de todos esses objetos debaixo de uma mesma palavra pressupõe a identificação de um ponto comum entre eles, o qual, a nosso ver, reside nos fatos de, por um lado, serem construídos a partir da interpretação do discurso das fontes e de, por outro lado, destinarem-se a regular condutas, de modo direto – prescrições e normas técnicas – ou indireto – definições e normas constitutivas.

17 – Essa opção não é, essencialmente, nem mais nem menos correta do que a alternativa de restringir o conceito de norma aos casos de uso prescritivo, em sentido estrito, da linguagem, tal como fazem as propostas teóricas que tratam os demais enunciados normativos como "partes de normas", "normas dependentes", ou "proposições isoladas". É, porém, uma opção que dá igual destaque às prescrições e às demais normas, na compostura do sistema jurídico, e que favorece a possibilidade de estudar os enunciados de caráter "não-prescritivo" sem cair na armadilha de analisá-los tal como se fossem prescrições.

18 – As normas jurídicas não merecem esse adjetivo por conta de seu conteúdo, ou de sua finalidade, ou dos sujeitos que as põem, ou pelo fato de serem, individualmente, sancionadas; as normas jurídicas são jurídicas pelo só fato de pertencerem a um sistema jurídico, o qual, este sim, é organizado para regular o exercício da força.

19 – Nem toda norma jurídica é dotada de sanção. Apenas nas prescrições é que cabe falar de sanção. Ademais, a cominação de sanção é elemento que diz respeito apenas à eficácia, e não à existência ou validade, das prescrições.

20 – O conceito de competência está estreitamente ligado às ideias de existência e validade normativas.

21 – Os conceitos de validade e existência normativas são bastante ambíguos no discurso jurídico, havendo, dentre as diversas concepções que tratam deles, as que os equiparam, tomando um pelo outro. A teoria que iguala a validade à existência normativas, para poder considerar que toda norma entra validamente no ordenamento, e só deixa de ser válida quando dele extirpada, tem de admitir, como premissa, a tese kelseniana da "cláusula alternativa tácita". Reputamos essa tese insustentável, porque torna impossível que a autoridade inferior desobedeça às normas editadas pela autoridade superior e, assim, implica supor que todas as normas do sistema são tautológicas, o que subtrai delas, precisamente, o seu caráter normativo, pois não dão, aos destinatários, razões suficientes para adotar um determinado curso de ação.

22 – Neste trabalho, os conceitos de existência e validade são vistos como expressões de uma relação de compatibilidade dos enunciados produzidos com as normas sobre a produção jurídica.

23 – Normas "válidas" – assim consideradas aquelas cujos preceitos devem ser observados por seus destinatários – são aquelas criadas em conformidade com "todas" as normas que regem a sua produção, isto é, sem vícios genéticos, e ainda não derrogadas ou revogadas; normas "existentes", a seu turno, são aquelas criadas em conformidade com pelo menos "algumas" das normas que regem a produção normativa, e ainda não derrogadas ou revogadas. A existência da norma é condição suficiente para que se presuma a sua validade, mas não para que a norma seja, efetivamente, válida.

24 – No âmbito da Teoria Geral do Direito, embora haja consenso quanto à importância das normas de competência, está-se longe de uma unanimidade quanto à sua construção conceitual e à sua forma lógica.

25 – O conceito de competência, na linguagem do cotidiano, está ligado à qualidade de um sujeito para praticar uma conduta, seja quando se manifesta como a expressão um juízo de valor sobre o resultado concreto ou esperado de uma conduta praticada por alguém (proficiência), seja quando se exprime como uma qualidade atribuída por uma norma, previamente a qualquer atuação concreta.

26 – O conceito de competência guarda um "parentesco essencial" com as noções de "capacidade", "legitimidade" e "imputabilidade".

27 – As teorias que examinam a estrutura lógica das normas de competência podem ser divididas em dois grandes grupos: o das propostas "unitaristas", que concebem uma forma única para as normas de competência, e o das propostas "não-unitaristas", que consideram impossível atribuir uma estrutura lógica unitária para as normas que tratam do tema da competência.

28 – As propostas "unitaristas" podem ser subdivididas em dois grandes subgrupos: (i) o das teorias que as reduzem a normas prescritivas, ou a partes de normas prescritivas, isto é, a normas de conduta – imperativas ou permissivas; e (ii) o das concepções não-prescritivas, que concebem as normas de competência como (a) regras técnicas; (b) regras conceituais (definições jurídicas) ou (c) regras constitutivas, em sentido (c.1) institucional ou (c.2) performativo.

29 – A primeira teoria que reduz as normas de competência às prescrições é a que as trata como estabelecedoras de "obrigações indiretas", "partes de normas", "normas dependentes" ou "normas em branco"; ela

está ligada a uma noção muito restritiva do conceito de norma, em que se tomam como "verdadeiras" normas apenas aquelas que qualificam condutas como "proibidas", "permitidas" ou "obrigatórias", bem como aquelas que cominam sanções para a hipótese de descumprimento das proibições e dos comandos.

30 – A segunda teoria "prescritivista" é a que toma as normas de competência como "permissões fortes", entendendo que, ao outorgar-se uma competência, outorga-se ao sujeito competente o "direito" à prática de determinadas ações normativas, direito esse ao qual corresponde o "dever" de os destinatários respeitarem a prática de tais ações normativas.

31 – Fora do plano prescritivo, há quem conceba as normas de competência como "normas técnicas", que indicam o meio para a consecução de um fim, argumentando que, em ambos os casos, o agente opta livremente por buscar o fim previsto no antecedente da norma, para o que tem o ônus, e não o dever, de proceder do modo indicado no seu consequente.

32 – Os partidários da tese de que as normas de competência são definições jurídicas, para distingui-las das prescrições, apontam, sobretudo, para: (i) a sua vinculação à noção de nulidade, em substituição ao atrelamento à noção de sanção; (ii) a distinção que elas permitem estabelecer entre os atos "privados" e "públicos" de um sujeito; e, finalmente, (iii) a impossibilidade lógica de serem desobedecidas.

33 – Para quem concebe as normas de competência como "normas constitutivas", elas atuam possibilitando a realização de "atos institucionais" que, na sua ausência, seriam simplesmente impossíveis; é dizer, elas atribuem determinado sentido especial às condutas de um sujeito em dado sistema normativo. Embora costume-se equipará-las às definições, há quem distinga umas das outras, apontando o "procedimento" como um elemento essencial destas últimas. Aqueles que entendem desse modo acrescentam que, ao estabelecer as condições necessárias, suficientes ou necessárias e suficientes para um determinado resultado, acabam operando, sob o ponto de vista do sujeito competente, como "regras técnicas", que indicam como produzir certos resultados institucionais.

34 – Há, ainda, quem vislumbre as normas de competência como enunciados constitutivo-performativos, que realizam, imediatamente, o estado de coisas de que falam, isto é, que produzem, imediatamente, o resultado de atribuir um predicado aos sujeitos competentes.

35 – Por fim, há quem não considere possível tomar as normas que disciplinam o tema da competência sob uma única estrutura lógica, observando, (i) de um lado, que uma única formulação normativa pode ser portadora de um significado complexo ou composto, de forma que não expresse uma só norma, mas uma pluralidade de normas independentes, e (ii) de outro lado, que a expressão "competência" não é aplicável a apenas um objeto, mas, sim, a objetos múltiplos e muito diversos entre si.

36 – A tese das "partes de normas" tem por principal problema o fato de nada dizer sobre os próprios enunciados que conferem competência, limitando-se a relatar os efeitos que decorrem da qualificação deôntica do exercício de uma competência.

37 – A teoria das "obrigações indiretas" é incompatível com o caráter dinâmico dos ordenamentos jurídicos, bem como com a possibilidade de a competência ser outorgada para a criação de normas de caráter não-prescritivo.

38 – A teoria das "normas permissivas" não resiste a, pelo menos, três críticas: a) em muitos ordenamentos é possível verificar a existência simultânea de normas que outorgam competência, possibilitando a produção de normas válidas, e normas que proíbem o exercício dessa mesma competência, sem que isso gere qualquer contradição (antinomia) no sistema normativo, o que seria impossível se as normas de competência fossem mesmo permissões; b) a teoria em questão obscurece a distinção entre sanção e nulidade, o que é inadmissível, porque (b.1) a sanção decorre do descumprimento de deveres e a nulidade decorre da inobservância de ônus e (b.2) a nulidade está conceitualmente ligada às normas de competência, enquanto a sanção está contingentemente ligada às normas de conduta; c) por fim, se uma ação está proibida, a sua realização continua sendo possível, ao passo que, se alguém é incompetente para praticar uma determinada ação, simplesmente não tem a possibilidade (lógica) de realizá-la, validamente. Sempre que tentar agir fora de sua esfera de competência, o sujeito produzirá outro resultado, distinto daquele a cuja obtenção visava.

39 – A teoria das "normas técnicas" deixa de anotar que a regulação dos ônus que condicionam o agir válido do sujeito competente não se confunde com a outorga da competência, consistindo, pelo contrário, num seu *posterius* lógico.

40 – A teoria das "normas conceituais", que concebe as normas de competência como "definições" da validade normativa, não dá conta de explicar a diferença entre o agir "sem" competência e o simples "exercer irregularmente" a competência; ademais, nada diz sobre a forma como o sujeito é investido da competência, de modo que é uma descrição dos seus efeitos, e não de suas causas.

41 – De maneira geral, as críticas apresentadas à tese que vê as normas de competência como definições jurídicas são também aplicáveis à teoria que as concebe como normas constitutivas no sentido institucional, até porque se trata de perspectivas bastante semelhantes, do ponto de vista estrutural.

42 – A tese das normas constitutivas em sentido performativo tem, por um lado, o defeito de desconsiderar o fato de que qualquer enunciado pode ser objeto de enunciação performativa, independentemente de sua forma lógica, sendo sintomático, por isso mesmo, que partidários dessa tese não tenham apresentado uma "forma lógica" para a ideia que concebem; por outro lado, embora a teoria explique como se dá a atribuição da propriedade "ser competente" ao sujeito que nela é investido, falha em não dizer claramente qual é o objeto da competência e qual é o modo de exercê-la.

43 – Usando da forma lógica com função metodológica, o que se verifica é que, num sistema normativo-jurídico, o tema da competência é perpassado por enunciados regidos por diferentes tipos de functores ou operadores. Justamente por isso é que cada uma das propostas teóricas examinadas se mostra capaz de explicar pelo menos "alguns" dos casos em que o conceito de "competência" está presente, mas nenhuma delas se revela apta a explicar "todos e cada um" dos fenômenos normativos que estão relacionados com a ideia de competência. Daí nossa adesão à proposta que concebe a disciplina da competência sob uma perspectiva "não-unitarista".

44 – Alguns enunciados normativos conferem competência, ao estabelecer quem tem a capacidade de fazer o quê; outros servem para disciplinar o exercício da competência, ora ditando os ônus que condicionam o agir regular, apto a produzir efeitos, ora prescrevendo os direitos e deveres relacionados a esse agir, que resultam de sua qualificação como proibido, permitido, facultado ou obrigatório.

45 – Todos esses enunciados podem ou não ser extraídos a partir de uma só disposição normativa, já que não há correspondência biunívoca entre disposições as relativas à competência e as normas que resultam de sua interpretação.

46 – Uma formalização possível da estrutura normativa reguladora da competência seria a seguinte:

$N_1: s \rightarrow Cx =$ Se o sujeito pertence à classe *"s"* é, então é o competente para x (Cx)
$N_2: (Cx \wedge y) \rightarrow x =$ Se Cx pratica y, então produz-se x
$N_3: (Cx \wedge Qx) \rightarrow (Cx \wedge O'y) =$ Se Cx quer produzir x, então Cx tem de praticar y.
$N_4: Cx \rightarrow (Cx \wedge Px) \vee (Cx \wedge Ox) \vee (Cx \wedge Vx)] =$ Se Cx é, então a Cx está permitido x, ou Cx está obrigado a x ou Cx está proibido de x.
$N_5: [Cx \wedge Ox \wedge \sim x \rightarrow Cx \wedge Oq] \vee [Cx \wedge O\sim x \wedge x \rightarrow Cx \wedge Or] =$ Se Cx está obrigado a x e omite x, está obrigado à sanção q; se Cx está proibido de x e pratica x, então está obrigado à sanção r

47 – Tomado o esquema lógico anteriormente exposto, vê-se que "N_1" e "N_2" – normas constitutivas em sentido performativo e em sentido institucional – podem ser omitidas, sem prejuízo para o significado, porque todos os seus elementos estão na estrutura de "N_3", confirmando a conclusão de Atienza e Ruiz Manero, no sentido de que, ao estabelecerem as condições necessárias, suficientes ou necessárias e suficientes para um determinado resultado, as regras constitutivas acabam operando como regras técnicas para o sujeito competente. Por isso mesmo, também "N_1" e "N_3" podem considerar-se contidas em "N_2." No entanto, dificilmente será possível reduzir "N_2" ou "N_3" ao binômio composto por "N_4 e N_5" sem perda de significado, pois em "N_2" e "N_3" há uma variável proposicional ("y") que não está presente nestas outras, assim como na estrutura dúplice "$N_4 \wedge N_5$" há variáveis ("q" e "r") que não estão presentes naquelas outras estruturas.

48 – A distinção entre o primeiro e o segundo grupo de estruturas faz-se ainda mais clara quando se examina o que ocorre no caso de inobservância da conduta "y", de um lado e o que se passa no caso de inobservância das condutas "Ox" ou "Vx", de outro. Vejamos:

$(\sim y \vee \sim Cx \rightarrow \sim x) =$ Se não se pratica y, ou se quem pratica y é outro sujeito, que não Cx, não se produz x.
$(Ox \wedge \sim x \rightarrow q) \vee (Vx \wedge x \rightarrow r) =$ Se alguém está obrigado a x e omite x, deve q; ou se está obrigado a omitir x, e pratica x, deve r.

No primeiro caso – norma de competência, – se o sujeito que tenta praticar "x" não é o sujeito competente para "x", ou se não pratica o ato "y", então esse sujeito simplesmente não logra produzir "x"; já no segundo caso – norma sobre o exercício da competência, – o sujeito que descumpre a obrigação de praticar o ato "x", ou que descumpre a proibição de praticá-lo, fica sujeito às sanções "q" e "r", respectivamente.

49 – O elemento que conecta a organização do Sistema Tributário Nacional ao conceito de competência é o princípio federativo. A Federação é caracterizada pela união de pessoas políticas isônomas e reciprocamente autônomas para a formação de uma terceira pessoa, o Estado brasileiro, à qual todas estão exclusiva e diretamente subordinadas.

50 – A partilha de competências é corolário da Federação; partilhar competências é atribuir, a cada ente autônomo, determinadas "possibilidades de ação", privativas ou exclusivas, das quais os demais não gozam. Mesmo nos casos de competência comum ou concorrente é possível falar, em certo sentido, em exclusividade ou privatividade, pois somente quem receber a competência, ninguém mais, terá condições de, validamente, praticar os atos para os quais ela é atribuída;

51 – A repartição de competências tributárias – e, também, das receitas tributárias – constitui uma condição de viabilidade da Federação brasileira, porque é sobretudo por meio delas que a Constituição procura prover as pessoas políticas dos meios econômicos necessários à realização das tarefas que lhes cominou. Embora haja outros meios de dotar as pessoas constitucionais de recursos, para que exista efetiva autonomia financeira é necessário que ao menos uma parcela dessas receitas provenha de fontes sobre as quais cada pessoa constitucional tem controle, inclusive para ampliá-las, se preciso for, sem que, para tanto, fique na dependência do que vier a ser estabelecido por outras pessoas políticas.

52 – Na Constituição brasileira, a repartição das competências tributárias entre os entes federados é regida pelos critérios da materialidade, da territorialidade e da afetação do produto da arrecadação a uma finalidade; os dois primeiros orientam a distribuição das competências relativas a impostos, taxas e contribuições de melhoria; o terceiro está ligado, primordialmente, à outorga da competência para a instituição de contribuições especiais e empréstimos compulsórios.

53 – São traços marcantes do Sistema Constitucional Tributário brasileiro a intensidade e o modo minucioso com que, ao tratar das competências tributárias e de sua distribuição entre os entes federados, disciplina a atividade tributária do Estado.

54 – O processo de criação dos tributos inicia-se na Constituição, que não apenas define os traços essenciais de todos os tributos, mas estabelece, também, a maior parte dos requisitos normativos para sua regular instituição. Esse processo passa, ainda, por algumas disposições normativas infraconstitucionais específicas, que devem, necessariamente, ser consideradas pelo sujeito competente, no momento de exercer a sua competência tributária.

55 – Também é condição de viabilidade da Federação a rigidez das disposições constitucionais que atribuem competências, pois de nada serviria a exaustiva regulação por elas promovida se as pessoas contempladas com as competências tributárias pudessem alterar, a seu bel prazer, a extensão dos poderes que o povo lhes outorgou por meio da Constituição Federal.

56 – A terceira condição de viabilidade da Federação é a existência de um Poder judicial capaz de solucionar, com fundamento na Constituição, as controvérsias que vierem a surgir entre os entes federados.

57 – "Competência tributária" é conceito ambíguo e vago, porque há uma grande variedade de objetos aos quais ela é potencialmente aplicável, e não há uniformidade de juízos quanto a qual o significado de conferi-la a alguém.

58 – Num sentido muito lasso, são dotados de competência tributária todas as pessoas e todos os órgãos investidos da capacidade de criar ou aplicar – e, em certa medida, toda aplicação envolve criação de – normas, em matéria tributária; num sentido um pouco mais estrito, diz-se que são dotados de competência tributária apenas aquelas pessoas e órgãos investidos de competência para inovar o ordenamento jurídico na disciplina das questões atinentes aos tributos; por fim, num sentido ainda mais limitado, a competência tributária é aquela para criar (e modificar) a norma cuja incidência faz nascer a relação jurídica tributária. Nessa noção está compreendida, também, a prerrogativa de não tributar, mediante o estabelecimento de isenções, ou o uso de outras técnicas de desoneração.

59 – Essa competência só pode ser titulada por aquelas pessoas capazes de legislar, isto é, pelas pessoas políticas. Não é relativa a órgãos da Administração, mas, sim, a determinadas pessoas constitucionais. A competência tributária é indelegável e irrenunciável, e não se confunde com a capacidade tributária ativa, que corresponde à legitimação para integrar o polo ativo de uma relação jurídica tributária, na posição de credor da importância pecuniária denominada tributo, embora entendamos, contra a corrente, que a capacidade tributária ativa é, também, via de regra, indelegável.

60 – Há bastante confusão a respeito dos conceitos de competência e imunidade (ou incompetência) tributária na doutrina tributarista brasileira, e um sintoma disso é a enorme variedade de expressões que são usadas para defini-los. Algumas dessas expressões são claramente próximas entre si, como "poder" e "potestade"; outras são semanticamente muito distantes, como "capacidade" e "direito subjetivo".

61 – Ao buscar conceituar competência tributária, a maior parte dos autores recorre, direta ou indiretamente, ao vocábulo "poder"; porém, nenhum deles parece atinar para o fato de que essa palavra, nas línguas latinas, é portadora de uma radical ambiguidade, ora dizendo respeito à possibilidade de algo, isto é, à condição daquilo que é possível, ora à permissão que alguém tem para fazer algo, vale dizer, à condição daquilo que é permitido.

62 – Algumas das definições de competência são usadas como sinônimas de "poder", no sentido de "possibilidade", sendo seus antônimos as noções de "impossibilidade", "imunidade", "impotência" *etc.*; outras são usadas como sinônimos de "poder" no sentido de "permissão", tendo por antônimas as noções de "proibição" ou "dever de omitir". Apesar disso, não é nada incomum que as definições de competência encontradas na doutrina misturem ambas as noções conceituais, que frequentemente aparecem indistintas, inclusive na mesma frase.

63 – Esse tratamento confuso entre os binômios "direito-dever" ("permissão-obrigação") e "competência-sujeição" (com seu oposto "incompetência-imunidade") conduz à tendência, quase irresistível para a nossa doutrina, de reconstruir os enunciados atribuidores de competência como permissões, perspectiva que é ensejadora das mais diversas dificuldades e perplexidades.

64 – Foram três as propostas de formalização das normas de competência tributária encontradas na doutrina. Trata-se das propostas de (i) Eurico Diniz De Santi e Daniel Monteiro Peixoto; (ii) Cristiane Mendonça e (iii) Tácio Lacerda Gama. Além deles, vários outros autores indicaram, de passagem, a maneira como concebem tal sorte de normas. Nenhum deles, contudo, parece vislumbrar qualquer inconveniente em unificar, na mesma estrutura lógica, os elementos que dizem respeito à validade da atuação do sujeito competente e aqueles que dizem respeito ao *"status"* prescritivo de sua conduta, isto é, à modalização de sua conduta em termos deônticos.

65 – Ainda que haja diferenças entre elas, as três propostas examinadas partem, implícita ou expressamente, da mesma premissa: a de que "verdadeiras" normas jurídicas são apenas as prescrições, sendo todas as normas dotadas de uma mesma estrutura (homogeneidade sintática) que vincula, por meio de um functor neutro, a descrição hipotética de um fato a uma relação jurídica, regida por modais deônticos.

66 – No tocante à hipótese, a principal objeção dirige-se à proposta de Tácio Lacerda Gama, que não parece indicar ali as condições que fazem surgir o "direito" de editar/enunciar a norma de incidência tributária, mas, sim, desde logo, o exercício desse "direito", tanto que o autor insere, nessa mesma proposição, o procedimento cuja observância é necessária para exercer a competência. O problema está em que, na estrutura cunhada pelo próprio autor, o "direito subjetivo" de praticar a conduta consistente em editar a norma com determinado conteúdo só surge no consequente, de modo que o antecedente não poderia, logicamente, conter o exercício desse mesmo direito.

67 – As três propostas de formalização examinadas são coincidentes em advertir para a necessidade de inserir, na hipótese normativa, as referências de tempo e espaço, o que parece absolutamente correto, na medida em que há casos em que a Constituição condiciona o surgimento da prerrogativa de legislar à ocorrência de circunstâncias de fato e, também, casos em que a outorga da competência é limitada no tempo, nada impedindo, ainda, que haja a indicação de lugares específicos para o exercício válido da competência, embora, normalmente, sua indicação esteja implícita na regulação do procedimento.

68 – No que diz respeito ao conectivo interproposicional, as propostas parecem apontar no mesmo sentido, pois todas inserem, na fórmula, um nexo de imputação neutro; porém, no tocante ao conectivo intraproposicional, apenas CRISTIANE MENDONÇA e TÁCIO LACERDA GAMA atentam para a possibilidade, em tese, de o exercício da competência tributária ser obrigatório; e nenhum dos autores sequer cogita a possibilidade teórica de o exercício da competência ser proibido, sem que disso resulte a invalidade da norma criada.

69 – É obrigatório o exercício das competências tributárias relativas à instituição do ICMS, do ISS e das contribuições previstas no art. 149-A, da Constituição Federal;

70 – A Lei Complementar nº. 157/2016, responsável por fixar a alíquota mínima do ISS em 2%, ao mesmo tempo em que estabelece alguns casos de invalidade das leis municipais não conformes a esse preceito, estabelece também casos em que a lei municipal assim editada será válida, mas o gestor poderá vir a ser sancionado com base na lei da improbidade administrativa, enquanto o Município poderá ser sancionado com base na Lei de Responsabilidade Fiscal. Há, aí, ao que nos parece, precisamente, um caso de proibição do exercício válido de uma competência tributária.

71 – O art. 109, §2º, II, do Ato das Disposições Constitucionais Transitórias e o art. 14 da Lei de Responsabilidade Fiscal estabelecem casos em que é proibido – porém não é inválido – o estabelecimento de isenções e outros benefícios que caracterizem renúncia fiscal.

72 – Não se deve pensar no estado proibido de uma conduta como um estado de impotência; pelo contrário, só faz sentido proibir condutas possíveis; por isso mesmo, o sujeito contra quem se volta a proibição pode optar pelo ilícito, seja porque a sanção não existe ou é insuficiente para desestimulá-la, seja por considerar que é possível, na prática, escapar à sua aplicação.

73 – A proibição do exercício da competência tributária é algo completamente diferente da imunidade; no primeiro caso, o sujeito competente pode, mas não deve exercer a competência; no segundo caso, sequer há competência.

74 – Nem todo ato jurídico praticado com infração a proibição é nulo. Se é viável proibir o exercício da competência – inclusive cominando sanção – sem retirar a validade da norma criada pelo sujeito competente, e

se, portanto, não há antinomia entre enunciados desse jaez, então não é possível reconstruir a outorga da competência como uma permissão de exercê-la.

75 – Algumas das propostas examinadas indicam como sujeitos competentes, capazes de editar a norma de incidência, os órgãos credenciados a tanto; no entanto, os órgãos são meros meios pelos quais a pessoa política manifesta a sua vontade; sujeitos competentes são as pessoas políticas especificamente indicadas pela Constituição.

76 – Os problemas ínsitos à tentativa de reconstruir as normas de competência como permissões de seu exercício não ficam tão claros quando se concebe a possibilidade de o exercício ser obrigatório, porque a relação entre as permissões e as obrigações não é de contradição ou contrariedade, mas de mera subalternidade; no entanto, quando se concebe a possibilidade de haver proibição do exercício da competência normativa, sem prejuízo da validade da norma que venha a ser editada, a solução de conceber a existência simultânea de duas relações de caráter prescritivo resulta insatisfatória, pois faz do sujeito competente, concomitantemente, o credor do direito de praticar uma ação e o devedor da omissão dessa mesma ação.

77 – Se, para TÁCIO LACERDA GAMA, o direito de editar a norma de incidência só surge no consequente, não faz sentido que o procedimento de que se vale para tanto esteja situado no antecedente normativo.

78 – Da mesma forma como fez CRISTIANE MENDONÇA, as imunidades, os princípios, a previsão da destinação do produto da arrecadação e as condições de tempo e de espaço, para a incidência da norma tributária, podem ser considerados como implícitos no elemento "materialidade", que integra a estrutura da norma de competência.

79 – A equiparação que TÁCIO LACERDA GAMA empreende entre a nulidade e a sanção apresenta, pelo menos, os seguintes problemas: a) a norma sancionadora deveria ter como hipótese o descumprimento de um dever previsto no consequente de uma norma de conduta; no entanto, na sua proposta, os condicionantes formais do exercício da competência foram colocados no antecedente da norma primária; b) GAMA descreve a observância dos requisitos formais e materiais do exercício da competência como deveres jurídicos do sujeito competente; no entanto, parece mais correto descrevê-los como ônus, já que ele não os deve observar para satis-

fazer um interesse alheio, mas para satisfazer o próprio interesse de editar uma norma válida; c) o sujeito competente não é devedor da conduta de criar a norma de incidência de determinado modo e, sim, o credor do direito de criar essa norma, de modo que não faz sentido inserir a inobservância dessa conduta no suposto de uma norma secundária; d) na estrutura típica de uma norma sancionadora, o sujeito ativo da norma secundária deveria ser o mesmo da norma primária; no entanto, GAMA insere no polo ativo da norma sancionadora justamente os destinatários, isto é, os sujeitos passivos (em sentido forte), da norma primária; e) a concepção segundo a qual todas as normas ingressam, validamente, no sistema, e só deixam de ser inválidas quando expulsas do ordenamento, é insustentável, pois é possível que um juiz deixe de aplicar uma norma, ou que um destinatário deixe de cumpri-la, alegando sua incompatibilidade com as normas que regulavam a sua criação, sem que essa norma seja expulsa do sistema; o apelo que se faz à cláusula alternativa tácita, com vistas a remediar esse problema, perde força quando se chama a atenção para os problemas ínsitos à tese que afirma a sua existência nos sistemas jurídicos.

80 – Os problemas encontrados nas propostas de formalização das normas de competência tributária analisadas decorrem do fato de que procuram inserir os temas da validade do exercício da competência e do *"status"* deôntico – permitido, proibido ou obrigatório – do exercício da competência na mesma estrutura de uma típica norma prescritiva.

81 – Em grande medida, isso é decorrência da adoção, quase unânime, na doutrina tributarista brasileira, de um conceito muito restrito de "normas jurídicas", que as identifica com as prescrições, visão que contribui para que se obscureçam as importantes funções exercidas pelos outros tipos de normas encontradas nos sistemas jurídicos.

82 – No sistema jurídico brasileiro, regulam a competência, primeiramente, os enunciados constitutivo-performativos, de estrutura predicativa, que habilitam determinadas pessoas políticas a criar normas de incidência tributária sobre determinados fatos. Ao qualificar determinado sujeito como competente, não dizem nada sobre o direito desse sujeito de criar normas jurídicas, mas apenas sobre o "poder-possibilidade" de fazê-lo.

83 – Da mesma forma, as normas imunizantes não proíbem o exercício da competência, nem dão direito de não ser tributado a quem quer

que seja, mas, simplesmente, estabelecem uma relação de impotência, no lado do sujeito competente, e um estado de não-sujeição, no lado do destinatário dos enunciados proferidos pelo sujeito competente.

84 – Para além dos enunciados predicativos, também há, em nosso sistema tributário, enunciados que estabelecem as condições formais e materiais que "têm de" ser observadas pelos sujeitos competentes que desejam criar a norma de incidência tributária válida. Nada impede, porém, que tais regras técnicas sejam reconstruídas, do ponto de vista dos destinatários, como normas constitutivas;

85 – Nem o sujeito competente tem o dever de observar essas condicionantes, nem os destinatários da norma têm o direito de que o sujeito competente as observe. O sujeito competente tem, isso sim, o ônus de observá-las para agir de maneira válida, viabilizando o desencadeamento dos efeitos da norma;

86 – Se o sujeito competente não observar os ônus que condicionam o seu agir, não terá praticado, necessariamente, um ato proibido. Terá praticado, simplesmente, um ato diferente do que queria praticar, o qual pode ser, a depender do que estabeleçam outras regras do sistema: a) válido e permitido; b) válido e proibido; ou c) inválido.

87 – A edição de uma norma de incidência tributária válida manifesta-se como "fato institucional" no sistema jurídico e, sendo assim, simplesmente ocorre – quando o fato é suficiente para preencher a moldura da norma, – ou não ocorre – quando o fato é insuficiente para preenchê-la. Não é necessária, para que deixe de ocorrer, a atuação de alguma autoridade;

88 – A validade ou invalidade é completamente independente do *"status"* deôntico da conduta de exercer a competência, que pode estar permitida, ser obrigatória ou ser vedada, sendo que, nestes últimos dois casos, o respectivo descumprimento poderá até mesmo ser sancionado.

89 – Concebemos da seguinte maneira a forma geral das normas atribuidoras da competência tributária (NCompx):

$$NCompx = Cx \land p \land t \land e \land m \rightarrow RIx$$

Isto é: "se o sujeito competente para a instituição do tributo x (Cx), observando o procedimento previsto para a instituição do tributo (p), mais as condições de tempo e espaço (t $\land$ e), versa sobre determinada matéria (m), então produz-se validamente o veículo introdutor de uma norma de incidência do tributo x (RIx)", a qual, por sua vez, terá a estrutura básica de qualquer regra-matriz de incidência tributária.

90 – A não observância de algum desses requisitos levará, normalmente, à produção de uma norma existente, porém, inválida, e os efeitos que dela podem decorrer serão regulados contingentemente pelo sistema.

91 – A prática dessa conduta (Cx $\wedge$ p $\wedge$ t $\wedge$ e $\wedge$ m), ou a produção desse resultado institucional (RIx) poderá estar permitida, proibida ou ser obrigatória, e essa regulação deôntica pode ou não decorrer da interpretação da mesma disposição de competência responsável por outorgá-la.

92 – Por isso, é um erro falar-se na facultatividade do exercício como uma característica da competência tributária, tanto mais se com isso se deseja afirmar que da outorga da competência decorrem, automaticamente, tanto a permissão positiva de seu exercício como a permissão da omissão de seu exercício.

93 – Perceber a total independência que existe entre a atribuição da competência e a regulação deôntica de sua conduta é atentar para a insuficiência das propostas teóricas que, ao buscarem reduzir todo o fenômeno jurídico às prescrições, isto é, ao esquema "direito-dever", acabam por desprezar outras categorias tão importantes quanto os direitos e deveres para a regulação da vida em sociedade. Ao não buscarem explicar a realidade, mas, sim, amoldá-la aos conceitos que assumem como dogmas, comportam-se menos como ciência, e mais como ideologia.

94 – São características da competência tributária a indelegabilidade, a irrenunciabilidade, a incaducabilidade, a privatividade – no sentido estrito de "inapropriabilidade" a que alude Eliud José Pinto Da Costa – e a inalterabilidade – no sentido de "inextensibilidade" a que alude José Roberto Vieira. Porém, decididamente, não é característica da competência tributária a facultatividade de seu exercício. Afinal:

a) se, ao aludir à facultatividade da competência tributária, quer-se afirmar que as normas de competência têm a natureza de normas permissivas, a falsidade dessa tese é demonstrada por meio dos aportes da teoria do direito que apontam para a impossibilidade de reconstruir as normas atribuidoras de poderes como normas de caráter prescritivo (capítulo 2), bem como os problemas existentes nas propostas que tentaram aplicar essa premissa às normas de competência tributária (item 3.3);

b) se, ao afirmar-se a facultatividade da competência tributária, quer-se fazer um juízo fático no sentido de que não há normas permitindo ou proibindo o exercício ou a omissão de seu exercício, cremos haver deixado claro o equívoco dessa interpretação, ao fornecer exemplos no sentido contrário (item 3.2.3);

c) se, ao afirmar-se a facultatividade da competência tributária, quer-se aludir à possibilidade de extrair das disposições de competência a permissão positiva para exercer ou deixar de exercer a competência, cremos haver demonstrado que não há nada que aponte nesse sentido, e que sequer é seguro que a matéria tenha sido, em todos os casos, objeto de regulação deôntica pela Constituição, podendo muito bem haver lacuna constitucional (permissão fraca) nesse ponto (item 3.4);

d) se, por fim, ao afirmar-se a facultatividade da competência tributária, quer-se defender a inexistência, na Constituição, de proibição ao seu exercício ou à omissão de seu exercício, cremos haver demonstrado que, dado o fato de que as competências tributárias foram outorgadas para serem exercidas, isto é, de que elas foram outorgadas para fazer efetivamente autônomos os entes federados, provendo-os dos recursos necessários à execução de suas tarefas constitucionais, é muito mais razoável supor a existência de uma norma constitucional que, pelo menos, obrigue ao exercício da competência tributária no limite do necessário para concretizar essa autonomia, do que supor, irrestritamente, a existência de uma absoluta liberdade dos entes federados para instituir ou não instituir os tributos de sua competência.

REFERÊNCIAS

ACADEMIA BRASILEIRA DE LETRAS. **Vocabulário Ortográfico da Língua Portuguesa**. 3. ed. Rio de Janeiro: A Academia, 1999.

AFTALIÓN, Enrique; VILANOVA, José; RAFFO, Julio. *Introducción al derecho: conocimiento y conocimiento científico, historia de las ideas jurídicas, teoría general del derecho, teoría general aplicada.* 3. ed. Buenos Aires: Abeledo-Perrot, 1988.

AGUILÓ REGLA, Josep. *Sobre 'Definiciones y normas'*. **Doxa: Cuadernos de Filosofía del Derecho**, Alicante, nº. 8, p. 273-282,1990.

ALARCÓN CABRERA, Carlos. **Validez, lógica y derecho**. Bogotá: Universidad Externado de Colombia, 1999.

ALCHOURRÓN, Carlos Eduardo; BULYGIN, Eugenio. *Definiciones y normas*. In: BULYGIN, Eugenio *et al.* (comp.). *El lenguaje del derecho – Homenaje a Genaro R. Carrió*. Buenos Aires: Abeledo-Perrot, 1983, p. 11-42.

—. *Introducción a la metodología de las ciencias jurídicas y sociales*. Buenos Aires: Astrea y Depalma, 1998.

—. *La Concepción Expresiva de las Normas*. In: **Análisis lógico y Derecho**. Madri: *Centro de Estudios Constitucionales*, 1991, p. 121-151

—. *Normas, proposiciones normativas y enunciados jurídicos*. In: **Análisis lógico y Derecho**. Madri: *Centro de Estudios Constitucionales*, 1991, p. 169-194.

—. *Permisos y Normas Permisivas*. In: **Análisis lógico y Derecho**. Madri: *Centro de Estudios Constitucionales*, 1991, p. 215-218.

—. *Tiempo y validez*. In: **Análisis lógico y Derecho**. Madri: *Centro de Estudios Constitucionales*, 1991, p. 195-214.

ALEXY, Robert. **Conceito e Validade do Direito**. Tradução de: Gercélia Batista de Oliveira Mendes. São Paulo: Martins Fontes, 2009.

ALMEIDA, Fernanda Dias Menezes de. **Competências da Constituição de 1988**. São Paulo: Atlas, 1991.

AMARAL, Francisco. **Direito Civil: Introdução**. 4. ed. Rio de Janeiro: Renovar, 2002.

AMARO, Luciano. **Direito Tributário Brasileiro**. 11. ed. São Paulo: Saraiva, 2005.

ANTONOV, Mikhail. *Algunas reflexiones sobre la unidad del derecho y los sistemas normativos*. In ALONSO, Juan Pablo (comp.) **Racionalidad en el derecho**. Eudeba: Buenos Aires, 2015, p. 33-47.

ASCENSÃO, José de Oliveira. **Introdução à Ciência do Direito**. 3. ed. Rio de Janeiro: Renovar, 2005.

ATALIBA, Geraldo. **Hipótese de Incidência Tributária**. 5. ed. Malheiros: São Paulo, 1994.

—. **Sistema Constitucional Tributário**. São Paulo: Revista dos Tribunais, 1968.

ATIENZA, Manuel. *El derecho como argumentación*. Barcelona: Ariel, 2006.

—. RUIZ MANERO, Juan. *Las Piezas del Derecho*. 2. ed. Barcelona: Ariel, 2004.

—;—. *Seis acotaciones preliminares para una teoría de la validez jurídica*. **Doxa**: **Cuadernos de Filosofía del Derecho**, Alicante, nº. 26, p. 719-736, 2003.

AUSTIN, John Langshaw. **How to do things with words**. Oxford: Clarendon Press, 1962.

ÁVILA, Humberto Bergmann. **Sistema Constitucional Tributário**. 4. ed. São Paulo: Saraiva, 2010.

—. **Teoria dos Princípios**. São PAULO: Malheiros, 13. ed. 2012.

BANDEIRA DE MELLO, Celso Antonio. **Curso de Direito Administrativo**. 9. ed. São Paulo: Malheiros, 1997.

BALEEIRO, Aliomar. **Direito Tributário Brasileiro**. 11. ed. Atualização de: Misabel de Abreu Machado Derzi. Rio de Janeiro: Forense, 2003.

BARBOSA, Cláudia Maria. **Lógica & Direito: Linguagem Jurídica sob Diferentes Paradigmas Lógicos**. 1ª ed. (ano 2005), 3ª reimpressão. Curitiba: Juruá, 2012.

BECHO, Renato Lopes. **Lições de Direito Tributário: Teoria Geral e Constitucional**. São Paulo: Saraiva, 2011.

BECKER, Alfredo Augusto. **Teoria Geral do Direito Tributário**. 3. ed. São Paulo: Lejus, 2002.

BERNAL PULIDO, Carlos. *Kelsen y las Normas de Competencia*. *In*: BERNAL, Carlos; PORCIUNCULA, Marcelo (ed.). ***Kelsen para erizos: ensayos en honor a Stanley L. Paulson***. Bogotá: Universidad Externado de Colombia, 2017, p. 337-362.

BINI, Edson. *Nota do tradutor*. In GUASTINI, Riccardo. **Das Fontes às Normas**. São Paul o: Quartier Latin, 2005, p. 110.

REFERÊNCIAS

BITTAR, Djalma. **Relação Jurídica Tributária em Nível Lógico**. São Paulo: LTr, 1993.

BOBBIO, Norberto. **Da Estrutura à Função**: **Novos Estudos de Teoria do Direito**. Tradução de Daniela Beccaccia Versiani. Barueri: Manole, 2007.

—. **O Positivismo Jurídico: Lições de Filosofia do Direito**. Tradução e notas de: Márcio Pugliesi, Edson Bini, Carlos E. Rodrigues. São Paulo: Ícone, 2005.

—. **Teoria Geral do Direito**. Tradução de: Denise Agostinetti. São Paulo: Martins Fontes, 2007.

BORGES, José Souto Maior. **Isenções Tributárias.** São Paulo: Sugestões Literárias, 1969.

—. **Obrigação Tributária: Uma Introdução Metodológica.** São Paulo: Saraiva, 1984.

—. **Teoria Geral da Isenção Tributária.** 3. ed. São Paulo: Malheiros, 2001.

BRASIL. Supremo Tribunal Federal. **Agravo Regimental no Agravo de Instrumento nº 764951.** Primeira Turma. Relatora Min. Rosa Weber. DJe de 13/03/2013.

BRASIL. Supremo Tribunal Federal. **Medida Cautelar na Ação Direta de Inconstitucionalidade nº 1945.** Pleno. Relator Min. Octavio Gallotti. Relator para Acórdão Min. Gilmar Mendes. Dje de 14/03/2011.

BRASIL. Supremo Tribunal Federal. **Recurso Extraordinário nº. 176.626.** Primeira Turma. Relator Min. Sepúlveda Pertence. DJ de 10/11/1998.

BRASIL. Supremo Tribunal Federal. **Recurso Extraordinário nº. 199.464.** Primeira Turma. Pleno. Relator Min. Ilmar Galvão. DJ de 30/04/1999.

BRASIL. Supremo Tribunal Federal. **Recurso Extraordinário nº. 330.817.** Pleno. Relator Min. Dias Toffoli. Dje de 31/08/2017.

BRASIL. Supremo Tribunal Federal. **Recurso Extraordinário nº. 651.703.** Pleno. Relator Min. Luiz Fux. Dje de 26/04/2017.

BRASIL. Supremo Tribunal Federal. **Recurso Extraordinário nº. 704.292.** Pleno. Relator Min. Dias Toffoli. Dje de 03/08/2017.

BUJANDA, Sainz de. *Poder Financiero In*: ***Notas de Derecho Financiero***. T. I, v. 2. Madri: Universidad de Madrid, 1967.

BULYGIN, Eugenio. *Sobre las Normas de Competencia. In* ***Análisis Lógico y Derecho***. Madri: Centro de Estudios Constitucionales, 1991, p. 485-498.

—. *El Problema de la Validez en Kelsen. In* KELSEN, Hans; BULYGIN, Eugenio; WALTER, Robert. ***Validez y Eficacia del Derecho.*** Buenos Aires: Astrea, 2005, p. 99-118.

. *Prefácio*. In MARANHÃO, Juliano Souza de Albuquerque. **Estudos sobre Lógica e Direito**. São Paulo: Marcial Pons, 2013, p. 11-16.

CÁCERES NIETO, Enrique. **Lenguaje y Derecho: Las Normas Jurídicas como Sistema de Enunciados**. México: Instituto de Investigaciones Jurídicas, 2000.

CALSAMIGLIA, Albert. *Geografía de las normas de competencia*. **Doxa: Cuadernos de Filosofía del Derecho**, Alicante, nº. 15-16, p. 747-767, 1994.

CARACCIOLO, Ricardo. *Un dilema en torno a la naturaleza de las normas*. **Doxa: Cuadernos de Filosofía del Derecho**, Alicante, nº. 31, p. 91-104, 2008.

CARCATERRA, Gaetano. **Le norme costitutive**. Milão: Giuffrè, 1974.

CARNEIRO, Luísa Cristina Miranda. **IPVA: Teoria, Prática e Questões Polêmicas**. São Paulo: Noeses, 2016.

CARRAZZA, Roque. **Curso de Direito Constitucional Tributário**. 22. ed. São Paulo: Malheiros, 2006.

CARRIÓ, Genaro. **Notas sobre Derecho y Lenguaje**. 4. ed. Buenos Aires: Abeledo-Perrot, 1994.

CARVALHO, PAULO DE BARROS. **Curso de Direito Tributário**. 22. ed. São Paulo: Saraiva, 2010.

—. *Direito Tributário, Linguagem e Método*. São Paulo: Noeses, 2008.

—. *Direito Tributário: Fundamentos Jurídicos da Incidência*. 9. ed. São Paulo: Saraiva, 2012.

—. *Imunidades Tributárias*. **Revista de Direito Tributário** 27-28/88-108, São Paulo, RT, jan./jun. 1984.

—. *Para uma Teoria da Norma Jurídica: da Teoria da Norma à Regra-Matriz de Incidência Tributária*. **Revista do Advogado**. São Paulo: AASP – Associação dos Advogados de São Paulo, ano XXXII, nº, 118, dez. 2012.

—. **Teoria da Norma Tributária**. 3 ed. São Paulo: Max Limonad, 1998.

CHIESA, Clélio. **A Competência Tributária do Estado Brasileiro: desonerações nacionais e imunidades condicionadas**. São Paulo: Max Limonad, 2002.

COELHO, Fábio Ulhôa. **Roteiro de Lógica Jurídica**. 5. ed. São Paulo: Saraiva, 2004.

COÊLHO, Sacha Calmon Navarro. **Curso de Direito Tributário Brasileiro: Comentários à Constituição e ao Código Tributário Nacional, Artigo por Artigo**. Rio de Janeiro: Forense, 1999.

—. **Comentários à Constituição de 1988: Sistema Tributário**. 6. ed. Rio de Janeiro: Forense, 1995.

—. *Os Princípios do Sistema Tributário de repartição de Competência na Constituição*. **Revista do Advogado**. São Paulo: AASP – Associação dos Advogados de São Paulo, ano XXXII, nº, 118, dez. 2012.

COLZANI, Edoardo. *Costitutività di regole*. *In* **Toga Lecchese: Quadrimestrale edito dall'Ordine Avvocati di Lecco**. Ano XXI, nº. 2, 2001, p. 6. Disponível em: <http://www.ordineavvocati.lecco.it/image/pdf/TOGA-2_2011.pdf>. Acesso em: 15/07/2012.

CORREIA NETO, Celso de Barros. **O Avesso do Tributo: Incentivos e Renúncias Fiscais no Direito Brasileiro**. 2ª ed. São Paulo: Almedina, 2016.

COSTA, Adriano Soares da. **Teoria da Incidência da Norma Jurídica: Crítica ao realismo Linguístico de Paulo de Barros Carvalho**. 2. ed. São Paulo: Malheiros, 2009.

COSTA, Eliud José Pinto da. **Competência Tributária**. São Luís: Aquarela, 2010.

COSTA, Newton C. A. da; KRAUSE, Décio. **Notas de Lógica – Parte I: Lógicas Proposicionais Clássica e Paraconsistente (Texto Preliminar)**. Florianópolis: Universidade Federal de Santa Catarina, 2004, disponível em: <http://www.cfh.ufsc.br/~dkrause/LogicaUm.pdf>. Acesso em 25/01/2013.

COSTA, Regina Helena. **Imunidades Tributárias**. 2. ed. São Paulo: Malheiros, 2006.

—. **Curso de Direito Tributário: Constituição e Código Tributário Nacional**. São Paulo: Saraiva, 2009.

COSTÓDIO FILHO, Ubirajara. **As Competências do Município na Constituição Federal de 1988**. São Paulo: Celso Bastos Editor – Instituto Brasileiro de Direito Constitucional, 1999.

CRETELLA JUNIOR, José. *Ultra Vires*. *In*: **Enciclopédia Saraiva do Direito**. São Paulo: Saraiva, 1977, v.75, p. 424-425.

D'AGOSTINI, Orfeu Gilberto. **Xadrez Básico**. 5. ed. Rio de Janeiro: Ediouro, 2002.

DECOMAIN, Pedro Roberto. **Anotações ao Código Tributário Nacional**. São Paulo: Saraiva, 2000.

DELIGNE, Maysa de Sá Pittondo. **Competência Tributária Residual e as Contribuições Destinadas à Seguridade Social**. Belo Horizonte: D'Plácido, 2015.

DENARI, Zelmo. **Curso de Direito Tributário**. São Paulo: Forense, 1995.

DERZI, Misabel Abreu Machado. *A imunidade recíproca, o princípio federal e a Emenda Constitucional nº. 3, de 1993*. **Revista de Direito Tributário**, São Paulo, Malheiros, v. 62, 1993.

EMERENCIANO, Adelmo da Silva. *Modificação na Competência Tributária por Emenda Constitucional. A contribuição para Custeio do Serviço de Iluminação Pública – Emenda Constitucional 39/2002. In* SANTI, Eurico Diniz de. (coord.) **Curso de Especialização em Direito Tributário: Estudos Analíticos em Homenagem a Paulo de Barros Carvalho**. Forense: Rio de Janeiro, 2005.

ENGISCH, Karl. **Introdução ao Pensamento Jurídico**. 3. ed. Tradução de: J. Baptista Machado. Lisboa: Calouste Gulbekian, 1988.

FALCÃO, Amílcar de Araújo. **Sistema Tributário Brasileiro: Discriminação de Rendas**. Rio de Janeiro: Edições Financeiras, 1965.

FEIS, Guglielmo; SCONFIENZA, Umberto M. *Challenging the Constitutive Rules Inviolability Dogma*. **Phenomenology and Mind.** Pavia, IUSS PRESS, v. 3, 2012, p. 102-110.

FERRAZ JÚNIOR, Tércio Sampaio. **A Ciência do Direito**. 2. ed. São Paulo: Atlas, 1980.

—. *Competência tributária Municipal*. **Revista de Direito Tributário**. São Paulo: Malheiros, ano 14, n. 54, p. 158/159, out./dez. 1990.

—. **Introdução ao Estudo do Direito: Técnica, Decisão, Dominação**. 4. ed. São Paulo: Atlas, 2003.

—. **Teoria da Norma Jurídica: ensaio de pragmática da comunicação normativa**. Forense: Rio de Janeiro, 1978.

—; GRECO, Marco Aurélio. *Desafios do Federalismo Fiscal Brasileiro*. **Revista do Instituto dos Advogados de São Paulo**, v. 2, p. 97, jul./1998.

FERREIRA SOBRINHO, José Wilson. **Imunidade Tributária**. Porto Alegre: Sérgio Fabris, 1996.

FERRER BELTRÁN, Jordi. **Las Normas de Competencia: Un Aspecto de la Dinámica Jurídica**. Madri: Centro de Estudios Políticos y Constitucionales, 2000.

FERRERES COMELLA, Victor. **Justicia Constitucional y Democracia**. Madri: Centro de Estudios Políticos y Constitucionales, 1997.

FIGUEIREDO, Lúcia Valle. **Estudos de Direito Tributário**. São Paulo: Malheiros, 1996.

FLORES, Vítor Martins. *Imunidade das Exportações: créditos acumulados das contribuições para o PIS e o COFINS. In*: CARRAZZA, Elizabeth Nazar (coord.); MORETI, Daniel (org.). **Imunidades Tributárias.** Elizabeth. Rio de Janeiro: Elsevier, 2012.

FOLLADOR, Guilherme Broto. *A Noção de Sistema no Direito. In*: VALLE, Maurício Dalri Timm do; VALADÃO, Alexsander Roberto Alves; DALLAZEM, Dalton

Luiz (coord.) **Ensaios em Homenagem ao Professor José Roberto Vieira**. São Paulo: Noeses, 2017, p. 603-633.

—. **As Normas de Competência Tributária.** Dissertação (Mestrado em Direito) – Setor de Ciências Jurídicas, Universidade Federal do Paraná – UFPR. Curitiba, 2013.

—. *Comentários aos arts 6º a 8º, 10 a 13 e 15.* In: GRILLO, Fábio Artigas. SILVA, Roque Sérgio d'Andrea Ribeiro. **Código Tributário Nacional Anotado.** Curitiba: ESA, 2014, p. 33-43, 51-61 e 67-69. Disponível em: http://www2.oabpr.org.br/downloads/ctn_v2.pdf. Acesso em 28/03/2020.

—. *Criptomoedas e competência tributária.* **Revista Brasileira de Políticas Públicas.** Brasília, v. 7, nº 3, 2017 p. 79-104.

—. *As Normas de Competência em Alchourrón e Bulygin.* In: Encontro Nacional do CONPEDI, nº. 21, 2012. Uberlândia-MG. *Anais* do XXI Encontro Nacional do CONPEDI. Florianópolis: Boiteux, 2012, p. 10615-10643.

—. *Criptomoedas e competência tributária.* **Revista Brasileira de Políticas Públicas.** Brasília, v. 7, nº 3, 2017 p. 79-104.

—; VALLE, Maurício Dalri Timm do. *Las Normas de Competencia Tributaria Y las Tentativas de su Reconstrucción Formal en el Derecho Brasileño. In* ALONSO, Juan Pablo (comp.) **Racionalidad en el Derecho.** Buenos Aires: Eudeba, 2015, p 406-407.

FOLLONI, André. **Ciência do Direito Tributário no Brasil: Crítica e Perspectivas a Partir de José Souto Maior Borges** São Paulo: Saraiva, 2013.

—. **Tributação sobre o Comércio Exterior.** São Paulo: Dialética, 2005.

GAMA, Tácio Lacerda. **Competência tributária: fundamentos para uma teoria da nulidade.** São Paulo: Noeses, 2009.

—. **Contribuição de Intervenção no Domínio Econômico.** São Paulo: Quartier Latin, 2003.

GOMES, Nelson Gonçalves. *Um Panorama da Lógica Deôntica,* **KRITERION**, Belo Horizonte, nº 117, jun. 2008, p. 9-38.

GRECO, Marco Aurélio. **Contribuições: Uma Figura *Sui Generis*.** São Paulo: Dialética, 2000.

GRUPENMACHER, Betina Treiger. **Eficácia e Aplicabilidade das Limitações Constitucionais ao Poder de Tributar.** São Paulo: Resenha Tributária, 1997.

GUASTINI, Riccardo. ***Cinco observaciones sobre validez y derrogación***. Alicante: Biblioteca Virtual Miguel de Cervantes, 2008. Disponível em: <www.bib.cervantesvirtual.com/servlet/SirveObras/02461632092135052754491/discusiones2/Vol2_04.pdf>. Acesso em 15/06/2012.

—. **Das Fontes às Normas**. Tradução de: Edson Bini. São Paulo: Quartier Latin, 2005.

—. *Distinguiendo: Estudios de teoría y metateoría del derecho*. Barcelona: Gedisa, 1999

—. *Prólogo*. In: FERRER BELTRÁN, Jordi. **Las Normas de Competencia: un Aspecto de la Dinámica Jurídica**. Madri: Centro de Estudios Políticos y Constitucionales, 2000

—. *Reglas Constitutivas y Gran División*. Disponível em: www.http://www.biblio juridica.org/libros/4/1743/6.pdf. Acesso em: 14/07/2012.

GUIBOURG, Ricardo. **El fenómeno normativo**. Buenos Aires: Astrea, 1987.

—. *Introducción al conocimiento científico*. Buenos Aires: Eudeba, 1993.

—. *Pensar en las Normas*. Buenos Aires: Eudeba, 1999.

HARADA, Kiyoshi. **Sistema Tributário na Constituição Federal de 1988**. 2. ed. Curitiba: Juruá, 2006.

HART, Herbert. **O Conceito de Direito**. Tradução de A. Ribeiro Mendes. 3. ed. Lisboa: Calouste Gulbenkian, 2001

HERNÁNDEZ MARÍN, Rafael. *Introducción a la Teoría de la Norma Jurídica*. Madri: Marcial Pons, 1998.

HILPINEN, Risto. *Norms, normative utterances and normative propositions*. **Análisis Filosófico XXXVI**, n. **2**, p. 229-241, nov. 2006.

ITURRALDE, Victoria. *Reflexiones sobre los conceptos de validez y existencia de las normas jurídicas*, Alicante, **Doxa: Cuadernos de Filosofía del Derecho**, nº. 31, p. 157-176, 2008.

IVO, Gabriel. **Norma jurídica: produção e controle**. São Paulo: Noeses, 2006.

JUSTEN FILHO, Marçal. **Curso de Direito Administrativo**. São Paulo: Saraiva, 2005.

KALINOWSKI, Georges. *Lógica de las Normas y Lógica Deóntica: Posibilidad y Relaciones*. México: Fontanamara, 1996.

KELSEN, Hans. **Teoria Geral das normas**. Tradução de: José Florentino Duarte. Porto Alegre: Fabris, 1986.

—. **Teoria Geral do Direito e do Estado**. Tradução de: Luís Carlos Borges. 3. ed. São Paulo: Martins Fontes, 1998.

—. **Teoria Pura do Direito**. Tradução João Baptista Machado. 3. ed. São Paulo: Martins Fontes, 1999.

KFOURI JR, Anis. **Curso de Direito Tributário**. São Paulo: Saraiva, 2010.

LARGERSPETZ, Eerik. *Normas y Sanciones*. In: **La Normatividad del Derecho**. AARNIO, Aulis; GARZÓN VALDÉS, Ernesto; UUSITALO; Jyrki. (org.). Barcelona: Gedisa, 1997.

LIMA GONÇALVES, José Artur. **Imposto sobre a renda: pressupostos constitucionais**. São Paulo: Malheiros 2002.

LOBO D'EÇA, Fernando L. *O Sistema Federal e os Princípios Constitucionais de Coordenação de Competências*. In: CARLOS MÁRIO DA SILVA VELLOSO *et al.* (coord.). **Princípios Constitucionais Fundamentais: estudos em homenagem ao professor Ives Gandra da Silva Martins**. São Paulo: LEX, 2005, p. 475-492.

MACCORMICK, Neil ; WEINBERGER, Ota. ***Pour une théorie institutionelle du droit : nouvelles approches du positivisme juridique***. Bruxelles: Kluwer E. J. Belgique, 1992.

MACCORMICK, Neil. **Retórica e o Estado de Direito**. Tradução de Conrado Hübner Mendes. Rio de Janeiro: Elsevier, 2008.

—. *Voluntary Obligations*. In: ***Legal Right and Social Democracy. Essays in Legal and Political Philosophy***. Oxford: Clarendon, 1982.

—. *H.L.A. HART*. In: ***Jurists: Profiles in Legal Theory***. London: Edward Arnold, 1981.

MACHADO, Hugo de Brito. **Curso de Direito Tributário**. 17. ed. São Paulo: Malheiros, 2000.

MAKINSON, David. *On the Formal Representation of Rights Relations: Remarks on the Work of Stig Kanger and Lars Lindahl*. **Journal of Philosophical Logic**, v. 15, p. 403-425, 1986.

MARANHÃO, Juliano Souza de Albuquerque. **Estudos sobre Lógica e Direito**. São Paulo: Marcial Pons, 2013.

MARINS, James. *Fundações Privadas e Imunidade Tributária*. **Revista Dialética de Direito Tributário**, nº. 28. São Paulo: Dialética, 1998.

MEIRELLES, Hely Lopes. **Direito Administrativo Brasileiro**. 29. ed. São Paulo: Malheiros, 2004.

MELLO, Marcos Bernardes de. **Teoria do Fato Jurídico: Plano da Existência**. Saraiva: São Paulo, 2007.

MELO, José Eduardo Soares de. *Sistema Tributário – Bitributação, bis in idem, e Cumulatividade – Reformas*. In: MARTINS, Ives Gandra da Silva (coord.). **Direito Tributário e Reforma do Sistema**. São Paulo: Revista dos Tribunais, 2003 (Pesquisas Tributárias, Nova Série; n. 9).

MELO FILHO, Álvaro. **Código Tributário Nacional**. Rio de Janeiro: Forense, 1987.

MENDES, Sônia Maria Broglia. **A validade jurídica e o giro linguístico**. São Paulo: Noeses, 2007.

MENDONÇA, Cristiane. **Competência Tributária**. São Paulo: Quartier Latin, 2004.

MENDONCA, Daniel. *Las Claves del Derecho*. Barcelona: Gedisa, 2000.

MENEZES, Paulo Lucena de. **Comentários ao Código Tributário Nacional**. Coord. Ives Gandra Martins. 5. ed. São Paulo: Saraiva, 2008, v. I.

MORAES, Bernardo Ribeiro de. **Compêndio de Direito Tributário**. Rio de Janeiro: Forense, 1987.

MOREIRA, André Mendes; ESTANISLAU, César Vale. Inconstitucionalidade superveniente da contribuição social de 10% sobre o saldo do FGTS em caso de despedida sem justa causa, instituída pelo art. 1º da LC nº 110/2001, face ao atingimento de sua finalidade. **Revista Dialética de Direito Tributário**, n. 227. São Paulo: Dialética, 2014 p. 7-20.

MOREIRA NETO, Diogo de Figueiredo. **Curso de Direito Administrativo**. 2. ed. Rio de Janeiro: Forense, 1974.

MORESO, José Juan. *El encaje de las piezas del derecho*. In: *Isonomía: Revista de Teoría y Filosofía del Derecho*, nº. 15, p. 165-192, out. 2001.

MOUSSALLEM, Tárek Moysés. **Fontes no Direito Tributário**. São Paulo: Noeses, 2006.

—. **Revogação em Matéria Tributária**. São Paulo: Noeses, 2011.

MUNHOZ DE MELLO, Rafael. **Princípios Constitucionais de Direito Administrativo Sancionador**. São Paulo: Malheiros, 2007.

NAVARRO, Pablo Eugénio. *Enunciados Jurídicos y Proposiciones Normativas*. In *Isonomía: Revista de Teoría y Filosofía del Derecho*, n. 12, abril/2000, p. 121-155.

—. *La Eficacia del Derecho*. Madri: Centro de Estudios Constitucionales, 1990.

NEVES, Marcelo da Costa Pinto. **Entre Hidra e Hércules: Princípios e Regras Constitucionais como Diferença Paradoxal do Sistema Jurídico**. Brasília: UnB, 2010.

NINO, Carlos Santiago. *Introducción al análisis del derecho*. 2. ed. Buenos Aires: Astrea, 2003.

—. *La validez del derecho*. Buenos Aires: Astrea, 2006.

NOGUEIRA, Ruy Barbosa. **Curso de Direito Tributário**. 13. ed. São Paulo: Saraiva, 1994.

—. **Imunidades Contra Impostos na Constituição Anterior e sua Disciplina Mais Completa na Constituição de 1988**. São Paulo: Resenha Tributária, 1990.

OLIVEIRA, Júlio Maria de. **Internet e Competência Tributária**. São Paulo: Dialética, 2001.
PAULSON, Stanley L. *An Empowerment Theory of Legal Norms*. **Ratio Juris**, v. 1, n. 1, p. 58-72, mar. 1988.
—. *Facultad, Responsabilidad y la Teoría Pura del Derecho*. Cidade do México: Fontanamara, 2014
—. *Fundamentación Crítica de la Doctrina de Hans Kelsen*. Bogotá: Universidad Externado de Colombia, 2000.
—. *On Ideal Form, Empowering Norms, and "Normative Functions"*. **Ratio Juris**, v. 3, n. 1, p. 84-88, mar. 1990.
PEIXOTO, Daniel Monteiro. **Competência Administrativa na Aplicação do Direito Tributário**. São Paulo: Quartier Latin, 2006.
PEÑA FREIRE, Antonio Manuel. *Reglas de competencia y existencia de las normas jurídicas*. **Doxa – Cuadernos de Filosofía del Derecho**, nº. 22, p. 381-412, 1999.
—. *Sobre "Las Normas de Competencia: Un Aspecto de la Dinámica Jurídica de Jordi Ferrer*. In **Isonomía: Revista de Teoría y Filosofía del Derecho**, nº. 16, p. 215-226, 2002.
PESTANA, Márcio. **O princípio da imunidade tributária.** São Paulo: Revista dos Tribunais, 2001.
PIZOLIO, Reinaldo. **Competência Tributária e Conceitos Constitucionais.** São Paulo: Quartier Latin, 2006.
PONTES DE MIRANDA, Francisco Cavalcanti. **Tratado de Direito Privado.** 4. ed. São Paulo: Revista dos Tribunais, 1983, t. I e III.
. **Comentários à Constituição de 1946**. São Paulo: Max Limonad, 1953, v. I.
PORTELLA, André. **Comentários ao Código Tributário Nacional.** Carlos Valder do Nascimento (coordenador), Ives Gandra Martins... [et al]. Rio de Janeiro: Forense, 2008.
RAMOS, Elival da Silva. **A Inconstitucionalidade das Leis: Vício e Sanção**. São Paulo: Saraiva, 1994.
RAZ, Joseph. **O Conceito de Sistema Jurídico: Uma Introdução à Teoria dos Sistemas Jurídicos**. Tradução de Maria Cecília Almeida. São Paulo: Martins Fontes, 2012.
REALE, Miguel. **Lições Preliminares de Direito**. 25. ed. São Paulo: Saraiva, 2001.
ROBLES, Gregorio. *Las Reglas del Derecho y las Reglas de los Juegos: Ensayo de teoría analítica del derecho*. 2. ed. México: *Instituto de Investigaciones Jurídicas*, 1988.
ROCA PÉREZ, Victoria. *Derecho y razonamiento práctico en C. S. Nino*. Alicante: Biblioteca Virtual Miguel de Cervantes, 2003.

ROSS, Alf. **Direito e Justiça**. Tradução de: Edson Bini. Bauru: EDIPRO, 2000.

—. *El concepto de validez y otros ensayos*. 3. ed. México: Fontanamara, 1997.

—. *Lógica de las Normas*. Madri: Tecnos, 1971.

SAMPAIO DÓRIA, Antonio Roberto. **Discriminação de rendas tributárias**. São Paulo: Bushatsky, 1972.

SANTI, Eurico Marcos Diniz de. **Decadência e Prescrição no Direito Tributário**. São Paulo: Max Limonad, 2000.

—; PEIXOTO, Daniel Monteiro. PIS e Cofins na Importação, Competência: entre Regras e Princípios. **Revista Dialética de Direito Tributário**, São Paulo, v. 121, 2005.

—. *Validade, Vigência e Aplicação da Norma Tributária. In*: **Curso de Direito Tributário e Finanças Públicas**. São Paulo: Saraiva, 2008.

SCHAUER, Frederick. **Las Reglas en Juego: Un Examen Filosófico de la Toma de Decisiones Basada en Reglas en el Derecho y en la Vida Cotidiana**. Tradução de Claudina Orunesnu e Jorge L. Rodríguez. Madri: Marcial Pons, 2004.

SCHOUERI, Luís Eduardo. **Direito Tributário**. São Paulo: Saraiva, 2011.

SEARLE, John. **Speech Acts: An Essay in the Philosophy of Language?** Cambridge: Cambridge University Press, 1969.

SERBENA, Cesar Antonio. **Lógica e Direito: Elementos Para uma Reconstrução Formal do Raciocínio Jurídico** (tese doutoral). Curitiba: Universidade Federal do Paraná, 2003.

SILVA, Joana Lins e. **Fundamentos da Norma Tributária**. São Paulo: Max Limonad, 2001.

SILVA, José Afonso da. **Curso de Direito Constitucional Positivo**. 20ª ed. São Paulo: Malheiros, 2002.

SOUZA, Leandro Marins de. **Tributação do Terceiro Setor no Brasil**. São Paulo: Dialética, 2004.

SPAAK, TORBEN. *Explicating the Concept of Legal Competence. In*: HAGE, Jaap C.; PFORDTEN, Dietmar von (org.). **Concepts in Law**. Londres: Springer, 2009.

—. *Norms that Confer Competence*. **Ratio Juris**, v. 16, n. 1, mar. 2003.

—. *The Concept of Legal Competence. In*: **The IVR Encyclopaedia of Jurisprudence, Legal Theory and Philosophy of Law**, maio 2005. Disponível em http://ssrn.com/abstract=923531. Acesso em: 04/01/2013.

TAGLIARI, Carlos Agustinho. **Os Princípios e a Construção da Norma Jurídica Tributária**. Curitiba: Juruá, 2009.

TAVARES, Alexandre Macedo. **Fundamentos de Direito Tributário.** 4. ed. São Paulo: Saraiva, 2009.

TEMER, Michel. **Elementos de Direito Constitucional.** 15. ed. São Paulo: Malheiros, 1999.

TUSSEAU, Guillaume. *Jeremy Bentham on Power-Conferring Laws.* **Revue d'études benthamiennes,** nº. 3, nov. 2007. Disponível em: <http://etudes-benthamiennes.revues.org/160>. Acesso em: 04/10/2012.

UCKMAR, Victor. **Princípios Comuns de Direito Constitucional Tributário.** Tradução de: Marco Aurélio Greco. São Paulo: Revista dos Tribunais, 1976.

ULHÔA CANTO, Gilberto. **Temas de Direito Tributário.** Rio de Janeiro: Alba, 1964, v. III.

—. *Imunidade Tributária – Entidades Fechadas de Previdência Privada (Fundos de Pensão).* **Revista de Direito Tributário,** São Paulo, Malheiros, v. 61, 1994.

VALLE, Maurício Dalri Timm. Considerações sobre as Características da Competência Tributária no Brasil. **Revista Eletrônica da Academia Brasileira de Direito Constitucional.** Curitiba, Academia Brasileira de Direito Constitucional, nº. 6, 2013, p. 7-31.

—. Sobre as Concepções Normativas: Sintática, Hilética e Expressiva. *In:* **Revista Eletrônica do Curso de Direito da UFSM,** v. 12, n. 2 / 2017, p. 593-619.

—. **Princípios Constitucionais e Regras-matrizes de Incidência do Imposto sobre Produtos Industrializados.** São Paulo: Noeses, 2016.

VASCONCELOS, Arnaldo. **Teoria da Norma Jurídica.** 6. ed. São Paulo: Malheiros, 2006.

VELLOSO, Andrei Pitten. **Conceitos e Competências Tributárias.** São Paulo: Dialética, 2005.

—. **Constituição Tributária Interpretada.** São Paulo: Atlas, 2007.

—. *Teoria das Contribuições. In* LEANDRO PAULSEN; VELLOSO, Andrei Pitten. **Contribuições: Teoria Geral, Contribuições em Espécie.** Porto Alegre: Livraria do Advogado, 2010, p. 13-73.

VERNENGO, Roberto José. *About an Empowerment Theory of Legal Norms an Some Related Problems.* **Ratio Juris,** v. 2, nº 3, p. 299-303, dez. 1989.

—. **Curso de Teoría General del Derecho.** Buenos Aires: Depalma. 1995.

—. *Sistemas Normativos Dinámicos y la Idea de Libertad Jurídica. In:* BULYGIN, Eugenio et al. (comp.). **El lenguaje del derecho – Homenaje a Genaro R. Carrió.** Buenos Aires: Abeledo-Perrot, 1983.

VIEIRA, José Roberto. *A Noção de Sistema no Direito*. **Revista da Faculdade de Direito da UFPR**, Curitiba, v. 33, p. 53-64, 2000.

—. **A Regra-Matriz de Incidência do IPI: Texto e Contexto**. Curitiba: Juruá, 1993.

—. Competências Tributárias no Brasil: Mitos e Mentiras. *In* CARVALHO, Paulo de Barros (coord).; SOUZA, Priscila de (org.) **30 Anos da Constituição Federal e o Sistema Tributário Brasileiro**. São Paulo: Noeses, 2018, p. 601-648.

—. E, Afinal, a Constituição Cria Tributos! *In:* TÔRRES, Heleno Taveira (coord.). **Teoria Geral da Obrigação Tributária: Estudos em Homenagem ao Professor José Souto Maior Borges**. São Paulo: Malheiros, 2005, p. 594-642.

—. *Fundamentos Republicano-Democráticos da Legalidade Tributária: Óbvios Ululantes e Não Ululantes. In:* MELISSA FOLMANN (coord). **Tributação e Direitos Fundamentais**. Curitiba: Juruá, 2006, p. 181-217.

—. *IPI x ICMS e ISS: Conflitos de Competência ou Sedução das Aparências? In:* SANTI, Eurico Marcos Diniz de; e CANADO, Vanessa Rahal (coord.). **Direito Tributário: Tributação do Setor Industrial**. São Paulo: Saraiva e FGV, 2012, p. 49-101 (Série GV*law*).

—. *O Princípio da Federação e as Competências Tributárias: Um Exorcismo Constitucional. In:* MOROSINI, Matheus M. TAROSSO, Fabriccio P; HAUER, Carolina C.; PADILHA, Robson O. (coord.) **Direito Tributário Paranaense: Os 30 Anos da Constituição Federal e o Sistema Tributário Nacional**. V. III. Curitiba: Instituto Memória, 2020, p. 11-52.

—. *Princípios Constitucionais e Estado de Direito*. **Revista de Direito Tributário nº. 54**, São Paulo, Revista dos Tribunais, p. 95-104, out./dez. 1990.

VILANOVA, Lourival. **Lógica Jurídica**. São Paulo: Bushatsky, 1976.

—. **As Estruturas Lógicas e o Sistema do Direito Positivo**. 4. ed. São Paulo: Noeses, 2010.

—. **Causalidade e relação no direito**. 4. ed. São Paulo: Revista dos Tribunais, 2000.

VILLEGAS, Hector. **Curso de Direito Tributário**. Tradução de: Roque Antonio Carrazza. São Paulo: RT, 1980.

VON WRIGHT. Georg Henrik. **Norma y Acción: Una Investigación Lógica**. Madri: Tecnos, 1970.

—. *Normas de Orden Superior. In:* BULYGIN, Eugenio *et al.* (comp.). **El lenguaje del derecho – Homenaje a Genaro R. Carrió**. Buenos Aires: Abeledo-Perrot, 1983, p. 457-470.

WARAT, Luís Alberto. **A Definição Jurídica: Suas Técnicas – Texto Programado**. Porto Alegre: Atrium, 1977.